「日本神話の構想力」転換篇・総括篇

山の辺の道に夕陽が映える

令和天皇即位にエールを贈る

杉森暢男

この書を母年子に捧げる

前書き（前篇）

「ひりふり」について

A1「春過ぎて、夏来るらし、白妙の、衣乾《ひりふ》りたり、天の香具山」（万二八）

壬申の乱の後、天武・持統両帝は国家建設に際して新しいリーダーとしてその集団に関わる政治の未来像を表明し、身内同士の内紛から国を分断する争いを止めなければならない。それは古代日本の黎明期において求められた必須の要請であった。それは洗濯干しの情景なら万葉は問題にされる課題のない古典に過ぎないもので終ってもよかったであろう。

次のような翻訳になりようはなかったに違いない。全歌の総括的書き出しを前書きとして提示してみたい。

a.「春も終わり耐え難い夏が来た、香具山では衣を振り動かす呪法を忘れず時節の過酷なうねりに対応する作法がなされている」

b.「何故なら集団の守りのためには周辺の地域に衣の波動を振りかけて惑乱の鎮静を図らなけ

ればならないからだ」

c.「大きな都が成長し、朝廷人たちに歌を讃え合い響きをこだまさせて栄えある門出を今だからこそ祈りたい」

その危機を越えて迫る状態にふさわしい都を構えようとする。万葉集全篇を貫き通す巻頭の響きとして果敢に対峙する姿勢から湧き出る事態に身を引き締める構えをしたのではないか。

従来の解釈ならば「乾」の仮名「ほす」によって汗なり涙なり一吹きかき拭う自戒の決意まではそこまでに到りついてしまえたであろうが、「ひる」となる場合になるとそのマジックによる呪法に後押しされることによって、生命感を逆転的にひるがえす用法に帰着することになったに違いない。抒情を越える祈願の図式が準備されて生活用語の作用がつけ加えられたのである（なお「後記」には、この万葉仮名の「訓み方」を別に論じてある）。

そのような呪力の素材となるところの手法が人の身に転移されなければならない。初期の万葉には自然のエネルギによって心身を触発させる躍動を期待し、自我を曝しても自然の強烈な陽ざしにおじけまいとする即ち「ほす」による乾燥なのか、「ひる」によるイオン発生なのか、「ひる」ならば四段活用か上二段活用か多様な方式に展開する。

この時、持統天皇が自己の王朝の歌人の選択を迫ろうとする。それを勢いづかせることによって統一王朝を目指す者には最大の補佐役を果たす必要があった。集団を発進させる新春の作業のためには冬の暗い覆いを払い除けて神山に若葉を芽生えさせる。吹き降ろす風の勢いまで奮い立たせなければならない。神話の根源をなす歌謡の源泉をつなぎとめ、躍動する言葉によってその吹き降ろす風に共振させるべく（ヒリ振り）させる。緑の万山を視覚的に捉えたのではない。歌が関ったのは山の緑ではない。無数の葉をざわめかせて吹く風の音の切り開く運気に朝廷人はその身を預けたのであろう。それを最初に現代に訴えて来たのがこの歌であり、その歌を最後の歌として掲載したのもこの歌集になってしまう。それを引き受けて持統天皇の宮廷歌人なりの一貫した筋道を通そうとしたのであろう。巨大都市に向かい新春の誓いを大和平野において七世紀の後半から八世紀の前半にかけて明日香、藤原、奈良などに朝廷の成立が見られた。その変動を記録する人麿に政治の全く逆の新たな方向を求める背景になったのであろう。律令政治の発足にわが身を引き裂く思いだったと思う。

その実態に逆行する表現を受ければ、天照大神は呪能の元締めとしてその核心の部分に異質な人麿の参画もさせられよう。ヒル（呪）メ（女）のミコト（命）として天の安川に開かれた会議に基づいて地上の政権が樹立されたことになっている（万一六八）。その皇祖神は天照大神であってあたかも持統天皇の化身をなすがごとく、その草壁の皇子はあたかも瓊瓊杵尊の化身ともいえるような関連性がある。そのことを日本神話の異質な構想としたのである。その構想が誰の手になったものかはともかく日本神話の根源たる祖神には藤原の朝廷の特に持統天皇の意図が色濃く含まれていたと言えよう。またむしろその夫天武天皇の意向も無視できない。

七世紀後半（六七九年）天武天皇の即位の地明日香を、その後背地たるべき聖地吉野において讃美されている。

A2　「よき人の　よしとよく見て　よしと言ひし　吉野よく見よ　よき人よく見つ」（万二七）

両歌とも歌人の歌った歌と云うより神事を扱う政治的意識がにじみ出ていた。歌人として歌の型式で構想されたのではない。吉野行幸は前回の場合（六七一年）とは異なり、勝利を手にした後の離宮のことであったが、覇権を立ち上げた後の意気軒昂な状況が示されている。

大和平野にあって藤原京を作ったのは天武天皇の皇后、持統天皇であった（六九六年頃かも知れない）。そこから香具山を望んで王朝を謳歌する姿は冒頭に述べたとおりであるけれども、この持統天皇の御製こそ弥生時代からの語彙の流れの画期的転換点をなすものとなっていたと言えないだろうか。なぜならば地域集団が歌う生存論理の方式から、巨大集団が歌う生存論理の方式へと逆転的な転換がなされようとしていたからであり、社会的約束の内容が逆転現象を起している。廃語になるか禁句になるか、雑な言い方をすれば具体的表現から抽象化された表現に一般化されていったとも言える。その歌を経て六九四年には都を藤原京に移した推移から見て、時の王朝讃歌としては身の入れ方が一段と加わり、その意欲を強めていったのであろう。従来は夏の太陽に乾して白く輝く衣の姿を讃えたという捉え方であった。しかしその乾くという語の万葉仮名はカワクという振り仮名もどきになっている。当時の衣に繋がる用語例からみると、「干」や「比」を当てて「ヒ」と詠ませるのが共通であり、「乾」ですら「ヒ」と詠まれるべきものであったにも拘らず、抒情詩としては衣や貝は振るものから拾ル《ヒラフ》ものに切り替えられてしまう。そして貝や衣が拾うものにされると、ここで干を（ホス）と詠ませることになり王朝の繁栄が挫折の印象に切り替えられてしまう。ホスは縄文語にもありえないし古代語にもない、活用の跡がない。たとえあったにしても動詞として活用しようもない。すなわち乾す（ホス）と詠みようがない。むしろそれを「ヒリ」たりとか「フリ」たりと詠むと多様に拡がる活用法にも通じて行って、その時呪法としての衣が細動する状態を通して前期万葉の状況を現して来ざるをえなくなりはしないか。素直な流れになった語の流れが実感を響かせる。しかし「ホス」では存在する余地の乏しい言葉を割り込ませるので、見える形のものにはなっても響きを波動で受け止めて聞く形のものにはならない。そこには多くの呪法の痕跡が隠されていたけれども、それらを人為的に無視することによって期待される願いを捨てたことになり、情景のちぐはぐさは隠せない。

　ここでは集団を成長し繁栄させる気迫を支えようとする呪法の働きが知りたいのに更に万葉は詠み続けられる余地は少ない。細かい振動が神を呼んでいたか、あるいは神を宿らせようとしていたのではなかったか。最も早い千回もの領巾《ひれ》振りが神の存在を準備する。そのような意味で神の座を設えて形容力を増加させ、「千早振る」という言葉が神をお迎えする枕詞になったとも言えよう。

　しかし呪法が一掃される寸前の状況も迫っている。律令は一般の秩序を整えるけれども、個別の要求を無視し勝ちにその恐怖を振りまいてくる。まだ歌人としてそのことに反旗をひるがえしていない。前著で呪能が種々の表現様式のパターンを持っていて、その効能も一定の傾向に働かせようとする事例が多い。ここでは初期万葉にある呪法や呪能に気づかず気づかせまいとする作意も感じさせてすらいる。もしもそのような意味づけの変更が認められれば、持統天皇の王朝讃歌は類を見ない絶好調の効能を発揮しようとしていたに違いない。全身が燃え上がるような集団への魂の歌い込みが洗濯干しのこじんまりした情景に替えられていく。しかもこの時「ヒリフ」もこれを最後に廃語の扱いを受けてしまう。最終の撰者が乾す（ホス）という読みを挿入したとしても。ただしその実証はなくただ千数百年前に律令が絶頂を極める寸前のことに過ぎない。人麿も絶好調の状況にあったのであろう。

今残るのは細かい波動としてひりひり痛むとか、ひりつくとかいう体の細動を表すものにすぎない。呪能の廃止令は記録には（消されてしまったか）見えないけれども、まじかに迫り次の万葉仮名は永遠に消え去り、その痕跡を「ヒリハ」（万三八七六、四〇三八）、「ヒリヒ」（万三四一四、三六二七）、「ヒリフ」（万三七〇九）、「ヒリヘル」（万三六二九、四四一一）、「ヒル」（干：万一三七、一八九四、二九四五、乾：万一五四四、七〇三）に対しては拾うや乾くを万葉としてあてがって消え去られているけれども、「ホス」の活用形は一例も見られない。「ヒル」は縄文以来のキーワードであった確率が高いとしても、「ホス」は存在の影が全く薄い。だから万葉の編纂の時に逆転的に取扱われたかどうかも習俗が逆転して廃語にされたから抽象語が選ばれて、具体語消滅が起こったのかも判らない。その欺瞞の操作は第一回編集七五三年、第二回目の編集の最終時七五九年律令の最盛期であったにしても確証はない。その証言はない以上人麿としてはその厳罰的処分にまだ納得しかねる状況と言える。万葉仮名の真偽の問題については文末に論じたものを参照していただきたい。

呪言としては「ヒリフ」は細かく躍動する生命感として自然に内在する生命感を最初に動かしだす状況を指している。しかし政治姿勢に対応させるためには文化概念はその関連過程に厳密に対応し合っていたということしか言えない。その最後の対応過程を追記しておくに止めたい。

まず七世紀の後半の文化の形が歌謡の形をどのように変えながら推移していったかその概略と、次いで八世紀の前半の文化の概略が詩形に与えた影響を合わせて列記してみたい。

B1　六七一年―六八六年　壬申の乱が終わり天武朝廷発展の基石となる。

六七二年壬申の乱（大海人皇子吉野入り）、六七三年天武天皇即位し鸕野皇子皇后となる（のちの持統天皇）、六七九年天武天皇の吉野讃歌の御製、六八一年人麿小錦下を授かる、記紀編纂に着手、六八六年天武天皇崩御。大津皇子自害、六八九年持統皇后吉野行幸、草壁皇子薨去、

〈古事記の編纂が天武朝に始まりその政権構想の骨格は持統天皇の下に編纂が進んだと考えられ持統天皇と発生期の日本神話の構想とは対応関連があったが、須佐之男命の神話は朝廷から切り離されたと言える。〉

B2　六九〇年―七〇一年　天武王朝の盛期
　持統天皇の即位六九〇年からの期間十一年　その間に六九一年川島の皇子の薨去、六九二年伊勢行幸人麿は京に留まる（人麻呂の晩年の不運がここにのみ起因していたかは不明）。六九四年持統九年藤原へ都を遷す、六九九年の弓削皇子の死、七〇〇年不比等による律令の撰定、七〇一年不比等（正三位大納言）が律令を完成、〈不比等は持統天皇の治世下に古事記の編纂を進めたが不比等の政権にはまだなってはいない。ただし人麿の死が真淵説では七〇八年に当たるのでその影響を否定できない。この年が万葉の前後期の境目、古事記の前後期の境目になるであろう。また古代天皇制の発足期に当たろう〉

B3　八世紀初頭　七〇一年―七一〇年　持統天皇の盛期を不比等が引き継ぐ
　七〇一年　持統天皇崩御、不比等が政治権力を把握（太政大臣正一位）、七〇二年新律令施行す、遣唐使出発、七〇七年人麿没（茂吉説）、七一〇年平城京遷都、七一二年大野安万呂古事記せん上、七一八年養老律令なる（不比等）、
〈不比等の政権把握が始まる〉

B4　七二〇年日本書紀なる、不比等没す（太政大臣正一位）七二四年聖武天皇即位。七五三年第

一次撰集、七五九年万葉集二〇巻成る（大伴家持を中心に不比等の影響による万葉の最終基準が成る）

その不比等が否定するヒが波動現象であり、波動現象としての呪法であったならば人麿のヒは呪法のヒとしてそれを仲間（等）とする人達との間で反対の役割を争う構図にもなりうる。

律令制の推進者として不比等は呪法反対〈不比〉の姿勢で登場したのであったからでもあろう。〈ヒの暴走を感じ取った不比等が呪能にヒの反作用を律として宛がおうとした手順になっている。人麿が呪能をもって朝廷の正当性を謳歌したものを不比等は邪道視して認めようとはしない。不比等は呪能とは正反対の「律」という基準に拘り、人麿の呪力の足跡を偏ったものにしてしまう。万葉の選択肢一つを持てる余地があるけれども、記紀万葉はその前半が呪能に拘りがちでも、その後半には律令の論理との二者択一に基準の転換を図らなければならなくなる。天皇制はこの課題を自ら乗り越えて不可能な調整に取り組まなければならない。律令そのものにその回答はない。古事記後半がどう調整しようとその回答でも一挙に解決策は誰にありえたであろうか。

B2〜5　七一〇年―C1　七二〇年　藤原不比等の政権支配　―記紀の編纂―

七一〇年、奈良に移った政権は同時に文化史全体の掌握に関わることになったのであろう。都が遷されて平城京の政権が始まる。七二〇年日本書紀が成立し、不比等没す。（その律令を纏める基準はまだない）。七五一年には東大寺大仏殿が竣工される。古事記は数百年間宮廷に秘蔵される。

古事記の成立は天武天皇の初頭七〇一年に編纂が始められる。と同時に初期の万葉集、特に第一、第二巻に集中して歌われたのは呪能に託された宮廷の祈願文としての相聞や挽歌であった。ところが七一二年以降天武天皇を頂点とする藤原王朝の指導力が相次いで退くことになり不比等の勢力も七二〇年を頂点にして低下してゆく。古事記の終末が朝廷の手に戻ったかどうかは不明であった。万葉との関連からどう解釈するか結論を出しにくいが一応の骨格が成立したということで、これらの政変の中で万葉への視点のズレによる問題点の発生についてはやむをえない状況になっていたのでもあろう。

前書き（後篇）

八世紀初頭

古事記は完成されてから十年を経ないうちに宮廷深く蔵されてしまった。正史にすら登録されることがなく、数世紀にわたって陽の日を見たという形跡がない。古事記は隠されなければならない何等の事情があったのではなかろうか。古事記の後で編纂された日本書紀がその間の秘密を握っていたように見える。特に大国主の命と倭建の命の記述に関して問題点を残している。そこで本居宣長は古事記に詠みを与えた大きい功績があったけれども、彼は筋書きに納得がゆかない個所があるといって大国主の命の条に一文を挿入して古事記の趣旨を改定している。古事記の前半は神話篇であったがその最後の部分に大国主の命の神話が置かれている。歴史時代との接点においてどのようにそれを位置つけすればよいか戸惑いがあったのであろう。

現在我々が見てもすっきりしない点がある。例えば古事記において大国主の命の物語が占める割合に較べて、倭建の命の割合はその六割に満たない半分の分量しか割当てられていない。傍系の首長の地位に立つものが興味と関心と正当性まで独占するような扱いになっているのに、朝廷に最大の功績のあった英雄は質量ともに劣っている。その理由は明示されていないのに、なぜ古事記は敵性の首長の名誉をたたえるという形をとったのであれば隠蔽されるのも一理あるはずになろう。それは当時の朝廷が古事記を正当化し続けられない理由になったのではなかろうか。そこで日本書紀は表面的にその比重を逆転しはじめたのであろう。倭建の命の名誉が書き加えられて全体の中での割合が増え出してはいる。ちなみに記述量としては日本書紀になるとスサノオの命と倭建の命の部分が増量されて大国主の命の部分が軽量化されたということになるであろう。しかし量の問題としてはそこまでが限度であって、後は内容に関わる問題になるであろう。

大国主の命の物語は神話篇の最後をなしていたので倭建の命の物語は神話には属さないという扱い方になっている神代篇と人代篇を区切ったのは日本書紀も同様であったが、そこに時代を区切る線を引いたのは何らかの実質的な境界があるということであろう。前に拙書「スサノオの命の神話」でスサノオの命を縄文時代の精神史の中で扱おうとしたけれども、本稿では大国主の命を弥生時代以来の精神史として扱いたいと思う。さらに考慮しなければならないのは新しい歴史的変動が進行して記紀に表された朝廷権力の集権化が大陸文明の流入を前にして急速に進んだことであろう。特に古事記と日本書紀の登場人物に評価のズレが目立ち出し、できうれば本来の大国主の命の姿を神話と文明の断絶に引き裂かれた前古代的神話の時代精神としてみたいと思う。

スサノオの命も大国主の命も共に文明によって追放された悲運の中で原日本人の心の一隅を照ら

していたとも言えよう。土器に精霊を慰める思いを込め、青銅で神の権威を支える時代が、必ずしも強引な鉄器の力で征服する時代と混同されてはならないと思う。神代篇は日本民族精神の骨格の形成に貢献した部分であり、人代篇は統一時代の朝廷史を扱ったということではないだろうか。だから古事記が時代精神を異にした敵性の首長をいくら讃美しても優劣を競う必要のない異質の世界のことに過ぎなかったであろう。しかしそれは日本書紀の認めるところとはならなかった。さらにそれは宣長によって大国主の命が朝廷の根っからの協力者であったとされてしまう。むしろそれぞれの神話は時代ごとの精神史として扱ってきたものを場所の配置の抗争関係に置き換えて既述したのではなかろうか。スサノオの命や大国主の命との葛藤が同時代にあったとすると、前時代に対する好意を対抗意識に切り替えなければならなくなったのも呪能の方式が海に片寄り始めている。万葉を試金石にしてそれぞれがどう反応するかを特に以下の四つの視点から探りたいと思う。万葉のもっている世界観や文体論や認識論から記紀を見てそれを再検討する作業になるであろう。

視点の相違1　持統天皇の転機（三頁一四行）

第一篇　持統帝の躍進性（人麿の挫折から）

第二篇　持統帝の妥協性（不比等の方式へ）

視点の相違2　原始の生命力　——自然のエネルギーに起因する古代の特権としての知性の共有の意図的破壊が考えられる

万葉集は呪能を組み入れた歌集であった。呪能はゆきづまった人の気力を支える働きをもっていたような働きを伝えている。彼らは精神的な力を森が鳴らす風や海の飛沫の中から取り入れようとしている。しかしその風に乗ってふるさとの祖霊達の恐ろしい叫びも響いてくる。目に見えないものへの恐れを感受して戦慄が走る。万葉人の背景にはそのようなおどろおどろしい肉声が控えていたように見える。大国主の命の場合はスクナヒコナ神という名の海のエネルギーを通して支配を成し遂げたという形態をとっているようにも聞こえる時、例えば万葉の歌に次のようなものがある。

「一つ松、幾代か経ぬる、吹く風の、声の清きは、年深みかも」（万一〇四二）

松に吹く風が清い音を立てているのは長い年月を経てきたからであろう。遠い昔から独自の音空間をなしてきた領域には独自の振動が響き合い、その音感領域には自然と人間が共震し関わり合い、古里の天地に震動する音と同調し合う場があって、生命の原点に帰ろうという。偽らない自然の力「さやか」は偽らない心「きよし」と同調したときにその純粋な音空間の波動に活かされよう。吹く風の環境と心を通わせれば厳しい生活環境へも積極的に向い合えよう。

人間の場合は想像力を逞しくしてかえって自意識に引きずられて自滅してしまうことがある。動物ならば擬態によって周囲の環境に順応して救われもしよう。人間の心にある事態を悪化させかねないマイナス志向を避けて、精神の再生を果たす意志を価値の中心に据えなければならなくなっていた。原始の挫折感が深いほど絶望を避けようとする意志が万葉集にも溢れることになったのであろう。

その時例えば谷に響く生気に満ちた風に向かって萎える心を委ねる。自然の生命力と共鳴して励ましを与える自然讃歌に逆転されてしまう。万葉の歌は自然が宿す力と共鳴して心の落込みから再生しようとする歌であったように見える。それをわが身に及ぼすか、親族に及ぼすか、集団に及ぼすかという区別はあった。その第一の視点・生命力によって彼らはたんに栄養を補って細胞を養うのみならず、細胞の向きを整えて精神の力に勢いをつけようとする。その微妙な自然の諸作用に心を砕くことによって、万葉人は脱力感から蘇る知恵を我々に思い出させてくれたのではなかろうか。神話の世界もその意志を反映していないはずはない、細胞の生命力を結集させる自己救済力を根底においていたように見える。神話はそれを現世の人にのみ限っていない。生命力は周囲の空気の電荷的な組成にもいずれにせよ関わりがあるであろう。それは人工的な作為の世界が始まる時に価値の中心から消え去ってしまったものかもしれない。その意志は次のような歌にもなったであろう。

「君が行く、道の長てを、繰り畳ね、焼きほろぼさむ、天の火もがも」（万三七二四）

清い火の力によって忌まわしい距離を縮めようとしている。その火のエネルギーを天界にまで及ぼそうとする呪能への期待がにじむ。この火は（戸外にある）調理の火ではなく心に点火させる（縄文の囲炉裏に関わる）火とも言えよう。抽象化された「ヒ」としてみればその心の「ヒ」が自己主張を始めたのかもしれない。夫が最悪の事態に陥っていると空想する妻の恐怖を乗り切るためには、プラスの想像力を動員して挫折を乗り切らなければならなかった。万葉人は相手の蘇生を祈り、自分の元気を取り戻そうとしている。その「天の《あま》」には単に知覚的に見た天空ではなく、遠く別れを惜しむ情的哀感でもない。衣をひりふり再会を果たそうとする意志情景を歌うかの如く、距離を縮める意志として詠み込もうとする。挑みかかろうとするその気迫が知恵や情念を超える気魄に似て認識を可能にしていたように見える。夢を失って抜け殻になる前に微細な自然の働きに同調して細胞の末端に集中力を整えなければならない。無事を祈る心の過程は話の筋道に刷り込まれることによって一定の型を準備する。精神に力を供給する自然の要素に深く関わっていたのではなかろうか。そこに大国主の命の原点を据えて運命を預かる、万葉に見られる呪法との関わりを見て行きたいと思う。

視点の相違3　情念がパターン化されてゆく　―祈りの方式が成立―

情念の原型には祈りがあった。しかし互いにもたれ合う共同体同士を維持させようとする意志の力は群れをなす原型の基本をなしていたからであろう。相互の意志を活かし合う伝達の方式が祈りのパターンを万葉に残したのであろう。領域の広がりによって敵性を味方性に帰るために万葉の領域の言葉をその祈りのパターンで置き換える必要があった。

心が萎えては自然の脅威に太刀打ちできない。そういう共通認識が彼らの意識の根底に沁みわたっていたに違いない。お互いに励まし合おうという意識によって気落ちする心を揺り動かして励ましあったのであろう。そういう生活意識が歌の方式を成り立たせたのであろう。その情念の働きが祈りを歌ったのであり、命の営みが祈りをにじませたのであろう。心を揺り動かす波動の作用を発言の中に組み込みながら、厳しい環境の中で何が生を生かし何が生を滅ぼすものであるかを探り、その精気を振り動かして増幅させ、相手の中で再生のエネルギーに変えようとする。我々にとってはそれらが単なる呪法であったとしても、彼らには遠い空間を超えても送り届けなければ済まない意志であった。だから文体にそれなりの方式が結実して、文字のない時代に意図するものをやり取りする道筋を緻密に張り巡らそうとする基盤をなすことができたのであろう。

兎も角、活かし活かされるという共通の目的をしっかり定着させて、伝え合う類型を五七調として確立してゆく。お互いの考え方をパターンを通して息遣いまで瞬時に同調し合わせることで、行き違いを少なくしたばかりでなく微細なエネルギーを見えない糸で相互に届け合ったであろう。例えば次のように歌う。

「わが背子し、けだし罷らば、白栲の、袖を振らさね、見つつ偲はむ」（万三七二五）

この歌が袖を振る呪法によって相手の安全を祈願する時、お互いの危機を呪法で避けようとする意志の形が同調し合う。振ることが思いを深めるという万葉のパターン思考は、古事記の神話の文脈にまで及んでいたのである。文脈のルートからその伝達の微細な働きまで明らかになるかもしれない。彼らが情報を伝達する方式は情念の類型を仕種に投影し、言葉に定着することになったであろう。「ひる」がこまかい波動を通して意識を同体化する試みになったのであろう。

「遠つ人、松浦佐用姫、夫恋《つま》ひに、領巾《ひれ》振りしより、負へる山の名」(万八七二)

袖を振って辛い別れをした女性を悼んでその山の名をひれ振りの嶺と名付けて偲んだと言う。パターンを大画面に広げるときは物語をなすこともあり、又コンパクトにまとめれば歌の自在な活動を促す。その基をなすものは空間に震動を与えて精気を呼び起こそうという魂の震えであったのであろう。その脈動が一定のリズムの溝を意識の底に彫り込んでゆく。そこで文脈の大小を問わずどの切口にも同じような影絵が映し出されていったのであろう。万葉は響きあう心を伝える文献として、内奥の心がもっていた祈願のパターンを成り立たせてゆく。だから認識の対象は単なる知でも情でもない。意志（の力と方向性への反応）であった。古事記でも王者の恋のパターンが王者の系譜に自然の生気を漲らせる。その威風を大地にあまねく行き渡らせている。それを万葉の恋の延長線上にも辿りたい。

そのルールは総計的には明かになっても彼らの意識的な自覚に連りえたであろうか。そこで万葉は共通する意志を優先させていたであろうために、美的叙情が祈りの呪能に隠されてしまう。そこで歌の主軸に残されたものはその意志を共有させ、相手に心を結びつける袖、玉、葉を振る呪能であった。だからまず処理したものは叙情を促す意志であったに違いない。既に発動させていた後の事であった初期の万葉には一貫した自然力への固執がある。

視点の相違4　名称に見られる共同体意識　―言は事に優先する―

文字のない時代に言葉を発するということはそれ自体が重大な共振作用を物事に与えていたであろう。特に万葉に見られる致命的働きに連なってゆく。パターンの形に乗せて強力な伝達力に増幅させたであろう。そのイメージは共有されて実体になる。その時言葉と物事は区別しにくい位の実体になる。無防備の覇権意志を宮廷の内奥に引入れている。覇権をめざす個体意志が無防備の共同体意志という原初の生命力によって位い負けしてしまう。

万葉に見られる恋も神意も名を発することによって作用している。大国主の命の場合は多くの名称をもちそれによって彼の行動に方向と力が与えられ運命までその枠に納まるような働きになっていたように見える。

すなわち万葉でコトと言うのは「言葉」を指すと同時に「物事」も指していたのである。大野氏はそれを「古代日本人が人間の口にするコトと人間のするコトとはすなわち同一であると見る素朴な観念を抱いていた事の証拠である」（大野晋「日本語をさかのぼる」岩波新書、一九七四年、六〇頁）と作為の見られない素朴さを強調されている。しかしもう一つの事実に注目してみたいと思う。ボームが次のように言っている。

「事実は我々が『作る』のである。すなわち現実の状況の直接知覚から出発し理論的概念を用いつつ新たに秩序、形式、構造を与えることで我々は事実を作り出すのである」（デビット・ボーム「全体性と内蔵秩序」青土社、一九九六年、二四八頁)。全体的にみれば全てが絡み合い組み合わせを絶えず変えながら流動しているものであると認識するのであれば、それを生活に対応し易い姿に切り取ったり組み合わせたりすることによって配列し直さなければならないということであった。渡邊慧氏の言葉によれば空間をどのように正確に区分しても「実は勝手なイメージであり」(渡辺慧「認識とパタン」岩波新書一七三頁、一九七八年)認識を極めた言語をもってしても情動によって名付けた言語の影響を免れないし完全には分離できないものだということであった。それについて万葉では次のように歌っている。

「ぬばたまの、夜渡る月を、とどめむに、西の山辺に、関もあらぬかも」(万一〇七七)。

月を惜しんで天に関所を設けられないだろうか。空を自在に切り取ってきてそこに月を留めおこうとする作者の気持ちを表している。混沌の中に情念を植え込んで大空を再構成しようとさえしている。事実が先にあったのでなくて言葉が一定の対象に形を与えて意志を組み込んだのである。心が込められてから実体が成り立つのでなければ、どうして言葉が生きた精神として働くことがあろうかという。

認識の一番最初の所で彼らは現実を「混沌」として捉えていたとすればそこから大胆な発想が湧きだしたのであろう。その発想を促したのは心の傷みに挑もうとする意志の強さによっている。最初は実体を漠然とした諸事実からなる無秩序な状態として受け止めるが、次第に個体が社会集団の環を広げるにつれて共通認識の基を作らなければならなくなるだろう。だから原始の心性に近い奇抜な認識による思考が残っている限り万葉には個体の生命力がまだ旺盛であったと言うことになるかもしれない。その中から生活に必要な部分を選び出してきて共通認識が生まれ、その名前と共に気持ちを伝える手がかりとしたのであろう。手順から言えば名称の方が存在に対して主導権をもったのである。少なくとも同時存在であることによって命名と言う行為が実体より後になることはありえない。自然から切り取ってきたものに名称を付けたとき、その存在は経過的には名称によって実在することになったので、存在は名称よりも優先権を主張できなかったであろう。そこで名前が実体となり、事は言を前提にして成り立つものだという認識が成立する。そのようにして人間の意向が介在して実態が成り立ったので、名称は人間の意向を自然の部分に刻み込むものであったと言えよう。その時の人間の意向が事実であって、実状は混沌であるという思想を言《コト》こそが事《コト》であるという発想で捉えようとする。その思想は名称を付けるときに期待感（や挫折感）を込めたので、万葉の用語から情念を切り離すことは困難になる。例えば「ぬば」という闇の挫折感を「玉」という再生力によって凌ぎきろうとする意志として「ぬば玉の」という枕詞が機能したのかもしれない。文明社会は目で見たものを客観的な実態と考えて気軽に命名するので、万葉の素直な美感は継続しない。文字がないのに共通の危険が身近であった時代であれば、言葉には集団の危険を回避する言い回しの手順が必要であった。物質に即して客観的に存在すると言えるものはまだ存在していない。文明以前の認識と以降の認識とコトの優先順位が入れ替わってしまう。生死を超えて思いを伝えようとする記紀万葉の思いは客観的言葉に潜む意志によって伝えられたのであろう。ただし記紀万葉は意志の暴走を防ぐための抑制装置として音による客観的伝達の固定枠が準備される。音として振動する言葉は実体枠となって聴覚を取込む。あたかも生きているような音の働きを通して聞き取っている。音声によって実体を運ぶ通信はその響きによってのみ聞き届けられたであろう。彼らは情念のパターンに組み入れた心を音の響きで伝達していたのであろう。文字がなかったので認識は視覚に頼ってはいられるべくもない。（その時目で見たら異質なものであっても波動の機能で共通する働きを同音で表現するということが起こったのであろう。葉と羽と歯と刃などである）。

「・・・朝霧の乱るる心、言に出でて言はばゆゆしみ砺波山、手向けの神に幣奉り、我が乞ひ祈まく・・・・」（万四〇〇八）

言葉に出して心の内側をさらけ出せば心はさらに乱れを激しくするに違いない。そこで不吉を誘う言葉を慎しみ内密に心を秘めていたのであろう。その時名辞は命を支える実体になっていたから言葉は生きて働く実体になる。

ところが国家秩序を引き受ける意志を大国主の命はその名辞に秘めて誓う。その時地方に及んできた中央の権力に対して精神の独立とその責任を明らかにすることによって、名辞は悲劇的な運命を引き寄せるシンボルとしての気魄を発散する。名付けることの重みを深く受け止めていた時代の現象だったのではなかろうか。大国主の命はその大国主の名称ごとの行為と運命に決定的に関わっている。出雲にしても現在美化されているほどの吉祥になっていたと一概に言えない部分があった。

解説を拒まれて名称だけが記録された名称の意味が多くを語っていたかもしれない。その最も著しいものは無数と言ってもよいほどに登場する神々の名称であろう。大国主の命に関してはスクナヒコナ神が彼の政治を支援している。彼自身が神として祭られている。神の名は発生の場の作用をうかがわせることによってその神格の特性を滲ませている。とすれば万葉に残されている名称に関わるルールを通して神話の神格の問題に迫らなければならないと思われる。次第に大国主の実体をしのぐ朝廷力の実体が出雲のもつ迫力を弱め始める。武装を外して名辞をそのままの姿で競い合わせて実体をさらす。万葉の主神は「ヒ」を発音の頭に置かれ、ヒミコ、ヒルメ等「ヒ」をラ行で活用する動詞をくまなく一筋に繰返させる。キーワードをなすが、それで覇道共鳴の唯一の共振現象を可能にしている。

さらに神話では死後も名辞として生き続ける霊性に対して、その名辞が表す実体への対応が問われなければならない。大国主の命が不安に思ったのは彼の死後の名辞に対する対応の乱れにあった。大国に主たる者という名辞が国の意味の変遷の中で変化した部分にどう鎮めの意志を伝えればよかったのであろうか。

しかし大陸の文明が押し寄せて来て次第に生活と言葉との間に文字が介在してくると、意志を音で機能させる言語の作用は衰えざるをえない。朝廷は言語の働きの精神性を「古事記」によってその結論を表し恒久化させている。その勝負に天皇制が勝てば大国主は命として祭り上げられることになる。

山の辺の道に夕陽が映える　目次

※『日本神話の構想力』は第一〜三巻で構成されていて、第一巻『【発生篇】スサノオの命の神話』は新典社より既刊。
本書では、第二巻【転換篇】、第三巻【総括篇】を掲載。

第三巻

総括篇（本書の後篇部）

第二巻　転換篇

序説　古事記神話への手がかりとなる方法論 ―波動への共鳴

以上の二つの視点を展開するに当たってまず方法論的に見てゆこうと思う。すなわち自然のエネルギーを彼らがどのように認識しそれを文体としてどう表現していたのであろうか。それによって古事記との対応関連による解明に適用することもできるであろう。それらについて我々と較べて異質だと思われる点は第一に自然に存在するエネルギーをひたすら活用しようとして、それを感じ取る感覚を研ぎ澄ませていたことによって、そのエネルギーを伝え合う方式にまできわめようとしていたということであろう。歌論の方式が神話の方式に対をなして推移することになったのであろう。

例えば第一篇では大国主の命が波動としての自然のエネルギーにどう対応しようとしていたのか、そして第二篇では大国主の命自身がどのようなエネルギーとして現世に影響を及ぼそうとしていたのかという流れで話を進めて行きたいと思う。

第一章　日本の古典の認識論 ―波動の働き

万葉では景色も呪法によって歌われていたので、必ずしもすべてが単なる景色を描いた叙景詩ではありえない。例えば「ほととぎす」にしてもその声に精気を期待するものが六割、声を聞いて妻を問うものが四割を占めている。すなわちほととぎすの飛び鳴く姿の裏には隠された目的意識に訴える心の形を声の形を通して秘めている。「袖」も妻問いという手段となったものが九割の型枠を守り切る意志として万葉を受け止める姿勢を見逃せない。

衣にしても鳥にしてもそれぞれの描写のもつ叙情が主題になっていたのではない。むしろ祈願のための素材になって使われていたのである。その共通の強い志を繰り返すパターンの方に見所がしぼられてしまう。共通の苦痛を共同の方式で解消する七五調で万葉の歌が成立する。その構想に乱れがない不動の美を作り上げている。ほととぎすや鶯が「来鳴く」ということはすでに幸い先のよい恋の願望を予想させていたのであり、袖や衣を「振る」ということは祈りを届ける準備が整ったということでもあった。だから今そこで見たものを写生し詠嘆として詠んだものでもない。鳥の鳴き声や袖振りは生気と妻問のための祈りの呪法であった。その時に見られた仕ぐさは隠された主題に思いを寄せる呪言でもあった。

その呪物の中でも万葉特有の死生観や宇宙観を含む歌があった。その時の心情には単なる迷信的な比喩よりももっと生活感として手ごたえのあるものであった。天空や前世が空虚な言葉の遊び以上の現実感を醸していたように見える。次の三つの歌は神話の世界への心情的前提になっていたように見える。

第一項　天体のサイクル

「天の河、川音清けし、彦星の、秋漕ぐ船の、波のさわきか」（万二〇四七）

「天の川」の歌は七割を越える歌が恋の歌であった。表面的な天の川の中でも天空に響きを発する彦星ははかない妻問いの恋を歌う。しかし実体はどこまでも相手のもとに船を漕ぎ渡ろうとする万葉人の意志を天空の響きに共震させている（万・漕ぐ二〇一五、二〇二〇、二〇四三、二〇四五、二〇四七、二〇五三、二〇五八、二〇五九、三六五八、船出一七六五、一九九六、二〇〇〇、二〇四二、六一、梶音二〇二九、二〇四四、二〇六七、川瀬二〇一八、二〇六九、二〇七一、二〇七四、二〇七六、二〇八二、二〇八三、二〇八四、二〇八五、二〇八九、橋二〇五六、二〇六二、二〇八一、四一二六、波一五二四、一五二九）。天の川に出てゆく人の行為は、船を（五例）漕ぎ出して（九例）、波に（二例）梶音を立てて川瀬を渡る（十例他四例）という型枠を外れない。恋を歌う人の心を促すありきたりの行為でしかない。爽やかな波動に込めたのは叙景でも叙情でもなく、宇宙の波動と同調して恋のやつれを癒そうとする自然界の生命感と同調し、メルヒェン的なおとぎ話ですらなく、天空からやってくる純度の高い波動こそが人間の決意の根源を促す。その情念に本来の意図があったように見える。「天空の響きに誘われるように、自分もはるかに離れたあなたを思って焦がれた思いを船の梶音に掻き立てられている」という意味になるとしても、天の河がたんなる情景を提供していただけだとは思えない。船の波音、天の河の川音と梶音が波動を引き立てている。

万葉仮名は表音文字で音のひびきに敏感であったから、言葉の生きた実体の基を辿ってゆけば原始の自然音に至りつくというそえ言葉であろう。ブレアは「言葉や音楽はそれ自体が生み出す波動に共鳴する語彙を提供」していたと言う（ローレンス・

ブレア「超／自然学」菅靖彦訳、平河出版社、一九八三年、二〇四頁)。彼は自然の波動と共鳴するものが誘い合う語が成立したということを示唆している。それによって語彙に実態が宿って伝達を可能にしたのであろう。その理由をリーバーは

「生命あるものはすべて天体運動に共鳴している。我々は息づいている宇宙の一部分である、天体の動きに我々は絶えず影響されている。月の満ち欠け、惑星の運動などはその例と言えよう・・・それは体内の電磁場変化として検出され・・・神経の電子組織が電磁場の受信器として作用する・・・(アーノルド・リーバー「増補　月の魔力」藤原正彦、藤原美子訳、東京書籍、一九九六年、八七、九二頁)と言う。天の川と船の梶音との共鳴的な関係を実体的に構想している。天の川から響いて来る波動を彦星の漕ぐ船が立てる波の音として万葉人は、宇宙の響きを情念に示唆していたのかもしれない。天の川の音の響きに「さやけし(清し)」を当てることによって、彦星が川音と共震するものとして聞き出す。天の川は川音の響きに触発された遠く離れた人の心から生まれた枕詞でもあったのであろう。視点1の背景には星の物語の連想から天界の波動を我が恋に重ねようとする期待があったように見える。

現代の宇宙認識の枠組みはニュートン力学によるけれども、ニュートン力学は震動を総合的な音の流れとしては扱っていない。カプラが言うように限られたニュートン力学の静止的範囲では、宇宙全体が「一つの不可分なリアリティ」となっていない(フリッチョフ・カプラ「タオ自然学」田中三彦、島田裕巳、中山直子訳、工作舎、一九七九年、二六頁)。ところが万葉が宇宙から発する

天の川の響きとして川に共鳴する波動を歌っていたとすれば、銀河系の響きに対してすら波動的な実体を得ていたかのように見えるのである。リーバーは言う「この全体論的宇宙では生物を含めたありとあらゆるものが天体サイクルと共鳴している」(リーバー前掲書「増補　月の魔力」九八頁)。文字のない時代の感覚器官には銀河系に対してよしみをさえ通ずる。天の川は万葉では織女と関わる空想的な比喩であったのではなく、梶の水音との関わりで生命感を歌っていたのであろう。出雲の名称も天体に関わる現象を通して地域の志向を示すかのよう。持統天皇が月明の時吉野へ行幸されたのも自然の波動を好んで浴びる天体的関わりの一環であったかもしれない(吉野裕子「持統天皇」人文書院、一九八七年、二一九頁)。

近づいてきた星の発する波動に同調できれば、現生の欲求をかなえる条件に接近する意識に近い。占術的天体意識ではない。むしろ万葉人が天体に対して天文的関連による地球存在者としての天体意識を受け止めようとしていたように見える。

第二項　波動のリズム

「思ほえず、来ましし君を、佐保川の、かはず聞かせず、帰しつるかも」(万一〇〇四)

彼らは音にもの事の価値の基準を置いていて、ものの善し悪しを音で聞き分けていたように思える。善意や好悪の判断が音のもっている意味で問われたのであろう。音で意味を共有しそれを伝達していた時代に、生活や生命の価値の基準となるのは音だった。ちなみに万葉の「かはず」二〇首のうち一六首がかじかがえるを詠んだもので玉を転がすような澄んだ声を響かせている。他の四首は田に住む蛙を詠んだものである（「動物の世界　第七巻」日本メールオーダー社、昭和五六年、九三八頁）。

訪ねて来た人にかじかがえるの鳴き声を聞かせもしないで帰してしまった。大変心残りなことだと悔やんでいる。好意を音によって通わせようとする歌であった。震動によって自然と共鳴しあう喜びを相手に惜しむわけにはゆかない。情景語の「蛙鳴く」は川辺の自然の生気を身に取り入れようとする枕詞になっている。その理由も音の世界ではカプラによると

「あらゆるものごとが、限りなく複雑な形で作用し合う相互関係の完全なネットワークという世界」の中にある。全てが「動き、振動し」て人に働きかけているという（カプラ前掲書「タオ自然学」一五七、二一六頁）。特に自然のままの生活領域の響きの中で、万葉人は音を通して生命感を共有する感性に恵まれていたのであろう。彼らは「鳴く蛙」の合奏の中に生気を取り戻そうとしている（六五パーセント万三五六、一一〇六、一一二三、一四三五、一七二三、一七三五、一八六八、二一六一、二一六二、二一六四、二一六五、二二二二、二一六三）。彼らの認識器官を生気に溢れた波動に晒そうという意志によって彼らは歌っている。レヴィ・ブリュルは「融即」による共同認識が原始心性の特性であるとしている。それは時間と空間の枠を超えて、宇宙や過去との共震関係に基づくものであろう。

少なくとも原始段階の「成員の存在との関係における社会集団の存在そのものは、多く融即として、同体として表象される」(レヴィ・ブリュル「未開社会の思惟」山田吉彦訳、小山書店、昭和一七年、八九頁)、それによって共震して通合う心を確認し合ったのであろう。視点2の裏には連帯感を支える振動による音のリズムが控えている。壮大な宇宙の振動から川のせせらぎの音にいたる万葉の感覚には、波動のリズムが投影されていたに違いない。大国主の命が大国魂の神として玉の震動をもって祭礼に臨んだものと関わりがあろう。

第三項　音空間の響き

「古へも、かく聞きつつや、偲ひけむ、このふる川の、清き瀬の音を」(万一一一一)

川瀬のせせらぎに悠久の時の流れを聞き逃すまいとしている。

昔から絶え間なく流れる川音が人の憧れをかき立ててきた。場がもっている音の響きには時間を超え次元を超えて通い合う認識がある。そういう流域の音の作用をこの歌は感受しているけれども、瀬を見た情景としては描かれていない。「このふる川」という場所を限定して認識したものは、太古から流れ続ける川音であって、場と音のつながりに名をつけてその場に特有な波動の働きを記憶に残したものであろう。視点3に見られる神さびた「名」の役割は川音が立てる響きを抜きにしては考えられない。

　瀬の歌を見ても水音が心を蘇生させる力になっている（一四例一五パーセント、万三二四、七一五、九六九、一〇三四、一一〇八、一一一一、一七〇四、一七三七、一八七八、二一六四、四〇〇二、四〇六一、四〇六二、四一四六）。流量、流速、流型等が客観的に観察されたものは見られない。特に蛙や蝉の声を扱っているがその動作や形態に触れたものもない。逆に天の川に漕ぐ櫨の音は織り姫の感傷を押さえる波動になっている。声のない蝶やとんぼを歌うこともない。そのように音を刻み込んだ領域《ふるさと》は特殊な音の自然に恵まれた場（音空間）として敏感な対応（波動共鳴）を繰り返してきたのであろう。

　古事記や万葉集は文字の無かった時代の言葉を記録している。しかし文字が伝来すると伝達は文字を見る脳の機能に転換しなければならなかったであろう。その表音文字は原始心性が文明心性に移行する時の状況を伝える資料でもあった。なぜならば漢字がもっている語彙の意味を素通りして、音として初期の万葉仮名は機能していたからである。弥生時代の後半には大陸の文字が文明を加速させながら、伝達のあり方に交流上の摩擦を起こしていったであろう。ただし万葉仮名には表音文字として縄文の発声の状況が残されたであろう。

　ライアル・ワトソンは言葉の変遷について次のように言っている。

「音声言語から文字言語に転換をはかったとき、われわれは目のために耳を犠牲にした。精神性から空間性に関心が移り、言語もそれにしたがって変化した・・・感覚の調和的な統合を破壊した結果にほかならない・・・視覚よりも内なる目が、われわれには必要なのだ」(ライアル・ワトソン「ネオフィリア」内田美恵訳、筑摩書房、一九九二年、八四~八七頁)。だから万葉を読むときは音声言語の立場に立って内なる目が実体を読み取る必要が生ずるであろう。古典の世界が開く世界であったとすれば、それを聞き取る法則というものがあったであろう。名前を言葉に同調させて実体を波動として認識していたであろうからである。その時誇り高い名跡の重圧に耐えてきた大国主の命は名跡なる故に命と引き換えにして死ぬこともありえたのであろう。

色々な方法をもって万葉人は宇宙に遍満している生命力をみずみずしく吸い込んできていた。それは単純なことだけれども文字には表現されていないだけのことだった。現代語に直すときには波動の認識とそれを形に表すルートを必要とし、万葉が歌として伝達をより促されるように発生音に自然の中の清い音源を取り込もうとしている如くである。

第二章　波動認識論 ―波動としての現象をどう捉えたらよいか

初期万葉人は自然のエネルギーによって活かされて生きている。自然の活かす作用を波動として取り入れながら生きていたのであるとすれば、どうすればその波動を文明の中で表現することができるであろうか。

第一項　問題の所在 ―微視的に自然のエネルギーの作用を見てみよう

量子は限定された場所に限定された作用をなすと考えられるのに対して、場は全ての波動を総合して受け止める。生活領域的な場だという違いがあるであろう。そこで前者の場合個々の量子を究めるためには全体の場に席を譲らなければならなくなり、個別を極めようとすればその個物の一点に限定されてしまうが、全体を極めようとすれば宇宙の果てまでゆかなければならなくなるであろう。そこで後者の立場に立てば基礎領域という関連性の濃い領域を限定してみた場の状況の傾向で見ようとするわけである。そこで個別を認識しようとするときは視覚的な認識を基盤においてきたが、世界全体はむしろ聴覚で響きあっているものであるとすれば、波動として認識をしないわけに行かなくなるのではなかろうか。

そこで量子力学の場合には量子ですら「振動子」として波動の法則で振動している（朝永振一郎「量子力学と私」岩波文庫、一九九七年、三五七頁）と捉えられなければならなくなる。基礎としてのものではなくなり波動として機能する状況を朝永氏は言う。

その場合「場」とは人間の活動の唯だ一つの実在であるとするニューサイエンスの立場に立てば基礎領域（故郷）は生存の唯一の基盤となる場である。瀬も磯も枕詞ではないが音の響きで相手に願いを届けようとする場（音空間）であった。すでに波動を仲立ちにして枕詞的な雰囲気を醸し出している。その祈りの六五パーセントは妻問いであり、祈りが主題であって瀬の叙景や叙情はその目的に奉仕する手段に過ぎない。目でみた美しさは音の清けさに及ばない。なぜならば限られた視覚の枠の中では、全体を受け止める聴覚の包括性がないから不安定である。即ち故郷は無数の次元の波動を受け止める受け皿であった。それを量子力学の言葉で言えば、

「場は無限に多次元の多いベクトル空間」（朝永前掲書「量子力学と私」二八〇頁）ということになる。場は無数の力の働きが統合された空間のことだという意味で、次元を超えて量子は確率的なものとしてあるということになる。

「相対論的物理学でいう時空も・・・同じように時間を超越した高次元の空間だ。そこで起こる事象はすべて相互に結ばれており」、限られた空間においては因果関係的なものは成立しない（カプラ前掲書「タオ自然学」一八七、二〇七頁）とカプラも言う。時空の次元を超越して継続するもう一つ別の世界が音を歌う万葉詩人達の前に展開していたのではなかろうか。その時人はニュート

ンの限定された絶対空間に対してハイゼンベルクの不確定性原理の宇宙的な枠組みに関わることになるであろう。しかし万葉の場合は基礎的な生活の場が共同体として人間生存の枠を作っていたので、宇宙の響きも古里で川瀬を仲立ちにして共鳴していたと言えよう。宇宙の波動は場の響きとして例えば彦星は舵の音に響いて受け止められていたに違いない。その場合の波動は気力を蘇生させて点火する天の火の意味として捉えられたであろう。

生活感覚を実感するためにはその作業は音空間的でなければならなかった。その波動空間の作用を目にみる形に直しそれを通してお互いが受け取り合う作業であった。それは葉ふりに始まり玉振りに到る過程を辿りながら、活かしを与え合うものになっていったのであろう。

万葉人が歌った場は集団の共通意志として一定の広がりのある音感領域においてであった。とすればその振動空間を波動力学的に説明することができるかもしれない。現代文明が情報を処理するときに落ち入る錯誤を万葉学において避けようというのであれば、場の不確定性に対応する確率的傾向を考慮しなければならなくなるであろう。言い換えれば万葉の世界も波動空間的世界として、絶対的な空間の一見確実そうで頼りないものであるのに対して、一見不確定でありながら確実に対象を把握する方法が確率的に処理されなければならないということになるであろう。実在は傾向の中で一貫した姿を現す。語順の繰り返しが一定のパターンをなす。人はその作業を積極的に促して精神面の共同体を準備する。万葉人は時間の流れの中で場の意味を共有することによって、過去や未来を含む次元の異なった時間を包みこみ、さらに空間をさえ乗り超えて仲間と感性を一体のものにする自在な意識があった。万葉人が捉えた自然が音であったとすればそれを逆に波動力学的に遡っていって万葉人は能動と受動を繰り返す主体者として確率的に音の世界に到ろうとしていた。その方法論を聞き出してみようと思う。

第二項　量子力学からの提案 ―確率的手法

ハイゼンベルクが次のように言っている。

「与えられた実験において・・・量子論から出て来る相補的な命題に対応する状態は・・・共存状態と呼ばれ、潜在性と置き換えられて・・・共存潜在性という概念と」なり、実在化されてゆくのである（W・K・ハイゼンベルク「現代物理学の思想」河野伊三郎、富山小太郎訳、みすず書房、昭和四二年、一九〇頁）。そこでは原子や素粒子自身が実在化されるのは潜在可能性の世界においてである。そのことを万葉解釈に適用するためには原子や素粒子という概念を存在論的に、共存潜在性という概念に置き換えてみなければならないかもしれない。すなわち万葉人が共存潜在的に存在可能性を生きていたのであれば、そのために一定空間としての共同体社会の文化を伝達する方式は共鳴的波動の方式にならざるをえないということになる。なぜなら万葉の歌には発信と受信においても音声的な波動の実感が働いていたからである。その音空間における万葉的な秩序は潜在的な共存関係を波動を媒介として成り立たせる秩序であったということになる。とすれば万葉は波動力学的確率の法則で扱うのがよいということになるのではなかろうか。

神話学にせよ宗教学にせよそれらが波動現象である場合には、それらの現象を捉える波動的方法論で論じたいと思う。その時は古典の語彙の頻度数を、科学における実験回数に置き換えて統計的に見たい。確からしさの証言として、全体の中に占める項目ごとの傾向で見ようとするものである。意味の系列を点を辿って面に広げ、さらに網羅された項目によって立体的に再構成する。そのとき語彙の系列とも言うべき構築された映像が意味の精度を高めてゆくに違いない。それは語彙の中に類型を探る作業になるであろう。それについて量子の世界ではシュレディンガーが「変化しているものは確率」だと言っている（エルヴィン・シュレーディンガー「量子力学の現状（世界の名著66、現代の科学2）」井上健訳、中央公論社、三六四頁）ことと同じことであろう。該当する全例を万葉に見ようとすることも許されよう。

量子力学の認識論によれば、いわゆるハイゼンベルクの不確定性原理によって観察という働きかけが対象そのものに影響を与えるので、変化した映像しか確定することができないことになる。その結果、粒子や波動のように観察によって変化する対象を確定するためには確率的に把握するほかないということになるであろう。そこで観察の度数に応じて確率の度合が決まり、古典の場合語彙の例数を観察の度数と考えれば確率的なアナロジーが成り立つであろう。その場合万葉集の歌の例数を観察の度数として確率的に扱う。心の複雑な動きについても意味の作用を波動力学の手法によって扱えるかもしれない。それによって同じ語彙の中のいくつかの目印を繋いでいって意味の網目を張り巡らせてみよう。それは量子論における「ギブズの集団」といわれる方式に対応するものになるかもしれない。「多くの粒子および長い時間にわたる平均値はその正常分布についての平均値と非常に正確に対応する」とハイゼンベルクは言っている（ハイゼンベルク「部分と全体」山崎和夫訳、みすず書房、一九九九年、一七一頁）。「現実の物体についての我々の制限された知識を正確に反映して、状態集団を考えるわけである。・・・現実の物体はこの集団から任意に取り出された一つの状態のように振舞う」とシュレディンガーも言っている（シュレディンガー前掲書「量子力学の現状」三七〇頁）。そこでは「確率波」という物理的リアリティを確率的には確かめられる波動として想定し、対象の実体に迫ろうとするものになっている（ハイゼンベルク前掲書「現代物理学の思想」一六、四二頁）。情念についても類型のアナロジーが力学の認識論との間で成り立つのではなかろうか。

第三項　万葉への適応 ―索引の利用

万葉にそれを当てはめれば、各語彙に潜む構成要素を語彙の群から洗いだし（何の鳥がどんな動作をしてどういう傾向の作用を及ぼしていたか）、潜在する語彙の文法（「来鳴く」ことがどれほどの吉兆をなしていたか）を確率波として表面化させ（「来鳴かない」のは凶兆だという文法にし）ようとする。その時万葉に歌われた神の映像についても、確率波に媒介された神話の像とだぶって映しだされることになるであろう。そのようにして万葉の語彙に共有されている意味のパターンが充分に記紀の物語のパターンを予測させるものになってゆくであろう。その時心を訴えようとする相手がどんな大きさの集団に属しているか、その祈願の内容がどんな対象を通してどういう方法で成り立たせようとしているか。それぞれにパターンが潜在してゆくことになるであろう。それらは目的に応じてその類型を探ればよいわけである。既に万葉や古事記の詳細な索引が出版されているのでそれを利用すればよいであろう（『万葉集総索引』、『古事記総索引』平凡社）。

それらは脳の働きに組み込まれた心理に対応していたとさえ言うこともできよう。さらにそれらは自然の波動（磯においてか瀬においてかそれぞれの場の状況）に基づいていたであろうし、それによって共通感性にまとまらなければ場の意味をなさなかったであろう。そこで確率がもっている確からしさが成り立っていったであろうし、それを研究するものにはパーセントで表現される見えない実体に触れることになるであろう。万葉人が語彙の明確な定義をしたことはないとしても、情念の類型を想定する確率的な手法をもっていて、時代の格差を埋める潜在可能性が顕在化してゆくであろう。それが類型としても認知し合う伝達であったのなら、その痕跡は共存可能な源流に到る道筋を提供するであろう。その時ホロンとして万有を相互影響の下に受け止めようとした万葉人に、はじめて我々の方法論が合致することになるであろう。それは常時変質して留まることがない実体を、一定の項目的配列の中に捉えてそのとき心を訴えようとするのはどんな相手（a妻　b家人　c戸主）ごと、それを蓋然的法則として実体把握の手がかりに利用する。なぜならば表面的な眼に見える映像は疑いのない明確さをもつように見えても、裏にある無限の因子が総合されなければ潜在可能性は顕在しないであろうからである。だから相互の影響の中の誤差の偏りを均していって、立体化させるものでありたいということになる。

一度は抽象的な類型化の操作を経た語彙群が、大枠に位置づけされた後で構造的に配置され、再び具体的な姿で古語の森を蘇生させることができるかもしれない。すなわち語彙の意味を何通りかのフィルターにかけることによって一度は埋没させせられた確率の中から、全体の流れに沿った新しい名称として古典の中で自己を語り始めることになるであろう。そのような再構成を可能にするものは波動力学的な命名によって実体の再生を図り、それによって見えない情景に見える情念を上書きする作業になるであろう（その祈願の内容が何を対象にし、どんな方法で成り立たせようとしていたか等）。そこで本論は音声言語を透視してその向こうにある情念に映像を（妻問いの呪法として）結ぼうとするものである。日本神話を対象にする場合は比較認識論的には量子の森を迂回しなければならなくなるであろう。それなしには視覚認識と聴覚認識が矛盾なく同体化させることができるであろうか。

第三章　神話の二元論的構成 ―救済のエネルギーと破滅のエネルギー

　スサノオの命のおろち退治の神話は破滅のエネルギーのすさまじさを描いている。死霊の迫害は破滅の波動を繰り返し及ぼさないわけにゆかない。スサノオの大蛇退治の物語を悪霊が忍び寄る波動が大蛇の姿で切り払われたものとして捉えてみよう。波動を介して迫る恐怖は、祖霊からくる破壊力に対応したものになるであろう。その関連性の中でその救済を図ろうとすれば、それを単に映像に描き出されて視覚に訴えようとする荒唐無稽な神話の姿になってしまうであろう。

　大国主の命にしても死者が及ぼす作用を繰り返し避けている。その迫害との和解も無意味ではない。ただ現世の合理性だけで問題の解決にはならないという点ではスサノオの命の神話と密接なつながりをもつであろう。これらの神話には現世と前世の次元を貫く合理性がある。即ち破滅のエネルギーを鎮める前世に対する働きかけが必要になる。できればそれを救済のエネルギーに変えなければならない。前者は大国主の命の前半の対応であり、後者は大国主の命の後半の姿でもあった。それを本論では第一篇と第二篇に配分してみたいと思う。それは名称の変遷の中にも表現されていたであろう。受け入れるべき波動と同調を求める名称もあり、あるいは畏敬して祭り込めなければならない名称にもなったであろう。エネルギーを受け止めて処理する姿勢になっている。神話の働きかける姿にはこちらからのものとあちらからのものとの区別を振り分けなければならない場合があった。

大国主の命の神話は前半は前世からどう逃れることができるかを扱い、後半は来世の立場に立った魂の問題をどう鎮めようとしたかということになるであろう。

祖先の死を受け止める仕方によって、生きるものの運命が問われていたとも言えよう。死を通して無に帰一しきれない部分が残るならば、人はそれにどう立ち向かわなければならないかを、大国主の命を通して問われていたように見える。その仲立ちをした五感に感じにくい波動があった。

例えば死後の生命の継続について散り落ちた葉の作用をワトソンが言うには、

「一九三九年ソビエトの電気技師キルリアンはレンズなしでも写真が撮れる方法を発見した。目に見えるくらいの放電をする高電圧、高周波数の電極二枚のあいだに、被写体とカラー・フィルムを置くと、鮮やかでこの上もなく美しいものが写るのである・・・病気の植物からとった葉は見るからに様子が違う・・・生体の内的状態を示す電気信号を読み取る方法を発見した・・・肉体が破壊されても存在し続ける可能性が示唆された・・・霊魂の存在を裏付ける科学的な証拠を突如として手にいれたようなものだった」（ライアル・ワトソン「アースワークス」内田美恵訳、ちくま書房、一九九三年、一七七〜一七九頁）ということである。死後に生き残る部分が波動として存在し、植物が感じた恐怖の波動は、植物が感じた喜びの波動を凌ぐ影響を死後に残していた。それによると時間の次元も超えかつ場所の次元も超えた物としての存在は滅びても波動としての存在を現世に残して働き続けていたのである。

万葉人には自然の中に宿る気力をわが身の活性力として取り入れるパターンを作っていた。なぜならば自然は人の対応によって救済する力にもなり、破滅する力にもなるからであろう。自然に対する人間の精神的な作用を重く受け止めようとしていた時代のことであった。

より具体的にそれらの主題を各章ごとに割り当てておこうと思う。

大国主の神話の時間的経過に大方は従いながら、次のような手順をもって論を進めたい。第一篇では大国主の命の救済力となる敬虔な人格を扱い、第二篇では対応を一たび間違えれば破滅のエネルギーとなる霊格としての大国主の命を扱いたいと思う。

第一篇　救済するエネルギー

（第一章）大国の主になる前の段階で例えばアシハラノシコオの命として彼は怨霊となった肉親達から命を狙われて死線をさまよっている。それに対してその神話は死におびえるものに生の力を漲らせようとする意図を秘めていたように見える。わが身の中の前世の部分を丁重に死霊の及ぼす悪い波動に対処するあり方が問われている。認識について「存在と時間」の相関で論じたM・ハイデガーの思想との対比で見てみよう。

（第二章）大国主の命に試練を与えた活動の拠点は「出雲」であったが、死の脅威が祓いきれない。逆に出雲学は「出雲」に厳藻《いつくも》の字を当てて出雲をロマンの明るい雰囲気に切り替えている。その間の矛盾を「出雲」の祭式との関連で波動エネルギーの混乱と調和との調整が迫られていたのかもしれない。フッサールの共同主観性の立場から見てみようと思う。

（第三章）深層心理における大国主の命の実体は何であったか。C・G・ユングの神話説は恐怖の中に恩寵を対極的に実現させるというものであったが、彼は自然の脅威を潜在意識の中で至福の救済に転換しようとしている。一方大国主の命に潜在する意識はどういう形で日本民族の「原型」とつながるのであろうか。救済の方式について彼我のずれはなかったであろうか。

（第四章）どのような場において「出雲風土記」における大国主の命と「記紀」における大国主の命とが関わりをもつのか。大国主の命の「大国」という表現を国という場がもっている役割を通して検討したい。領域の変動によって緊張が走る時に国家が存続しようとする意志と首長の運命との間に厳しい関わり合いが生じている。流動状態に置かれた基礎領域のあり方を一九世紀ドイツのF・ラッツェルの地理観が問題にしている。

（第五章）大国主の命の政治の背景には海のもつ救済力があった。国土経営で彼が海の響きをどのように捉え込もうとしていたのであろうか。ヨーロッパ的な西岸海洋性気候に対して大陸東岸のモンスーン気候のもたらす日本海が神話の背景にあったように見える。海の及ぼす波動的作用を特にボーアの定常状態の考えを通して見てみたいと思う。

第二篇　破滅させるエネルギー

大国主の命を憤死のままに終らせるのであれば、破滅のエネルギーが全土に及ぶのも当然の成行きであったに違いない。そこで死に面した大国主の命は自らそのような破滅を回避する提案を行った時、朝廷はその申し出の全てを受け入れている。誰もその霊格の圧倒的な働きに逆らうことができなかったのであろう。そしてそれが第二篇の主題になるであろう。

（第一章）そのために第一篇の末尾に見られた海の働きを受容して人間の機能を強化しなければならない。大国主の命が海を救済力の源泉としていたのであれば、その死の鎮魂のためにも海の働きを取り入れなければならなかったであろう。海鳴りの波動を受け止める感覚を扱いたい。

（第二章）古事記・日本書紀・万葉集における総合的な体系による「神」とはどういうものであったか。その時古代日本の神学がどういう姿で一貫性を維持できるのか。それぞれの神格を項目ごとに確率的に検討してみたいと思う。それによって神からの作用とそれに対応する人の働きかけとが詩と散文とで資料ごとにどう響き合っているか、神代篇と人代篇ではどういう違いがあるか。それによって大国主の命が神学的な体系においてどういう位置を占めることになるであろうか。

（第三章）スサノオの命はむしろ祭る立場に立ってオロチ退治に向かわれる。ところが大国主の命はきわめて特殊な祭られ方をされなければならない。基礎領域が地方から国に変わるとき、何が霊界の軸に置かれるべきであるかが改めて問われたことになるであろう。大国主の命は自らが神として祭られることを要求した時、古事記は神主を派遣して天皇家を凌ぐ祭事で祭ろうとしたが、日本書紀はすぐさま異例の処置を施して大国主の命を祭られる神から祭る神に移す気配を見せている。（第四章）大国主の命の儀礼が水辺で行われた。祈りによって霊界と和解する場として、海がもっていた意味を検討してみよう。葬送の儀式について記紀と万葉の方式とが一致するとしても、大国主の命の祭礼は万葉に見られる生活の中の神事から国家による神事への移行を促す転機をなすものであった。大国主の命に歴史的変革が迫ってきたのであろう。

（第五章）大国主の命の場合さらにそれらの体系に収まりきれない新しい形の神格が生じている。それによって生活領域そのものを鎮魂することの意味が何であったかを扱いたい。「大国魂」という名称で地域の精神を国家意志として祭る。国の意味が変動する中で、変動が与える衝撃をどう処理してきたのであろうか。近世ドイツの領域が不安定な状態に投げ込まれたとき人文地理学によって対応したような対応の仕方で大国主の命の領域を処理することができたであろうか。

いよいよ遠ざかってゆく信仰の原型を大国主の命の祭礼から復元することができるであろうか。以上の方式にしたがって現代の思想とそれらの方法論から見た古代人の認識の姿勢を辿りたいと思う。

次のハイゼンベルクの言葉はささやかな極東の提言を量子論の立場から許してくれるものかもしれない。

「現代物理学の開放的な性質は、ある程度まで古い伝統を新しい思想の傾向と融和させる助けとなるのである。例えば、この前の大戦以来、日本からもたらされた理論物理学への大きな科学的貢献は、極東の伝統における哲学的思想と量子論の哲学的実体の間に、何等かの関係があることを示しているのではあるまいか。」（ハイゼンベルク前掲書「現代物理学の思想」二一〇頁）。即ち波動力学的にも日本神話に挑戦する立場が近くにあり、その挑戦の仕方も、その手順の後先もかまわずに、敢えて一石を投ずる不徳を諒とされんことを願うのみである。

人や神を波動として捉える時が来た時、その方法論を量子力学的に論じなくてよいだろうか。それはどうしても確率的になり、網羅的になり、総合的にならざるを得なくなるのではなかろうか。

大国主の命の神話
―人は死者の影響を断ち切ることができるか―

転換篇　天照大神の照り映えるエネルギー

天照大神がその照り映えるエネルギーによって避け、『転換篇（三一頁）』で扱い、さらに大国主の命が及ぼす霊の作用に人はどのように対応したかを『総括篇（二七五頁）』で扱いたいと思う。

第一章　葉がざわめく時の祝福

第一節　古事記的意識の流れ ―神学的浄化の作用

自然の全てが何かを語りかけている。そこに自分も招かれてその中で人は活かされようとしている。そこにいる自然界の神と通い合う。その基をなしたのは滝の音や風の音であり、それらに万葉人は言い知れない思いを通わせている。そしてそこに居るもの達がそれを絆にしてよしみを通わせている。万葉の歌はそこにある離れ難い温もりを相手に訴え、そして古事記はこの世を離れた肉親に伝えてその嘆きを共に悼んだのであろう。

古代歌謡の葉の振りが伝達した爽やかな震動が記紀にどのような救済のエネルギーを及ぼしていたのか扱ってみようと思う。

第一項　天照大神の神話の構成

天照大神に終始付きまとっていたのは生気を滅ぼす死の影であった。厳しい試練を別次元から課せられ、何度となく生死の境を彷徨っている。大国に主たろうとするものは何故に死の迫害を繰り返し受けなければならなかったのであろうか。人間が現世に残した恨みは生き残った人間に影響を残さないわけにはゆかないという前提で神話は叙述されていたように見える。その影響は統治者の場合領民全員に及ぶことになるので統治に関わりのある鎮魂の儀式を必要としたのであろうか。物語としては死の脅威を繰り返し避ける作業になったのであろう。

大国主の命にしても死の影をはじめに洗礼を避けえない身構え方に変わりはない。大国主の命になる過程を辿ってみよう。

ａ１　いなば（因幡）に行った時に不幸に嘆く兎に出合っている。その邪心によって不運を招いた兎が赤い膚をさらしていた。その兎に対して、彼は川の水と植物の生成の力を利用してその苦境から救い出してやっている。

ａ２　その後で彼はほうき（伯伎）の国に到って彼岸とも此岸とも区別のつかない世界から数々の試練を受けている。

ａ３　その後で根のかたす国に行ってスセリ姫と結婚することになったが、その時何代か前のスサノオの命から恐ろしい霊的な迫害を受けている。その時妻からもらったひれを揺り動かして蘇生している。それでもスサノオの命からの追跡が止まず、霊界の果てである黄泉の比良坂という境まで逃げ延びてきた。その時の生太刀《いく》、生弓矢によって八十神達を坂の御尾に追い伏せ、川瀬毎に追い払って初めて国作りを始めることになったのである。

b　越《こし》の国では彼はヌナカワ姫に求婚されたので、スセリ姫の嫉妬を受けている。

c　スクナヒコナ（少名比古那）の神の助けを得て国土を経営された。その後で国を朝廷に譲って出雲のきづき（杵築）の宮に隠《こも》られたというものである。

やはり彼の神話の根源には、霊性の迫害をはねのけなければならない課題があったということであろう。その時どういう対応が考えられたのであろうか。大国主の命がスサノオの命によって課せられた試練がその厳しさを物語っている。その時はスセリ姫の呪物を振ることによって再生することができた。

死の運命に関して、現代西欧の哲学者ハイデガーは次のように述べている。

「現存在は宿命であるからこそ現存在は宿命の打撃、不運に出合うことがありうる・・・幸福な状態を迎えることや偶然の出来事の残酷さに対して開示されている」（マルティン・ハイデガー『存在と時間（三）』熊野純彦訳、岩波書店、一五二頁）。ハイデガーは死滅したものとの関連で存在を捉えようとしていたと言えよう。仏教の影響を受けた思想家として彼は自己の因縁としての祖霊が現世に輪廻的な影響を宿命として及ぼすという類推を成り立たせたのであろう。すなわち

「同一の世界における共同相互存在において・・・初めからすでに様々の宿命が導かれてい」（ハイデガー前掲書「存在と時間（三）」一五三頁）るのだから、ハイデガーは死後もその見えない糸は断ち切ることができないとしたように見える。

大国主になろうとするとき前世から受けた死の誘いは数代前の祖霊スサノオから来ていた。そのスサノオの命は追放刑を受けて劣位に落とされた後、おろち退治の難業を果たしたまま文化の主流から外されてしまう。ところがスサノオを追放したのは天照大神であった。その天照大神によって大国主は制圧されている。年数は辻褄が合わないがそれは朝廷が神統記を書き上げたときに生じたスサノオからの誤差とも言えよう。

それを次のようにここでは解釈しておこうと思う。前著でスサノオの命を縄文文化の核心に位置づけ、本論では大国主の命を弥生以降の文化の核心に位置づけてみると、両者は数千年の経緯をたどって日本の文化の骨格をなした英雄神であった。記紀はその経緯を一世代の文化闘争の中に集約したものとする。神代篇ではスサノオの命に続き大国主の命が最終を締めくくっている。人代篇はその後の律令時代前後の経緯を物語っている。前者は霊性を強く意識して前世と現世を密着した関係で物語っていたが、後者は現世を中心にした合理性に徹して生き始めたのであろう。その時代分類を前提にする場合には大国主は霊性に対して慎ましい対応をしていた精神段階の人であったと言えよう。

ハイデガーは時空を超えて現世にも及ぶ前世の厳しい仕打ちに対して心に準備をしておくように

説いている。なぜならば「死と死者たちの王国は、・・・有るものの全体に属して」影響を現世にも及ぼしているからであった（「ハイデッガー全集第五巻『杣径』」茅野良男、ハンス・ブロッカルト訳、創文社、昭和六三年、三三五頁）。

世代を超えて深層心理に響く別次元の働きがあった。死霊との交流が記紀万葉では抵抗感なしに行われていた。霊に響く言葉の働きがあったからでもあろう。それは時代を超えて共同体が共有してきた思考の類型にも関わりがあったであろう。万葉は死者と生者を同じ語法で一つの類型に包み込んで語っている。古事記の神話も特に大国主の命の死との関わりについて古代日本の方式を残したのではなかろうか。それは彼岸と此岸に共有される意識のパターンにまで及んでいたからであろう。その法則を予めまとめてみれば次のようになるであろう。

a　自然に内在する見えない活性力を受け止め初めて原始の生命感を支え、彼らは音の響きに宿る安らぎやはなやぎを察知していた気配がある。

b　その生命感を相手にも及ぼそうとする。人と人とを結び付ける力を信じて開いた心でそのような自然から会得したものを伝え合っている。

c　それは死の世界に及ぶ想念でもあった。死後暫くの間魂はこの世に残ると観じ人は生者のように嘆きを交わし続けた。首長への畏怖の感性がそのようなものの中から生まれたのかもしれない。それらは仲間同士の伝達のリズムを持ち、死者・生者、動物・植物を問わず心の交流をするときの基調をなしたものであろう。文字無しに意志を通じ合うために下敷の役目をするカタチができあがっていったのであろう。その類型を具体的に展開すると文になり歌になりそして神話にもなるという心の作用になっていた。記紀と万葉は共感を支えにした祈願文で構成されていたが、おもに死者の世界を語った古事記と、おもに生者の世界を歌った万葉との違いはあった。

そこで万葉の視点も組み入れながら大国主の命の先に挙げた神話の粗筋に戻ってみよう。

a1の場合、流れる川と穂の成長する生命力は自然のエネルギーを宿すことによって、人の活性力を回復させる自然の清めになった。兎が身ぐるみはがされて苦境に追い込まれたのは兎が鰐を騙した邪な心から邪な心を誘い入れたものであった。だからそれを治すためには心の汚れを清める必要があった。大国主の命が介在した慈しみの方式は邪念に由来する心の汚れに対して、さやかな自然に由来する清い心によって向かい合おうとする構えがあった。身から災難を払うのであれば身の清めが先に求められたのであろう。

「君により、言の繋きを、故郷の、飛鳥の川に、みそぎしにゆく」（万六二六）と万葉人は歌う。

非難を避けるならば清い心で自然の支えを確かなものにしなければならない。言葉を弄ぶほど汚れの染みを広げることになりかねないのであるならば、身の内外の清めをもって自他を活かす手法にしようとしたのであろう。

「（大国主）今すみやかにこの水門《みなと》に往き、水をもちて汝が身を洗ひて即ちその水門の蒲の黄《はな》を取りて、敷き散らして、その上に輾轉《こいまろべ》ば、汝が身本の如、必ず差《いえ》むとのりたまひき」（記上二六ウ）

河口のみそぎの水の活性力と花が芽生える薬効をもって、汚れを心の中から払おうとしている（本稿四六一頁四行)。

a2の場合は、汚れた肉親の霊の迫害を受けて赤い猪を待ち受けて捕まえよと言いながら「火をもちて猪に似たる大石を焼きて、転ばし落しき、かれ追ひ下り取る時に、即ちその石に焼き著《つ》かえて死にき」(記上二七オ)生死の間をさ迷う。古事記において猪は大倭建の命を惑わした白猪がこれ以外に一例あるが、a霊界の猪が火だるまになった石として突進して来ようと、b耐え抜けば、c押さえられようという気持ちを表していた。万葉では一三例あり次のような働きになっている。a山に臥すが(万三四二八、三三五三一)荒しに降りて来るのを見張り(万三〇〇〇、三八四八)、b足蹴にして挑発し(万四七八、九二六)待ち受けて(万四〇五、一二六二、三三七八)、c屈服させる(万一九九、三七九、九二六、一〇一九)となっている。農耕儀礼の猪(神田典城「日本神話論考『出雲神話篇』」笠間書院、平成四年、一八六頁)の姿は古事記にはあっても万葉には見られない。

「新墾田《アラキダ》の、猪田の稲を、倉に積みて、あなひねひねし、わが恋ふらくは」(万三八四八)猪が荒す田を守ってきたが私の恋はひからびてしまった。猪には待ちの姿勢で臨んだが恋には通用しなかったと万葉では言うが、古事記では赤熱した石に変えられるという迫害に対して、耐えた大国主の命が霊界の危機を切り抜けている。

その死から彼を蘇生させたものは「キサガヒ比売」「ウムキ比売」であったが、それぞれ赤貝、蛤を名称にもつ女性であり、万葉では貝は活性に使われる呪具であったことから、大国主の命の生死を分ける役割を果たしていたことになるであろう(本稿二八九頁)。その後スサノオの命の所に逃げてきたが蛇の室に寝かされたのでその妻から蛇のひれを授けられ、もしもそれが悪意に変じて「その蛇咋《く》はんとせば、このひれを三たび挙りて打ち払ひたまへ」（記上二八オ）と除災の指示を受けている。このひれ振りが万葉に七例あり相手に心の震える思いを伝えるものになっていたのである（万八六八、八七一、八七二、八七三、八七四、八八三、一二四三）。

「遠つ人、松浦佐用媛、つま恋ひに、ひれ振りしより、負へる山の名」（万八七一）

相手に熱い心を伝えようと振ったひれから、ひれ振る峯という名前が付けられたという。ひれ振りはそのまま袖振るや衣振りと共に思いを通ずる役割を共有するものになっていた（前稿三二頁）。大国主の命も死を呼ぶ霊界の作用を払って心の萎えから立ち直ろうとひれ振り動かしたのであろう。単にひりふる波動の作用だが拾う作業に対応させて済む事ではありえない（本稿七三頁）。

ａ３の場合は、結婚に際して幾世代か前のスサノオの命が祖父の呪いとして登場している。彼は死の試練を呪法によって切り抜け、祖霊の怒りの追跡を現世との境を示すヨモツヒラ坂において振り切っている。

「黄泉比良坂に追ひ至りて、遥に望けて大穴牟遅神を呼ばひて謂ひしく『その汝が持てる生太刀・生弓矢を以ちて、汝が庶兄弟をば、坂の御尾に追ひ伏せ、亦河の瀬に追ひ払ひて、おれ大国主の神となり・・・』（記上二九ウ八）支配権を確立せよと言う。その霊界の出口の所で切り払ったものが弓矢であり太刀であった（本稿一五八、一六五頁、前稿八一頁）。すべて振る呪具を用いて霊界の迫害を避けることができた。その上で初めて王者の資格を霊界から大国主の命として保証されたのであろう。その呪具は振り動かされて霊界の恐ろしい波動を払う機能を予想させている。この部分には「ひれを三度振り打ち払ひ、外はすぶすぶ、内はほらほら、妻ははぶりつものを持ちて泣き、琴が木に触れて大きな音を立て地動み鳴り、黄泉比ら坂に追ひ伏せ」とある。震動「は・ひ・ふ・ほ」をら行で活用させる振動用語が連なっている。それは霊の作用を呪物を振り動かすことによって振り払う作業を示していたのではなかろうか。霊と和解しながら霊の汚れを避けるためにそれらの言葉が集中的に使われている。その働きは「ひれで振り払って蘇生し、劫火は外をかすめて素通りし、内側でバリアが張られて響きを立て、神を慰める具によって祓い、琴の音を響かせて霊の働きを封じ、冥界の境で悪い震動を遮断」している。なお現行の素振りは実害のない空振りの意味であり、古事記では「外はすぶすぶと言へる故に火は焼け過ぎき」という描写になっていて呪法を予想させる対応関係が示されている。情景としてたとえ「ほら」を洞窟としたり、「すぶ」を統べるという客観性を持たせたとしても来世の次元に通じるアナロジーにはならないであろう（西郷信綱「古事記注釈　第二巻」筑摩書房、一九七六年、三八頁）。ここでは呪法という霊界に対応する手法によって唯物的な現象界に対する拘泥りを避けている。大国主の命は悪霊から清められるときに、波動の作用を受け止める呪法を連ねたのであろう。

　側線で示された振動によって危機が振動する呪法として回避されるようにしている。粗暴な破壊作用を粗い震える破壊力で阻止しようとしているわけではない。

　bでは妻問いを経て統治者の系譜を成り立たせている。「おれ大国主の神となり、（ウツシ）亦宇都志国玉の神となりて、その我が女須世理毘売を嫡妻として宇迦能山の山本に、底津石根に宮柱ふとしり高天の原に氷椽たかしりて居れ、是の奴」（記上二九ウ）と祖霊であったスサノオの命から言われている。悪霊を払い祖霊から承諾を得て国主の就任の儀式が成り立っている。「故、その太刀・弓を持ちて、その八十神を追ひ避くる時に、坂の御尾毎に追ひ伏せ、河の瀬毎に追ひ払ひて、始めて国を作りたまひき」（記上二九ウ）。

cでは海の浄化する助けを得て国家の繁栄が期待されている（本稿二七八頁）。

そのように現世の問題の処理を古事記は死霊の世界との関連で示そうとしていたのではなかろうか。海や山か、香具山のひれふりと先後を問わず同列で検討されよう。

万葉の場合には今の次元を超えて死霊の迫害を歌ったものは少ない。それに対して記紀は逆に万葉の歌ったような場の次元を超えて恋の通信を語ったものは少ない。しかし大国主の命が祖霊の汚れを清めて首長の資質を得たという考え方を明かにしている。西郷氏によれば「死と復活の物語を基礎づけているのがシャーマン的首長の即位式」に関わり「洞窟で修行し・・・忘我の無幻境」に修行したものということである（西郷信綱前掲書「古事記注釈　第二巻」五五頁、西郷信綱「古代人と夢」平凡社、昭和四九年、一五三頁）。それは霊界の汚れを払うものでありシャーマンの神おろしとは異なっていて、首長としての資質を得る習俗が成年式と直結すると言えるであろうか。

「記紀」の中巻でも倭建命が自ら清めの剣に背いてその気品を捨てたために、不運を招いて自滅するという記述がある。そこには征服者、被征服者の別を問う余地はないであろう。国際情勢の急変を目前に控えた朝廷側の焦りもあり、倭建命の悲劇は古墳時代の覇を競う強引な征服事業の帰結でもあったのであろう。前世に思いを致す神代の方式に対して、現世だけの合理主義を強行する時代が始まろうとしていたことは否定できない。

第二項　悪霊排除の儀礼の根拠

(1) 天体の波動を人事に及ぼす

大国主の神話の顕著な特色は波動に対する敏感な反応であったように思う。逆に我々にとって音の世界は見る世界ほど敏感ではない。しかし記紀万葉は生活の中にはるかに多くの音の作用を処理していた。山間の村の空間に響く音に救いを感じて人は音によって生き、音によって通じ合い、祈っていたのではなかろうか。

音によって吉凶を判断し音を操作して吉凶を左右しようとしている。音といっても聞こえない超音波の波動の領域に及び、その生理的作用を及ぼす波動に敏感であった。特に大国主の命になるために祖霊の怒りを鎮めるように「振る」波動を繰り返し送り届けた。それをシャーマンと言ったとしても忘我の状態で神おろしをするという状況ではない。しかし科学的根拠となるものなしに通り過ぎるわけにもゆかないであろう。

万葉も故郷で身につけた震動を懐かしみ、生まれ育った地域に振る里の言葉をあてて震動との関係を示唆している。彼らを養った音の環境から離れて彼らが異国に馴染むには音の環境を振り切る覚悟も必要であった。ふるさととの時空に遍満して同郷である親しみがあった。それを決定的にする波動がそこに生きた人達の行動や人柄や運命にまで影響を与える。先ず人はそれを大きく包み込んでいる宇宙的な音空間との関連を引き受ける。その宇宙的な震動圏をシュベンクが扱っている。

「均一な水塊の内部に感覚器官に相似したものが象られていって・・・律動的波動をもって（宇宙は）自らの姿を水中に刻み込んで行く」（テオドール・シュベンク「カオスの自然学」赤井敏夫訳、工作舎、二〇〇五年、一五六頁）という。水が一番敏感に宇宙の震動を取り込んでいるとしても、程度の差はあれ全ての存在に宇宙のすべての動きが影を落としている。末端のいかに微小な生命であっても

「生きている限り体はその周囲に一つの場を発生し続け・・・ごく僅かのきっかけにも敏感に反応し共鳴する」。人も震動を通して宇宙とつながり、わずかな震動にも微妙に反応を重ねている（イツァク・ベントフ『ベントフ氏の超意識の物理学入門』スワミ・プレム・プラブッダ訳、日本教文社、昭和六二年、六四、六六頁）とベントフも言う。

すなわち古代人が自然の震動を好んで取り入れようとしたのは、末端の細胞にも本来の活性化された姿を期待したからかも知れない。自然の律動に込められた波動エネルギーを命の原形を回復する要素と考えたのであろう。宇宙の遠くから響くある種のざわめき音があって圧迫された心を励まし開かせる力があった。さらに怨霊の汚れまでも清めてくれる作用を感得し、期待をかけたものと

受け取れるとすれば、万葉に自然の原理に基づいた神話の精神が息づいていたということではなかろうか。

万葉に見られる自然讃歌の特性は、生気を取り入れて気力を回復し（a）、生に弾みをつけて活性祈願を行い（b）、それを鎮魂祈願に及ぼす（c）、というパターンを持っていたことであろう。そのとき古事記はそれを祖霊の影響を排除する呪法に重ね合せていたのである。死者に対する儀式も「はふり」の震動によって殯宮に葬る、破滅させる怨念の波動を宇宙の律動に同調させて和らげる作業になっている。蘇生もあろうが鎮めたカタチで死者を霊界に送ろうとするものであったのであろう。

「・・・剣太刀砥し心を、天雲に思ひはふらし、こひまろびひづち泣けども、飽き足らぬかも」（万三三二六）

首長の死によってもたらされた不安を、自然の力によって鎮め勇気づけようとして「はふって」いる（その他・万二八三三、三三二六、四一〇六、四一一五）。

「み幣とり神の祝《はふり》が斎《いは》ふ杉原　薪とり、ほとほとしくに、手斧とらえぬ」（万一四〇三）

神主が神事によって神霊を鎮めて境域を安定させる、そこへ薪を取りにこともあろうに斧を持って立ち入って没収されそうになる。神域を犯してまで災いを招くのは愚かだとしても、もしもこの歌が恋の歌であるならばタブーを犯しても相手を得たいという決意を伝えたものになるであろう（その他・万一三二、一〇六二、二三〇九、二九八一、三三二四、四二四三）。はふりの神聖な清浄さを畏敬し、それを汚すことを畏怖している。清めが命を生かす力であるならば、汚れは己を滅ぼす恐怖にもなる。「はふり」のふりが震動だとしてもその「は」はどんな働きをするものだったのだろうか。その前に古事記のは振りを見ておこう。

古事記ではふり七例はその八六パーセントが霊性の鎮めの作業になっていたのである。鎮魂のはふるは四例（記上二三ウ二、上二九オ五、中二五ウ五、中四七オ七、下二〇オ七）、神主のはふるは一例（記中三三オ九）、魂に幸運を運ぼうとするはふるは一例（記中一ウ五）である。

「ハヤスサノオの命そのはきませる十拳の剣を抜きてその蛇を斬りはふりたまへば、肥の河血になりて流れき」（記上二三ウ二）

ヤマタのおろちは悪霊として「はふり」によって排除されるべきものになっていた。古事記では振りの対象としていたのは荒れる霊格であった。記紀万葉の「はふり」は筋の通った浄化作用に参加したものであった。

「己がはりおける押しにえ打たえて死につ。すなわち引きだして斬りはふりき」（記中五ウ五）。

エウカシを殺してその後でその荒れる霊性をウカシがはふって鎮めている。

万葉では遠く離れた夫に意志を共鳴で伝達しようとし、古事記では死んだ祖霊に対して訴えかけようとしている。その時の相手は時間空間を超えて存在している為に、その伝達も時空を超える作用が期待されている。意志伝達の超空間・超時間というものが考えられるのかも知れない。例えば「高等動物においては生体器官として固体化しているものが、原始的段階ではまだ渦を成して自由に運動する液体として認められる」（シュベンク前掲書「カオスの自然学」一四六頁）。如何なる段階にも渦があり宇宙の波動を受けていることをシュベンクは示している。すなわち水が動いて渦を生じ、類型が整えられて共鳴が広がり、物質を構成するという手順を辿るものとして説明している。シュベンクの波動の考えによれば万葉の宇宙感覚、共同感覚、前世感覚は根拠をもった仮設に置きかえられるであろう。冒頭に挙げた三つの歌「天の河川音清けし」「かはず聞かせず」「古へもかく聞きつつや偲ひけむこのふる川の」は、波動が水を通して生命の基本的な形態に影響を与え、遥かな次元にも通じようとさえしていたことを示している。

シュベンクは生命の諸器官が成立したのは水の中であり、生命体はそこで相互に意識を交流させあい、影響を与え合う機能を持つに到ったと言う。その波動を増幅して意志を成員と共鳴しあう為に、それぞれの動物に特有の器官が備わったというのであろう。宇宙環境の基本的要素が波動だとするならば、人知の及びえない領域においても共同行動を成り立たせている機能は波動である可能性が生じよう。そんなに簡単に置きかえられる「ふる」作業を文字の成長が忍び難く奪いとってゆく。

特に音を媒介する耳は原始の海の成分で形成され、形態は「蛇行球型螺旋」としてその名残をとどめている。その認識は時空を超えた響きを聞き出して原始の意識の痕跡を伝えていたことになるであろう。貝の形態も多くは渦形態となりその波動的構成力が作用していたことを表している。「高等動物においては、生体器官として個体化しているものが、ここでは（原始段階のものでは）まだ渦をなして自由に運動する液体として認められる」（シュベンク前掲書「カオスの自然学」一四七頁）ものである。すなわち宇宙の震動によって生成した渦が固体化される過程の中で、知覚器官が成立している。命を創成したものに再び命を蘇生させる刺激を求めようとしている。彼らはそれを海中で揺すり「ひりひと」っている。貝に震動を回復させることによって、妻に共鳴する意志を贈ろうと願ったのであろう。江本氏は言う「刺激という概念は、波動的に言えば震動を与えることと同じであると思います。全ては震動に因って起きていますから、それを励起させるために外界からの震動を与えることが必要になって来るのです」（江本勝「波動革命」ＰＨＰ研究所、一九九五年、一五六頁）。当然それは貝の震動だけではなく、月の場合でも見られたのである。「香具山に衣ふり」（万二八）の波動上の対応関係を無視するわけにゆかない。

「胎児は水の外皮に包まれ、起源が水の球的性質」に遡り、骨も筋肉も螺旋の形を成して固体の形態の法則で現実になってゆくので（シュベンク前掲書「カオスの自然学」一一一頁）、湖に対してなされる月の律動は「月軌道の律動に近づくに従ってより強い波動が現れ」（シュベンク前掲書「カオスの自然学」一二一頁）、それゆえに万葉人は意識的に月の影響を受け止めて思いを通わせ、相互に通信の可能性を増大してゆく。

「万代に、照るべき月も、雲隠り、苦しきものぞ、逢はむと思へど」（万二〇二五）

水面に律動を及ぼす月の影響を目に見せてくれないならば、思いを通わす心の高なりを静めようがない。天空の律動を思いを伝える増幅器として万葉が恋を歌っている。「万代」からの天空の動きに共鳴した高鳴る「思い」が「雲隠る」月に掻き乱されて「苦し」い戸惑いを歌ったのであろう。

視覚的に見えないから寂しいのではあっても苦しくはないであろう。苦しいのは高められながら一挙に遮断された波動の作用によるものではなかろうか。異質の波動を波動の反発による集団同士の協調と反発が集団共立緊張として共同作業を規制し続けたのであろう。

（2）神霊の悪い波動を払う

音の波動が共鳴できなければ万葉人は相手の意識を受け付けて伝達そのものができなかったのであろう。人の心や魂の震動を共震させて捉えていたと言えよう。それは過去から及ぶ人間の営みを未来に向ける作業でもあった。だからその仕組みを知らなければ人はその運命の趨勢を転換させることさえ試みようがない。「ふる川の清き瀬の」（万一一一一）次元を超えて響く自然に働きかけようとする、媒体となる水の不思議な姿にまで及ぶ。

昔の人の意識を水の音を通して遠い過去から伝わってきている場に共有したものが時間を共有しえたのであろう。場を清める川の流れは、万葉の時間に万代に及ぶ無限の働きを与えている。波動によって宇宙の果てを生き無始の神代を同時存在的にすら生きたのであろう。

大国主の命の場合も先ず初めに水の働きを通してその運命を呪いの影響から断ち切って国土経営に及ぼし、子孫に続く繁栄を期待する。

日本古代の神学は震動という概念を存在論に取り入れて磯や瀬の響きばかりでなく、天界の運行の響きさえも聞きだそうとしていたと言えよう。

「織女の、袖まく宵の、暁は、川瀬の鶴は、鳴かずともよし」（万一五四五）

鶴の声を聞くまでもなく天界の響きが相手へのわだかまりを癒してくれている。「織女の袖つぐ（まく）宵の暁」の天空に宇宙の響きが既に響いているのであれば、「川瀬の鶴は鳴かずとも」十分励みになっていたからであろう。

「天界のハーモニーが流体の中にこだまし波動している」（シュベンク前掲書「カオスの自然学」二一九頁）ので、それを採集するために人は砥澄ませた共鳴体を準備しなければならない。そのような生の震動を受け止める万葉人の「はふり」の構えは、古事記にあっては死者の恐ろしい影響を排除する「放る・葬る」という構えに通じてゆくことになる。物語の形で言えば次のような解釈に耐えられるものでなければならないであろう。同音なのに同意でないというのでは生死を超えて共鳴する方式は成り立たないであろう。

a1では、大国主の命が救われる条件は霊界から及ぶ八十神達の迫害に耐えて、水の力によって救済力を発揮し、それにより劇的に人間性を高めることにあった。数代前の親たちに遡れば数十人分の恨みが懸かっていたのかも知れない。

「水の中に全存在の英知が流動しているのを利用」して身のありようを整える。何故ならば「水にあっては天体調和という高次元の力が移動してゆく水の内的特性へと転化されていた」からであろう（シュベンク前掲書「カオスの自然学」二三六、二八一頁）。

a2では、不平も言わずに試練に耐えて、太刀弓をとって八十神を追い避け川瀬毎に追い払い国を作りはじめた。水の瀬における清める働きが霊性を浄化し、人を若返らせ川の音が心を高揚させている。

「古へゆ、人の言ひける、老人のをつとふ水そ、名に負ふたぎの瀬」（万一〇三四）

万葉は構想の対応軸を波動に置いた呪法上の意味が問われている。抒情上の意味はこの場合無視されてしまい、歌としてでなく祈りとしての深みの問題に扱い方をズラさなければならないかもしれない。

「水のあらゆる運動に星界の影響力が浸透し・・・月の律動が水に脈動をもたらす」働きによって「水は生命を完成させ成長力を中継する媒体となる」（シュベンク前掲書「カオスの自然学」一八一、一九一頁）のであった。その生命体は「無限に変転する天界の反映」をなし、「全ての生物はその形態の中に、かつて液体状態を通過した痕跡を自ずと残している」。その「球形形態と螺旋型から発動する推進力の方向性との軽妙な組合せによって滴虫類は前進を可能にしている」。宇宙の響きが水の働きを定め、それが生物の形態になるという経緯を辿ったのである（シュベンク前掲書「カオスの自然学」二四〇、一〇六、一〇七頁）。であるならば水の中の生命感を採集しようとした万葉の習俗がその根拠を天界の波動に求めたのも自然の成り行きであったのではなかろうか。

a3では、ひれを三度振って悪霊の影響を避けようとしている。それについても存在の構成要素が宇宙の震動に応じて働く共鳴体であるとすれば、その震動を受け止めてその発信体と同化する「ひれふり」が救いになったのであろう。シュベンクの言うように震動する水や風から存在が発生していたとすれば、その存在は流体の響きの中で原形へ回帰するという経過を経なければならない。

例えば「鳥の鳴き声の中に霊の世界そのものが音を響かせる・・・木々の葉が巨大な表面を形作る・・・森林の持つ生命力の現れなのである」（シュベンク前掲書「カオスの自然学」二七三頁）。水だけではない、大自然の音の騒ぎは風の動きに始まり鳥の鳴き声を経て葉の触れ、雨の降りにいたり万物を包み込むまで止まらない。葉と羽の振れで霊界と通じ、宇宙に響きの力を生きる力としたのであろう。

「今行きて、聞くものにもが、飛鳥川、春雨降りて、たぎつ瀬の音を」（万一八七八）

「飛鳥川」の滝音を聞きたいものだ、きっと「春雨」で生命感を輝かせているに違いないと、幸運をその滝の轟く神秘な霊力に対して祈っている。その見えない波動は空間に刻み込まれて、周囲の静止した空気との間にあつれきを生じて渦を形成し、空気を流動させてさらに高次の力となって働く。それは宇宙がその空間に響かせる交響曲であったからかも知れない。その時「宇宙全体を司る意識」（ベントフ前掲書「ベントフ氏の超意識の物理学」二二五頁）が軸になってその神学を完成させたのであろう。

b　そこで大国主の命は宇宙を貫いている神秘なエネルギーによって彼の神霊を高めていた。身の清めを通して活力を再現させようという古代日本の敬神の方式は自然のエネルギーのやりとりの実体に由来していたことになる。それを媒介したのは鳴く蛙、飛ぶ鳥の波紋であり、風として振るひれの作用であった。そしてその根源には生命を育んだ宇宙の震動を受け止める水の働きがあった。それらを前提として成り立った命のドラマが古代の資料に濃縮されていたように思われる。万葉が存在を震動として捉えて自然の救済力として受け入れ祈願を歌うとき、古事記の神話は恐怖の霊性を断ち切る神学に向う。そこには震動の環境を選んで人間の細胞を一つの方向に結集し、迷いを解いて達成力を強化したのであろう。その時祖霊からも自分からも清められた一人の武人が、大国主の命としての地位を確立することになったのであろう。神話を波動の作用からでなく表面的な個体の個別の働きによってその表面的表現にとらわれてしまうとそれが神秘性を誇張させるならば神秘力を高千穂の神を地上に降臨させると、神のひいきを主張する神がかった国力に誤用されてしまう。むしろ波動的作用の構想力として評価すべきである。

生命のリズムを回復させるためには自然の自生する力を救済する力として取り入れる必要があったのかも知れない。ヴィトゲンシュタインが言うように

「概念形成が自然の事実から説明できるとすれば、その時我々は文法の代わりに、自然の中で文法の基礎になっているものに関心を抱くべきではないのか」(ルートヴィヒ・ヴィトゲンシュタイン「哲学探求」丘沢静也訳、岩波書店、二〇一三年、二五八頁)と問い、人間の法則の基礎に自然の実態が正しく想定されたのであろう。万葉人が意志を伝達する場合は自然に溢れる音波の震動を言葉に響かせることによって、そのもつ意味を共有したのであろう。ヴィトゲンシュタインのいう概念は震動の伴奏を伴って初めて形成されるに違いない。でなければ「自分達の見ているものは、なんと完全に分裂しているように見えうることか!」という堂々めぐりの反省に終らなければならなくなるであろうからである(ヴィトゲンシュタイン前掲書「哲学探究」三九七頁)。

文明は文字を媒介にして意志を伝達しだしたので、語彙と意志とを結ぶ自然の働きを言語から締め出してしまったきらいがある。自然の表象を共通して映像に描き出す語法があった。鮮明な映像を得る為にはありのままの自然を音として伝え合う。視覚は受信には向くけれども発信には余り向かない。聴覚は受発信を共に成り立たせたことはあった。可視光線の波長の幅と可聴音の波長の幅との違いもあるであろう。目は距離や闇夜を障害とするという違いもある。その集団生活を聴覚を主として展開させなければ伝達には限界があった。聴覚を成り立たせるものが天空の一環としての音空間に基づくものであるならば言葉は自然の波動をベースにして音響化させたものであろう。ヴィトゲンシュタインの言うごとく「解釈だけでは意味が決まらない」（ヴィトゲンシュタイン前掲書「哲学探究」一六〇頁）。あるいはメルロ・ポンティは言う「科学は主観性の模造品しか構築しない」（モーリス・メルロ・ポンティ「知覚の現象学　第一巻」竹内芳郎、小木貞孝訳、みすず書房、一九六七年、四一頁）。文字の限界を打開するためには音による伝達で意志の誤差を最小限度に押さえなければならないであろう。すなわち自然の波動との関連がなければパターン認識の通路を確かめられないのではなかろうか。

c　国が大国になったときそれを支える海の波動や宇宙の波動を彼らは意識しなかったであろうか。たとえ今まで意識しなかった波動でも人力を超えた広域の統治を思うとき本来の自然の力を引き出す必要に迫られたであろう。内部結束の強い集団で個体の存在を実現するためには広域的な意志の疎通の枠組みを欠落させかねない。その枠組みは生命感を共有して届け合う仕組みを崩せない。

その生命感は波動であり音の響きであってその伝達を同様に果たさなければならない。

まとめれば古事記神話も初期万葉の歌でさえ実は目でみた情景描写だったのかを疑う。万葉仮名の波動感覚を研ぎ澄ませて生気を促す音の響きを伝達し合ったものとも言える。その結果、音で聞き出した活力を生死を超えて届けようとするものになっていった。次のどれかに関わる祈願を語彙ですら潜めていたように見える。a自然の活力を讃える、bその自然を通して配偶者の安全を波動を通して祈願する、cその時神霊の作用によって首長や国家の繁栄を妨げてはならないという類型が万葉にせよ大国主の概要にせよ成り立っていたように見える。相手に軸を移してその主体と客体を合体させた喜びに共鳴し合っている。そのような祈願文の構造を基本として、神話の構造の基が作られたのかも知れない。単なる叙情ではなく叙情を満たそうとする以上に意志に満たされた祈願文という型になる。

自然に対する感動と感謝が根底にあって、それを仲間に伝えない訳にゆかなかったということもあろう。更に天体の波動を受けて生命の共存への意志を強めようとする祈りにもなったであろう。景色の描写の裏に強い意志を秘めない歌は見られない。目でみた美意識も主題ではない。衣食住の物質的な願望は歌われない。聞き取れる波動だけではなく悪性の波動もあった。そのように文明とは別世界の歌だったとすれば神話も価値の基準を転換して取りかからなければならないであろう。ただし人麿が異郷で不審の死を遂げる時が迫っている。時代の変貌に目をつぶれない。

言葉には自然の命が息づいて文字のない言語に言魂を響かせていたであろう。だから古事記の構造も、a自然の活性力を波動として引き出して、b成員の仲間と共に生き抜こうとする気力の為に、c生きる意志の障害となるものに対処しなければならなかった。具体的な願望を訴えようとする意識の構造にそれは由来し、それを大自然の波動に組み入れて言語の構造のパターンとなり、さらに歌を構成する意識の基をなす枠組みであった。記紀の物語のそのような構造を無視して理性の枠がどれだけ有効に働いてくれたであろうか。

第三項　妻問いの類型

記紀の大国主の命の物語の構造には一つの型が見られた、すなわち（a）呪物を振り動かすことによって、（b）婚姻を成立させた時に、（c）政治的権力の確立が保証されるというパターンであった。

万葉の語彙の意味のパターンにもそれと対応するものがあったが、その傾向は古事記の神代篇でとくに顕著な傾向を示していた（前稿一四六頁、本稿五〇九頁）。

「イザナギ、イザナミの尊が八尋殿の柱を回ってa、妻を問いb、大八洲国に君臨しているc。スサノオの尊が大蛇を斬りはふってa、クシナダ姫と結婚されb、支配者の系譜を始めたc。大国主の尊がひれを振ってa、蛇を避け妻を娶りb、大国の主の条件をえたc。ニニギの尊がこの花咲くや姫と玉を媒介にしてa、結婚されb支配権をえたc。

ホオリの尊がトヨタマ姫をえてｂ、釣り針を見つけられａ、支配の復権を成功させたｃ。大物主が矢の形でａ、夫婦の関係を結んでｂ、三輪の主として君臨したｃ」。

それらはすべて統治権を成り立たせる為の呪物の振り動かしを通した婚礼のパターンによって権力を得ている。後半ではその傾向がやや崩れだして来る。

神武天皇、大倭建の命、あめのひぼこ、応神天皇、仁徳天皇そして最後に雄略天皇の物語はすべて呪物によって愛を得てから支配権を得ている。その順序に食い違いが見られるようになり、権力は押し付けがちになり、一夫一婦から多妻的傾向を見るようになったけれども、取り立ててそのパターンの例外となるようなものは見られない。

記紀万葉の語彙にしても同様の傾向が見られ、自然の生気の中で災いを収めようとしている。その為に語彙を類型的に組合せて数限りないバラエティを展開したのが万葉歌謡であった。神話でもその目的意識は単純で力強い類型を辿って、活力の波動を共鳴させ合っている。彼らの言葉には団結心の強い祈りの型が成り立っていたのである。ヴィトゲンシュタインやフッサール等の説を待つまでもなく、万葉の言葉には文体にしても語彙にしても集団を成立させる為の伝達への強い意向があった。その気持ちを仲立ちした呪物の働きは自然の波動に共鳴を促すものであった。その呪物の機能は

（ａ）自然のエネルギーと同調して生気をわが身に取り入れようとし、

（ｂ）その宿された自然の生気を仲立ちにして相手の思いと共鳴させ、

（c）その祈願は宮廷祈願に到る所属集団の繁栄を願うものになった。

それぞれには生前生活を共にした死者達にも訴えかけるものが含まれていた。そのために磯や瀬や瀧や月の響きが媒体として選ばれた。呪具として衣は万葉では相手に着せて思い、袖は振られ、鳥は来鳴く生命感を恋の橋渡しに援用している。玉は相手に思いを込めて振られ、葉は散りしきる生命の横溢を発散する。ところが古今集になるとその機能は逆転する。瀬は跡をとどめずに流れ去る無常感を表わし、磯は白砂青松の色のコントラストの美を強調するものになる。玉は装飾的になり、衣は濡れて悲しむものになり、葉もはかなく散り、鳥の鳴くは泣く悲しみに変わる。

万葉から古今へ移行する時、聞く世界が見る世界に変わり、波動に基づいた永続する認識が瞬時に変質してゆく認識に変わっていくことになる。呪具の目的意識が変遷したことになる。音で聞いて一見主観的用法になっていたものが、目で見て一見客観的用法となるものに転じている。その時響きを共鳴していた心が、見る姿で隠されてしまう。気分を引き立たせてくれた自然が気分によって明暗を映し出す姿に変わってゆく。すなわち言葉によって聴覚に訴える時代が文字によって視覚に訴える時代へとベールに被い隠されてしまう。そこで古今集が視覚的に情念を受け止め始めた時、生命感に溢れた意志の時代が消えていく。万葉は厳しい意志の向きを聞き出すはずのものであった。

大国主の命の時代も原始的な共同体の小集団からは脱却したが、まだ全国的に警察力が国家を統合する段階には達していない。自然の波動が刻んだ音の世界にまだ敏感であり、聴覚による認識の段階を無視できない状況にある。万葉仮名も表意文字に転換し切れていない。文明からみればいわゆる呪能の滝音に安全を祈る段階であったといえるであろう。

以上の変遷を量子の波動の立場から見るとどうなるであろうか。

原子物理学の立場からボーアはハイゼンベルクの法則の根拠となるものを提案し、「粒子の運動を追跡しようとする測定はいかなるものもくだんの現象の経過と不可避な干渉を導入しその結果測定は作用量子の大きさによって決定されるある不確定要素を含む」（ニールス・ボーア「原子理論と自然記述」井上健訳、みすず書房、一九九〇年、一九頁）ほかないと言っている。そのような量子同士の相補性はメルロ・ポンティの言う「相互主観」から成り立つものではなく、「悟性法則」にも合致しない（メルロ・ポンティ前掲書「知覚の現象学」二巻二一六頁、一巻一七頁）。前者は視覚的知覚を扱っているが、後者は聴覚的に干渉し合う「相補現象」とも言うべきものを扱った認識になっている。お互いがお互いの成り立つ条件を分かち合っていて、たとえ悟性を駆使して相互に譲り合っても問題は解決することにはならないからである。則ち我々の観測結果の「相互関連性における統計的規則性の定式化に限定される」ものになるほかありえない（ボーア前掲書「原子理論と自然記述」二〇頁）。数学的パーセントに基礎を置くパターン認識として成り立つのであれば、生命現象を波動として捉える機会を逃すことができないであろう。波動を不確定性原理によって統計処理をするのでなければ、認識の対象となる相手の映像を描き出せないということになる。

すなわち本論を進めるための方式は統計的処理によるパターン認識に基づかせることにあると言えよう。

「統計的な考察が原子達の平均の統計的な振舞いの記述を許すものであったばかりでなく、それは又ブラウン運動の追求を通じて原子を数えるという予測しない可能性へ導くことになった揺動《ゆらぎ》の現象を記述することを可能にした」（ボーア前掲書「原子理論と自然記述」三五頁）本論では限られた歌から心を認識するためにそのような方法論によって意識の流れを類型的に捉えようとする試みになるであろう。

なぜならば「常に問題にされるのは莫大な個数の原子の平均的な条件に対して成り立つ統計的規則性だけ」だからであり、「経験的確率法則は量子論の特徴である特異な統計的記述様式の直接の帰結と見なされる」（ボーア前掲書「原子理論と自然記述」一一七、一二三頁）ものだからである。

そのようにしてヴィトゲンシュタインからメルロポンティに到る現代西欧の認識論を波動の認識の立場に移すことによって、本論は言語の統計的方式によるパターン認識の方向へ向きを変えようとするものである。原始の心性に直に対応する為には万葉歌の数の限界を統計的処理によって越えなければならないであろう。

第二節　万葉的意識の流れ　―心理的浄化作用

死者から働きかけて来る作用と、死者に対する人間の扱い方を万葉に当たってみるとどうなるであろうか。

万葉には古事記の神学的傾向に合わせた心理学的な傾向があった。古事記では主に死者への祈りが篭められていたが、万葉では主に生きている近親者への祈りが表わされている。それぞれ両者の相手に対する思いと仕草には生死を超えて共通するものがあった。というのも「はの振り」は主に記紀では鎮魂を、万葉では妻問いを表現していたけれども相互に融通を効かせていた。そのように共有された視点から見れば大国主の命の神話への手がかりが万葉に探れるかも知れない。

万葉人の意志を伝達する方式が成り立つのも、共同体の成員の共通意志があってのことであった。「人の植うる、田は植えまさず、今更に、国わかれして、我れは如何にせむ」(万三七四六)

家族や地域のなりわいを捨てて国を離れるならば、どうして妻たるものが生きてゆけるであろうか。自分一人の利益にこだわって所属する集団を失えば自滅するほかはない。国を離れた配偶者に対する絶望的な祈りは、大国主の命が国を保持しようとする厳しさと国に対する思いの強さで表裏一体のものであったのではなかろうか。

それについてフッサールは次のように言っている。

「種々の段階を経て、次第に形成される共同性を解明してゆかなければならない」。何故ならば「人間は共同体の構成員という意味を持っているのだから」である(『デカルト的省察』「世界の名著五一巻ブレンターノ／フッサール」所収中央公論社、昭和四五年、三一〇、三二二頁)。

その時万葉は自然のエネルギーを利用して共同性を表現したが、フッサールの場合は文字しかない。意志を通じ合う手段として自分の心を託すが共同性は疑わしい。他我と自我を連携させるつなぎが断ち切られた現代の旗手は、万葉のような手だてを模索しなければならなかったのではなかろうか。

万葉には自他の考えを共有させようとするルートがあった。その身を清めて相手のために安全を祈る行為は、葉や羽や玉を「振る」という作業に基づいていた。大国主の命の場合も「はぶりつもの」すなわち喪具としての「はを振るもの」を振って鎮魂の祈願をしている。万葉では相手への祈願が磯や瀬の水音に交じって鳴く蛙や蝉の声の震動によって思いをさらに深めている。そのように自然の音の中に万葉人が息遣いを共同体と通わせ合う素材が満ちていたのである。

「朝霞、かびやが下に、鳴くかわず、声だに聞かば、我が恋ひめやも」（万二二六五）

恋にやつれる嘆きを鎮めて情念の活性を図るかわずの声が響いている。河瀬や磯波、羽や葉の騒ぐ音にも好しみを感じていたが、白砂青松の美に関心を示していない。むしろ雲や月の超音波の働きに関心を寄せていた。

震動を通して存在を確認した万葉人の興味を失って、色や形を通した美意識はうつろい変わるはかなさに興味を移したので、季節に変遷する古今集の情景は絶望を映し出しがちであった。万葉で震動を示す「はふる、ひる、ひりふ」という言葉は、古今では「葬る、干る、拾ふ」という意味に変化してしまうであろう。震動を受け付ける確かな聴覚より、視覚に基づくはかない存在感が助長されることによって、震動の実体も意識の中から失われたのであろう（前稿一五〇頁）。

そのような古代の言語活動の変遷は第一には八世紀頃震動を感じ取る脳の部分の役割に変化が生

じたと考えられる。機織が導入されて革をなめすための噛むという動作が不必要になると、聴覚を刺激する顎の働きが退化してきている（鈴木尚「骨から見た日本人のルーツ」岩波書店、一九八三年、七〇、一九〇頁）。

第二には表意文字が表音文字を凌ぐようになると、目で必要な情報を受け取り、耳で聞き分ける認識手段が衰えていったであろう。

第三に警察権力が律令によって整備されるにつれて震動に対する緊迫性が減少し、価値の基準が音的なものから文字的なものに変わっていったであろう。

だからフッサールに到っては聴覚によって伝達の精度を高めるという発想はなくなっている。文字記号を寸前まで持たなかった万葉人は震動によって意味を伝達する様式を残していた。その生活意識は次の三通りの意志に纏められよう。それは人に訴える願いの形式に対する歌の原形をなしたであろう。

a　自然の中に響く生命力を讃えてそれを取り込もうとする意志。

b　呪物を振り動かすことによって配偶者の安全を祈願しようとする意志。

c　さらに国の繁栄を所属する地域の固有の震動の中に期待しようとする意志であった。

そこで万葉の巻頭からその全要素を網羅した歌が登場する。「籠もよみ籠持ちこの丘に菜a、摘ます子家聞かな告らさねb、そらみつ大和の国はおしなべて我こそおれc、」万葉人に共有されていたのは庶民の願いを首長が歌い出した部分でもあった。万葉の歌にも語彙にも意志が反映されていたのは赤裸々な原形の反映であり、それが神話の構造をなし始めたのではなかろうか。表現は直截であり命令形をとりがちであり枕詞にも装飾はないが意志が漲っていたのであろう。

「・・・月日も来経ぬ、雁がねも、つぎて来鳴けば・・・雲隠れ、遠き国辺の、露霜の寒き山辺に、宿りせるらむ」（万三六九〇）という鳥にもこと寄せられない遠い国を懸念をする長歌ｃが歌われる。するとその後に

「紅葉ばの散りなむａ、山に宿り寝る君をｂ、待つらむ人のかなしもｃ」（万三六九三）と待つ身の辛さを訴える反歌が続いている。

万葉の歌が三つの要素を同時に含むということではないが、どの歌もどの語彙も三の願いの一つを含むことによって歌の方向を明示している。その訴える力を決めるのは歌人の力量に関わるであろうけれども問題は当事者同士の通信文としての効用の程度にあったろう。美意識は第三者にも鑑賞される機会を与える文字の成立後のことであろう。そのような共同体の絆を維持する三つの意志を確認しながら、集団が共有することのできるパターンを意志の形として整えていったのであろう。相聞挽歌に属さない雑歌は過半数になるが、祈願の分類にかかわらない歌は原則としてないように見える。万葉は意志の訴えを生活意識から発して相手に伝える祈願文であったからではなかろうか。

例えばアメーバーや蟻の行動の協調主義は個人主義や全体主義に対してすら優先するものである。アメーバーは普通は単独に孤立して行動するけれども、いったん食料のバクテリアが不足するときには数分の内に結晶状の形に集合して一つの個体として独立し、物質・ＡＭＰによって各部署

同士の意志の交流を図りながら生命体の統合を構築するといわれる（ライアル・ワトソン「生命潮流」木幡和枝、村田恵子、中野恵津子訳、工作舎、一九八一年、一二八頁）。彼らは危機に曝されると元の集団の意志を伝えるルートを再び回復するのだということである。

危機に瀕した生命体は集団を有機的にまとめなければ単独では存在することができない。万葉の歌も自己の幸運を祈る時ですら自我の欲求は控え目にして、相手や集団の繁栄を祈ることに自分の生存意志を込めていた。とすればアメーバーやバクテリアとは矛盾した機能を万葉が持っていたとは言い切れなくなるであろう。

ただそのような構造は、その伝播の媒体が蟻の場合にはフェロモンであり、アメーバーの場合はＡＭＰであり、渡り鳥の場合はリーダーの翼の波動であったりして多様である。それぞれの伝達方法にはそれぞれの独自の方式があって体系的解明を待つことはできない。むしろ人間の初期集団を成り立たせていた方式についても、万葉言語に類型的なパターンとして共同体の協力関係を維持する知恵をその痕跡に残していたに違いない。

万葉人は鳥達が鳴き声を介して仲間と関わり合うように、音に認識の多くの部分を預けたのであろう。さらに季節の鳥が来鳴く吉兆を、衣の振りに移し替え、それを曲玉に振り移して、魂の蘇生を祈願するという、経過を経てきたのであろう。吉兆を振り分ける、震動のもっている招福と除災の作用が、呪法として定着していったに違いない。磯に寄せる波や河の瀬の音によって身の汚れを払うという浄化作用は力を与える波動に共鳴する準備になったのであろう。

第三節　「葉」の振りによる呪法

古事記の「はふり」は特に出雲神話の中で際立った呪法であった。このはふりの「は」は葉である可能性が強い、まんよう（万葉）の「よう」も葉である可能性がある。現世だけでなく前世にも霊性の強い影響を及ぼす。先ず最初に古事記の葉四例を挙げて見てみよう。

スサノオの命がおろちを退治した時

「その蛇を切りはふり」（記上二三オ七）とあり、危機を回避するために「はふり」によってその悪性の霊の働きを鎮めている。あるいは崇神天皇の場合はクニブクの命に命じて敵を追撃させた時、敗走する敵兵を切り倒したという。その時河の上に死体が浮かび、それらをきりはふったのでその地をハフリソノと名付けたという。

「其逃ぐる軍を遮り以って斬れば鵜の如く河に浮きたり。故に其河を鵜の河といふ。亦其兵士を斬り波布理し故に其地の号を波布理會能となも言ふ」（記中二五ウ五）

斬り殺した上で斬りはふっている。その二度目の「斬り」は霊性を「はふり」によって鎮めたのであろう。

夫の大国主の命が霊界の呪法によって死んだ時、妻のスセリ姫がもたらしたものはハブリつものであった。

「ここにその妻スセリ姫ははぶりつものを持ち来、その父の大神、すでに死ぬと思ほして、その野に出で立ちたまひき」（記上二九オ五）。

妻が夫が死んだのでその蘇生のために羽振りを行う。その清めのハフリは祖先の無念の思いを鎮め生者の救いをもたらす波動であったのかも知れない。祖霊の病理的な現象が中和され、それと和解することによって、子孫の安全と平和が図られる。そのために自然のエネルギーが次元を超えて操作したのであろう。

はふりはまた、口もきけない王子を癒している。出雲の国のみやつこは青葉を飾って祖霊を祭りそれによって口が利けるようにした。その時天皇が次のように尋ねたと古事記の垂仁記が記している。

「青葉山なせるは、山と見えて山にあらず、はふりの大にはか」（記中三三オ五）

はふりの山の青葉が治癒の支障を取り除いたということになっている。はふり（祝）に篭められた葉の「いはふ」作用が神霊を吉兆に導く働きをなしていたという。

不運を招く波動を和らげて、彼岸と此岸を結ぶつながりを正常化させるハフリ（葉振り）の作用は大国主の命の権力にとっての重要な呪法であった。まず万葉を通して検討してみたい。

第一項　万葉のはふり

a　自然讃歌

万葉を祈願の歌であるとすれば万葉の葉を祈願の対象によって先ず分類してみようと思う。

自然讃歌は葉の例一五四例の中で七四例、四八パーセントに及び、その中で特にもみづき（一八例）色づく（六例）姿が讃えられている。

「天雲に、雁そ鳴くなる、高圓の、萩の下葉は、もみち敢へむかも」（万四二九六）

天空の変化に応じて山肌を染める紅葉の迫力があった。雁が空遠く鳴く季節がきたのでそろそろ萩の下の方の葉も色づいてきたであろうと紅葉への憧れを歌っている。

a1　自然讃歌の状況別一覧は（もみづ・万一六、一二六八、一五一六、一五三六、一五五一、一五七五、一五七五、一六二八、二一七八、二一八九、二二〇二、二二〇五、二二三二、二二三三、四二九六、四一八七、散る・万一五八六、一五九〇、一六七六、二一八七、二一九〇、二一九八、二二〇六、二二二〇、二二一五、三七〇二、三七〇四、かざす・万三八、一五七一、一五八一、三七〇七、色づく・万二一八二、二一八六、二一九三、二一九六、二二〇二、二二〇八、見る・万一二二四、一三〇五、二二〇〇、匂ふ・万三九〇七、三九八五、流れる・万二一八五、二二一五、その他・万一一一、一四二、一〇一〇、一〇九四、一〇九九、一二一四、一五一二、一五一七、一五五四、一五八五、一五八七、一五八八、一五九一、一六五〇、一六七七、一七〇三、二二三四、二二八三、二二九四、二二九五、二二〇九、二二九九、三七一六、三八一七、三八二六、四一一一）匂い（二例）色づき（六例）紅葉が（六例）散り（一一例）流れてゆく（二例）となっている。

大気の流れに順応して紅葉が散り乱れ水に流れる。そのような秋の生命感を表すパターンが成り立っている。冬の到来を思わせる躍動する大気に順応した紅葉の生命感が人々の意識を高揚させたのであろう。孤立した個人の情感よりも皆が共感を歌うものになっている。匂い乱れる時の推移に従って人は祈りを相手に通ずる機会を攫んだのであろう。多くの歌人は荒れる自然に気落ちすまいと歌ったけれども、自然の精気をいつも受け止められる状況にはなかったのである。例えば

a2　自然が絶望を興す三例、古今集に近づくほど紅葉が散る姿は荒れ（万一六〇四）うつせみの世の（万四一六〇）無常を示し（万四一六一）ていたからである。

b1　妻問祈願　六四例四二パーセントは相手に祈願を届けるときの葉の状況は散り（一三例）過ぎる（五例）中で

「紅葉葉を、散らす時雨の、降るなへに、夜さへぞ寒き、独りし寝れば」（万二二三七）

自然の美を輝かす色づきもみずる状況から散り過ぎる状況になると、別れて旅にある身にひとしお寂しい思いが迫っている。自然の生気に触れて閉ざされがちな道を開く意志を興そうとしている（散る・万一三五、五四三、一五八三、二二〇一、二二一七、二二三七、二二四三、二三〇九、三三〇三、三三三三、三六九三、四二二五、四二五九、過ぎる・万四七、六二三、六二三、六二三、二一九七、手折り・万一二八八、一五八二、一五八九、三二二四、三二二四、さやぐ・万一三三、四四三一、見る・万三七〇一、三七四七、繁る・万二一〇、一二八九、その他・万一三七、二九一、七一一、一三〇四、一三〇六、一五一三、一六二七、一六五五、一七〇〇、一八一五、二一八四、二一八八、二二〇九、二二一一、二二三〇、二三〇七、二三三七、二七七三、二二九五、二六六六、三

〇六八、三二八九、三三七七、三三八二、三四三六、三五〇四、三五七〇、三五七二、三五八三、三七一三、四一一五、四一六四、四二二一、四二二三、四四〇八)。命を輝かす季節の終わりがわが身の空しさと重ね合わされて、強い願望を相手に訴えるものになっている。

b2　妻問挽歌　九例、六パーセント

相手への絶望感がはかない葉の散り惑いによって歌われている。

「紅葉葉の、過ぎにし子らと、たづさはり、遊びし磯を、見れば悲しいも」(万一七九六)はかなく散る紅葉を見て、死んだ子達の映像に重ね合わせて悲しんでいる(過ぎ去り移る姿を見て・万二〇七、二〇九、四五九、一七九三、三三四四、繁みに惑っている・万二〇八、四三二一、その他・万一四〇九、四二一一)

c　宮廷讃歌　七例、五パーセント、宮廷を讃え(万三八、四二三、一〇五三、三九九三)、秋の散る紅葉をかざして王権を讃え、宮廷挽歌(万一五九、一九六、二〇七)を歌っている。

季節の判る葉が七九例あり、春の葉は八例、夏の葉は一例、冬の葉は八例であるが、秋の葉は六二例を数え、八割に近い。

また葉の種類で見てみると、春は蓮、藤、橘であり、夏は百合、冬は葦、葛、萱、笹、浅茅であったが、秋の葉は萩でありその紅葉が散り紛う姿を主題に万葉の葉の歌は歌われていたと言えよう。散り乱れる姿に精気を促されて万葉の葉は詠まれている。それを葉振るとすれば精気をかき立てることによって死滅する萎えからの再生を可能にするものであったのかも知れない。

「さ百合花、ゆりも逢はむと、したはふる、心しなくは、今日も経めやも」(万四一一五)

「はふる」と言うのはいつかきっと逢えるという期待感によって、今いることに耐える気持ちを支える。この万葉の「はふる」は古事記の「はふる」とともに、生死の境におかれた者に対する心の鎮めの役割を果たしていたのではなかろうか。絶望に励ましを与えるのは草木が光に向かって成長するのと同じように自然なことであった。

満山に紅葉が燃え上がるときの心の高揚感があった。すなわち自然の生気を取り込む聴覚的な意志が、視覚による美意識よりも優先していたといえる。その時の紅葉が散り乱れて沈む思いを励ます力によって、「はふり」は神事や神話に死者の思いを鎮める作用を及ぼしたのであろう。

「秋されば、置く白露に、我が門の、浅茅が末葉、色づきにけり」(万二一八六)。

家の前の茅に秋の露が降りて、紅葉の色を輝かせるとき、自然の造化の絶妙な華やぎが響きを上げていたのである。一年を今終えようとする葉の美しさを讃える歌は身に映し出されたその響きを奏でている。衣に染まるように色づいてきた紅葉が露の水玉に微かな震えまで誘い出している。叙情が誘い出す意志によって自然の造化に対する祈りをにじませていたのであろう。

特に万葉の葉の歌い方は自然の造化の作用を織込んでいる。「葉散る」(三〇例)に関わる歌には風が吹き(三)時雨が降り(四)露霜が降りて(三)、その散る葉を惜しみ(二)妹を思う(八)という形をとっている。a風と雨と寒さの中で、b精気を醸そうという意志を持って紅葉を讃え、cそれを宮廷にまで及ぼしていた。紅葉にも厳しい自然の中にあって意志を振るい立たせようとするニュアンスが潜んでいたのである。それは生者にも死者にさえ適用されたのではなかろうか。

「もみづ」の歌（一七例）は雁が飛ぶ季節に（五）霜がおりて（四）色づく（一）というものであった。季節風帯の自然の変化が生活に及ぼす作用を直に感じ取って歌われている。見えない風の大きなエネルギーによって時雨が降り露霜が降りるようになると、雁が飛んできて紅葉して輝くという自然の経緯を忠実に受け止めている。宇宙エネルギーが葉の美に転化されて人の心を蘇生させる。そのように大きく循環する自然の筋書きを無視していない。季節が変わり空間のエネルギー状況が変わる時、人はそれに敏感に反応して一年の葉の営みの最後の輝きに参加する。秋の風の波動に葉が応じてそれが及ぼす冬に構える共鳴音に人は同調する。惑星に流れる大気の動きを人は無意識にせよ見過ごせない。一枚の葉にも万感の思いを注いだのか、万山の葉に同調する宇宙エネルギーに共鳴しようとしたのか、葉に込められた情念は意志に転化されて生きる糧とするであろう。ともかく大自然の波動に合わせて歌う生命感が万葉では萎える心に再生をうながし、古事記では死者の魂を鎮静させたのであろう。

風に散る葉が冷える心に温もりを与えて呪能の霊威を高める。その時大国主の命の人格の宇宙的な少なくとも惑星的な性格は葉振りの呪法との関連で考えない訳にはゆかないであろう。自然に生かされているのだから自然を裏切れないという非文明的な倫理の延長線上に彼を位置させなければならないのではなかろうか。

第二項　古事記の「は」が「振り」を伴うもの

この章の冒頭に上げた神代篇に見られたスサノオの命のハフリも、大国主の命のハフリも前世と和解しようとする文脈の中に位置する。祖霊の祭りをハフリによって行ってきた祭礼が前提にあったのであろう。オロチ退治を鉄を生産する社会の唯物的実体と対応させるのか、それとも祖霊鎮魂の呪術的実体と対応させるのかは、合理的に前世に包含するべき問題であった。但し大国主の命の場合は歴史時代に接触し始めていたのでそのつなぎの記述には技巧を要したであろう。しかし歴史時代に入ってからもハフリの習俗が一挙になくなった訳ではない。

三重のうねめは天皇に捧げるさかずきの中に葉を落とした為に斬られようとした。その時葉のふる姿は吉兆をもたらすものであると、とっさの機転を利かせて歌ったので、命を落とさずに済んだというのである。

「上つ枝の枝葉は中つ枝に落ちふらばへ、中つ枝の枝の末葉は下つ枝に落ちふらばへ、下つ枝の枝の末葉はあり衣の三重の子が捧がせる瑞玉盃に・・・落ち・・・」（記下三三オ一・雄略記）

下の葉裏が三重の娘の注いだ盃に浮かび出して、大変恐れ多いことになった。ところが「はふる」が瑞兆であるとする発想に切り替えて天子をことほいでいる。それを単に新嘗祭における神事だ（土橋寛『古代歌謡全注釈』角川書店、三五六頁、西郷前掲書「古事記注釈」四巻三六四頁）としてもその背景には蘇生の呪能の流れを歌に入れ込んだのでいわばうねめの生死の逆転劇は、「はふる」

の本来の意味に立ち帰った結果でもあったに違いない。

はふりはまた、出雲の国のみやつこが青葉を飾って祖霊を祭ったので皇子の口が利けるようになった呪法でもあった。その時天皇は

「青葉山なせるは、山と見えて山にあらず、はふりの大にはか」（垂仁記中三三オ五）と尋ねられて、はふりの山の青葉が治療の差障りを取り除いたというのは前述のとおりであり、はふり（祝）が葉の「いはふ」作業によって神霊に作用して吉兆に導いたということであろう。

あるいは倭建の命はその髪に樫の葉を刺して踊れば烈しく揺れ動いたであろう。その命の輝きを寿ほぐ祈りを歌いだしている。その痛切な叫びが命令形となって万葉の歌の形式の基をなしたのかも知れない。

「命の全けむ人は、たたみごも、へぐりの山の、熊がしが葉を、うずにさせその子」（記中四五ウ八・本稿一五五頁）

生命力が衰えて死の床についた時、平群の山の樫の葉をかんざしにさして生命感を溢れさせ怨霊の慰めにして欲しいと願った。雄略記歌謡九一に

「くさかべの此方の山と、たたみこも平群の山の、此方此方の山の峡に、立ち栄ゆるはびろ熊かし・・・」とあり、生命感の蘇えりのために葉の震動による吉兆を祈願して、大倭建の命は熊樫の葉の振りの呪能にすがったのであろう。

「川辺に・・・葉広ゆつまつばき、しが花の照りいまし、しが葉のひろりいますは大君ろかも」（記

下五ウ三・仁徳記）と言う歌を大后が歌われている。

豊かに揺らぐ葉が「ひろり」するような寛大で聡明な天皇の姿になっている。「ひろり」と言う言葉は単にゆったりした広がりを示すのではなく、霊妙な躍動をその揺れ動きによって演じていたのであった。例えば次のような例もある。

「新嘗屋に生ひ立てる、葉広ゆつな椿、その葉の広りいまし（真都婆岐僧賀波能比呂理伊麻志）・・・」（記下三四ウ二）

ここでも震動する自然の生命力を大君の生命力に転化させようとしている。というのも「ひろ」には「ひ」をら行で活用する「ひれふり」の余韻が残っていて祝福の意味が篭められたのであろう。ひれ振りの基には椿の葉のふりの自然の力が控えていた。葉の広いことが王と「同一化される」（西郷前掲書「古事記注釈」四巻三七〇頁）のであれば生気を呪能として取り込む習俗だったのであろう。

さらに葉振りの特殊な形として乱れるがあった。振り乱れる烈しさで心を振り立てるものにする。「乱れる」働きには次のようなものがある。

第三項　乱れについて

a　自然の中に宿る生命感「みだれ」

紅葉や玉の緒のふり乱れるのを見て、自然の中に宿る生命力を取り込もうとしている（三八例、

万五七、一二二四、一三三三、一三三七、四二二四、六四二二、六七九、七二四、一四一三、一六八五、一六八六、一七四七、一八〇〇、一八〇四、一八〇五、一八五一、一二〇九二、一二一七一、一二三六五、一二五〇四、二六一〇、二六二〇、二六六四、二七八八、二七八九、二七九一、二九二七、二九六九、三〇八一、三〇八三、三一八二、三二〇四、三二七二、三二三〇三、三三六〇、三七五三、三九七三）。

咲き乱れる榛《はり》の花の匂いを旅の印に衣につけて行きたい。魂を震わせて乱舞する花の生命力を

「引き馬野に、にほふ榛原、入り乱り、衣にほはせ、旅のしるしに」（万五七）

歌っている。散り乱れる葉の横溢感を衣の振りに移し替えて持ち帰ろうとしていたのであろう。

b　「乱れる」

姿に愛する思いを映しだすというもの（七例、万二五六、六九七、一五九二、二七六四、三〇六五、三一七六、三六四〇）。

「妹がため、命残せり、刈る葦の、思ひ乱れて、死ぬべきものを」（万二七六四）

葉の揺らぎに死ぬほど思いを乱したけれども、あなたのために命を残しておいた。心の乱れを鎮めて命を捨てないで済んだのも葦の葉の揺れ動く働きがあったからだという。

かきくらまして散る雪、波、梅の「乱れる」姿にも自然讃歌を捧げる（一〇例、万一九九、二六二、八三八、八四四、一一四七、一一五五、一一六八、一六四〇、三九九三、四一四三）。大自然の荒れが烈しいほど心の狂おしい騒ぎを抑えかねている。万葉仮名の布利は振りにも使われまた降りにも使われている。同じ発音の言葉は同じ作用をしたのであろうし、同じ機能を持ったときに同じ名前になっ

たのであろう。もちろん発生したのは文字のない時代のことなので発音によって機能に迷いが生じなければよかったのである。視覚上は葉は羽でもなく、振るは降るでもなかったというのであるならば呪能的働きが聴覚的に通じていたと言えよう。文明に生きる我々には客観的に見た葉が風に揺れているとしか見ないけれども、呪法からみれば「は」は「ふり」によって生命感をかき立てる。一葉ずつの葉が集まって、万葉ことばとしては心の弾みに作用するものになっていたのであろう。呪法が優先され衣食住の価値付けを次のランクに落としたので、呪的に同じ機能を分かち合っていたものにまず同じ名称をつけている。生きる実体が心の方にあったならば物的には多少不便があってもそれらを援用したのであろう。そして宇宙の大気を呼吸する集合状態の「ハ」に彼らは「生気」をイメージしていたのかもしれない。

葉と羽は万葉仮名でもすでに葉と羽と書かれてあった。古事記の葉は波と書かれる場合があったが羽はすでに表意化されている。文字のないときに葉と羽は「は」であり共に「ふる」の働きに精神的役割を預けて、縄文時代の抜歯の習慣も歯を振る呪法に関わっていたのかも知れない。葉はさらに花に延長され、雨や雪や霜が降るは振り乱れるという意味に或は意味から延長されたものであろう。

「妹が家に、雪かも降ると、見るまでに、ここだもまが（乱）ふ、梅の花かも」（万八四四）

吹き荒れる雪のように舞い踊る梅の花が恋を促す。自然界の乱れる姿が偽りのマクロの舞を舞う躍動感を演じている。しかし歌の趣旨は花が散る姿を人を励起させるミクロのエネルギーとして取り入れようとしていたのであった。雪が降るのと花が振り落ちる関係は掛け詞であろうが、その共通するエネルギーが同根だったから見た目よりも実質的な掛かり方になったのであろう。又葉に伴って歌われた雨（一三例）や雪（五）は降る状況で歌われている（一五）。他は濡れるとか（二）時雨に逢う（一）というものであった。それも降りを省略した形になっていて、降り止むに関わるものではない。

「大坂を、わが越えくれば、二上に、紅葉ば流る、時雨降りつつ」（万二一八五）

葉が振れない時は雨や雪が補完して同音でふっている。葉がもくろんでいたものを気象によって補完させせようとしていたように見える。だから掛け詞も単なる洒落れではなく呪法の確認を狙っていたのかもしれない。とすればこの歌は単なる叙景詩ではなくなり、又単なる美を歌う叙情詩ですらなく、安全の旅を求める活性祈願の歌だったと言えよう。降りしきる時雨がいつも葉に寄り添うように、乱れる葉に寄せられた期待感を代弁していたのであろう。

紅葉が時雨れる一連の歌は、葉がふられて輝きを増すというパターンを繰り返している。それは山越えの辛い厳しさに由来し（a）、散り乱れて川に流れてゆく開運の呪法によって（b）、国のいや栄えの祈りに通じていた（c）。万葉の「はふり」の習俗を大国主の命の「はふり」によって儀礼とする時に、前世の束縛を断ち切って未来への展望を開く役割を引き継いだことになるであろう。「はふり」は惑星エネルギーを引き受けて銀河的な規模のドラマを紅葉の散る一連の歌を通して演じていたのではなかろうか。

なぜそのように葉が重要な呪物の働きを引き受けられたのであろうか。「植物の神秘生活」の中でトムプキンズ、バードは次のように言っている。

「人間の思考、情念、怒り、親切、愛情はすべて植物の世界に遠くまで及ぶ影響を持つ・・・植物は人間の想念や感情にきわめて敏感で、不機嫌な気分は植物に重苦しい影響を与え、幸せな高揚的周波数は有益な影響を与える」。なぜならば「生きた葉が在来の理論では説明できない美しい多彩な自己放射を出し・・・膵臓酵素のトリプシンを活性化」するものとして、「発生した波動は空間を伝わって人間の反射音を利用して捉えられ」るからである（ピーター・トムプキンズ、クリストファー・バード「植物の神秘生活」新井昭広訳、工作舎、一九八七年、五六六、三一九、四九五頁）。万葉人は心の構えを共鳴体として整えて、植物の発する生命感溢れた波動を摂取しながらお互いに交流し合っていたということになるであろう。映像によってその記録が残されている（「植物との交信」ＮＨＫ総合テレビ平成一〇年一〇月二〇日放映）。「植物はあたかも神経組織をもっているかのように反応するばかりか・・・受けたショックとか楽しい経験を交信もしくは『共鳴しあう』能力」すらあって、「葉振り」は人の心を伝達する媒体をなしていたのである。「生命サイクルを認識する『意識』が直接葉の細胞に組み込」まれることによって、葉や花を通して意志が共鳴し合うとブレアも言っている（ブレア前掲書「超自然学」二二六、二二七頁）。人に対して宇宙エネルギーを仲立ちする働きを葉に万葉人は想定していたのではなかろうか。

万葉でも「散」を「はふらし」とよみ（万三三二六）、「羽觸」を「はぶり」とよむ例があった

(万四一九二、四一九三)。「羽根の振り」も「葉ふり」と同様に無視することはできないであろう。

第四節　羽の振りについて

第一項　万葉の羽振りの場合

a　自然の生気を鳥の羽ばたきが橋渡しをしている。

鴨の羽根が人の命を長くゆったりと育んでいる(五例、色で・万一四五一、四四九四、ふって・万一八三五、二三三八、四一九三)。

「水鳥の、鴨の羽の色の、春山の、おぼつかなくも、思ほゆるかも」(万一四五一)

霞む春の山の頼りなさを鳥の羽のぼんやりした色に同調させている(二例)。漠然と霞む山が働きかけてくる自然の感触は、鴨の灰褐色の羽の色を思わせるものがあって生気を促している(前掲書「世界の動物」一一六二頁、がんの項)。羽もふられてうぐいすやほととぎすを誘い、霜の降りも呼んでいる(三例)。

b　羽を通して相手に思いをかける状況を見てみよう(一一例、はぐくむ・万一七一九、三五七八、三五七九、鳴く・万三〇九〇、四一四一、振る・万三七六、四一九二、その他・万二三〇四、三三三〇二、三三三六、三八八二)。

「大船に、妹乗るものに、あらませば、羽ぐくみもちて、行かましものを」(万三五七九)

あなたと一緒に船に乗って行けるものであるならば羽根でくるむように連れて行こうものをそれができるはずもない。労することのない愛を嘆いている。

「芦辺行く、鴨の羽音の、声のみに、聞きつつもとな、恋ひわたるかも」(万三〇九〇)

葦の生えている水辺を飛ぶ鴨の羽音を聞くと、やるせない気持ちが鎮められない。葦のすれる音と鴨の羽音とが大気の鼓動と響き合って憧れる心を高めたのであろう。この場合も目でみた景色よりも、形態共鳴という同系統のものの振動し合う現象として、耳で聞き出した景色で心を歌い出したものかも知れない。

「ホシムクドリが群をなしている場合、旋回したり降下したりといった動作が・・・〇・〇三秒で伝わって・・・ひとつの生き物に仕立てあげているのだ」(ワトソン前掲書「アースワークス」八〇〜八八頁)。それは動物と人間の間の枠を超えた共鳴の作用を予想させているとワトソンは言う。各々の鳥達が生命感を受け止め合う敏感さは一羽の鳥の中の神経が通う速さと同じである。ところが一羽の生命の瞬間毎の方向性は群の集団意志の反映でもあるので、「人間を個々に独立した生きものと考えてよいものか否か」という疑問に到るほどのものになっている。なぜならば「近似した細胞間には、物理的な距離を超えて「交感作用」のようなものが生じうる」からである(ワトソン前掲書「アースワークス」九四、一〇七頁)。山の際を流れる風の動きに鳥の羽ばたきが感応し音にならない超音波を聞いて同調し合っていたのではなかろうか。

鳥の羽を通して人を育てる願いをかけている。

「旅人の、宿りせむ野に、霜降らば、わが子はぐくめ、天の鶴群」（万一七九一）

母鳥がその羽根によって幼鳥を育てるように旅先の子を育んで欲しいと歌っている。慈しみ与える鳥の羽ばたきが持つ精神的な活性力を前提にしたものであろう。雛をかばう映像を彼らはわが身に重ね合わせたとしてもその願いは羽の振れる呪能に遡るものであろう。結局「羽」も「葉」も共通してその揺れる動作によって気力を触発していたのである。自然の中に充溢する力がわが心に醸し出されるのを予期し、そのハの揺れに隠された思いは決意となって記紀の大国主の命の神話に反映したであろう。

第二項　大国主の命の場合

a　思うにまかせない鳥

大国主の命は鳥の邪魔を受けてしまう（記上三〇表）。

「八千矛の神の命は、八島国妻枕かねて、遠遠し高志の国に、賢し女有りと聞かして、麗し女を有りと聞こして、さ婚ひに在り立たし、婚ひに在り通はせ、太刀が緒もいまだ解かずて、襲《おすひ》をもいまだ解かねば、乙女の寝すや板戸を、押そぶらひ我が立たせれば、青山にぬえは鳴きぬ、さ野つ鳥雉は響む、庭つ鳥鶏は鳴く、うれたくも鳴くなる鳥か、この鳥も打ち止めこせね、いしたふや海人馳使、事の語り言もこをば」（古事記歌謡2）

あなたのところによばいに来たけれども、戸を開けてくれない内に、もう朝がきて鳥が鳴き始めてしまった。忌々しい鳥めが、撃ち殺してやりたいほどだと歌っている。ここに登場する鳥はぬえ、雉、鶏であるがそれらの鳥の万葉の場合の役割を見ておこう。ぬえ鳥は万葉では死や別れを傷み嘆きを歌うものになっている(万五、一九六、八九二、一九九七、二〇三一、三九七八)。

「ひさかたの、天の河原に、ぬえ鳥の、うら嘆けましつ、すべなきまでに」(万一九九七)

雉もその様な傾向があった(万三八八、一四四六、一八六六、三二一〇、三三七五、四一四八、四一四九)。

「春の野に、あさる雉の、妻恋に、己があたりを、人に知れつつ」(万一四四六)

心を知られることを恐れた気持ちをさかなでするようにけたたましい鳴き方をする雉が忌々しがられている。鶏も外泊の門限を告知する働きをして嫌われるのであった(万二〇二一、二八〇〇、二八〇三、三三一〇、四二三三、四二三四)。

「遠妻と、手枕交へて、さ寝る夜は、鶏はな鳴きそ、明けば明けぬとも」(万二〇二一)

朝の精気を浴びたきらきらした光が、鳥のさえずりを刺激する。しかしぬえは青山に嘆き、雉は人に所在を知らせ、鶏は鳴くなと言われる。古事記の鳥も忌々しがられている。俺はふがいない朝を迎えてしまった、と恨めしげに相手に胸の内を明かしたのである。それに対して

b　それでも恋の橋渡しを鳥に期待する

b1「八千矛の神の命、萎え草の女にしあれば、我が心浦渚の鳥ぞ、今こそは我鳥にあらめ、後は

汝鳥にあらむを、命はな死せたまひそ、いしたふや海人馳使、事の語り言もこをば、青山に日が隠らば、ぬばたまの夜は出でなむ、旭の笑み栄来て、栲綱の白き腕、淡雪の若やる胸を、素手抱き手抱きまながり、真玉手玉手さし枕き、股長に寝は寝なさむを、あやにな恋ひ聞こし、八千矛の神の命、事の語り言もこをば」（古事記歌謡3）

決して嫌でお断りなぞしようとする者ではありません、私は恋を誘う干潟の鳥に過ぎません。夜が来たならばお待ちしております。腕を抱きしめて、長く打ち伸ばして安らかにお寝かせしましょうものを、恋焦がれないで下さいましという。乙女の鳥達として夜這いに相手を誘い、婚儀を促すものになってはいたのである。浦の渚の鳥である私はいつでも御要望にお応えするつもりですが、私の鳥はいつまであなたの鳥でい続けられるのでしょうか。後になって煩わしくなって死んでしまえというようなことでは困りますと直接の表現を巧みに避けながら、それを承知ならばどうぞお出かけ下さいと言う。王者の奔放な恋の前兆はすでに鳥達の姿に明かになろうとしている。

b2「ぬばたまの黒き御衣を、まつぶさ（具）に取り装ひ、沖つ鳥胸見る時、羽叩ぎもこれはふさはず、辺つ波背に脱ぎ棄て、その鳥の青き御衣を、ま具に取り装ひ、沖つ鳥胸見る時、羽叩ぎもこれはふさはず、辺つ波背に脱ぎ棄て、山県に蒔きし藍蓼つき、染め木が汁に染み衣を、ま具に取り装ひ、沖つ鳥胸見る時、羽叩ぎも此し良ろし、」

沖つ鳥として主は衣をも取り替えながら物色している。沖つ鳥は万葉でも遠くから安否を心配をさせる気配があった（万九二八、三八六六、三八六七）。

「沖つ鳥、鴨とふ船の、帰り来ば、やらの崎守、早く告げこそ」(万三八六六)
遠隔地から頼りをもたらすように祈願を受けたけれども、頼りないものであった。
続いて大国主の命があからさまに王者の多情を告白する。
「いとこやの妹の命、群鳥の我が群往なば、引け鳥の我が引け往なば、泣かじとは汝は言ふとも、山処の一本すすき、うなかぶし汝が泣かさまく、朝雨の霧に立たむぞ、若草の妻の命、事の語り言もこをば」(古事記歌謡4)。

恋の挫折を鳥に託して歌う。沢山の水鳥がみんな私について行ってしまったら、おまえは泣かないと言っても首をうなだれて泣くであろう、我が妻よと歌う。来鳴く鳥がこないのも不吉な知らせであったし、鳥に吉兆を期待する願いが生んだ歌ではあったが、鳥が飛び立った後ではその空白を埋めることもできない。群鳥も万葉では飛び立っていってしまう哀惜を表していた(万一〇四七、一七八五、三二九一、四〇〇八、四三九八、四四七四)。
「群鳥の、群立ちゆけば、留まり居て、われは恋ひなむな、見ず久ならば」(万一七八五)
と切なく歌う。

c 命を張って先頭を行く王者の恋

「八千矛の神の命や吾が大国主、汝こそは男にいませば、うち廻る島の埼々、かき廻る磯の埼落ちず、若草の妻持たせらめ、吾はもよ女にしあれば、汝を置きて男は無し、汝をおきて夫は無し、文垣のふはやが下に、むしぶすま(蚕衾)柔やが下に、栲衾さやぐが下に、淡雪の若やる胸を、栲

綱の白き胸、素手抱き手抱き抜がり、真玉手玉手さし枕き、股長に寝をし寝せ、豊神酒献らせ」（古事記歌謡5）

恋の季節が終ると政治の季節を迎える。貴方は領域の最前線を回って色々の危険に襲われることもあるでしょうが、又おみなに逢う楽しみもありましょう。どうか私と寝屋を共にして長く打ち伸ばし腕を抱いてお休み下さい、差し出す神酒を召し上がって下さいと願っている。微妙なやり取りが鳥を介した語彙の意味の自然のままの働きで描がかれている。この歌は後継者を得て君臨する王者の色好みを女の悲しみに対比させて思いを深めている。万葉の吉兆をもたらす鳥は出てこない。

その鳥たちは万葉の習俗からみれば異質のものであった。万葉では鳥の頻度がほととぎす、鶯、鶴、鴨の順になっていて、それだけで過半数を占めていた。それらは自然の生気を興し、配偶を求め、首長の繁栄を祈願する呪物であった（前稿三五頁）。大国主の命の鳥は万葉での少数派であり不吉な前兆を示している。万葉の吉兆の鳥は古事記には見られない。万葉での凶兆は来鳴かない鳥が示している。万葉の愛を育む鳥は最期まで古事記には現れない。その鳥達の属性であった来鳴き羽振る作業もない。大国主の命の悲劇の予兆はすでに妻問いでの鳥の扱い方の中に兆していた。大国主の命自身が既に文明の段階の権力を払い除けられなくなっている。本来万葉の鳥が羽ばたき鳴く声は吉兆を振り分けるものであった。それは鳥の種類にもより動作や声の種類にもより季節の自然にも従わなければならない。それは彼らの感受性が音に感じ取った生活の根の部分に関わりがあったからであろう。

「われわれのリアリティは各種の〝音〟で満たされた波動リアリティである」とするならば、震動の形でのみ存在は確かめられなければならないとベントフは言う。なぜならば「我々の体は発振器であり・・・一秒に何回となく超スピードで空間的な次元にひろがり・・・我々は主観的時間を大幅に引き延ばすことができる。これによって〝あちら〟にいる他の魂たちの行動をじっくりと観察し、向こうの情報を持ち帰ることが可能になる」（ベントフ前掲書「ベントフ氏の超意識の物理学入門」五五、一一四頁）からである。ベントフの言う音の世界は、遠隔地の妻にのみならず、彼岸の世界にもその領域を拡大してゆく。人の可聴音は二万から一六万ヘルツであるがそれを越えるある種の超音波は人の心を爽快にしてくれるという。ちなみにこうもりの場合は七万ヘルツの超音波を出すという（鈴木尚前掲書「骨から見た日本人のルーツ」五八頁）。機織が導入される前の皮革の生活はなめすために顎を酷使して、そのちょうつがいの部分にある間脳の感覚器官を鋭敏にしていた可能性がある。そのようにしてハフリの根源に羽振りもあったのであろう。「音響の世界はそれが生命の自己表現である限りにおいて存在する。動物の声―たとえば鳥の鳴き声―の中に霊の世界そのものが音を響かせる。音響の世界は大気の中で活性化し、生物の声の内に、自らの存在を音響として表現しているのである」（シュベンク前掲書「カオスの自然学」二七五頁）。

宇宙の作用が地上の生の営みに影響を与える。耳の三半規管の聴覚機能も鳥の羽ばたきの機能もシュベンクによれば実は同源であり螺旋状に同型をなしていて互いに共鳴し合えたのであろう（シュベンク前掲書「カオスの自然学」一四六、二一四、二七四頁）。そこで大国主の命の鳥は万葉では少数派の凶鳥であり、万葉で多数派をなしている吉鳥の鳥は大国主の命の歌には見られない。大国主の恋の歌に歌われた鳥達は万葉では凶兆となる鳥であった。風に羽ばたく鳥の姿に庶民が恋の鳥としてことよせてきた様々な思いを大国主のどの鳥のどの動作も引き受けてはいない。辺境に命を晒して「群鳥の群れ立ち行」く王者の恋は万葉にとっては忌まわしい鳥を組み込むことによって不吉な運命に身を委ねる古事記の恋を歌う。

第三項　全山の葉の振りに応じて振られる羽根

春が来て谷間を流れる水は宇宙の波動を映し出して渦を巻き始める。同時に風が渦をなして乱れながら流れてゆく。水は目で見られる螺線形を液体や固体に刻み込んでゆく。風はそれよりも速度がずっと早いので、形にとどめるよりも音として過ぎ去っていく。しかしその音自身が螺旋の形で波動を広げている。すなわち風が山を吹き抜ける時、螺旋の形の渦になって葉の表面に空気の膜を作り出す。「木々の葉が巨大な表面を形成し・・・森林の持つ生命力を一つのあらわれとする（シュベンク前掲書「カオスの自然学」二七六頁）。それは鳥の飛ぶときの羽根の表面に形成される風跡と同じ働きになっている。空気の層と層を分ける分割面にできた微妙な渦の活性面にその意志を組み入れようとする。わが意志を原始のエネルギーの波動に乗せることによって相手に対するはかない伝達を期待したのであろう。

さらに葉の働きについては森の生態との関連もあった。

「トドマツやイワツツジの葉を傷つけてそこから発散されるフィトンチッドは葡萄球菌・ジフテリア・百日咳の桿状菌に対して破壊的な作用を及ぼす」、あるいは「桧から発散されるテルペン等の物質と共に呼吸にとって体内に取り入れられれば」その効果も充分期待されると神山氏は言われる（神山恵三「森の不思議」岩波書店、昭和五八年、九三頁）。例えばヒバの場合「森林の樹木から発散される物質が霧粒の中心核をなして山頂あたりから、ちょうど雲が湧き上がって来るような縞模様の様相を呈している」のである。垂仁天皇の場合も「その御子の詔りたまひつらく青葉山なせるは山と見えて山にあらず出雲の石くまの曽の宮に坐す葦原しこ男の大神を以てイックの祝りが大にはかと」（記中三三オ七）。青葉の上に聳える高層の社殿が大国主の命を鎮め奉る機能を讃えている。

「人々の健康によいのは特に負のいわゆる小イオンであった。植物の揮発性物質はこのイオン化を促す」（B・P・トーキン、神山恵三「植物の不思議な力＝フィトンチッド」講談社、昭和五八年、八四頁）。山いっぱいに木の葉が満ち溢れてそれが発散する揮発性物質によってすがすがしく心身を洗い清めてくれたのであろう。

万葉には万山に葉が散り乱れ、人の危機をその葉の生命感で救う。葉が発散する物質が風の響きに共鳴して恋や死の挫折から気力を回復させる。万葉はその願いを風の流れに合わせて振られる呪物によって歌ったのである。鳥声も伴奏に加わり、人はそれを玉や衣の振りによって取り込む。万山の木の葉の振動に同調して万葉の相聞挽歌が成り立っている。大国主に通ずる意志もその例外をなすものではなかったであろう。

葉脈に残る紅の光さえ消し去ろうとして秋風が吹きつけてくる。その時紅葉は最後の輝きによって人の命の火を掻き立てるのである。万葉歌集には風に吹かれる植生の作用が深く関わっていたように見える。羽や葉の波動のレベルで万葉は歌われていたのではないかと思われる。

「もみじ葉の、散らふ山辺ゆ、漕ぐ舟の、匂ひに愛でて、出でて来にけり」（万三七〇四）

紅葉の散る山辺に舟を漕いで来て自然のミクロに振動する生命感に打たれている。

植物の芽生えの逞しさも散る時の思いを叫びかける意志も、蜜や色で生殖を促そうとする意志も虫や鳥や人に感応させる力があった。植物には自分では見えない花を咲かせる意志があり、人の心を受発信させる働きを促していたのであろう。葉を万葉で歌ったのは形や色や美を風に運んでもおうという樹木の意志に感応したからではなかろうか。

「人間の神経細胞が波長を受信できるなら神経細胞は送信機でもあるに違いない」という推理によれば、万葉ではすでに「高い震動を持った植物は人間の低下した震動を高める」働きまでしていたと読めるのである（トムプキンズ、バード前掲書「植物の神秘生活」四六六、四七六頁）。

すなわち「はふり」は勇みはげむ精神的な力づけを祈願した万葉人の呪法であった。挫折した心の萎えを取り戻すために、植物の生命力を受け取ろうとする願いでもあった。

「庭中の、あすはの神に、木柴挿し、我は斎はむ、帰り来までに」（万四三五〇）

植物を媒介にして神の映像に旅の安全を祈願している。木の活性力が人の恐怖を回避させる力を持つことを信じている時代の歌であった。

大国主の命の神話が植生のもっている治癒力から始まり、国家統治の条件まで提供し、魂の鎮めまで葉によって祈願していたのは、植生の振動の中に神の摂理を見ていたからかも知れない。

それぞれの季節の葉について見ておこう。春は繁る葉の勢いを歌っている。

「垣越ゆる、犬を呼びこして、鳥狩りする君、青山の茂き山辺に、馬休め君」（万一二八九）

春は若者のエネルギーを促して、山の葉が生殖の季節を醸し出している。狩の道すがらどうぞ寄っていって欲しいと言っている（その他・万二二一〇、一二八九、一八一五、三二八九、三五〇四、三八三七）。

又夏に激しく募る思いを抑えかねて歌っている。「はふる」は思い詰めた心をあからさまにしないで、抑えながら伝達しようとしている。

「さ百合花、ゆりも逢はむと、下はふる、心しなくば、今日も経めやも」（万四一一五）

今日の恋のつらさに耐えるのに、夏の花の生気にこと寄せて将来《ゆり》の首尾につなげようとしている。

このはふる働きは、波動の形で思いを深みで共有しようとする、祈りになっていた。

「あしびきの、山の紅葉葉、今夜もか、浮かびゆくらむ、山川の瀬に」（万一五八七）

流れる瀬に響き合って散る紅葉の、瞬時の高揚感を惜しんでいる。

冬は降りしきる雪に促されて、燃える思いを相手に訴えかける季節になっていた（万二二九九、七一一、一二〇一〇、一六五〇、一六五五、二二九五、二三三七、三五七〇、四一一一）。

「高山の、菅の葉凌ぎ、降る雪の、消ぬと言ふべくも、恋の繁けく」（万一六五五）

生命感を満して菅の葉が風にゆさぶられ、さらにその「振る」を凌ぐ「降る雪」を菅の葉の上で溶かしてしまうような、恋への熱い憧れが歌われている。葉のパターン表現を繰返して万葉も古事記も集団の意志を共有する。

ところが大国主の命は死に誘われる危機に挑むとき、群鳥の緊迫した波動に身を委ねる。自然の活性力で萎える心に精神的支柱を与えたが、「出雲の恐怖」を雲と風の予兆に感じるほかはない（本稿一一八、一三七頁）。さらに「弓で悪霊を払う」（本稿一五八頁）呪法によって危機へわが身を晒さなければならない。彼は万葉の習俗を逆に辿って共同体の中で意志を成員と共通させ合い（c）、行きずりの家庭を渡り歩きながら（b）、大自然の鼓動に不協和音を忍ばせ始めたのかも知れない（a）。aによってbを成り立たせなければ、cを実現できなかったであろう神話のスタイルを意識的に「汝は泣かさまく」と言って彼は崩し始める。呪能の鳥も万葉の鳥でありようはずもない。aの前提条件であった宇宙との交信を可能にする心の波動を一方で王者の資格として要請されながら他方でぬえ鳥の別れを傷む脈動を歌わなければならない。先陣に押し出されて死を招く絶望と隣り合わせに生きる生命力の働きは神話の意識と融合できなかったであろう。

「運動と鼓動こそが生命であるから・・・運動が弱まると人間は病気になり、止まると臨終なのだ。（だから）人は生命エネルギーと意識という二つの属性を融合・統一しなければならない」（トーキン、神山前掲書「植物の神秘生活」三三四頁）というニューサイエンスの立場を万葉は先取りして鼓動に刺激を与え続けたが古事記はそれを許さない。古事記の限界を古事記自身が自覚しながら無限の破滅に身をさらそうとしていた時のものかもしれない。

大国主の命の危機はその流れに障害が入り込むことにあった。その障害は出雲という言葉の中に予見されていなかっただろうか。そこには心を閉ざし生の原動力を奪い去る恐怖があった。

五世紀の頃日本は連合国家の状況にあり、各地にクニを統合した大国が成立して連合国家の単位になろうとしていた。その古代国家の連合状態が中央の卓越した地位の向上によって崩れだした時に、大国主の命の出雲的な問題が生じたのであろう。出雲は単なる美称でもなく、それ自身がドラマを内蔵する概念として現実に働きかける実態をなしてゆく。

出雲は青銅器から鉄器へ移行する段階で鉄器の文明段階からみれば後れをとったと言えよう。しかし青銅は実用性が乏しいといっても精神面において神話の権威を維持していた。鉄器は実効のある利器であったがそれによって生命力を躍動させる精神性に乏しい。物質が力であるという逆転した価値観によって原始から古代への転換を進めたのであろう。

その時、原始的心性を引きずる者大国主に時代が重くのしかかり、命を脅かし、自己否定を強制し始めたのであろう。その無意識の響きは彼等に大小の差はあれデカダンスの雰囲気を醸している。万葉に見られた吉兆の鳥をあえて避け劣位の少数派であった凶兆の鳥をわざわざ選ばなければならない。吉兆の鳥を拒んで運命の暗転の予兆を自ら選びながらそれを表現することはできない。出雲の名称に挫折を感じ取った権力者の気品は自らを退廃の淵に追い込み始めている。

ここには全能者として一神の支配を受けるという西洋的神の概念は通用しない。単に表面的な催眠作用として神話を解釈することは許されない。まして唯物的な解釈を受け入れる余地もない（W・G・アストン「神道」安田一郎訳、青土社、一九九二年、七六、八四、一九八、二一二頁）。むしろ日本の自然環境の中で生気の実感を積み重ねてゆけば救済を得られるという確信が、自然を見る目の裏にあったと言えるかもしれない。その救済ももはやない。そんな鳥は追い出してやりたい「この鳥も打ち止めこせね」。一体気持ちを静めてくれる本来の羽振る鳥はどこに行ってしまったのであろうか「天ま馳せ使い、事の語りごともこをば」と誰も気づくことのない辞世の歌を過不足なく歌う。

第五節　風に期待する生命力

大国主の命は告げる相手のいない願望を空に向かって叫んでいる。空に情報を伝達する働きを期待しているかのように見える。少なくとも意志を橋渡しする「天ま馳せ使ひ」よ「事の語りごと」はそういうことだよと言う。それが鳥であるか風であるかはともかくとして、空間を情報が飛ぶという感覚が前提になっていたのではなかろうか。

紅葉を散らす風の活力は本を正せば地球圏に吹き巡る風のエネルギーに由来するものであった。葉振りによって思いを込め鳥に願いを託したのもそのエネルギーに同調して意志を交流させる手法であったように見える。その惑星風が雲を運び水に宇宙のエネルギーを注入する。そのような情報の網の目の中で風がもたらすメッセージを万葉に確かめたいと思う。人の意志は風に乗って時間空間を超えて肉親の心に届けられている。

例えばアメワカヒコが死んだとき古事記はその状況を次のように記している。アメワカヒコは朝廷が大国主の命へ送った使者としてその帰順を迫ったが逆に大国主の命によって帰順させられてしまい、結局朝廷の矢に射られて殺されてしまう。

「故れ、天若日子の妻、下照ひめの哭く声、風の与《ム》た響きて天に到りき」（記四一ウ九）

夫の死を嘆く妻の声が風に乗って父の元に届けられたとある。

例えば谷間に響く音の世界があるように、音が命の鼓動を伝え合うような音空間があったのではなかろうか。

「秋風の、山吹の瀬の、響むなべ、天雲翻る、雁渡るかも」（万一七〇〇）（他・万二一三六、二一三四、二二三二）

雲も瀬も共鳴しながら同一空間に響き合っている。秋風が谷間に乱舞するとき木も鳥もそれに共鳴して震えたのであろう。人の心もそれに震えるとき心は風に乗って相手にも届けられるという願望に通じたのであろう。

その響きが風の流れに誘われて音のメッセージを伝え合っている。その大もとを為す地球圏のうちモンスーンとか偏西風が宇宙と地球の間のクッションとなってその意志を媒介し合っている。風を介して大気は循環し太陽エネルギーは万遍なく地上を潤し、そのエネルギーがもつミクロの作用を人は葉振りによって同調させようとする。そのような大気の循環的空間の中で働かせた彼らの感性が多くの風の作用を歌に記したのであろう。それらの激しい作用には見落とすことのできない精神的作用が隠されていたのではなかろうか。
「国遠み、思ひなわびそ、風のむた、雲の行くなす、言は通はむ」（万三一七八）
遠くても思い悩まなくてもよい、風と一緒に雲がやって来て言葉を伝えてくれると言う。万葉では雲や鳥を介して思いを相手に伝える歌が多く見られる。それも風のエネルギーに生命の形を預けた鳥の飛行と鳴き声によるものとして捉えることもできる。ものによって生きるのでなく心によって生きようとする。そういう人達が風の中に生命の蘇生を感じ取っていたということは十分に考えられることではなかろうか。自らは飛べない人はそれを風を捉える鳥の羽音に求めたのかも知れない。それは満山の風になびく葉からきたのか、鳥の羽ばたきが捉えた風からきたものか、ミクロの音のエネルギーからみれば葉と羽は似た機能を持ち同じ言葉で風の作用を受け入れたのであろう。結局大気のエネルギーの効用を自覚的に捉えて取り込もうとしたのである。風を地球との関連でみれば風は太陽熱によって空気が温められ、それが地球の自転でかき乱されて地上に作用を及ぼしてきた。それは人間にとって様々な機能を及ぼしてくる。その機能も荒れるマクロのエネルギーと風の音が醸し出すミクロのエネルギーがあったと言えよう。特に万葉人は生命感「ヒ」を山に流れる風や風が海で起こすしぶきに求めている。万葉に見られる荒れたマクロの中の風のミクロの肌触りを彼らは自覚した祈りとして働きかけている。

万葉の風は雲を運ぶ因子であり生活の中に厳しく吹き込んでくる。万葉の風一六九例を見てみよう。特殊な状況下にある風に風の精神的機能がそれぞれどういう風に表わされていたのであろうか。

第一項　万葉の風

万葉集の初期の段階で記録されたであろう前半の風と後半の風を比較してみると前半の風の例が倍近くあり、その自然の生気に強い憧れを厳しさの中に示している。厳しい寒さをもたらす風に対してむしろ好感をもって挑戦しようとしている。

ア　風を状況別に見た場合

①　風が吹き付けてきて思いが高まる八九例、五三パーセント

「秋風吹きぬ白露にあらそふ萩の」（万二一〇二）紅葉が散る一四パーセント、「海は荒るとも取らずは止まじ」（万一三一七）海に玉を求める九パーセント、「白雲は七夕つめの天つひれかも」（万二〇四一）七夕の伝説に妻へ思いを届ける九パーセント、雁が渡る二パーセントなどによって風の生命感を種々の形によって捉えている。

②　寒き風に吹かれ一人旅に寝て相手の衣に身を包んでその相手を偲んでいる一六例、一〇パーセ

ント。

「雁がねは使に来むと騒くらむ」（万三九五三）雁があなたの意志を伝えようとして飛び三一パーセント、衣を敷いて寝る等に細分される。

③　風に心傷み古里を思う六例、四パーセント。

「風を疾み船寄せかねつ心は思へど」（万一四〇一）船に荒波が来て航海に辛い風となっている。

④　人は冷水に身を浸して海から命の力を引き出そうとするが、波立ち身の危険に晒されている四例、二パーセント。

「風吹けば来寄する浜を見れば清しも」（万一一五八）風が立てる白波の浄化力が「清し」という感性を興している。

「妹がため袖さへ濡れて刈れる玉藻そ」（万七八二）袖が波風に濡れても海の精気を持ち帰ろうとしている。

「御舟とどめよ」（万二〇四六）風に相手の舟を気遣っている。秋の風が紅葉散らす（万七九九（おきその風）、万一二四六（風をいたみ）、万一四四五（風混じり）、万一八三六（風混じり）、万一八三八（風のむた）、万一八五六（吹き乱る風）、万一九六六（風に散る）、万二二三二（今朝吹く風）、三五七二（風吹かず）、万四三七一（吹く風の）。「我が挿せる柳の糸を吹き乱る」（万一八五六）発信と受信の共生の意識によって風は花に兆しを与えて、相思相愛の感情を醸し出している。風が心を運んで生活空間に共鳴しあう。厳しい寒風の中に生気を漲らせている。

イ　万葉の風に込められた祈願の形で分類してみよう。
a自然讃歌六八例、b妻問祈願九三例、c宮廷讃歌八例計一六九例あるけれども神と風の密接な関係が示されている。

「一松、幾夜か経ぬる、吹く風の、音の清きは、年深みかも」（万一〇四二）

松に吹く清明な風の音は久しい年を経ている。神と出会って自分を確認する時のように、童心になったとき自分を生かしてくれる自然として風を受け止めたのであろう。

a1　風を介した自然への讃歌五九例、三五パーセント。自然の活性力に対して強い憧れを表している。風が渡り鳥を運び（万一七〇〇、一一六一、二二二八、二二三四、二二三六）、相手の知らせを運んで来てくれる（万三九四七、三九五三）。

「今朝の朝け、秋風寒し、遠つ人、雁が来鳴かむ、時近みかも」（万三九四七）

その他、秋風・万一四六八、一五九七、一七五七、二〇九六、二一〇二、二一〇八、二一〇九、二一二一、二一五八、二一八九、二一九三、二二〇四、二二三一、三九四六、三九五三、四一四五、四二一九、四四五三、あさごちの風・万二一二五、あゆの風・万四〇一九、時つ風・万九五八、一一五八、浜風・万五〇〇、松風・万一四五八、みなと風・万四〇一八、その他の風・万二九四、四八九、九四五、一一一七、一一五八、一二二三、一二四六、一三一七、一三一九、一三三三、一三九〇、一三九一、一四〇〇、一五九〇、一六〇七、一六一七、一六四七、一七六四、一八三六、一八三八、二一九八、二二〇五、二二三二、四二九一、四三七一、四五一七）

a2　自然の脅威を示す風の歌九例、五パーセント

「山嵐の、風な吹きそと、うち越えて、名に負へる杜に、風祭せな」（万一七五一）

風が吹く山の無情を神に祭を捧げて祈っている。人が行き倒れるのも桜の花が咲き散るのも風の働きとして神の作用を見ている（その他の風・万一四〇一、一五五五、一七四七、一七五一、三六四六、三六七三、四一六〇、秋風・万二〇四六）。

b1　風を介した相手への期待　六九例、四〇パーセント。

烈しい風の中で配偶者の安否を気遣っている。

「山越の、風を時じみ、寝る夜おちず、家なる妹を、かけて偲びつ」（万六）

（その他秋風・万三六一、四六二、四六五、一三一七、一五二三、一六二六、一六二八、一六三二、二〇一三、二〇一六、二一〇三、二一六〇、二一九八、二三〇一、二六二六、二七二四、三五八六、三六五九、三六六六、四二九五、四三〇九、四三一一、四四五二、四五一五、飛鳥風・万五一、あゆの風・万四〇〇六、いかほ風・万三四二二、家風・万四三五三、沖つ風・万一二一九、風・万五、五九、一三一、四八八、六〇六、七八二、七九九、一〇二二、一三〇九、一〇三五、一五四二、一〇六〇、一七四八、一八五六、一九六六、二〇五八、二三五九、二三六四、二四五九、二六七八、二七二六、二七三六、二八五八、三〇五六、三一七八、三三八〇、三五六四、三五七二、三六六一、神風・万八一、川風・万四二五、白山風・万三五〇九、初風・万四三〇六、浜風・万二五一、平山風・万一七一五、夕風・万二二三〇）

b2　絶望的な状況の中で、もどかしげに相手への通信を風に求めようとしている二六例、一五パー

セント。

「風雲は、二つの岸に、通へども、我が遠妻の、言ぞ通はぬ」（万一五二一）

荒れた海（3）や天の川（5）を前にして逢うに逢えない状況を歌っている。

（その他、秋風・万二〇四一、二〇四三、二〇八三、二〇八九、二〇九二、朝風・万七五、あさごちの風・万二七一七、沖つ風・万三五九二、三六一六、風・万八九二、一五二一、三二六八、三三三五、三三三八、三三三九、三六二五、四二四一、四二四五、佐保風・万九七九、時つ風・万二二〇、三二〇一、泊瀬風・万二二六一、早見浜の風・万七三、春風・万七九〇、一八五一、邪風・万九〇四）次元を超えた時間空間から吹いてくる風が不可抗力的な作用を忍ばせている。風が宇宙の通信を促しているかのようである。

「天地の始めの時ゆ、秋風の吹きくる宵に、天の川白波凌ぎ・・・」（万二〇八九、その他秋風が吹くとき「白雲を天つ領巾と漂はし」（万二〇四一）、「漕ぎ渡る月人」（万二〇四三）、「天の川瀬に出で待つ」（万二〇八三）、「天地別れし時ゆ妹に逢ふ」（万二〇九二）など天地自然の知らせを風が運んでくる。

c風を介した宮廷讃歌並びに挽歌八例、五パーセント。

「清き渚に、風吹けば、白波騒ぎ、潮干れば、玉藻刈りつつ、神代よりしかそ尊き」（万九一七）

（その他荒れた海c1三二三四、三三〇一、c2挽歌一六二、一六三、一九九、一九九、二五七）

以上a1、b1、c1は期待感を促す風であり七六パーセント、a2、b2、c2は絶望感に落とす風二四パーセントになっている。マクロの絶望の中でミクロの生命感を祈願している。大自然の破壊力が集中する場所に精気をかき立てて、意欲を横溢させようとする目論見すら見られる。それだけ激しく事件性すら予期している。

ウ　風を介して相手に掛けた思いを内容別に見てみよう。

相手への思い一八パーセントを、海（の玉の操作によって）満たし一三パーセント、紅葉の（散る）うつろいに慰めを求め一二パーセント、鳥の（鳴き）渡る姿に思いを託し四パーセント、天の川の（天空の）伝説三パーセントにこと寄せて偲んではいる。

エ　特定の風別に見てみよう。

秋風は五六例、三三パーセントに及んでいる。春風が二例にとどまりしかも嫌われていたのと対象的である。a雁（九例）が鳴く厳しい寒さの中ではあるけれども、萩の花（一七例）の咲き乱れる姿に力づけを得て、b遠く離れた旅路にあって相手の衣を敷き（三例）月を仰ぎ（二例）ながら、c旅寝（一九例）の厳しさに耐えようとしている。

「家離り、旅にしあれば、秋風の、寒き夕べに、雁鳴き渡る」（万一一六一）

神風は七例、四パーセントで、a荒れた浜を宿とする者に猛威を振るうが（万五〇〇）、b国の「ともしも」という気高さを与え（万三二三四）、乙女に出会い（万八一）、松が打ち寄せる瑞兆があり

（万三二〇一）、留まればよかった所であり（万一六三）、沖藻もたなびき（万一六二）、ｃ天雲で蔽い鎮めた威光を輝かせている（万一九九）。破壊するものへ新生を祈りかけている。それは神と共生する生活現象ですらある。しかしすべて伊勢と関わる枕詞になっている。恐しい風に対して安全を祈るという意味で朝廷讃歌に関わったのかも知れない。荒廃をもたらすエネルギーから再生しようとする意志でもある。

時つ風は四例、二パーセント、ａ厳しい風に吹かれて玉藻を刈り（万七五八、一一五七）、時ならぬ風が吹き荒磯に臥し（万二二二〇）、ｂ身を清め障害に耐え再会を図らなければならないものであった（万三二〇一）。

その他三例のものが沖つ風、二例のものが五種類、一例のものが一四種類あるが、風は万葉人の心に深い印象と衝撃をすら与えていたのであった。その根拠を探ってみようと思う。

「空気に秘められた霊的なるものの力は、音響の世界にだけでなく、光と色彩の世界にも姿をあらわす。彼らの本性の一部分が音響となって発生し、あるいは色彩の配合のうちに可視の物となるのである。彼らは季節毎の大気の巨大な呼吸に関与しており・・・そのような地方の魂の一部をなしているのである。・・・彼らは空気の法則性にしたがって震動する。空気は魂を運ぶ素材と化すのである」（シュベンク前掲書「カオスの自然学」一八七〜一八八頁）とシュベンクも言っている。

春が過ぎれば夏のエネルギーをもたらす風に神の厳しく強要する通信も祈りを潜めて構えることになる。万葉集に平和を期待するのか平和を戦いとるとするのかが問われる。

第二項　風の呪能の根拠となるもの

風はマクロ的に言えば太陽熱が地球に与えるエネルギー現象であった。ミクロ的に言えばそのエネルギーは波動的転換によって呪能的働きをすることになる。その力を受けるためにはミクロ的に同調する対応が必要になった。それによって自然の営みに自分の意識を預けたのである。

風のもたらす秋の季節は特にa紅葉のうつろいに慰めを与えられ一二パーセント、鳥の鳴き渡る姿に思いを託し四パーセント、b相手への思いを深めて一八パーセント、玉を操作し一三パーセント、c天の川の遥かな作用を感得していたかのように見える三パーセント。自然のリズムに自分の波動を合わせて息づいたのであろう。自然現象を祈願の対象に据える。その働きを表現した万葉人の歌を細分していけば自然の営みを受け止める鋭い彼らの感性がその覚悟を浮かび上がらせるであろう。

秋の風が祈願の対象として大陸の高気圧が日本列島へ爽やかで涼しい風を吹き出す。それは蒸し暑さによる闘争本能を抑えて晴れ晴れした気分を蘇らせてくれる。暖かく湿った空気は「頭痛やリューマチ、喘息を起こしがちである」（ライフサイエンスライブラリー一七巻「気象の話」タイム社ライフ編集部、一九六八年、一五六頁）が、秋風は愉快に仕事をさせて能率を上げ、大きな希望を持てるように気力に充実感を与えてくれる。空気中には普通陽イオン五に対して陰イオンは四の割合で存在しているが、

「陰イオンは人体にとって有益で、陽イオンは有害となり、陽イオンが多く含まれているときは人体の反応が遅くなり、身体機能上の変化を起こす可能性がある。陰イオンの流れの中で、視覚反応が目立ってよくなり疲れを覚えずに仕事ができる、ところが大気自体の色々な状態からイオンのアンバランスが起こる。（例えば）嵐の起こる直前の空気に陽イオンが多くなり、また嵐になるとおそらくバランスが崩れて陰イオンがよけいに空気中に振りまかれる。低気圧中の嵐の場合、気圧の変化の為に陽イオンは多くなる」（「気象の話」一六〇頁）。「空気はイオンという電気を帯びた原子で満ち溢れ、瞬間毎に変化し、渦巻になって動き、混じり合い作用し合って」人間に影響を与える（「気象の話」一七六頁）。

寒くなって風が強くなると密閉して暖をとる現代人に対して、その風に身を曝して生命感を感じ取ろうとした万葉人は、自然を逆に受け止めていたのかも知れない。鎮められるべき恐怖の風も、秋風ならば願いを聞いてくれるかも知れないという際だったよしみを寄せている。

ア　大気の混乱・風の状況は「寒く吹きつけて波立ち心高まる」という状況の中で吹き荒れている。トンプソンもいう「暖かい気団がぶつかり、山に遮られて起こる風の乱れ・・・太陽や海洋の熱の影響といったもの・・・その結果は永久に続く大混乱」（「気象の話」一七七頁）となる。大気の混乱の中で発生する陰イオンを含んだ秋風と濱風とを生命の活力を回復させるエネルギーにしている。夏の風にはそれを期待できず歌にならない。春の風も梅の開花をもたらす期待だけで扱われている。秋風に共鳴する羽の音や鳴き声を詠み、妻の振る衣に思いを託して歌を作った。秋の叙情の中心は紅葉を散らせる風の響きによって、情景に隠された心を誘い出すことにあった。万葉は表面の形式からみれば情景に感ずる叙情詩であったけれども、根底にはミクロのエネルギーを取り込もうとする願いがあった。「春風」はやや嫌悪感を持って二例のみ扱われている（万七九〇、一八五一）。「秋風」は好感を持って五六例が歌われている。秋風も海風や山風も地球エネルギーがミクロのマイナスイオン現象を最もあからさまにしている風であろう。

トーキン博士の言によれば、その間の事情は次のようになっている。

「植物の揮発性物質はこの（空気の）イオン化を促す。人々の健康によいのは特に負のいわゆる小イオンであった」（トーキン、神山前掲書「植物の不思議な力」八四頁）。

「一連の植物、とりわけ食用植物のフィトンチッドは、人間の身体の健康力を促進する」（トーキン、神山前掲書「植物の不思議な力」九三頁）。

秋風が萩の葉を振り動かしてフィトンチッドを発散させる時に万葉人が生命感を萩に託して歌う。彼らが充溢したのはそのような風に対する呪的な好みに科学的根拠があったことを予想させている。

イ　感性の高揚・・祈願の内容から見ると「風の吹く自然を讃え三五パーセント、風を介して安全を祈願四〇パーセント」特に万葉の前半において荒れる寒さに対して挑戦する意志が強く表されている。トーキンも「風が吹くと、風速が増すにつれて樹木からのテンペン類の発散も多くなる」（トーキン、神山前掲書「植物の不思議な力」一二四頁）という。

荒れる風の中で彼らは萩の花が紅葉になるという季節を感じ取り、それが「散り紛ふ」時相手を忍ぶ気持ちを高めている。ひれ振りの習俗も恋の成就を願って、空気の小イオン化を助けている。それが相手に思いを運ぶ習俗であったとするならば、彼らは空気中のイオンの移り行きを感受していたことになるであろう。

「一ヘクタールの広葉樹林では揮発性の有機化合物をおよそ二キログラム分泌する」（トーキン、神山前掲書「植物の不思議な力」八三頁）。それは「大都会の隅々までいる多量の微生物を殺せる量である」。

葉の振りに生命の蘇生と再生を期待させるものを感得していたばかりでなく、霊性を処理する万葉人についても扱われなければならないのではなかろうか。八岐の大蛇を斬りはふったのは、悪性の霊の働きを断つ作業としてであった（前稿六七頁）。その場合のはふるは霊の世界に働きかける機能を果たしていたのである。それが自己の中にさまよう死霊の重苦しい陽イオンの葉の振る小イオン化処理を通して葬制までつなげたのかも知れない。「死の汚れを恐れたからではなく、生前からの聖なる威力を恐れたものと思われる」（小林行雄「古墳の話」岩波書店、昭和五七年、一〇二頁）と小林氏は言われるが、逆に死の汚れをイオン的に処理することも考えなければならないであろう。恨みに苦しむ霊がイオン環境を劣悪化させて悪い影響を及ぼすのであれば、その幽体の淀んで重苦しい分子の状況を振る作業で好転させなければならなかったであろう。植物が死に対してどのような感性をもち、それからの癒しをどのように得ていたかトンプキンスの紹介する実験結果を見てみよう。「植物達が熱湯の中での小エビの死にいっせいに反応した」（トンプキンス前掲書「植物の神秘生活」四三頁）のも「三次元世界は四次元の非物質的世界の単なる影にすぎない」（トンプキンス前掲書「植物の神秘生活」九一頁）からであり、精神集中によって三次元世界を四次元世界がコントロールしていることの表れであった。それを波長で言い換えれば「病原菌が侵すことのできる人間は病原菌の波長に細胞が共振をおこすところまで活力が低下したものだけである」というのである（トンプキンス前掲書「植物の神秘生活」四七三頁）。そこで「悪意ある不機嫌な気分は植物に重苦しい影響を与え、幸せな高揚的周波数は有益な影響を与える」（トンプキンス前掲書「植物の神秘生活」五六六頁）そのような好運をもたらす葉の波動の作用を実証しようとしたのであろう。

ウ　荒海の効用・背景には波の荒れる海一三パーセント、寒風が吹いて散る紅葉一二パーセント、続いて鳥等となっている。ワトソンは言う「風のお陰で地球は真に生きた存在たりえている」（ライアル・ワトソン「風の博物詩」河出書房、昭和六〇年、一〇頁）風が惑星地球の神経系としてエネルギーと情報を分配し、人間の精神活動を誘発するからであった。すなわち「運動する空気の最も最大な作用は、海を攪拌して乱れや渦を作り出す」ことにあり、それは人間の心身を爽快にし活性化させるからである（ワトソン前掲書「風の博物詩」一一五頁）。そこから泡立つ海泡が生まれて「破裂し・・・滋養豊かな水滴が吹き上げ」られては降りかかってくるのである（ワトソン前掲書「風の博物詩」一七四頁）。何故なら海辺は「陽イオンを捕集して細かい泡に混じった陰イオンを出す。海岸の波打ち際沿いや滝壷の周辺は陰イオンの濃度が高い・・・」（ワトソン前掲書「風の博物詩」三六三頁）ということになる。「陽イオンは繊毛の運動をおそくし気管への血液供給を減らして呼吸を早めるが、他方陰イオンは繊毛運動を早め、血液供給と呼吸を回復させる」（ワトソン前掲書「風の博物詩」三五三頁）働きがある。病気に掛かると電荷が低くなるが、陰イオンがあると繊毛の運動が高まって、塵や花粉やウイルスを捕食し血液供給と呼吸を回復させるのであり、アルファ波を促してストレスの解消を進めるのである。二十一世紀の科学が紀元前の万葉の自然対応の詩の根拠を提供することができるのであれば、万葉の自然処理の機能の研究は始められたばかりだということになる。

エ　秋風の効用・特別な風としては秋風三三パーセント、神風、時つ風の順に出ている。厳しい風の力の中でその力に潜む活性力を進んで取り込もうとしていて、無気力な詠嘆が見られない。

心の活性を求めてそれを花は風に聞き出し、雲も風に聞きだしたのであろう。なぜならば花が咲き、鳥が飛ぶのは風の便りに応じて共鳴し合うからであろう。万葉の歌は花も鳥も風に応じて成り立っている。風が刻み込んだ生命の実体として人体も生き返る。逆に天空の意志を受け入れた風を通してどの生命体も風の働きかけを受けてきたに違いない。同じ地域の生物に対して同胞として感じ合っていたから、花や葉に対して心の伝達を委ねることができたのであろう。しかし天に届いた妻の哭き声を誇張した作り話にしてしまうと忽ち風の厳しさに人は為す術を失うであろう。ミクロのエネルギーは決して超能力ではなく、日常的に共有される能力に過ぎない。

「・・・吹く風の、見えぬがごとく、後もなき、世の人にして、別れにし、妹が着せてし、なれ衣、袖片敷きて、独りかも寝む」（万三六二五）

風が目にも止まらぬ早さで跡形もなく吹き去るように、はかなく別れてしまった妻の衣を敷いて寝て悲しむ。風で死の悲しみを思い出すこともあり、風で鎮め安らいを受けてもいたのである。

「イオン化された分子の流れ、周期的な波動、あるいは磁場を伴ったこの不可視の世界の方が、目に見える世界より現実的になっている」（ブレア前掲書「超自然学」八七頁）と現代の認識についてブレアが言う。イオンとは原子や分子から電子が出入りすることによってマイナスあるいはプラスに荷電したものを云い、万葉人は特にマイナスイオンに満ちた力学的波動の世界を好んで歌ったのである。

まとめると万葉の風の情景は、自然の陰イオンが風の働きによって多量に生産されるところに祈願を寄せていた（海空間一三パーセント、紅葉空間一二パーセント、鳥空間四パーセント）。風を歌う万葉人は荒れる風の生理的機能、心理的機能を踏まえた自然の活性力と清浄力を取り入れている（吹き晒し五三パーセント、寒き一〇パーセント、心痛み四パーセント、波立ち二パーセント）。それによって自他の生命感を四季の移り変わりの中で高める願いをかけていたと言えよう（秋風三三パーセント、時つ風二パーセント、春風一パーセント）。叙情で情景を捉える前に、自然の活力を讃え、相手の安全を祈って、空しいときもあった（自然讃歌三五パーセント、妻問い祈願四〇パーセント、挽歌五パーセント）。そのようにして情景毎のイオンの状況から吹く風の季節と場所を限定し空気の震動を敏感にふるい分けして霊性を処理する対象を選んでいる。大国主の命への除災の方法も払いの儀式の中で成り立ったのではなかろうか。その効能を神に比すると次のようになるであろう。

古事記では風から生まれた神としてカザケ（モ）ツワケのオシヲの命（記上五オ八）、シナツヒコの神（記上五ウ九）（岩波版「日本古典文学大系・古事記祝詞」五九頁）を挙げている。シナツヒコの神は大祓祝詞によれば「科戸《シナト》の風の天の八重雲を吹き放つことの如く、朝の御霧夕の御霧を朝風夕風の吹き払ふ事の如く・・・祓へたまひ清めたまふ・・・」（岩波版「日本古典文学大系・古事記祝詞」四二五頁）とある。風による清めは「はらひ」の動作と相関関係に置かれている。

日本書紀ではさらにシナトべの命を挙げているが、イザナミの尊によれば「我が生める国唯朝霧のみありて、薫り満てるかなとのたまひて、乃ち吹き撥ふいき神となる、名をシナトべの命とまおす、亦はシナツヒコの命とまおす、これ風の神なり」（岩波版「日本古典文学大系・日本書紀」第一巻九〇頁）とある。淀んで生気を失おうとするものに対して長い息の「シナ」の風が生気を回復させている。「吹き払う息の」力を古代人は神の名で呼んだのであろう。朝霧の状態と言い弱体をなす。

また万葉集では神風が七例あり（万八一、一六二、一六三、一九九、五〇〇、三二三四、三三〇一）、その自然の脅威を畏敬するもの一例、妻問祈願一例、宮廷賛歌は二例、宮廷挽歌三例になっている。その中で伊勢を興す枕詞の役をなすもの六例、八六パーセントである。厳しい風が吹いて旅寝もままならないがa、乙女との出合もあろうb。しかし宮廷関係cが五例あり、伊勢に吹く風に神の名を冠して枕詞としたのは権力構造の一環に組み込まれたからかも知れない。風は名称によってその力をコントロールするか、名前もなしに荒れるにまかせるか、その時伊勢は神の名によって宮廷の挽歌を歌わなければならない。この神の実態は風の自然力が前提になっていたことを予想させている。ただし日本書紀には万葉の風は弱体化される。

「神風の」という枕詞は、a「浜辺に旅寝やすらむ」不安の中で、b自然の猛威に対して加護を「朝凪に」「伊勢の国」「国もともし」と期待させながら、c荒れて「吹き惑わ」す恐怖を予測させ、「いかさまに思ほし」て亡くなられたのかいぶかうのであった。

畏敬すべき権威に対する覚悟を要求していたように見える。皇祖を祭る土地である伊勢の優しさは見られない。語彙の構造には情念の経緯を示すストーリーが潜んでいて意志の確認を迫っていたのではなかろうか。語は意志を語りかけようとしているという意味で「ことだま」と言ったのであろう。これは万葉が祈願の言語によって歌われていたからであり、叙情の言語になりきってはいなかったからではなかろうか。

大国主の命に吹く風にも恐怖の予兆が含まれていたのであろう。大国主に帰順した天の若日子は朝廷からの使いを「声いと悪し」として射殺している。その血のついた矢は朝廷に飛んで届けられると朝廷はその矢を送り返して天の若日子を殺す。神風の吹き惑わす恐怖を伝え生死を左右するものになっている。彼我の緊迫感は高まり朝廷は出雲に対していらだちを隠せない。それにもまして、記紀の致命的非万葉性が衣や玉や海などの大自然の素材性について明確化されてゆく。吉凶の想いを吹く風に乗せて相手に届けようとしている。

第二章　悪霊を払う時の弓矢の働き —出雲は予兆としては吉か凶か

第一節　出雲の由来

第一項　雲 —雲の伝達作用について

(1)　万葉における雲の働き

出雲神話では出雲は黄泉の国の出口であり、スサノオの命の追放先であるという重苦しさがあった。その後も大国主の命と朝廷との緊張が高まるごとに出雲が登場する。

太陽熱を地表に及ぼす風のエネルギーは雲という見える姿で現される。それを自然界における作用a、相手に対する作用b、霊界に対する作用cの三つの作用に分けて見てゆこうと思う。

明るいイメージのまま大国主の命の神話を描ききることはできない。神話のふるさとというイメージから言えば一方で出雲はそれにふさわしいが、他方で恐怖のイメージも消し難いのである。まず雲という語から記紀万葉に当たってゆきたいと思う。万葉の雲一八九例の機能に雲に関する現代人の感性との微妙なずれがあり、生活意識の別の切口を示すことになるかもしれない。

ア　祈願の対象別に見てみよう。

a　雲が生気を映し出しているものは五七例三一パーセント。

a1　自然讃歌　雲を通して自然を讃える。天に（四例）、たなびく（五例）、雲が行きはばかり（四例）雨や雷をもたらす。

「吾が潜き来れば、時つ風、雲居に吹くに、沖見れば、しき波立ち、」（万二二〇）

生命感を豊かに満たす自然に対して畏敬の念を込めている。特に紅葉の季節に鳴き渡る雁（一〇例）の姿を讃えるものが多い（雁鳴く・万一五六六、一五六七、一五七四、一五七五、一七〇〇、一七〇三、二一二八、二一三〇、二一三六、二一三八、棚引く・万一五六九、三五一一、三六〇二、三八八三、四三八〇、行きはばかる・万三一七、三一九、三三二一、三五三三、天の・万一七一二、一八三二、二三三二、三七一六、雨・万一七五三、一九五九、二三二七、雷・万二六五八、二六五八、一三六九、隠す・万一七、一七一九、二四六四、押し分け・万四〇〇四、四〇〇四、薬飛ぶ・万八四七、八四五、その他・万一八、二四二、二四八、三二四、三七二、九九八、一〇七九、一〇八七、一〇八八、一二八二、一三一〇、一七六〇、二三一四、三二二五、三三〇四、四一一三、四二三五）。

a2　雲の外に去った後の雁が励ましを与えてくれることはない。

「天雲の、外に雁がね、鳴きしより、はだれ霜降り、寒しこの夜は」（万二一三二）

雲のように泊まる当てもなくさまよう（万三八九八、その他・万四一二二）。

b　雲が相手への思いを伝えようとする媒体一〇二例五五パーセント

b1　雲に相手の映像を写し出して偲ぶ。

「風雲は、二つの岸に、通へども、我が遠妻の、言ぞ通はぬ」（万一五二一）

相手への思い込みを棚引く（一八例）雲を見て強め、はかない雲のかかる山に（一二例）などらえている。特に棚引く雲に妻を忍ぶというものが多い（棚引く・万二八七、五〇九、五七四、六九三、一〇八五、一二四四、一三〇四、一六八一、二六六九、二四六〇、二四四九、三〇三二、三三五一六、三五二〇、三七九一、四〇〇六、四二三六、山に・一三三五、三七七、六六八、九七一、一一七〇、一九二三、二四五三、二四五四、二六七四、二六七五、三一二六、三三二〇九、天の・万五四六、五四七、五五三、一〇六八、二四五一、二六七六、三三二五九、三三一七二、隠れ・万九六六、九八四、一五六三、二〇二六、二〇二九、二二九九、四一四四、空行く・万五三四、二六四七、三五一〇、四四一〇、朝居る・万五八四、六七七、六九八、峰に・三五一四、三五一五、四四二一、立つ・万一三六八、一四五二、三九〇〇、その他・万一三六、四三〇、六四〇、六八八、八六六、九四二、一四五四、一五一二、二〇〇九、二〇四一、二〇六三、二四五〇、二四九〇、二五一〇、二八一六、三〇三一、三〇三〇、三一六七、三一七八、三一七九、三一八六、三一九〇、三二二九、三二二九、三二九四、三五一二、三五一三、三五一八、三五一九、三五二二、三六二四、三六九一、四二四二）。

「み空行く、雲も使ひと、人は言へど、家づとやらむ、たづき知らずも」（万四四一〇）

雲は空を行く使者だと聞いていたが、気持ちを伝えてもらおうというのに土産もたせてやれないのはもどかしいことだと嘆いている。すでに万葉人にすら痕跡になりかけている、雲の響き合いを受け止める感受性は、もともとは共同体人の通信の欠かせない媒体であったのかもしれない。

b2　思う相手に通じ合えない絶望を歌う。
「照る月の、雲隠るごと」（万二〇七）、「雲居たなびき雨に降りきや」（万四六〇）、「家ゆ出でて雲隠れにき」（四六一）、「雲隠りゆく鳥のねのみし泣かゆ」（万八九八）、「雲通へども・言ぞ通はぬ」（一五二一）、「天雲の、そへきの極み」（万一八〇一）、「天雲の別れし行けば」（万一八〇四）、「白雲に立ちたなびくと聞けば苦しも」（万三九五八）。
「風雲に、言は通へど、ただに逢ず、日の重なれば・・・」（万四二一四）

言葉は虚空を飛んでいってももうお会いすることもない。雲の向こうに飛び去った雁にも願いを掛けようもない。思いが通じあう一定の空間内の生活意識にのみ響き、場を外れて去る「雲離り（さかり）」は絶望を表わしている。「そへきの極み」（三例）、「雲の外」（五例）、「隠れる」（一三例）、「離れる」（二例）には総じて絶望が宿っている。雲が風に吹かれて空に消えるまで人の意志を反映した太古の感覚の痕跡を万葉の歌が歌ったのであろうか。抒情詩にも雲には生活実感を伝達させられない断絶があった。

詩人達は雲の外に出た孤独の厳しさに対して諦め顔であったが、通信機能の痕跡までは残しておかないわけにはゆかなかった。

c1　宮廷讃歌　「吉野の宮は、山高み、雲ぞたなびく」（万一〇〇五、その他・万一五、五二、二三五、二四三、一七四七、一七四九、四二五四）

c2　挽歌　雲に死んだ相手への伝達を期待できない二五例一四パーセント

遠く離れた相手への絶望的な思いがあり、特に天雲が闇を引きずって来る凶兆を見逃すまいとしている。

「ももつたふ、磐余の池に、鳴く鴨を、今日のみ見てや、雲隠りなむ」（万四一六）

大津の皇子が処刑される時、見納めになる池の鳥を見ながら雲と去る辞世の歌を歌うのであった。

「天雲に、思ひはふらし、こひまろび、ひづち泣けども・・・」（万三三二六）

はかない雲の通信はそれを受け取るものにとっては絶望の思いを掻き立てて転び悶えるものになっている。この二つの歌とも雲の下で、くじける心を支えきれていない。

「直の逢ひは、逢ひがてざらむ、石川に、雲立ち渡れ、見つつ偲ばむ」（万二二五）

石川の辺りで雲が立ち渡れば、死者の思い出を新たに写して慰めになるかも知れない。訴える心を雲に託したのは、遠く旅をするものの心もとない呪法であったが、霊格にすら願いを伝えるというにははかない媒体であった。雲に向かって心の萎えを震い立たせようとむなしく祈願している。立ち渡る雲に不安を枕詞のようにこと寄せたのは、風や雨をもたらす唯物的な関心によってではなく、イオン環境が与える精神的な刺激を期待して微妙な感性の裏面を惜しんだのではなかったろうか（その他・万一六一、一六七、一六七、一九九、二〇五、四二〇、四二八、四四一、四四三、四四四、一四〇六、一四〇七、一七四〇、三三二五）。

イ　季節別に見てみよう。万葉では季節の判る雲は三一例あるが、その内でも秋の雲に寄せる歌が過半数を占め、他の季節のものはそれぞれ一割前後でしかない。
春は四例一二・九パーセント（万一四〇七、一七四七、一七四九、一八三二）、
夏は三例九・六パーセント（万一九五九、二〇六三、三九〇〇）に対して、
秋は一八例五八・一パーセント（万二〇七、一五六三、一五六六、一五六七、一五七五、一五七四、一七〇〇、一七〇三、一七六〇、二〇四一、二一二八、二一三〇、二一三一、二一三六、二二二七、二二九九、三七一六、四二四四）、
冬は六例一九・四パーセント（万三二四、二二三八、二二三一四、二二四九〇、三二九四、三五二二）となっている。
秋の雲は不吉を払って瑞兆を示してくれている。陰イオンの作用を滋養豊かに吹き上げる秋の雲を、精神の蘇生のための祈願の対象に他の季節の雲の例外として扱ったのであろうか。その活力を持続させる自然を本能的に感受する力を働かせて、予兆に対する敏感な反応を示している。万葉が歌った自然は場所から言っても季節から言ってもマイナスのイオンに満ちている。万葉人が秋の雲の自然に期待したのはイオンの活性力だったのであろう。
「空気は微細な気温の変化に即座に反応して膨張・収縮を行う・・・この点においてこそ、ある種の「感応力」が姿をあらわすのである。こうして律動的な膨張・収縮にあらわれる微妙な震動衝撃も逐一周囲に伝播され、分与される」（シュベンク前掲書「カオスの自然学」一六八頁）。シュベンクの言うように雲が空気の膨張・収縮の形態であるとするならば、その天空の流体の変動は、地

上の人間の感応を誘い出さないわけにはゆかなかったのであろう。

「天雲」「雲隠り」は絶望を興す歌にやや多く見られる。「白雲」「雲居」には余り見られない。

ウ　時代順あるいは前半と後半の違いを見てみよう。

万葉では絶望を示す歌は一五パーセントであるがそのうち八二パーセントが前半に見られ特に第一巻から第三巻にその半数が見られる。その分、後半は少なくなっている。初期に近いほど「雲」への畏怖感が残っていたのかもしれない。挽歌に首座を奪われている。

即ち後半へいくほど相手への安全祈願が多くなり（一五パーセント増）、自然への畏敬が急減している（五四パーセント減）。多分初期の方は自然の猛威により多く曝された分だけ微細な動きにも鋭敏であったからかもしれない。

そこで出雲との関連についてみるとcに見られた「雲の外に出る恐怖」は前半に集中して表現されている。a2、b2、c2等の挽歌系統のものやcの畏怖されるべき権力の威光にそれが示されている。自己の基礎領域の山にたなびく天雲に雁や月を配した姿は瑞兆を示す。しかし一旦その雲の向こう側に離れ去り外され出たときに襲う恐怖があった。前章との関連で言えば音空間の支えを脱したときの不安感に襲われたのである。

a1　隠れても閉せない鳴き声は吉兆のしるしになる。

b1　見える範囲で雲が歌われている限り、相手に意志は通じ得るものになっている。

c1　宮廷讃歌は遠くに棚引く雲の姿に映されている。ところが

a2　「たどきも知らず」「外に」出た雲に求めた吉兆はもはやわが身に知らせを響かせては来なかったのである。

b2　「隔の極みに」「隠り」「闇夜なす思ひ」に切り離されてしまう。

c2　「五百重が下に」「雲隠り」「失せぬ」形で宮廷挽歌が歌われている。夫天武天皇を失った時の持統天皇の歌は

「神南備に、天霧ひつつ、青雲の、星さかり（離）行き、月もさかりて」（万一六一）

というものであった。占星的感覚で雲が宇宙の彼方に地球圏を離れていく姿で夫を偲んでいる。

（2）古事記の場合

万葉の場合雲は離れてゆく時思いを残したが、古事記の雲も一旦外されたときの不吉な予感を避けることはできなかったように見える。

「大和辺に、西風《にし》吹き上げて、雲離れ、退きおりとも、われ忘れめや」（記下四オ）

忘れまいとして何等かの予兆を雲に期待しようとしているけれども、風に吹き上げられた雲が離れてゆくやるせなさがあった。出雲の「出ずる」に準ずる「離る」にせよ「退く」にせよ生存領域から排除されることは個体の生存条件を失うことであった。出雲に逃げ帰った黒姫が仁徳天皇を偲んで再び合うことも叶わない不安が離れる雲に映しだされている。雲の示す不吉な予感を幸運に転

じる兆しは見えてこない。風を吹き上げて雲を散らすならもはや大和には帰り得ないという自然による告知でもあった。

古事記では出雲のたたりを大神のたたりとしている。ものが言えない皇子はその原因が出雲の大神のたたりだとして祭礼をやり直している（記中三二オ八）。すなわち「ふとまに、占らなべて、何神の心ぞと求むるに、その祟りは出雲大神の御心なりと」判ったということである。雲の外に立つものの恐怖を神のたたりとするという言葉の働きが見られる。それはあたかもスサノオの命が八岐の大蛇を退治した後で取り出した草薙の剣との対比で見られよう。この剣はアメノムラグモの剣（天叢雲剣）と呼ばれて天照大神の権威を支えていた（紀上一二二頁）。恐怖のたたりが新しい権力の権威に祭り上げられている。その剣は情念的に言えば荒れる雲にふさわしい恐怖をにじませていた。別説として、雲は大水をもたらすからオロチが蛇として洪水をもたらしたと解く場合、目で見たものに関わる唯物的で合理的な解釈になってはいるが（神田前掲書「日本神話論考」一一二頁）、本来は神話的な心を閉ざす恐怖に発したものであろう。

万葉集で雲はややもすれば不安を興し、古事記では恐怖の予兆をなす媒体であった。出雲の名称は朝廷権力が地方権力を劣位に落とし従属させる意志を表現したものかも知れない。出雲の大神は名称からすれば雲のたたりとして封じ込められて祈願されなければならない霊格になったのであろう。

（a）秋雲にはそこに宿る生命感を相手の身にも映し出すものとして期待され、（b）結局意志を伝える通信のささやかな媒体となり、（c）霊魂を雲として漂わせていたものである。

古事記では雲が盛んに立つのを見てスサノオの命が出雲と名付けたという「雲立ち騰りき。ここに御歌を作りたまひきその歌は八雲立つ出雲八重垣・・・」（記上二四オ五）となっている。風土記でも雲にちなんだものになっている。

「出雲と号くるゆえは八束水臣津野命、詔りたまひしく、「八雲立つ」と詔りたまひき、故八雲立つ出雲といふ」（岩波版「風土記」九五頁）とある。すなわち国褒めとしてふさわしい名前ではなかったけれども陽をかざす暗いイメージを払いのけようとする意志の入る余地を雲に残していたのであろう。そしてミクロの認識論によれば雲は意志を伝達させる力を持ち、記紀万葉の訴える歌を成り立たせていたのであろう。

第二項　藻

出雲の名前に潜んでいる敵性を嫌い吉兆を期待するときは別の「も」を当てることが必要であった。通説によれば出雲は「厳藻」から由来するという。出雲の「も」が藻であれば吉兆に溢れることになろう（水野裕「古代の出雲」吉川弘文館、三二九頁、水野裕「出雲神話」八雲書房、昭和四七年、一六五頁、井上実『神門郡塩冶の郷の伝承』「出雲学論攷」所収、昭和五二年、出雲大社、二四〇頁）。それは簸の川の神聖な川藻として、神の憑り代の働きをしてきたからであろう。

そこで藻だとするならば藻が万葉ではどう扱われてきたかを見てみよう。出雲は藻によって吉凶の兆しを示したのであろうか。系統の一体性を作意することにはなる。

まず万葉の藻七三例（古事記に藻の例は見られない）では沖つ藻九例、玉藻五五例が大勢をなしている。それらの語彙の意味上の機能を見ると、活性を願う媒体として一二例一六・四パーセント、妻問の祈願をなすものが四九例で六七・一パーセントとなっている。万葉では藻はよい兆しを期待する媒体として働きをなしていた（前者の活性祈願の例は万二五〇、二九三、九一七、九一八、九三二、九五八、一〇六五、一一五二、一一五七、一三九七、三九三八、三九九四。後者の妻問祈願の例は万四〇、七二、一二二、一三一、一三五、一三八、一九四、三六〇、三九〇、四三三、六一九、六二五、七八二、九三五、九三五、九三六、九四三、一一三六、一二〇六、一三八〇、一三九四、一六七二、一七二六、二四八二、二四八三、二七二一、二七四三、二七七八、二七八〇、二七八一、三〇七八、三二〇五、三二〇六、三二六六、三二六七、三三九七、三五六二、三六〇六、三六一〇、三七〇五、三八九〇、三九九三、四四五二である）。

雲の持つ印象とは相容れない無条件の生命感があった。出雲が霊界の出入り口であるならば藻より雲がふさわしいであろう。記には「黄泉のひら坂は今出雲の国のいふや坂と謂ふ」（記上一一オ六）とある。出雲風土記の出雲郡にも「必ず死ぬ・・黄泉の坂という」窟があったとある（「出雲風土記」岩波版一八三頁）。汚れた死界であった記紀における黄泉は万葉で見られた不吉な雲に関わるけれども藻には関わりがない。

第三項　出雲

（1）万葉の場合

出雲そのものが万葉でどのように扱われていたかを見てみよう。

a　万葉の七例の「出雲」は重苦しい圧迫感を与え（服従や讒言を余儀なくされ、万四四七一、四四七二）

b　遠隔地へ行く相手に別離を惜しみ（望郷、餞別を歌い万三七一、五三六、四四七四）

c　横死を悲しむ（鎮魂の言葉万四二九、四三〇）というものであった。

（2）古事記の場合

それを古事記の「出雲」二一例と対比してみよう。そのうち出雲国は八例、出雲建《たける》は六例を占めている。その機能から言えば、

a　古事記の出雲も不当な圧迫感を与え（強圧が加えられ、記上二二オ四、上四三ウ二、嫉妬され上三二ウ七）、

b　協力を要請して国家を建設する（依頼し上三六ウ二、系譜を跡づける下四二ウ八）けれども

c　横死を悼んで霊の障りを避ける場であり（殺害され中三九ウ三、埋葬され上七ウ五、鎮魂の儀礼を受けていた四六オ三）のである。

万葉にしても古事記にしても出雲の語彙の意味は荒れた霊格の悪い働きにあった。出雲は雲に重ね合わされて暗い兆しを与え、雲の外に出ることによって絶望を深くしたので、出雲という語には不安や絶望の印象を避けられない。出雲の不吉なたたりは大国主の命の前身オオナムジのもつ治癒力にふさわしいものとは思われない。人格と神格の違いがその死を境としてはっきり区別されている。「出雲」のもっている柔らかな音韻の裏に隠された恐怖の部分が服属の不吉な過程にも現れてきたのであろう。「出雲」は地方の強力な敵性国家として中央が征服する立場から、蔑称であることを十分自覚した上で付けられた名前であったからかもしれない。少なくとも記紀万葉の語彙の用法から言えば全面的に美称として捉えることは難しい。それはヤチホコ自身の王者としての恋の強引さにも現れていた。

大国主の命が朝廷との間で接触が始まるとき「出雲より大和に上りまさむとして」王者の妻の悲しみを歌う。

「我が引けなば汝は泣かさまく」（古事記歌謡4）。通常の相聞の形態をとらないで、一方的に王者の権能を振るう歌になっている。恋の橋渡しの鳥は万葉では劣位の鳥であるか或は無視された鳥を選んでいる。彼の妻との間を仲立ちをする鳥は万葉の大らかな相聞の鳥の機能をもっていない。

相聞の鳥の習俗を引き継げなかったばかりではない。挽歌の鳥にすら万葉に見られるものがない。

朝廷の反逆者になった天の若日子の葬儀を見てみよう。

アメワカヒコの父はその子の葬儀を行ったが、その時万葉の劣位の鳥、或は無視された鳥が古事記の葬制の鳥として登場している。

「喪屋を作りて、河雁をきさりもちとし、鷺をはきもちとし、翠鳥をみけびととし、雀を碓女となし、雉を哭女とし、かく行ひ定めて、日八日夜八夜を遊びき」（記上四二オ二）

ここで万葉にはない鳥が雀、翠鳥、鷺、河雁であり、万葉で挫折感を興す雉が八例も見られる（万三八八、一四四六、一八六六、三二一〇、三三一〇、三三七五、四一四八、四一四九）。

「春の野に、あさる雉の、つま恋ひに、己があたりを、人に知れつつ」（万一四四六）

恋が公になって逢えなくなってしまった。それは雉のけたたましい鳴き声で居場所を教えてしまうのと同じことになった。不運を招く忌まわしい力を抑え込もうというのであろうか。

そこには万葉で優位に位置づけられて吉兆を期待される鳥は見られない。万葉の頻度順に言えばほととぎす一三九例、うぐいす五二例、鶴四四例などであるが、それらの中から生気を醸し出す鳥として国譲りの古事記に登場する鳥はいない。

古事記では裏切りものの天の若日子の葬儀に万葉における劣位の鳥、無視された鳥が関わっている。又大国主の命の多妻志向の妻問いには万葉における劣位の鳥、無視された鳥が関わっていたが、万葉で生気を期待された鳥は大国主の命の歌では無視されている。鳥に作業を割り当てる擬人化も万葉よりも進んでいる。

何故ならば自然の生気に命を預けた万葉人に対し権力が介在し始めることによって、自然の生気に命を預ける習俗から引き離されていったからかも知れない。自然の呪法は表面さえ理屈に合えば人工的な仕草に切り替えられて抵抗感が乏しくなったのであろう。あるいは葬儀の鳥が厳密に選別されたが、その選別の基準は目に見える鳥の客観の姿によったものではなく、叙情でもない。気力を揺り動かす鳥への人々の情念から由来したものであっても、その祈願のパターンは崩れていって、相手に通じさせようとする気持ちは薄れている。大和の常識からみれば情念を活性化させる出雲の方式は劣位の処理を施されたということになるのかも知れない。万葉の鳥は出雲には許されなかったのであろう。

即ち挽歌の鳥でさえ古事記の葬儀の鳥は万葉の鳥の役割を引き継いでいない。どちらが先に影響を与えたというよりも、民俗としてみれば新古の層はここでは問わないでもよいであろう。葬儀に関わる鳥は万葉では排除されるべき鳥であった。仮もがり（殯）の鳥の習俗は出雲の葬儀には適用されていない。朝廷から見て死者のもつイメージが出雲のイメージに重ね合わされたが、生を求める鳥の呪能には合致しなかったのであろう。連合政権の時代の終末期を迎えて、力づくで優劣の最終決着を図ろうという険しい雰囲気が迫って来ていた。そこで万葉に見られる「雲」の荒れるイメージも兼ねた雰囲気を連想しなければならなかったのかも知れない。

「・・・雲離れ、遠き国辺の、露霜の、寒き山辺に、宿りせるらむ」（万三六九一）

ここでも「雲」ははかない通信の媒体であり、「雲離れ」した夫との間に音信を遮断される不安な状態を示している。何を言っても通じ合えない朝廷側の外交上の苛立った心理状態は、交渉が滞っている雲の外の出雲の状態を想定させている。ちょうどアメワカヒコが交渉に当たったときの外交関係を「出雲」の名称が表現していたかのように見える。その様に権力の継承を渋る大国主の命に対して朝廷側の対応は古事記の文面においても妥協を許さない厳しい姿勢を打ち出したのであろう。

雲を天候の因子として即物的に見るマクロ的な解釈からすれば「出雲」には洪水、農耕、狩猟、製鉄、交易という生産力を背景にした権力の成り立ちを予想させるものがあった（松村武雄「日本神話の研究」第四巻、培風館、昭和三三年、七三頁『水や雨に関する霊格が豊富』、九五頁『出雲系神話には蛇神が数々出頭』、水野祐「古代の出雲」吉川弘文堂、昭和六一年、二八七頁『新羅系帰化人が・・・砂鉄地帯を占領し・・・スサノオ命を氏神とし・・・二世紀には意宇の地域をも領し・・・杵築・意宇両勢力の対立時代となった』、荻原浅男「古事記への旅」NHK、昭和五七年、一一二頁『スサノオが鍛冶族と関係ありそうである』、門脇禎二「出雲の古代史」NHK、平成二年、二二七頁『オロチ退治は・・・スサノオの神格に鍛冶の人々の信仰が神話的に結合した』、神田典城前掲書「日本神話論考」三二頁『日本海文化圏という概念における出雲』、松前健「日本神話の形成」塙書房、一九七〇年、二八七頁『漁村の若者組の訓練、狩の神・・・苦行などの種々の要素が混在し王権的イニシエーションに昇華した』、西郷信綱「古事記の世界」岩波書店、一九七四年、九八〜一〇〇頁『出雲と黄泉の国・・との因縁はよくよくのこと・・・王の即位式は成年式の一の特殊化・・・農業王として誕生する』）。それぞれ生産手段の合理的なつながりの上に出雲の王権の成立を考えられている。シャーマンを死者の言葉を代弁してイニシエーションを主宰する者として捉えておられる。生産力が権力を支えそれを確かなものにするために神の承認を受ける神事が成り立っていたこととされている。だとすれば生産力の優位があって神の権威が迎えられたのであろう。

　しかし権力があって権威が授けられたのであろうか。それとも権威があって権力を裏付けたのであろうか。すなわちあらゆる恨みから自由になった清らかさが大国主の命の権力の源になってはいなかったであろうか。権力の前提条件に物質的な生産力があったのか或は清浄な精神的権威があったのかという事は相対的で微妙な問題でもあった。前者は生産力が軍事力や警察力として発揮されなければ合理性を欠くと言うであろうし、後者は自然の救済力を恩恵として生きている以上宇宙の法則に忠実に神を祭る謙虚な態度が神話的権威の根源をなすと言うであろう。しかし基本的な点はマクロ的力を即物的に押し付けるのか或いは自然を味方にして幸運を引き寄せるミクロの力を統治の核心に据えるか、その違いから結論の違いが生まれたのではなかろうか。権力を神の権威で支えるのか、権威があって権力が支えられるのかは、物で権威を表すのか心で権威を表すのかということと同様にまったくかけ離れた次元の精神的現象であったに違いない。例えば青銅器文化を最期まで残した出雲の王権は青銅の器具に神権政治の支えを求め、鉄器文化を背景にした朝廷は物質的な利器としての役割を貫いたのであろう。何故ならば前者は武器や農具としては脆いものであって実用的ではなく、後者の実利の利器としての鉄の優位性は神への誓いには有効に働かなかったであろう。それらは精神の時代性によって選ばれる価値であるとすれば、現代の価値をそこに介入させることが適切であろうか。その様式を固執していた青銅器文化が話合いで鉄器文化に征服されてその幕を閉じたときその権威の象徴であった銅剣群が整然と回収されてその役割を終えたのであろう。荒神谷遺跡において発掘された銅器群の状況は、文化の断絶を処理する青銅文化の側の方式によってその精神を語りかけていると言えよう。記紀に見られるそれぞれの権力闘争は同じ時代の現象としきれない点が感じられる。精神史的に異なった文化の時代性を通して青銅器文化の心性を見直さなければならないのではなかろうか。

すなわち万葉には天然の運行に密着した精神的な対応が見られる。とくに聴覚によってミクロの波動として自然を受け止めるものに対応する。雲の作用も波動として捉えるならば、心の荒れる重圧感を清める機能として生命感が回復されるという期待があった。万葉人は自力で生きるには余りにも自然の恩恵を蒙りすぎているという謙虚さがあった。だから自然の支援を更に引き出そうとしてはいるが文明の合理性に身をさらすことができない。絶大な権力に直面したときに、そのような自然の働き合いから抜け出して自我が独走する文化になじめなかったであろう。首長達が繰り返し騙されて殺害されるがそれを止めようとしない。首長の資質を軍事力で判断するか、清らかさによって判断するかという精神史の違いがあった。それは斬れない剣をもって権威としようとする姿勢に根ざし且つ現されたものであろう。統一が近づくにつれて朝廷と大国主の命の落差は開いたであろう。しかし古事記は征服者の立場を熟知していたが、出雲が持っていた時代精神の卓抜さを座視できなかったであろう。だから交渉をためらい巨大な権力を温存する荒れた力を発揮する出雲の力に苛立ちながら、内心ではその文化の高さに憧れさえ感じていたように見える。何故ならば自然の活性力に依存する神代を終らせたのは朝廷の実効ある軍事力であったであろうからである。即ち、古事記には書けない大和朝廷発祥地のアスカに大国魂神社の移築を記録できたのは日本書紀に於いてであった。朝廷側が全国支配権を確立する時、出雲は霊力統一権を受け止めている。

マクロの働きの中にミクロの波動がもたらす望みが実は「雲」に含まれていたに違いない。例えばスサノオの命が追放された地が出雲であり、その出雲で彼はオロチを退治しているという相関で捉えられるかも知れない。あるいは地下界の汚れから蘇る行為によって大国主の命の王権の成立を可能にしていたのもその相関が成り立とう。すなわち大国主の命は霊界で荒れるスサノオの命との間に和解を求める試練に耐えたのかもしれない。パターン構成から見た雲という語彙の意味には日陰のためらいを経てきた屈折とそれを経た生命感への意志があった。雲を日陰として捉えるか（西郷信綱「古事記の世界」岩波書店、九一頁「雲に覆われ日のささぬ暗い国」）、生命感として捉えるか（佐々木信綱「万葉集を読む」岩波書店、一九九八年、一三一頁「国土の生命力が盛んに活動する姿」）が従来から問題であった。それは語彙の持っている文脈の中の背景として捉えるか、情緒として捉えるか、意志として捉えるかをそれぞれの場面に応じてパターンの成り立ちの中で判断しなければならないものだったのではなかろうか。それは「暗くとも光を求めようとする意志」として捉えられるものであったのではなかろうか。そのためにも万葉を光に転換しようとする意志的世界として捉えるのか、花鳥風月の叙情をめでる王朝的世界として捉えるのか、光を遮る闇の世界として即物的に捉えるのか問われたのであろう。

記紀万葉の語り掛けの媒体は鳴き声、玉振り、水音であった。その場所は瀬と磯であり、その呪法は振動であった。それによって彼らは精神のリサイクルを図っている。それは物質的願望を寄せ付けない万葉や古事記の精神に起因するであろう。しかし「雲」のイメージが乱れ出すとき、雲には希望と絶望が混在していたとすれば（a1・a2）、恋の思いも雲が仲立ちしてくれるとは限らなくなり（b1、b2）、宮廷の繁栄の雲への期待も、死霊の絶望に振り替えられてしまわないとも限らない（c1、c2）。生命感を促そうにもどの季節でもよいというものでもなかった。葉の作用が秋に集中していたように雲や風の作用も秋に集中して期待され、大地と天空の違いはあってもその背景にはイオンの波動が予想されていたのである。

ともかくそれらの働きを振り分けることが重要な祭事となり、朝廷が「出雲」に対するあり方にも深く関わることになったのであろう。

万葉は雲のマクロ的な隠れた姿への絶望（a2、b2、c2）に対してミクロ的な恩恵（a1、b1、c1）を十分受け止めていた。それはマクロ2に対してミクロ8の比率で万葉で生命力として記載されていたものである。嫌悪すべき荒れるマクロの部分を避けて宇宙からの支援をミクロの作用として受け入れる作業は古事記でも欠かせなかったであろう。宇宙への全幅の信頼にだけ留まらせておいてはならなかったに違いない。

第二節　弓で悪霊を払い国の内部を固める

弓矢は大穴牟遅《オオナムジ》が大国主の命になるための呪物であり脅威を与える死霊を弓矢によって払いのけようとした。そして大和の勢力と出雲の緊張関係も弓矢を通して記述されている。天孫降臨も弓矢の授受によって成り立っている。すなわち波動の観点によれば次のような推定を可能にしているかもしれない。

a　宇宙のエネルギーを弓矢の震えによって取り込もうとする。

b　お互いの正当性を弓によって証を立てようとし「邪心あらば・・・この矢にまがれ」（記上四〇オ六）と朝廷人も弓矢に正邪の判定を委ねている。弓矢による清めが道を開くと信じて予祝をかねた儀礼を演じている。

c　弓矢を政権保持の精神的エネルギーとする。

国の支配に臨もうとするとき「ふり」の習俗によってその任に耐えられるか試されている。この「ふり」は前章の葉や羽から本章の弓や矢に及び、さらに次章の貝や玉に及ぶ一貫した呪法として別次元の障害と折り合いを付ける古事記の主題の一つをなしていたように見える。

第一項　万葉の弓（五三例）

a　弓の響きの清楚な輝きを讃えている（一五例）

「梓弓、手に取り持ちて、ますらおの、さつ矢手ばさみ、立ち向ふ、高圓山に」（万二一三〇）

屈強な男がその弓を取り、挿み、持ち、並置き（各二例）で山に向かう姿を讃えている（万二一三〇、及び万八〇四、一六七八、一八〇九、二五七五、三四三七、三四八六、三八八五、四二五七）。

b　弓を張る前に既に弦の響きが耳に達している。憧れる思いは人にも知られてしまおう。

「南淵の、細川山に、立つまゆみ、弓束巻くまで、人に知らえじ」（万一三三〇）

柄が巻かれるまでは人には知られないように武人の覚悟で恋を守り通そうとする。しかし弓束を一旦手にとった以上はいつも手放さないように相手を手放すまいという（万一三三〇、一六三八、二八三〇、三四九〇、三五六七、三五六八）。

「みこも刈る、信濃のまゆみ、わが引かば、うま人さびて、否《いな》と言はむかも」（万九六）

ただでさえ心を運んでゆく弓の響きなのにそれを引き張ってしまうならば恋のためらいに揺れる心を引き留められるだろうかとためらっている（その他・万九七、九八、九九、二〇七、二一七、三一一、五三一、一二七九、一三二九、一九二三、二〇五一、二六三八、二六四〇、二八三〇、二九八六、二九八七、二九八八、二九八九、三一四九、三三〇二、三五六一）。

弓は枕詞としては、はる、ゆる、ひく等を興して振り絞る状況を示していたが、弓つるの震動には妻問いの願いを高める効用もあった。すなわち心を震わさないわけにはいかないという決意が秘められていたのであって、表に訳出されてはならなかったのであろう。だから枕詞を無視しても意味は通じるが歯がゆいものが残ったのであろう。

「梓弓、引津辺にある、なのり藻の、花咲くまでに、逢はぬ君かも」（万一九三〇）

名を知られるのを覚悟して弓が発信している気持ちを敢てためらう相手をもどかしく思っている（その他・万二八九、一七三八、一八二九、二四四四、二五〇五、二九八五、三〇九二、三四八九、他・一六七、一七四、一八二）。

そのようにして弓は情念では寄り添いあうという期待をにじませたが、弓の扱い方を見てみると、弓を引くが一三例、（矢が飛び去った後の）末知らじが八例、弓取るが八例、弓振るが六例、その他二一例になっている。その内の振る音の六例を列記してみよう。

「梓弓、声音に聞きて」（万二〇七）、「梓弓、音聞くわれも、おぼに見し」（万二一七）、「梓弓、爪引く夜音の、遠音にも」（万五三一）、「梓弓、ゆ腹振り起こし…恋ふらく思へば」（万三三〇二）、「梓弓、よらの山辺の繁かくに、妹ろを立てて、さ寝処払ふも」（万三四八九）、（前者五例は恋を興し、次の後者一例は忠義の心を興すものになっている。）

c　宮廷讃歌「梓弓、末振り起こし・・・名を立つべしも」（万四一六四、その他の宮廷讃歌・万四七八、四〇九四、四四六五）

弓から震動音を消すわけにゆかなかったのである。弓を振り立てる音に感じて、耳元で振り立てる音の響きが、情念を高めることを知ったのであろう。矢の操作によって武器として射られた時の弓弦の音が呪法の働きをし始めていたのであろう。弦の振動に共鳴して高鳴る心で逆に相手を引き付ける働きを期待するようになる。万葉の弓は共鳴によって意志が触れ合うことを願い、梓弓はさらに共鳴の伝達を祈っている。弓が射る矢が外された歌い方になっている。即物的な「引く、寄る」に先だって「振り、揺り」の波動を聞き出している。それは共同体の仲間であることを確かめ合う共震作業を弓が引き受けていたということであろうか。その時弓は恋人にも死者にも心のつながりをつける仲立ちをしていたのであろう。

第二項　古事記の弓

実質的な日本統一のイメージは弓による統一概念の実行に成功したからであり、出雲の反撃は無効として朝廷の作為に反逆する余裕を奪われてしまう。権力と権威をすべて実質的な統御に成功させてしまう。それは古事記における弓の意味上の構成と対応していたように見えるのである。

a　満月に向かって振り絞った弓が悪意を威圧する、弓を手に持つことで相手に征服の意志を表明し、逆に弓の弦を切ることによって服従の意志を表明する、そういう宇宙エネルギーを取り込む呪術的習俗にも弓は関わっていたからであろうと思われる。先の大国主の命の作法とそれを比較して見てみよう。

いよいよ大国主の命になる時がくる。既に出雲の蔑称によって彼自身の運命も集団の運命もただならない雰囲気に包まれている。祖霊スサノオの命により最期の試練が与えられて弓矢による指示を受けている。

「その汝が持てる生太刀・生弓矢を以て、汝が庶兄弟をば坂の御尾に追ひ伏せ、亦河の瀬に追ひ払ひて、おれ大国主の命となり、また宇都志国玉の神となりて、その我が女須世理姫を適妻として、宇迦の山の山本に、底つ石根に宮柱ふとしり、高天原にひぎたかしりて居れ、是の奴よ」（記上二七・七）に続いて「国を作り初めたまひき」（記上三〇オ八）に通じている。

神々を弓矢で「払ひ」のけて大国を作り始めよということであった。

大蛇退治の剣は四次元の恐怖・見えない巨大な悪意の世界を扱っている。弓も剣と同様に除災の呪具として「はふり」によって霊性を含めた精神作用を想定しなければならなかったのであろう。古事記の神話は悪意の霊性をどう処置するかという課題意識を前世から持ち越された葛藤として現世との間で調整を迫られていたからである。現実には存在しない理想国を作り、その逆転した関係における大和での人間による天皇を自称した神国を成立させる。人事を極めた万葉語が神話として「ヒ」による神話を構成要素として人語の世界では廃語とされて使いきれず神話の世界の統一者となる。

古事記中巻にも次のような記述がある。「ここにタケフルクマの命たばかりて、オキナガタラシ姫の命は既に崩りましぬれば、戦ふべき事なしと言はしめて、さらに弓弦を絶ちて、偽りてまつろひぬ」（記中五三ウ二）

前者は国作りの為に弓によって霊界に働きかけたけれども、古事記中巻の後者は呪法を利用して相手を欺いて打ちとったのである。万葉はそれを前者の立場で相聞に適応したのであろう。

「梓弓、爪引く夜音の、遠音にも、君がみゆきを、聞かくし好しも」(万五三一)

かつて梓弓の音を遠くに聞いたことが、楽しい思い出であった。そこには弓の爪弾く音によって妻問いが成り立つという共感があったからであろう。弓による空気の震動は開運に通ずるという、戦場や猟場の儀礼に由来していたことを想定できるかも知れない。弓の弦の震動を聞いた万葉人は、濁って淀む幽体を清めてこの挽歌に秘められた開運への願いに通ずると信じなければならない。

b　妻問いの機能が弓の操作の中で成り立っている

「ちはや人、宇治の渡りに、渡り瀬に、立てる梓弓檀《まゆみ》、い伐らむと心は思へど、い取らむと心は思へど、本辺は君を思ひ出、末辺は妹を思ひ出、苛なけくそこに思ひ出、愛しけくここに思ひ出、い伐らずぞ来る、梓弓檀」(記中六五才五)

宇治川の渡し場の浅瀬に生えている檀の木を伐ることができない。一度触れ合った思いを断ち切れないのは弓の波動が残した思いを断ち切れないようなものだからであろう。

さらに古事記下巻では恋の習俗として弓の働きが現れている。恋を邪魔するものが弓の力によって排除されるという考えによってであろうか。一本の弓の木に向かって誓い合った二人の契りはたとえ一方が死んでも他方の蘇生に効能を与えている。共通の意志を刻み込んで弓が媒体の役割を引き受けたからであろう。相手と生存を共有し合えたのは、魂の響き合いが弓の共鳴によって常に新しい波動を準備したからかも知れない。彼らがその弓の響きによって回復できた心のつながりを誓って、その基を為す木を「い伐らずそ来る」ことにしたのであろう。振ることによって意味を持つ弓を思って、愛は心の共鳴震動に満たされたのであろう。

「槻弓の伏《こ》やる伏やりも、梓弓立てり立てりも、後も取り見る、思妻あわれ」（記下二一オ六）

弓が伏せてある時も立っている時も静かな波動を共有し合っていたが、その甲斐も空しく哀れなことになってしまったことだと嘆いている。愛を受け入れ愛をかけるのに弓の弦の震動に期待する万葉の習俗が、古事記においては弓の木に思いを掛けて妻に訴えるものになっている。そこで弓は人の想念を仲立ちすると同時に、自分が所属する集団の繁栄を祈願する神事にも通じていたのである。

c　弓による宮廷神事

「天のまかこ弓、はは弓を天の若日子に賜ひ、この国に降り」（記上四〇オ六）

天照大神が弓矢を賜って若日子を大国主の命の所に遣わした時弓矢を持たせている。その後で大国主の命に帰順したので真意を確かめるために雉を遣わして調べさせたが「天の若日子、天つ神の賜へる天の波《は》土《じ》弓《ゆみ》・・・をもちてそのきぎしを射殺し」（記上四一オ三）若日子は朝廷にとっての反逆者とされてしまう。自然的な呪法であった「はふり」は人為的な弓の「振り」によって権力の儀礼にも取り入れられたのであろうか。呪具としての弓矢が記紀万葉での降臨神話の実態的根拠をなし架空的神事の科学的背景をなしている。

ニニギの命の降臨を成り立たさせたのは「波土弓をとりもち」（記上四九オ九）武威を示す弓の働きによるものであった。その時弓は支配権を象徴する武具として、その役割を果たしている。大国主の命は悪霊のたたりから逃がれるために、弓を振る呪法を行って結婚にいたる。その上で国を治める手がかりを得て力を準備することができた。それは古事記全体の弓を扱う方式と一致しているし、万葉の弓の意味の傾向とも矛盾していない。振り立てる音のもつ浄霊の働きで、妻問いがなされていたのであろう。武具の発する波動によって意志の伝達を可能にするという伝達の方式にも万葉の特性が残されている。

それと似たものにアイヌの現行の習俗がある。口の中に弦の響きを共鳴させて、通信を行う楽器「ムックリ」が伝えられている。外面的にみれば意志を伝播させ、内面的には震動の共鳴によって霊の働きを鎮めている。それと関連しているかもしれない。

スサノオの命が大国主の命を諭して弓の意向を誘い出したように、矢の意向についても祖霊を鎮魂する働きを誘い出すことができたのであろう。

第三節　矢で霊威を払い国勢を外に向かって振るう

第一項　万葉の矢

弓が単なる武器として働いていたのではないように矢も呪性をもって霊界を清める働きを受けて

いたのである。万葉の矢から見てゆこう。

a　強い矢を射る武人は威容を印象付けるものがあった。（九例万六一、一九九、二三〇、三六四、八〇四、九二七、一〇一九、四一四六、四四六五）

「ますらをの、さつ矢たはさみ、立ち向かひ、射る的形は、見るにさやけし」（万六一）

射る的のさやけさが矢を挟んだ武人の雄姿を映し出していたのは、矢が風を切る振動の鮮やかさによるものであろう。矢は空間を斬り裂く瞬発力を人に与えたのであり、人を殺害する武器としてではなく、鳥の羽根が風を切るように波動が気力に働く作用によって矢も見られなければならない。

b　雁の羽を見ると投げ矢の爽やかな共鳴音を思い出す。波動面を空間に拡げながら飛ぶ「雁の翼を見る毎に君が帯ばしし投矢」の音を思い出さないわけにゆかないと歌う（万三三四五）。

「・・・はろばろに、家を思ひ出、負ひ征矢《そや》の、そよと鳴るまで、嘆きつるかも」（万四三九八）

はるかに家を思い出しながら、背負っている矢が、擦れ合う音を出すほどに、嘆きが増すことだと言う。音の中に心を通わせる響きを聞いている。防人が不安な出征の気持ちを、風に鳴る矢の音によって訴えている。人工的な音を自然の風に響かせて情念を活性化させる波動の作用によったのであろう。神話的にはミクロの世界の波動が響いている。唯物的な弓の作用は神話が終わってから始まるであろう。唯物世界としては同の世界に籍をおくが唯心世界の認識（皇道派）ではない。

c　武人の恋を引き立てる矢も、神に安全を祈願する呪具であった。

「天地の、神を祈りて、さつ矢抜き、筑紫の島を、さして行く我は」（万四三七四）

矢の振りが航海安全の霊的な媒体として神に献上されたという。矢が精神性を無視した殺害の為の武器に留まるものでなかったのは、古事記にあっても同様であったが、やや違った趣もあった。飛ぶ矢の振動する効能に身を預ける方式にも見逃せない場面として立合う必要が迫られている。

第二項　古事記の矢

古事記の矢についてみてみよう。八十神が大国主の命を脅迫した時に「ヒメノ矢をその木に打ち立てて、その中に入らしめてうち殺しき・・・かれ八十神、まぎ追ひ至りて矢刺す時に、木の俣よりくき逃れて去りたまひき」そこでスサノオの命は「鳴鏑《ナリカブラ》を大野の中に射入れて、その矢を取らしめたまふ・・・鼠その鳴り鏑を持ちて泣きつつ来まし・・・」（記上二七ウ七）とある。

一度大国主の命はヒメノ矢で殺されたが、さらに八十神は追いかけてきて彼に追いつくと、矢をつがえて射殺そうとしたので、木に身を隠して逃げることができた。大国主の命の矢も霊性に対して呪法を施している。谷や川の瀬においてその邪性を「はらひ」あるいは「追ひ伏せて」、領域支配を準備する大国主の命に宿る悪性の霊の障りを払う神事であった。その時大国主の命を危機に誘う偽りのヒメ矢と鳴鏑が射られている。万葉の矢とは逆に死界の災いをわが身から除かなければならない。万葉に見られない悪意の霊性を払う古事記は死者の書としての特色を明らかにしていたのかも知れない。その試練の後に大国主の命の証しとして太刀や弓矢を授けられたが、その名称はイク太刀イク弓矢であった。すなわち空気を斬り裂いて政権の生命感を満たす万葉の矢として合致する。

次の天の若日子の場合は邪心をもつ者を殺して、

a　弓矢は君主の意図を助ける呪具の役割をなしている。思金の命が言うには

「『天の若日子を遣はしてむ』とまおしき。かれここに天のマカコ弓・天のハハ矢をたまひて遣わしき・・・八年に到るまで復奏せざりき。・・・雉、名は鳴女を遣わすべし・・・天の若日子天つ神の賜へりし天のハジ弓、天のカク矢を持ちて雉を射殺しつ・・・ここに高木の神・・・『もし邪心あらば天の若日子この矢にまがれ』とのりたまひ・・・あたりて死せにき」（記上四〇オ六）

朝廷から大国主の命の動静を調べにきた天の若日子に授けた矢はハハ矢とカク矢であったが、そのカク矢で朝廷の使者を八年目に射殺している。そのカク矢で天の若日子が殺されている。誓いを裏切られた矢の作用は、宇宙の波動を受けた細胞を破滅させるほどのものであった。その後でニニギの命は

「石靫を取り負ひ・・・太刀を取りはき、天のハジ弓を取り持ち、天のマカゴ矢を手ばさみ、御前に立ちて仕へ奉り」（記上四九ウ一）、天孫降臨を成り立たせている。そのときも弓矢の有効な働きによって邪心を持つものを懲らしめて欲しいという願いを満たしている。心の持ちかたによって矢がある種の霊性に対して機能を発揮できたという。それも呪具としての波動によるものであり、それを正確に受け止められなくなると原文の鳥が擬人化され誇大妄想が入り込んでしまう（天孫降

臨)。文字のない情報の伝達は二重の意味でそれを妨げる壁となっていった。

権力の継承に対して障りをなす霊威を払うために、呪具としての矢に祈願したのであろう。呪法がよこしまな心を外に悪意として及ぼすならば、その心の内面の矛盾は自らを破滅させる力になるであろう。それが波動の持つ呪法の恐ろしさであった。

b　矢は古事記において婚儀を成り立たせ誓いを保証する呪具になっている。矢に清明な心の証しを求めたのであろう。

矢の姿をとった神はオオモノ主の神である。

「その容姿、よかりければ、三輪の大物主の神、見めでてその美人、大便にいれる時に・・・ほとをつき」(記中八オ二、八)とある。また神武記には

「七乙女・・・美和の大物主・・・丹塗矢に化して・・・うるわしき壮夫になりて」(記中九オ一)結ばれている。

応仁記には

「その春山の霞壮夫、その弓矢をもて、イズシ乙女と婚ひしつ」(記中六八ウ五)とある。

これらの説話には矢を仲立ちにした妻問いの思いが秘められている。矢の働き方については一方は「ほとをつき」であり、他方は「異やしと思ひて」となっていて説明の仕方は異なっている。けれども、万葉で「射る矢」が妻問いの仲立ちをしたのは、矢を射る響きが見る人の胸を轟かせて武人の威容をさらに高めたからであろう。松村氏も「弓の矢がめとりあう標識と観ぜられた」と言わ

れるが（松村武雄「日本神話の研究」四巻、六六七頁）、その背景にある心を通わせる音の習俗によらなければならなかったであろう。

「クニブクの命、放てる矢は、すなはちタケハニヤスの命に射当てて死にき」（記中二五オ七）

ここでも邪心が無ければ矢は当たらず、邪心あるものに矢は当たるという次元の異なった世界の矢の効用が述べられている。上・中巻の古事記に見られる矢の働きには、霊の障害を避ける呪具の働きが内在していた。しかも我欲への執着は却ってあら筋の破綻を早めたであろう。彼らは身を清めてその霊性を高めることによって、矢に対して幸運を祈願することができたのである。矢が飛ぶ音に心が響いて婚儀が保証されている。心だけが実態であった。そこに刻まれた矢の響きに導かれて願いが達せられる。シュベンクが言う。

「自然界の全存在は、大小を問わず互いに浸透し合う律動と運動の中に織り込まれており、これらの相互作用から形態が生じてくるのである」（シュベンク前掲書「カオスの自然学」一二五頁）。

それ故にワトソンがそれを引き継いで「生物同士、とくに互いをよく知っている者たちは、何らかの共鳴現象を起こし、とりわけ危機的状況下ではそれがきわめて劇的にあらわれる」（ワトソン前掲書「ネオフィリア」一二九頁）ことになるのであった。万葉人が相互に心の浸透作用を求めた習俗はその形態を自然の共鳴音に求めたものとの相関を演じていたのであろう。

c　権力の支えとしての矢

ところが古事記の下巻では矢は武器として扱われはじめている。

「軽の太子・・・作れる矢は、箭の先を銅にしたり」（記下一八ウ四）

「故れ軍さを興して待ち戦ひて、射出づる矢、葦の散り来るごとくなりき。故れ刀つき矢もつきぬれば・・・今は吾れを殺せよとのりたまひき」（記下二四オ二）

矢が射る的が人間になってきたと古事記は記述している。かっては死後の霊の働きを恐れてそれを矢の振りで鎮めようとしていた。それが恐怖の対象を死者から生きた人間に切り替え、前世の作用を現世の営みから意識的に避けてしまう。かっては矢には霊性を鎮めて心を励起させる働きがあった。むき出しの力で勝敗を決定する矢は人を殺害する効力を競うようになる。神事として描かれた矢は日常的な効用に逆転させせられてしまう。

「弓矢を始めて、百官の人等の服たる衣服を脱がしめて、拝みて奉りき」（記下三一ウ九、三二オ五）

一言主の神に対して一度つがえた矢を降ろして、百官の人々の着ていた着物を脱がせて礼拝し、服従の意志を表しているが、合理的な処置の裏に矢の呪的な権威がまだ残されていたように見える。

このようにして霊的な矢の万葉の習俗によって、古事記の権威を支える矢の儀式が成り立ったのであろう。原始の小さな共同体をまとめる矢の儀式は習俗として万葉に残され、神代の神事として矢の扱い方を引き継いでいったのであろう。

ただし古事記は大国主の命の段階において拡大された集団の安全と繁栄を祈願する、物語形式の扱い方を提案している。古事記の神学は万葉が呪物で祈願した心理を儀礼的叙事詩の形に纏め直したとも言えよう。共に地域の音空間の震動を純化して領域の幸運を追求している。万葉では恋を興す矢の機能に対して、大国主の命の神話は霊の悪い働きを払う役割を預けるものになった。国家レベルでは万葉の習俗は儀礼的な形式化を強めていく。すなはち呪法の振りであったものが権威を象徴する儀式に変わっていった。その基には矢が飛ぶときの波動があった。魂を純化する矢に万葉は人を射殺す働きを歌えないし、神話の権威は殺傷力ではなくて汚れのない心にあった。

すなわち雁の羽音に共鳴する矢に心を伝え、鳴り響く武具によって邪気を払う。生気を呼び込むことによって恋を語り死者の鎮魂を行う。特に権力の作用が加わってきて権力にも清明な精神を投影する時、その祈りを霊格にまで伝えなければならなくなる。万葉の呪物である矢がその波動によって願いを伝えるのは先験的でもなく超越論的でもない。その間の意志の疎通が文明期にはむつかしい。人間の意志が呪具の矢に自然を託して日常の意識を自然と同調させた時に祈りが通じ合えたのであろう。呪物に対する感覚が自然の救済力を引き入れて、言葉が呪能として働いている。その時呪能は波動を操作する可能性を確保する。小さい集団を同質的に存在させようとする共通の意志によって、言葉の呪的な自然を共同体が共有したのである。それが万葉に見られる語彙の働きが乱れなかった理由になったのかも知れない。

万葉の矢には王朝の生気を通して（a）、配偶者（b）や祖霊（c）鎮魂のために祈るという類型が構成されている。これは共通映像であって共同主観ではない。その自他の発信と受信の枠組みは受動的な押し付けでもなく能動的な自発ですらない。

それは生命体が生き残るための選択眼を自然によって与えられた波動に生を任せようとするもの

であった。自発でなければ押し付けであるという選択肢に対して、もう一つの選択肢を振動的映像によって受け止めたのであろう。それらは思考を構築するときの設計図として思考を展開させる筋道でもあった。何よりもそれは伝達の手順として設定されたパターンをなしている。

人間の共同体的人格の共有性の構造は本来そういう形になっていたのかも知れない。

フッサールの「共同主観性」という超越論的観念論を嫌ってメルロ・ポンティは共同体における意志の疎通をより基本的なものとして求めようとした（ポンティ前掲書「知覚の現象学」二巻七頁）。彼はより融合しあえる「相互主観」に徹底する方式を共同主観に対置させたと考えられる。両者とも主観を自然の要素として捨てきれなかったので独我論に落ちたのであろう。音声共鳴によって共通映像を自然の中に取り戻すべきであったと考えていたのかも知れない。

語彙の方式を理性言語から本来の言語の類型的機能に返すためには「多様性の最高段階」にある実態としての人間の肉声によらなければならない。それを再構成する作業が例えばシュベンクによって求められている（シュベンク前掲書「カオスの自然学」二八四頁）。その時弓矢が武器としての働きのほかに人間の願いを媒介する波動の機能を持って登場したのであろう。

「自然界のあらゆるものが、今なお、源泉の波動音楽に共振している」（ブレア前掲書「超自然学」三一四頁）。ブレアの言葉で言えば万葉人はそれを増幅する共鳴音を弓矢の震動の中に求めていたことになるであろう。

「理性偏重の現代文化が生み出した混乱と疎外は・・・より深い次元で現実を見直そうとしない

限り続くであろう・・・真実にいたる手がかりは・・・ある種の形、数パターンの内にある。これらは外的世界ばかりか、内的世界、つまり神話的・象徴的思想の構造そのものの成長をも司っている・・・エネルギーの律動的パターンは・・・根源との再結合という領域へ我々を導く」（ブレア前掲書「超自然学」三一二、三一四頁）と言う。「より深い次元で現実世界を見通さなければ」（ブレア前掲書「超自然学」三一二頁）、「自然界の全てのものが波動音楽に共振している」と知るべきである（ブレア前掲書「超自然学」三一四頁）。万葉の歌の実感とは視覚を通して見られる情念ではない。ニューサイエンスのみが、神秘的実態を共鳴する対象として実態を示すことができる方式はなくなりつつある。我々はかつて万葉が実証した歌の世界の実態に帰る方式として万葉を見たい。万葉のそのように古事記においても語彙がパターンによって操作されていたのは、文明の対極・原始に近かったからであろう。その文章のパターン構造によって生命の根源と結合する方式が、生の躍動を促したのであろう。

大国主の命は大地を統治するときに弓矢の震動を取り入れている。自然の波動を受け止めることによって、国や自己に関わる霊性の浄化を図り国勢を外に固めるのであった。ただし妻問いを弓矢で表現できない恨みを残したであろう。

第三章　万葉からみた英雄の心理

英雄の心理をどういう項目立てによって分類すればよいか。もしも漏れの少ない網羅的な項目が揃えられれば人格や神格の時代的な特性を比較しやすくなるであろう。まず同時代の資料である万葉の歌の中からその項目を析出してみようと思う。万葉の中で叙事詩にふさわしい概念的広がりをもった語彙があるならば、それらの期待に応えられるかもしれない。万葉という鏡に英雄を映し出してその姿を吟味するという作業になるであろう。万葉という鏡の代わりに現代文明という鏡だけを見ていたのでは、その作業に偏りを生じてしまうであろう。心理的にまず万葉の心理を洗いだしそれを第一節において俯瞰し、第二節において分析し、第三節において古事記の精神構造に適用させてみようと思う（原始の直観に照らしてみれば一瞬の作業で終わるものだ）。

第一節　日本の古代心性の心理的な背景

a　鳥が願望達成力である生命感をはぐくむ

日本古来の心理の特殊な傾向を万葉集に見てみよう。その特殊な傾向の背景をなしたものは何か。それはどういう形で神話に受け継がれていったか。第一節で検討してみようと思う。

万葉では季節ごとに一定の鳥が妻問の橋渡しとして歌われている。例えば春の鶯、夏のほととぎす、秋の雁、冬の鶴等である。それが日本の古代の思想にどういう影響を与えてきたか。万葉人は鶯やほととぎすの鳴き声を聞いて命溢れる季節を実感している。恋の願いを仲立ちして欲しいという期待が生まれている。季節ごとの渡り鳥が季節の息吹を先取りして人間の営みに刺激を与え歌で思いを通わせるのであった。

川村氏によれば鳥の歌は浮かれ歌、恋愛歌、地区防衛歌に三分類されるという（川村多実二「鳥の歌の科学」中央公論社、昭和四九年、三九頁）。それは万葉の歌が自然讃歌、妻問祈願、宮廷讃歌に三分されるものと対応していたように見える。しかも七五調のような鳴き方で人に激烈な気合いすら与える場合があるという（川村前掲書「鳥の歌の科学」六六、一〇三、一二四頁）。その鳴き渡る鳥を見ながら、温帯モンスーンの季節ごとの気象の変動を敏感に受け止めてきたのだろう。心身を自然の微細な変動に順応させながら季節の鳥の歌の中に新しい希望を聞き出そうとしている。

「鶯の、鳴き散らすらむ、春の花、何時しか君と、手折りかざさむ」（万三六六九）

と歌い、心身を自然の微細な変動に順応させながら季節の鳥の歌の中に新しい希望を聞き出している。

鶯の鳴く音のゆらぎと花の散る波動のゆらぎとが共鳴して人の恋を促している。そしてその春の波動空間の中に明るい期待を醸し出している。鳥同士が訴え合う気迫によって花が同調し、人の願いが増幅されるという関連が辿れるかもしれない。鳥や花の響き合う波動の連鎖反応を、さらにわが身にも及ぼそうとしていたのであろう。

風の動きに応じて雲が生じ雨が降り、鳥の声に映し出して人の気力が触発される。そういう無意識のふれ合いが末端の草木や動物達にまで影響を及ぼしたであろう。日々に空間のエネルギー関係は変化する。それを互いに応じ合おうとする一体感を前提にして歌は生まれたのであろう。家族の空間、領域の空間、そして次元を超えるような宇宙の空間までも視野に入れた願いを波動に乗せて届け合おうとしていたように見える。

b　宇宙との一体感

万葉の生活空間は大陸の東海岸の地球規模の気流が作り出す温帯モンスーンを背景にもっている。

さらに地球の中緯度地帯にある島国として太陽や月の運行の変化をより強く受けざるをえない。だから季節ごとに宇宙規模の天空の影響が直接入り込んでしまう。それを受け止める感覚は我々の視覚や聴覚を凌いでいたかもしれない。それを受け止める感性も受ける衝撃の大きさに比例して鋭かったであろう。例えば鳥の「方言は一地方から隣の地方に徐々に違っていくこともあれば、川や谷をへだてて突然に変わることもある」と小西氏は言う（小西正一「小鳥はなぜ歌うのか」岩波書店、一九九四年、二七頁）。その場の気を捉えるには花を散らす波動を鶯に聞くことも必要であったし、地域ごとにもそれは違っていたであろう。年ごとにも違った歌声の調子によって渡り鳥は兆しをもたらしたであろう。鳥が運ぶその自然の波動に彼らの幸運を祈り込めなければならなかったに違いない。

その往来する鳥達の好ましい順位ごとに万葉人は彼らの運命を鳥達に託している。彼らが大自然と共鳴する羽音を聞いて風雲を感じ取り、鳴き声に朝の光を感じていたとするならば、万葉の語彙そのものに自然の影が写し出されていたと言えるかもしれない。「玉づさの」という枕詞には意志を運ぶ波動の揺らぎがなかったであろうか。その「使い」手は鳥の鳴き声だったかもしれない。

「・・・玉づさの、使ひの来ねば、霞立つ、長き春日を、天地に思ひ足らはし・・・我が衣手は、とほりて濡れぬ」（万三二五八）

その使いが来ないので、天地一杯に思いを膨らませるように涙で泣きぬれている。この場合の「使ひ」は「天飛ぶや雁をつかひにえてしがも」（万三六七六）、「雁が音は使ひに来むと騒ぐらむ」（万三九五三、他・万一六一四、一七〇八）のように雁が当てられた場合が多い。そこで「玉づさの使ひ」は波動で意志を運ぶ鳥や雲を意味していた可能性がある。宇宙の動きを凝縮して写しだした一枚の羽と一緒に魂が次から次へと天空の波動の中を伝播してゆくという映像を描いていたのかもしれない。ブレアが言うように「意志が羽や花を通して共鳴し合う」（ブレア前掲書「超自然学」二二七頁）のであった。その映像は次元を超える膨らみをもって天空を飛び交ったであろう。大きな自然の抱擁力の中に自分の存在を任せていたのであろう。

「君も来まさず玉づさの使ひも見えず」（万六一九、他・万三一〇三、三二五六、三八一一、三九七三）

「玉づさの君が使ひの」（万二一一一、二五四八、二九四五）この相聞の歌の仲立ちは内容を知られてはならない。人間は伝令の役をこなせなかったであろう。文字もない時代の通信は鳥が来鳴いて伝える兆しが最も手ごたえのある確かな通信であった。

「人言を、繁みと君に、玉ずさの、使ひも遣らず、忘ると思ふな」（万二五八六）

黙っていても判ってしまうことを恐れた恋の秘密を人に仲立ちしてもらえようもないなら、思いを鳥にも風にも託さないでじっと耐えようとしている。

「玉梓の」恋歌九例に代わって挽歌八例は次のようになっている。「玉梓の」が玉の振るえによって命の叫びのような願いを橋渡しをする枕詞だったとすれば、前世から震わせてやって来る響きをも仲立ちする役割を引き受けて、

「玉づさの、妹は珠かも、あしひきの、清き山辺に、蒔けば散りぬる」（万一四一五、一四一六）

異変を自然の中に嗅ぎつけて死の知らせとして受け止めたのかもしれない。死んだ妻そのものが死んだ知らせを玉として震わせて来るという形をとっている。死者であるあなたが死の知らせを玉振りの振動でもってきたけれども、玉となって散りゆくのか花となって散ってゆくのか、紛れ込んで判らなくなってしまう。定かには判らない映像だけのはかなさがあった。その他「（黄葉が過ぎたと）玉づさが言」（万二〇七、二〇九、四二〇、四四五、三三四四、三九五七）えばそれは相手の死を意味するものと受け止められている。恋心の場合には周辺の者に悟られないでは済まない。それ以上に死の知らせが当事者に解らないはずが無かったのである。「玉づさ」はミクロの波動の形で散る紅葉を生の最期の輝きとして伝達するものであった。玉づさは万葉の前半への挽歌の集中度が

七五パーセントになり、使いが紅葉を散らせて報告に来たという形になっている。ところが後半への妻問の集中度は逆の七八パーセントになっているけれども使いが見えないので思いがまさるという形で歌われている。死を知らせようとする意志のより強い力が初期の段階に玉づさの挽歌を集中させ、発生の状況を引きずってきていたのかもしれない。

c　呪能を通した対応

葉が振れる時にもそこには波動が発信される。時間や空間を超えて次元の異なる世界と通じ合うことができる。玉づさはミクロ的にその波動によって意志を伝達させようとする呪能であったかもしれない。少なくとも呪能を通して伝達行為をしていた万葉人は、原始人の心を引きずってきた超感性を予感しないでは済まなかったであろう。だから

「もみじ葉の、散りゆくなべに、玉梓の、使を見れば、逢ひし日思ほゆ」（万二〇九）

使いが最期の紅葉が終わろうとする中で死の知らせを運んで来たのであるならば、その使いとは鳥（四例）や雲（一例）であったとしなければならなくなると考えられるはずである。

心を高揚させる紅葉の季節に雁の声が響くとき、あの世にも通ずる共鳴空間が現れる。紅葉の紅潮した雰囲気の中に冥界の空間が引き寄せられて、死者を悼む心を受発信しようとしていたように見える。この挽歌を相聞の「紅葉散る」と比較してみると、「紅葉散り過ぎ」「移ろい」「去る」は絶望的な逢瀬ではあるけれども同時に死者の世界と悼みを共有する気持ちを伝えている（他・

万四七、二〇七、四五九、六二三、一七九六、一七九六、三三四四）。死者の痛切な思いが発するエネルギーを受け止めるためには、波動の方向と強さをそれに合わせる願いが生じよう。葉の散る時の波動、雁の鳴き声の波動、玉の振れる波動がミクロ的に揃って前世に実質的に意志を通ずる挽歌の条件が満たされる。紅葉と死者と追憶が関連も無しに偶然重なり合ったように見えるけれども裏には共通した強い思念が流れていたのではなかろうか。散り去る紅葉によって死者への思いを響かせている万葉人にはミクロ的にエネルギーを注ぎ込むような解釈が似合うように見える。風が雁を呼び紅葉を散らして宇宙の情報を運ぶとき次元を超える通信が整えられたのであろう。逆に落葉に憂愁を感じ取る古今人にはマクロ的に変容する姿を見て嘆く視覚的解釈が似合うであろう。神話の構想は逆転し変貌を遂げよう。

「さざれ波、磯越ぢなる、能登瀬川、音のさやけさ、たぎつ瀬ごとに」（万三二四四）

前者ならば自然の中の生命感を相手とともに音を通して同調し合う。後者ならば気落ちした気持ちを相手の姿の中に確認する。それは瀬を音で聞くか、目で見るかの認識論的な違いにもなりえよう。

「瀬を堰けば、淵となりても、淀みけり、別れを止むる、しがらみぞなき」（古今八三六）

万葉には波動の響きが波音や瀬音として認識に影響を与えていたが、古今の場合には心理の深層においてフロイトの言う隠蔽された抑圧的心理が淀みとして映し出されていたように見える。

「この抑圧されたものの中にはまず第一に追い払われた性愛の要求があり・・・」「継続を通じて私どもに任される病因となる過程には［抑圧］という名を与える・・・」（フロイト「世界の名著」

四九巻、懸田克躬訳、中央公論社、四五七、三六七頁）と彼は言っている。神話を支える抒情の形態がパターンを支えられなくなる。日本書紀の神話的構想力は骨抜きになる。

フロイトの場合のように古今集にも精神分析的な言い回しをすれば、統一権力によって一方で警察権による正邪の判定がなされるようになったのであろう。他方では抑圧された心の歪みが文字の彩に隠されていったのであろう。その抑圧によって古今では直接情念を吐露し難かったであろう。玉を振る響きが消えて装飾的な映像に変わってゆく。抑圧された情念は波動と共鳴できにくいであろう。玉に関わる言葉には呪物（玉だすき、玉藻、玉の緒、あわび玉、白玉、真玉）を振動させて（玉ひり、玉貫き、玉ゆら、玉乱れ）、極限の状況（玉きはる、玉かぎる、ぬば玉の、荒玉の）から蘇生を図るという意味があった。その万葉の玉振る力を古今は見る世界に移し変えたので、万葉の蘇生力という概念はもはや見られなくなってしまう。

万葉は聞く世界に対して心を開いたが、古今では見る世界を悲しげに抑圧しようとしている。万葉の眼目は伝達力のある波動によって自然の生かす力を共同体の成員に及ぼそうとしたのである。古事記を見る場合には古今の見方よりも万葉の見方の見る方が時代的にもふさわしいものであったであろう。

自然と生活の関係をバランスよく対処するには、自然の実体に即応する厳しさが必要であった。自然の純粋さに素直であるためには、人間の行動を浄化して自然に対応する必要があった。原始の心性から文明の心性に移行するときが迫ってきていた。音の響きが聞き取りにくくなって自然の秩序が成り立ちにくくなったのであろう。古事記は縄文的に書かれ、日本書紀は古今的に書かれることになってゆくに違いない。

そのような万葉の心性が古事記に反映された心理学を見たいと思う。万葉は呪能によって活性化を願望し（a）、仲間の集団との一体感を求めることによって（b）、社会秩序に汚れのない状態を構造としてまとめ上げてゆく（c）。自然力を通して（a）結果的には宇宙規模の映像（b）を玉梓（c）についても描き出すことになったのではなかろうか。その大枠の中で末端の変動にそれぞれ耐えたのであろう。

第二節　古代心理の分類の万葉的項目

大国主の命の心理にどのようにして近づくことができるか。違った歴史を背負った者に現代の生活実体と対応させた血の通った人間像を描き出せるだろうか。まず万葉の具体的映像を通して大国主の命のリアリティーに近づきたい。その場合叙情詩と叙事詩の映像を摺り合わせてみたい。そこで一旦共通言語としての抽象化作用を介してその接点を求めようと思う。その試みの成否はその作業に誤差や誤解が入り込んで来るのをどれだけ抑えられるかにかかってくるであろう。千年単位の断絶を越えてその現場にどう立ち合えるかが問われるであろう。

太古の神話に隔絶されてきた意識を、現代の生活感覚に組み入れることも、現世と前世にそれぞれを合理的に成り立たせることも存在の変貌を無視しては簡単ではないであろう。

①　彼らの心理の特色その一

万葉の歌にはどの歌にも自然のもつ活性力への強い期待感が見られる。「自然との一体感」を呪的に願っていたように見える。万葉には万葉特有の語型というものがあって、その一つに「ならましを」というものが一九例ある。彼らにとってそれはあって欲しいと願う状態が何であったかを知る手がかりになりえよう。自分の立場を相手と入れ換えることによって、対象と一体になろうとする心理を表している。その対象の違いから彼らの性格が自然の流れに対して大らかであるかそうでないか、あるいは他人を羨望するか自足するものであるかが見えてくるであろう。

a（呪法）自然物への転身願望が六例、雫（万一〇七）、露（万三〇三八）、岩木（万七二二）、花（万一二〇、七二二、二二八二）等に同化する、自然への憧れや逃避や帰依をさえ感じさせるものがある。

「かく恋ひむ、ものと知りせば、夕べ置きて、朝は消えむ、露ならましを」（万三〇三八）

こんなに辛く憧れるのであればいっそのこと朝には消えてしまう露になっていたらよかったのにという自然に同化しようとする願いを表している。

b（気概）人事への転身願望四例、海女（万二七四三、三二〇五）、玉（万四三六）、標（万二八三九）の身になって願望を遂げようとしている。

「人言の、繁きこの頃、玉ならば、手に巻きもちて、恋ひざらましを」（万四三六）

人の目を気にしないでも済むように相手を玉にしてしまおうという一見技巧的な表現になっているけれども、此の玉には回りの騒ぎを無視しても恋をなそうとする意志の力が秘められていたように見える。

c（悠久）時空を超えた転身願望一一例、空の（万二八九六）、久しい（万五二、三二〇八、四二三八）、今ならずとも（万四四三、六九九、七九〇、三〇一八、三〇七〇）、来世（万五四一）など空や彼岸にまで身を移すことによって願望を達成しようとするものがある。

「この世には、人言繁み、来む世にも、あはむ我が背子、今ならずとも」（万五四一）と来世にまで思いを及ぼし（他・万四四三、三〇一八）、現世や来世の次元の枠を超えた感情移入によって修飾の技法を超えた力強い語法になっている。

万葉の場合の変身願望は現世から過去や未来にまで及んだが、それは同体になろうという強い意識があって初めて成り立ったものであろう。比喩の空想的な技巧を超えて、「・・・ならましを」という文型が呪物と組合されている。それをフレイザーが

「三羽の鳥を寝台に結び付け・・・病人に塗り付けておいた黄色い粥を洗い流し・・・黄疸を小鳥の方に移してしまう」（フレイザー「金枝篇」永橋卓介訳、岩波書店、昭和四五年、第一巻、六六頁）

という言葉で紹介した共感呪術と比較してみよう。フレイザーが言うのは病気になるのは実際に手で触れることで病気を移しかえたのだという考え方になっている。ところが万葉の場合は自然の生

気と共感して自力を養うという共生的一体感になっている。類推を形式化する前の段階にあって自発的で旺盛な連想力があった。見て類推化を望むより聞いて同体化を望む波動的同体を望むような共振願望になっている。

② 彼らの心理の特色その二

「心理の広がり」が次元を超えて無限に拡がるかのようになっている。「久方の」（四八例）という枕詞にはそれが修飾する対象として天が五六パーセント、雨が二三パーセント、月その他が二一パーセントになっている。

d（畏敬）「久方の」が自然を讃美するものは二五パーセント（万八二、二九二、八〇一、八一三一、一〇八〇、一〇八三、一四八五、一五二〇、一五六六、一八一二、三六七二、三八三七）。

「久方の」は悠久の天に由来し、恋の思いを天空のさやけさを受けて満たし、宮廷讃歌と挽歌に及ぼそうとしていたと言えよう。

「久方の、雨も降らぬか、蓮葉に、たまれる水の、玉に似たる見む」（万三八三七）

心にさやかさを運ぶ清い雨が降ってくれてもよいであろう。命に弾みをつける玉を葉に結んでくれようものをと願う。天の清らかさ（万一六六一、二三二五、三二〇八）によって天空に懸かる月の枕詞にもなり、天空から落ちて来る雨の枕詞にもなったのであろう。恋の永遠を願う超越性は見られない。「久方の」は天界から爽やかな波動を受けて、畏敬の心で精神を活性化させようとする意志を潜めている。ミクロの現実として響いた実体であり、観念的に仕立てられた永遠性とも関わりはないであろう。

e（慎重）「久方の」の第二の祈願は妻問であり五四パーセントを占めている（万三七九、五一九、五二〇、六五一、七六九、八九四、一〇四〇、一三七一、一七六四、一五一九、一六六一、一九九七、二〇〇七、二四六三、二〇七〇、二〇五二、二〇九三、二二三二五、二六七六、二六八五、三〇〇四、三二二五、三二〇八、三三二五二、三六五〇、四四四三）。

「久方の、天照る月は、見つれども、我が思ふ妹に、逢はぬ頃かも」（万三六五〇）

天界には思いを遂げさせてくれる月もさやかに照っているのに、どうして相手に逢えないのであろうか。自然の清らかさに追いつけない、わが身の汚れが呼ぶ不運を慎重に見極めようとしている。物事がうまく立ち行かない原因を洗い出して対処しなければならない。

f（宰領）「久方の」第三の祈願の宮廷讃歌が二一パーセント（万一六七、一六八、一九九、二〇〇、二〇四、二二三九、二四〇、二二六一、四七五、四四六五）

大国主の命はその地位を継承する時死者の世界と和解を通して宰領の役割を引き受けなければならなかった。その試練は死を幾度も経験するような厳しさであった。万葉人は自然に遍満する活性エネルギーと共鳴してそれを取入れようとしたが、古事記ではエネルギーの悪質の霊性を排除しようとしてわが身の清めに努めている。相手と共に蘇生しようと歌う万葉人は相手の死を弔う古事記人としては前世との調整を心がけようとしたのであった。

大きな仕事に対しては大きなエネルギーで対応しなければならないように、相手を捉えた波動で鎮めなければならない、それは広く宰領を行うものの霊的な方式であった。

「久方の、天見る如く、仰ぎみし、御子の御門の、荒れまく惜しも」（万一六八）

大きな宰領への期待が挫折している。清い光に見放された荒廃した宮廷の嘆きを歌う。

それをユングは集団的表象として捉えて、「表象作用の可能性」が遺伝して伝えられる文化に着目した（ユング「無意識の心理」高橋義孝訳、人文書院、昭和五二年、一〇六頁）。その集団表象は遺伝によって「原型が表れたとき明らかに神霊的性格を持つ」（yung,On the Nature of Psyche, CW 8 p.205）。祖霊と運命の関係の深さを説いている。ユングは世代を超えて継続してゆく文化の形を特に支配者の宰領のあり方との関係で捉えようとしている。集団構成員全体に植え込まれた影響は原型として後世に残される。なぜならば人は「集合的な霊の相続人であり・・・神話によって祖先の世界とまだつながっていたり、自然とのつながりもまだもっているような時代と環境に生きている」からであった（「ユング自伝—思い出・夢・思想—」河合隼雄、藤縄昭、井出淑子訳、みすず書房、一九九〇年、一三九、二〇九頁）。そこでユングは造物主の意図を神話の中に求め、宗教は「ある種の神秘な感情、考え、そして出来事に対する注意深い良心的な記述であり、又考慮反省である」という結論に達したのである（Yung' Letters.pp.484）。十分に傾聴に値する考えであり、万葉にも適用されるであろう。

ただ万葉の波動共鳴は「久方に」働く清めによる作用になっていたのであろう。永遠な神秘的神話の域を考える文明にとっては矛盾した姿に映っている。だからユングは神話から死後の世界に関心を寄せて「死者は私にとって答えを得ていないもの・・・救われていない」（前掲書「ユング自伝」一巻二七三頁）ままのものであり「人間が死に当たってあの世に何を持ち込めるかが重要なこと」（前掲書「ユング自伝」二巻一五三頁）になってしまうのであった。「あの世にどの程度の完全さと不完全さを持ち込んできたかによって決まる」（前掲書「ユング自伝」二巻一六七頁）とユングは生死の境に決定論を持ち込んでいる。そのように東西両洋の差はともかくとして、ここでも次元を超えた密接な関連考察がなされていたのである。

ユングとの差異があるとすれば万葉の問題意識はどのようにすれば文化に定められた決定論を無視できるかということにあったように見える。西欧的な決定論は万葉からみれば宇宙が救済するエネルギーが清らかな波動を及ぼすという点を無視したものであったのかもしれない。

③　万葉の願わしい心理の特色その三

「音の響きによる癒し」として万葉人は「さやけし」に価値を置いていたように見える。それはどのような物質的願望を無視しても優先されなければならない（万四五例）。由来的にみると音の響きに基づくもの七五パーセント、月の響きによるもの一六パーセント、振り動かしによるもの九パーセントになっている。

g（忍耐）目的意識別に見ると「さやけし」は自然讃歌の場合五六パーセント（川関係・

万三一四、三二四、三五六、五七一、一一〇二、一一〇七、一一〇八、一七二四、一七三七、二〇四七、二一六一、四〇〇三、四四六八、海・万一五九、一二〇一、一二三九、三九九一、他・万六一、一七五三、二一三四、二二二七、四四三四)

「今日もかも、飛鳥の川の、夕さらず、かはづなく瀬の、さやけかるらむ」(万三五六)

「さやけし」は自然の音の浄化力によって生気を満喫しようとした期待感のように見える。現代のかわづの情景を聞いてみよう「夕闇が迫る頃浅いせせらぎに集まって互いに声を競い合いそれがやがて大合唱になり四方の山にこだまする」(種村ひろし「世界の動物　七巻かじか」日本メール・オーダー社、昭和五六年、九三八頁)。瀬に流れる清い川筋を中心とする生活空間の震えを聞いている。かじか蛙の個体ごとの意志は全体の意志と共震して谷間の音空間を満たしている。その鳴き声の浄化力に感応する万葉人の感性は自我の抑制を悦楽に高めている。ユングの言う神秘な感情の「幻像」は、万葉人にとっては忍耐によって宇宙と一体化するシンフォニーの一環をなす「実像」であった。

h(慚愧)「さやけし」の第二の祈願は妻問の祈願三〇パーセント(月関係・万一〇七四、一一二一、二二二五、二四六四、三〇〇七、他・万一三三二、一三三五、一七三七、二八五五、三四〇二、四四二三、四四三一、四四七四)

「三日月の、さやにも見えず、雲隠れ、見まくそ欲しき、うたてこのころ」(万二四六四)

天空の異変が情念を刺激している。「天体の力は四六時中リズミカルに地球に働いている。・・・

天体の乱れによって生ずる電離圏のイオンや電磁気バランスの変化は大気を通して低い階層へと伝わる。・・・その影響は生物圏に及び・・・体内と周囲の平衡関係が著しく損なわれる」。ラビッツ博士は「人間の電場は新月や満月のときピークあるいは谷を示しながら循環していると言う」（リーバー前掲書「増補　月の魔力」一六四、八九頁）とすれば万葉人の月に対する反応の敏感さは銀河系を取り巻く宇宙環境の影響の大きさによっていたのかもしれない。宇宙の波動の中で生成したものは宇宙の波動の中で蘇生するという相関を無視できなかったのであろう。銀河系から来る恩恵に対しては人間の敬虔な意識が対応する。さやかな月の輝きが生きる意志を醸し出す力であればそれに応えきれない自分に慚愧の念が生じるからかもしれない。

i（畏怖）「さやけし」の第三の祈願・宮廷讃歌は一四パーセント（川関係・万九〇七、九二〇、一〇〇五、一〇三七、三二三四、四三六〇、月・万七九、一〇七六、他・万四三六〇）あり、

「今造る、くにの都は、山川の、清けき見れば、うべ知らすらし」（万一〇三七）

瀬の浄化する作用が宮廷讃歌のポイントをなしている。

「・・・山川を清み、さやけみ、うべし、神世ゆ、定めけらしも」（万九〇七）

吉野の離宮の見事さの背景には神の時代に発現したであろう自然のさやかさがあるとした金村の歌である。そこには神の威光を前にして畏怖する万葉の心理があったと言えよう。万葉には奢りを憎むという発想は見られない。奢りは自滅を招くと受け止められたからかもしれない。ユングの危

惧した祖霊の癒しが万葉では川三六パーセント、月一六パーセント、海一一パーセントのさやかさに求められている。風や水の森閑として奥深い姿に万葉の価値が置かれていて大国主の命の権威にも応用されていたように見える。

④　万葉の心理の特色その四

活性は実は鎮魂と裏腹の関係にあった。生きている者をさらに活かす方式によって死者に慰めを与えたのであろう。激しい気合いで時空を超えて現世にも来世にも語り掛けをしたのは「はふり」（万一七例）によってであった。

j（確信）「はふり」の第一の祈願・自然讃歌

「・・・はろばろに、鳴くほととぎす、立ち潜くと、はぶりに散らす、藤波の、花懐かしみ、引きよじて、袖にこきれつ、染まば染むとも」（万四一九二）

ほととぎすが来鳴いて藤の花が散る。藤の花を散らすような鋭い気迫が「はふり」に込められ、人に生命感を反射したのであろう。鳥の「羽が振れる」が「鳴き」声と共震して、藤の花が衣の袖に「染め」出される。花も鳥も一斉に季節を感じて衣まで色に染め出す自然との一体感を歌う。自然と交感して蘇生する。その高揚感によって彼らは生かされるのだと確信していたように見える。

k（清明）「はふり」の第二の祈願・妻問の情念活性

「吾が面の、忘れむ時は、国はふり、峯に立つ雲を、見つつ偲ばせ」（万三五一五、他・万一三一、

七一二、一四〇三、二三〇九、二八三三、二九八一、四一〇六、四一一五、四一一六、四一九三、計一一例、六五パーセント）

風が吹き上げる勢いで雲を峯に湧き上らせている。その雲を通信媒体として私のことを思い出すよすがにして欲しいと願う。谷を抜けて吹く風の気迫によって国を清める「はふり」が恋に道筋を与えたのであろう。邪念を捨てて凝縮された一途な念いは清明な願望達成力をますます蓄えている。

l（威厳）「はふり」の第三の祈願・宮廷讃歌

「・・・難波の宮は鯨魚取り、海片付きて、玉ひりふ、浜辺を近み、朝はふる、波の音騒ぎ・・・」（万一〇六二、他・万三三二六、別・万四三六〇）

朝波が勢いよく浜辺に打ちつけて辺りを震わせ、それを玉の振動に移し替える、そういう海のほとりに浪速の宮がある。大洋のエネルギーは海岸に放出されて壮観な光景を演じ、活性力を生み出し、宮廷の威風を高めている。

万葉には憤怒を抑えようという歌が見られないのは、怒れば汚れによって自然から疎外され孤立してしまうのではないかという恐れからだったと思う。怒りでわが身に被る汚れを自ら取り去ろうという習俗として振りは自分の清めにもなりえたのであろう。

m（祖霊哀悼・系譜他）「はふり」の第四の祈願・死者鎮魂

「・・・神はふり、はふりいまして、麻裳よし、城上の宮を、常宮と、高くまつりて、神ながら、鎮まりましぬ・・・」（万一九九、他・万三三二四）

人麿が高市皇子の死を生きていれば気合いを入れて励ましもできたであろうものをと悼んでいる。渾身の力を振り絞って死者の魂に「はふり」で弔意を表す。生者にせよ死者にせよ魂に実体があり、その魂に訴えるには力を振り絞って意志を通じさせなければならない。「はふる」は波動を及ぼす振りをもって生気を転移する方式であった。古事記の「はふる」は七例あり、妻問はゼロ、鎮魂の葬礼は六例・八六パーセントである（記上二九オ五、中二五ウ五、一二三オ九、三三オ九、四七オ七、八、下二〇オ七）。万葉のはふりの妻問祈願が六五パーセント、鎮魂が二一パーセントであったのと比べれば古事記の「はふり」の中心の機能が妻問から鎮魂に移ったのであろう。万葉の評価に極端な違和感が内蔵されてゆくにしても葬礼にさえ魂を生かす「はふり」が九割に近い。

生活の期待感を歌った万葉にはすべからずという否定的条項が乏しい。「さやけし」とか「久方の」という肯定的項目を軸にして「はふり」によって「ならましき」目標を求めるというものになっている。文明が「殺すな」とか「盗むな」等の条項を定めてそれぞれを法の力で強制していたとすれば、万葉は「自然の生気に親しみ」「相手を生かし合う」というレベルのものに祈りのポイントを置いて歌っている。徳目が自律的なプラス志向から抑圧的なマイナス志向の徳目に切り替えられようとしていたのかもしれない。多分自然界とのバランスを基準にして自然を裏切ることを何よりも恐れていた時代が終ると、基準になるものは最低限の他律的な目標で合意するほかなくなっていったのであろう。古事記も後半になるにつれて自然も恐れず欺瞞による悪意が横行し始めたのであった。

それぞれ倫理の基準に違いはあるけれども、一応万葉に見られたa〜mの項目をひと先ず①②③

④に分け、更に大別してAとBに分けて配列してみよう。その逆の心理の傾向を大別してCとDとし、それぞれを⑤⑥⑦⑧に分けさらにn～zまでに細分して、ほぼa～mの順に対置し、例えば⑤は①にほぼ対応し、⑥は②に対応するという具合にして一覧にしてみよう。

馬匹による狭域の拡張期

A　波動との同調

B　自然への接近

割譲による広域の再分割

C　波動との不調

D　自然からの遊離

①：a　呪能、b　気概、c　宰領

②：d　畏敬、e　慎重、f　従順

③：g　忍耐、h　慚愧、i　畏怖

④：j　確信、k　清明、l　威厳、m　系譜・哀悼他

⑤：n　散乱、o　頑冥、p　残忍

⑥：q　貪欲、r　猛勇、s　放逸

⑦：t　怒り、u　欺瞞、v　傲慢

⑧：w　不信、x　汚濁、y　反逆、z　系譜・自滅他

万葉の歌に見られる古代人の心理をaからmまでのアルファベットに当てはめ、その逆の心理を残りのnからzまでのアルファベットにまとめ、それを古事記の英雄の心理に対応させてその特性

を見ようとするものである。とくに時代の変動に投げ込まれた二人の英雄を取り上げてみたい。この分類は万葉に見られる自然的な人格分類になっているが、博愛や平等という倫理道徳を目指す近代的心理分析に対して相応しくないであろう。

第三節　大国主の命と倭建の命の人格の違い

英雄と言われる者達の心理の営みを万葉を基準に対比しながらその運命を辿ってゆきたい。

運命を好転させるためには神霊の加護が必要であった。それを受けるためには心理的な波長を自然の姿に近づけなければならない。その時呪能ａが発揮され気概ｂに満たされ宰領ｃの徳をえたのである。そのためには畏敬ｄ慎重ｅ従順ｆという謙遜の態度を伴うものでなければならなかったＡ。さらに自然に近づくために忍耐ｇ慚愧ｈ畏怖ｉを忘れずに確信ｆ清明ｋ威厳ｌを体現しなければならないＢ。

それとは逆にもしも人が散乱ｎ頑冥ｏ残忍ｐであるならば、貪欲ｑ猛勇ｒ放逸ｓに到るであろうＣ。さらに自然の摂理から離れて怒りｔ欺瞞ｕ傲慢ｖであるならば不信ｗ汚濁ｘ反逆ｙ自滅ｚに終るであろうＤ。まとめて言えば生かしてくれるものを偽れなかったのだしＡＢ、偽れば生かされなかったのであるＣＤ。その場合の自然的人格というのは自然との関係が性格形成の軸になって形成されたのがＡＢ、自利を軸にした行為の傾向ＣＤになっていなかったのである。

ここでは大国主の命と大倭建の命とに絞って、万葉の心理と見られるものを軸にその推移を辿り、その相互の関連を見てゆきたいと思う。

第一項　大国主の命の人格

初めに大国主の神はその名称のほかに出雲の大神、大神、大穴むじ、八千矛を加え二九例（主語が省略された資料も加えれば三六例）によって考察してみたい。

大倭建の命の場合はおうすの尊（四例）を加え、一六例の中で考察しようと思う。

まず大国主の命の場合

a（呪能）「その兎を見て問ひ蒲のほを取り必ず癒えむと告り賜ひき」（二六オ二）

「その兎に教へ給ひ水門に行き水をもって洗ひ」（二六ウ五）

「八十神ヒメ矢を打ち離ちてうち殺しき御祖の命活かして」（二七ウ六）

「八十神まぎ追ひ到りて矢刺す時に木の俣より漏れ逃がして」（二八オ三）

「スサノオの命の御所に参り蛇の室に寝しめ給ひぬ」（二八ウ一）

「鳴り鏑を大野に射入れ採らしめ火をもちて野を焼き鼠内はほらほら外はすぶすぶといひき」（二八ウ九）

「大神の生太刀生弓矢と天の詔琴を取り持ち逃げ出でます時その琴樹に払れて地動み

鳴りき」（二九ウ五）

「スサノオの大神宣りて生太刀生弓もち兄弟を追ひ伏せ払へと」（二九ウ九）

「庶兄弟は坂の御尾に追い伏せ」（三〇オ三）

c（宰領）「少名彦那神と二神相並びこの国堅め給ひき」（三七オ四）

「剣の前に座し問ふ」（四四オ二）

f（従順）「八〇神怒りて殺さんと共に議りこの山に赤猪あり猪に似たる石に焼きつかえて死にき」（二六ウ九）

「八十神怒りて大国主を殺さんと協議し」（二七オ五）

「うかの山の山本に底つ石根に居れ」（三〇オ三～五）

「葦原中国は天神の御子のまにまに奉らむ」（四五オ六）

「事代主の神を徴し来て国を奉りたまへと言ひ」（四四オ九）

「吾が子建御名方神あり投げ離ち給へば即ち逃げ去にき」（四四ウ三）

「高天の原に氷木たかしりて治め賜わば隠りて侍なむ」（四五オ九）

g（忍耐）「大国主の命の兄弟八十神坐し」（二五ウ四）

「袋を負ひて従者として率て往き」（二五ウ六）

h（慚愧）「スセリ姫甚く嫉妬」（三一ウ六）に対して「我が引け往なば・汝が泣かさまく」（三三ウ八）

i（畏怖）「波穂より船に乗りて来る神あり」（三六ウ二）

「いずれの神と国を作らまし」（三七ウ二）
「然らずば国成り難てまし」（三七オ九）
「海を光してより来る神吾れをば倭の青垣の東の山の上にいつき奉れ」（三七ウ四）
l（威厳）「兄弟皆国は大国主の神に避り奉りき」（二五ウ四）
「大国主の神に媚び復奏せざりき」（四〇オ一）
「出雲の国のたぎしの小浜に天の御舎を作りて天の御饗を献り」（四六オ三）
「この大神を拝むにより誠験あらば鷺か」（中三一ウ二）
「かれ出雲にいたり大神を拝み」（中三三オ三）
「ここ返り事申さく大神を拝み大御子物詔りたまへる」（中三三ウ七）
m（系譜）「天の冬衣の神サシ国大神の女サシ国若姫娶り大国主神生み」（二五オ七）
「ヤカミ姫オホナムジの神の嫁むと言ふ」（二七オ三）
「スセリ姫父スサノオに麗しき神来たりきと言ふ」（二八オ九）
「奥津宮にます神タキリ姫に娶ひアジシキ高彦根神生む」（三五オ三）
「カムヤタテ姫命を娶して生める子は事代主神」（三五オ七）

それらをまとめてみよう。

A　大国主の命は万葉の基準に照らして見る限り、自然の生命感を呪法で取り込み他にはやさしく自己に厳しく呪法の試練を受けて国主としての条件を整え、協力の体制を作り上げている（a、 c）。運命に黙って耐え兄弟にも朝廷にも従順であり、重圧を引き受ける覚悟であった（f）。

B　私欲による心の汚れをもたず、自然の流れに逆らわず、忍耐強く兄弟の仕打ちに耐え、少彦那神の支援を畏怖の心で受けて国を経営している（g、h、i）。運命の厳しさを受けるにふさわしい王者の尊厳をもって、そのやしろは祭られている。豊かな統率力で国をまとめ神として霊威を発揮した主への礼節を疎かにはできなかったであろう。大国主の命の心理は万葉の心理に適合して風格があり、豊かに輝いていたと言えよう（l、m）。ところが、出雲の大国主側の霊威に満ちた姿勢に対して、中央の朝廷側の姿勢は逆の姿をさらけ出してしまう。

第二項　倭建の命の人格

a（呪能）「御刀もちて草を苅払ひ向火をつけて焼き退け」（中四一オ九）
「坂の神白き鹿になりて来立ちき蒜の片端もちて殺しき」（中四二オ八）

n（散乱）「還りに殺てむと山に騰り白猪大氷雨を降らし打ち惑はし」（中四四オ九）
「その御刀の草薙剣をそのミヤズ姫の許に置きイブキ山の神を取りに幸行でましき」（中四四オ三）

p（残忍）「（兄）を朝けに厠に入れる時薦に包て投捨つとぞ白し給ひ」（中三七ウ五）

r（猛勇）「倭建の御子と称へ申すべしと白しおへつれば殺し給ひ」（中三九オ九）

u「いざ太刀合せむと誂へ給ふ出雲建を打ち殺し」（中三九ウ八）

（偽瞞）「倭姫の命の御衣を給り剣を懐に幸で行しき」（中三八オ五）

「出雲建命川より上り倭建の命の詐刀を佩き」（中三九ウ七）

「出雲建詐刀抜き得ず利己心に徹し」（中三九ウ九）

w（不信）「天皇オウスの命に問賜はく汝の兄大御食に参出で来ざる」（中三七ウ八）

「東方の荒ぶる神を和平せと言向けて天皇吾を死ねと思ほすらむ」（中四〇オ六）

z（系譜）「大帯彦オソロワケ命天皇大碓命次に小碓命を生みませる」（中三五ウ三）

「イクメの天皇の女フタジノイリ姫命を娶り帯中津彦命を生み」（中四七ウ五）

z（死滅）「八尋白千鳥になりて天に翔りて浜に向きて飛び行でましき」（中四六ウ三）

z（他）「国を平けに巡り行きましし時久米直の祖名は七拳はぎ恒に膳夫として従ひ仕へ奉りき」（中四七ウ二）

倭建の命の心理をまとめれば

C　呪能の剣や蒜の働きに頼って危機を脱出しているのに、剣を身から離して粗末に扱い逆にそのとがめを受けてしまう。人を訳もなく殺し自らを死地に追い込んでいる（a、n、p）。自制心のないその場限りの気分に走り、前後の行為に一貫性がない（r）。

D　貪欲であるから偽瞞に満たされ、吾がままであり傲慢であった（u）。自然からは遊離し、父天皇の信頼を裏切り、死地へ追いやられて死ぬ（w、z）。

万葉の心理を逆転している。万葉の爽やかさで少名毘古那神の助力を得た大国主の命に比べれば一致した性格はなく、まさに逆の方向に進んでしまった。そこで大倭建の命は神の助けをないがしろにして神霊の障りを一身に受けてしまう。武勇に満ちた征服の途中で挫折している。神の救いを受けるための条件は、単にそこに自然の活性力があったということで必ずしも十分ではない。自然の力を受け入れる身に備わった自然と同調する姿勢・抱擁力が問題であった。ところが自然の清めを受けたときに倭建の命はその恩頼を裏切って剣を松の根元に置き忘れている。

大国主の命は征服を受けたリーダーであったが、万葉的な身の処理の仕方をしている。しかし大国主の命には敗者としての死を避けられなかった。彼には宇宙を包含するような大自然の流れに逆らわないおおらかさがあった。しかしその流れに従えば地方の地盤沈下に伴う敗者の運命を引き受けなければならない。彼の悲劇は自ら死後のわが身の祭を考えなければならなかった点にあったであろう。彼の徳性にふさわしい救いを彼に与えるためにはどれほど重い課題を当事者達が後世背負わなければならなかったことであろうか。

ところが一方で大倭建の命は征服するものの立ち場で記述されていたにもかかわらず、万葉的な心理に逆らう時代の要請に従って、地方を強引に征服してその流れの中で身を滅ぼしてしまう。記紀は征服者の立ち場に立って征服者である大倭建の命を断罪しなければならない。それはたとえ記紀が表面上の征服神話ではあっても、神の摂理を軸に記された記録としては彼の行為は許されることではなかったであろう。

万葉を基準にして大国主の命を裏返しに生きた倭建の命は自分の心のやましさにおののいて死地に赴く。物心ついたときに既に自然の理法を逆なでして兄を殺害している。その性格も行為も朝廷の意志には従ったけれども自然の摂理には逆行していたので、運命の逆転も避けられていない。

第四節　倭建の命を記述する古事記と日本書紀の違い

古事記は征服の最大の功労者である倭建の命に対して、その猛勇による自滅を余儀なくさせている。その征服者の視点を忘れた記録を朝廷の権力者が見過ごすことはありえない。少なくとも倭建の命の名誉を回復して新しい統一の機運を盛り上げなければならなかったであろう。そこで古事記を深く朝廷に蔵して、日本書紀を急遽編集したのも一因であろう。その結果、主題意識は鎮魂から征服に移ったであろう。主題意識が古事記と日本書紀とでは倭建の命についてどのような相違点が生じたかを比較検討してみたいと思う。

先の資料と重複する点があるけれども実態の推移を記録の順に特に両者の違いを中心に辿ってみようと思う。

征服の前半における大倭建の命の活躍について先ず古事記について見てみると

① 景行天皇は兄大碓の尊が朝食に参列しないので弟小碓の尊に尋ねたところ既に兄を殺害して捨てていたとある(記中三七ウ五)。日本書紀はその事実を無視して小碓の尊の雄略にして容貌魁偉、

よく鼎を挙げると讃美している（紀二八三頁―四行）。

② 記紀は両書とも倭建の命は熊襲《クマソ》を討つとき剣を胸に女装して酒を飲ませて刺している（記三八五オ五、紀二九八―九）。

③ 古事記はその帰途出雲において出雲建を欺いて抜けない剣とすり替えて果し合いをして殺している（記三九ウ九）。日本書紀はそれも記述せず代わりに吉備の穴済の神を殺すとのみ記している（紀三〇〇―七）。

天皇が自分を死ねと思っているのではないかと大倭建の命は繰り返し呟いている（記四〇ウ三、六）。ところが日本書紀は倭建の命の詐術の部分を消して武勇に優れたものにすり替えた上で、彼が東国征服に派遣されたことにしている（紀三〇〇―一〇）。

④ 後半はまず武の国に来て国造に欺かれて火攻めに合い、逆に草を払い火をつけて切り殺している（記中四一オ五、紀三〇四―六）。

⑤ 足柄の坂本の坂の神が白鹿になって惑わしたのでひるを振って殺している（記中四二オ七）。日本書紀は足柄でなく信濃になっているが内容に大差は見られない（紀三〇七―一二）。

⑥ 息吹山の神を剣を外して直に取りに出かけているが、惑わされて病をえてしまう（記四四オ四、紀三〇八―一〇）。古事記の天皇は帰国が叶わないまま死んだ倭建の命に対して無言であった。ところが日本書紀は彼の死を悼んで「朕の欠けたるを補ふ・・・今より誰と共にか鴻業をおさめむ」（紀三一〇―一一～）と深く嘆いている。

倭建の命の死について統一王朝はその評価で目論見が分かれたのであろう。古事記は何のためらいもなく欺き続ける倭建の命を挫折に終らせたけれども、権力の統一を目指す日本書紀はその片鱗も見せていない。その時その編者は鎮魂から征服にテーマを移すことによって神話の時代に幕が引かれたであろう。それによって大国主の命の時代から倭建の命の時代に精神史が転換され、さらに古事記から日本書紀への転換の跡はぼかされてしまう。大国主の命に遡る路さえ狭めている。日本書紀は倭建の命の詐術を記録していない。前半の経緯について態襲を女装して刺すという記述と共に古事記で死を賜わったことを子供のように怪しみ嘆いた大倭建の命のおののきを日本書紀は省いている①②③。

ところが後半の征服事業において彼は反抗する神々を呪法によって殺していったが、その呪能も次第に効かなくなって逆に悪意を浴びて死んでいる④⑤⑥。

天の配剤を得るために呪法を施すというのであれば、身の清めを欠かせない。身を清明にして自然力の受け入れる姿勢を整えなければならなかったであろう。彼はそれに逆らうように邪魔者を酷く殺し続けている。その散乱する人格によって天を裏切って自滅する運命に彼は追いやられている。ただ余りにも酷い詐術を省いて日本書紀は呪法と詐術を同時に行使する矛盾を隠したのであろう。古事記は天皇が彼の「毅く荒き情を恐れて」(記中三八オ三)征服に休む暇を与えなかったのに対して、日本書紀は彼の功業を讃美し「形はわが子実は神人」として戦場に送り出している(紀三〇二―一〇)。そこで非万葉的人格が創り出されたのであろう。

その詐術を名誉に書き換えた分だけ日本書紀は死後の彼の霊格に地獄の苦しみを錬獄の苦しみに掘り下げて与えたと言える。さらに古事記は大倭建の命の死魂の救いに思いを込めて次のような望郷の歌を記録している（記中四五ウ〜記中四六オ）。

「倭は国のまほろば、たたなづく青垣山、隠れる倭しうるわし」（古事記歌謡三〇）

「命の全けむ人は、畳薦《たたみこも》平群の山の、熊かしが葉を、髻華《うず》の挿せその子」（古事記歌謡三一）

「愛しけやし吾が家の方よ、雲居起ち来も」（古事記歌謡三二）

「嬢子の床の辺に、我が置きしつるきの太刀、その太刀はや」（古事記歌謡三三）

土橋寛氏、西郷信綱氏はそれらを「思国歌、老人の歌、薬猟歌、国見歌」に起源をもつものにされている（土橋寛「古代歌謡全注釈古事記編」角川書店、昭和四九年、一三七、一四〇頁、西郷信綱「古事記注釈」三―三五六、三六二頁）。

これらの歌謡は呪物を中心にして歌われている。主語がはっきりしないので紛らわしい点はあったが、その呪物は垣、雲、葉、太刀である。それぞれの意味を万葉に当たってみよう。すでに前述したものもあり、これから後述するものもあるがそれぞれをここに要約しておきたいと思う。

「垣」三七例は区切ることによって領域の守りとなし王城を固めるが、万葉ではそれをも乗り越えて恋を成そうという意志を秘めていた（前稿九八頁）。

「雲」は自然を畏敬する心を起こし相手への慕情をかきたてているが、「雲立つ時」五例の場合に人は相手を待ちわびて偲び耐えるものになっている（本稿一三七頁）。

「葉」一五四例は自然を讃えるものと妻問するものとが半々ずつあるが「葉をかざす」六例を見ると、葉を頭に挿して海や山の見飽きない自然のうつろいを惜しんでいる（本稿五八頁）。

「太刀」一九例は万葉では磨いて武人の風貌を高め恋心を誘い出し、身から離さない剣が精気を醸し出している（前稿八八頁）。以上の呪能には一貫して故郷を偲ぶ意志がにじみ出し、倭建の命の心情を明確に映し出していたのであろう。呪物は人の願望を表明し意志を誘いだし祈りを秘めていたのでそれぞれの歌の趣旨は

（三〇）「倭は異国に征旅を繰り返すものにとって何と安全で栄える自然に囲まれた国であることであろう。しかしいま自分はその手前に来て病に倒れてしまった」

（三一）「命を全うする者は、葉を頭に挿し魂鎮めの呪法によって挫折によって悶える私の迷いを鎮めて欲しい。妻子達よ」

（三二）「家のある辺りから命をかき立てるように雲が立ち昇って来る。命の限りを知った者にとって故郷から立ち昇る雲に望みを託すことができないものであろうか」

（三三）「それなのに私は身から離してしまった太刀で命を振り立てる呪能に頼ることもできない」

ということになるであろう。呪法には衝撃的な内に秘めた伝達力があった。死に臨んで今生の名残をひと思いに伝えようとしている。

これらの歌に共通する大倭建の命の願いは絶望の中で、素晴しい故郷に帰り着きたいという想い

であった。死期を悟りながらなおも望郷の念にすがっている。万葉の語彙に含まれる意志を古事記の歌に当てはめれば一貫した武人の嘆きを伝えていたものになるであろう。最期に刀を松の根本に忘れて命を晒してしまった悔恨の情をもって一連の歌を締めていたのである。一生を猛々しく駆け抜けたままで終らせずに反省と後悔を歌に刻んで時世の言葉としている。自ら落ちる地獄の深さを埋めようとする意志の片鱗を古事記は見逃さなかったのであろう。鬼神の心も動かすであろう伝達力をその意志に残している。古事記の語彙の迫力が万葉に映されていたのであれば、我々は万葉から古事記を見ないわけにはゆかない。前代の慣用語に関れない我々は後代の万葉の語彙の意志から彼の悲哀に達することができるであろう。その思いが響かないのは既に日本書紀がそれらを削除して熊襲討伐の時の天皇の歌に置き換えてしまった（紀二九二―一五～一七）からかもしれない。それは単に征服神話に切り替えられたばかりでなく、語彙に潜む言魂の迫力を受け止められず、誤解だけを残したのであろう。

ともかく死を前にした女々しい歌をカットしてしまうと、日本書紀は彼の「容貌魁偉雄略」にふさわしくない部分を切り捨てて、呪物に潜む意志を漢語の機能に切り替えている。

それは彼の死後に妃達が歌った歌にも言えるのであろう。

彼の死後妃達が彼を悼んだ歌は次のようなものであった（記中四六ウ～四七オ）。

「なづきの田の、稲幹に稲幹に匍ひ廻ろふ、野老蔓《ところづら》」（古事記歌謡三四）

「浅小竹原腰なづむ、空は行かず足よ行くな」（古事記歌謡三五）

「海処行けば腰なづむ、大河原の植え草、海処はいさよふ」（古事記歌謡三六）

「浜つ千鳥浜よは行かず磯伝ふ」（古事記歌謡三七）

それぞれの歌には場所についての共通する特色が見られる。即ち田、原、海、磯である。

「田」四例は祭事によって守られなければならない境界の標識であり、それを乗り越えても恋の思いを果そうという気力を秘めている（本稿二三一頁）。

「原」七三例中地名を除いた原は旅に出て家もなく山路で風に吹かれて独り寝る境界地帯であり、その中に相手の面影を見ようとしている（本稿二一六頁）。

「海」九六例は自然讃歌と妻問祈願が半数ずつあるのだが状況は厳しく荒れて底深く波立ち風が吹きつける中で、恋の思いを遂げようとしている（本稿三八六頁）。

「磯」五七例は自然の情景がさやけくすばらしいが、障害が多い危険な岩石海岸であった。不安な泊まりを続けながら相手を思うという形を取っている（前稿一二五頁）。

それぞれ人を拒む限界を意識していて、場の概念には呪能の作用が潜んでいる。そのような万葉の意志を古事記に当てはめてみれば次のような趣旨になるであろう。
（三四）「遠くまで追って来て、境の田の蔓に足を取られて這回るが、飛び去って行く千鳥に追いつくことができない」
（三五）「村境いの竹原まで追ってきたが篠に足を取られて空も飛んでも行けず先に進むこともできない」

（三六）「陸の果てまで来て海に足を取られて進めない、丁度河原の浮き草が不安げに漂うように海を前にして行き惑ってしまう」

（三七）「しかも千鳥は浜を飛ばず磯の上を飛び去ろうとしているので、追いつきようもない」

魂が鳥と化して飛び去ろうとするのを追いつきかねて限界まで来てしまった。それ以上はどうにもしようもないがそれでも追いつきたいと訴えている。言魂によって詠み替えてみるならば極限状況を乗り越えようとする悲願を表していたことになるであろう。死者の叫びに同調しようとするならば一般論を唱えるだけでなく、身内の痛切な叫びに優る慰めの共鳴があり得たであろうか。外来の宗教を準備した上で（仏教の採用六九一年）古来の祈りは排除され日本書紀の編纂が始められる。

日本書紀はそれを削除してしまった。土橋氏は民謡、歌垣の歌とされている（土橋前掲書「古代歌謡全注釈古事記編」一五二、一五八頁）。

「這い廻り、行き悩み、海に出て、磯の上を飛ばれては追いかけきれない（しかし何とか追いつきたい）」。妃はあなたについて行こうとしているのだから、飛び去っていってはくれるなと叫んでいる。千鳥として飛ぶ大倭建の命をむなしい絶望に終らせまいと祈る情景になっている。借り物の歌とするには余りにも痛切な訴えを語りかけている。困難な追跡の中に弔意を表しているが、夫を見送った後の諦めを悟った歌ではない。万葉では鳥が立ち去り来鳴かないのは悪い兆しを表す情念の表現形式であった。挽歌は諦めきれない気持ちを霊魂に訴えている（万一四八、二〇七、四一六、八九八）。ところが古事記では天皇は死んだ大倭建の命に対して一語も発していない。日本書紀で天皇は弔辞を捧げてはいる。しかし自然を情景にして飛ぶ姿を妃達が惜しんだような表現は見られない。訴える情念が乱れないように迫力を抑えて事の終わりを諦めている。女性達の泣き叫ぶ声が聞こえないかのように具象を抽象語に直してしまう。中国の典籍を援用して美辞を連ねた後で「朝夕に進退《さまよ》ひて還る日を佇みて待つ、何の禍ぞも、何の罪ぞも、不意の間（ゆくりもなく）我が子條亡（あからむさ）すこと」（紀三一〇―一一三）と理りを並べて悼みを説いている。大仰であるが言魂が響いてこない。すなわち文体が文人の言葉に変えられている。それによって日常の生きていたときの心を通わす相聞も挽歌も死者に通じない。伝える力を強めて思いを集中する時代にその条件を自ら避けてしまう。歌っても通じないなら地獄に落ちた魂に血の通った思いを届ける方式を考えなければならない。万葉であれば残された人の思いは時空を飛んで死者の霊と響き合う機会を探り続けたに違いない。しかし日本書紀はそれを削除してしまう。

意志を伝える部分を外来の常用語に置き換えたので、倭建の命の死を惜しむ女性達の願いは伝達の仲立ちを失って宙に消えてしまったであろう。漢字による作用は異国の空間に馴染めそうもない。古里の空気を震わせる独自の鳴き声は鳥のことを言っているだけではないであろう。姫達は極限状況に自らを追い込み、痛切な言葉を響かせて思いを吐露していたのである。万葉の挽歌は一筋の救いでもあればそれを自然の生気に同調させて、相手の情念を振るわせようとしている。千鳥でも稲幹でもいいが、呪物を通して古事記も万葉的な祈願文に近いものを歌った。それを日本書紀は漢語に切り替えたので、相手と情念を共有する声にならない。莫大な情報量を知的な認識として成り立たせる時代が意志を伝達する力を弱めてしまう。古事記から日本書紀への情意や語彙の変貌は、鎮魂を日常的に成り立たす機能を奪ったであろう。一般的に共通する供養が専門職に引き継がれて行き、死者を自ら傷み慰める自律的な文化は次第に他律的な依頼性を強めていったであろう。倭建の命の死後二世紀を経てその歴史的評価が変わるとき、営まれる祭礼も変化し、慰霊の習俗まで変えられたであろう。古事記の編集は西暦七一〇年であるがその二十年前以来の持統天皇の実権下にあった最晩年に当たる朝廷の慌ただしい矛盾に満ちた動きを見てみよう。

　西暦六九一年「仏を崇め奉るべし」という詔勅が発せられている（紀二―五〇八―七、九、持統天皇五年）。朝廷は古来の葬制を転換し始めたのであろう。

①　西暦六九九年「役君小角《エンノキミオヅノ》伊豆の嶋に流される。初め小角、葛木山に住て、呪術を以て称めらる。…後にその能を害ひて讒づるに妖惑を以てせり故、遠き処に配さる。世相伝へて云はく、小角能く鬼神を役使して、水を汲み薪を採らしむ。若し命を用いずは、即ち呪を以て縛るといふ」（「続日本記」青木和夫、笹山晴生、稲岡耕二、白藤礼幸著、文武天皇三年、岩波書店、一巻一七頁）。小角を最初は重用していたのに後で流刑に処されている。万葉的な呪能の世界は敵味方の別を問わず篤く死を悼むので全国支配の政治にふさわしくなくなったのであろう。万葉の呪法は次第に修辞の役割に変えられてゆき、視覚が強調され聴覚的に波動を聞く働きは薪水をもたらす妖気として排除されたであろう。

　西暦七〇一年に大宝律令が完成されている（文武元年）。

② 西暦七〇二年に倭建の命の墓を祭る。

「大倭建の命の墓に震す、使を遣して祭らしむ」（「続日本紀」文武天皇大宝二年・岩波版一巻五九頁）。ところが「喪葬事は努めて倹約に従へ」と同年遺勅しているし、墓陵の祭礼は倭建の命の外にその例が見られない。

西暦七〇二年「太上（持統）天皇崩りましぬ」

喪制を倹約せよと勅令を出しながら倭建の命の墓を篤く祭らせている。古事記の編集者が日本書紀の編集者に、大倭建の命の魂の鎮めに必要なのは遺族の誠意ある哀傷であると主張したとき、大陸の美辞麗句では応えきれず、古墳時代の勢力を圧服させるために発令した薄葬令を、倭建命には適用できなかったのではなかろうか。それから十年後

③ 西暦七一二年に古事記が編纂されたが（元明天皇、和同五年、古事記序による、「続日本紀」には既述が見られない）更に八年後

西暦七二〇年・日本書記が編纂されてその時不比等が「薨しぬ」とある（「続日本紀」元正天皇、養老四年、岩波版二巻七三頁）。

古事記を正史が記録しなかったのはそれを抹殺しようと意図したからかもしれない。しかし持統天皇は自ら呪法による歌をいくつも歌われていたのであるからそれも矛盾するものになり、影の実力者の存在が別に律令の制定とも併せて想定できるのではなかろうか。吉野氏は持統天皇は易の呪術によって「死後に到るまで夫帝を独占し宇宙の中央に位して夫妻による永遠の支配を意図した」

（吉野裕子「持統天皇」人文書院、一九八七年、一三六頁）と想定されている。

以上のような矛盾の内で最も著しいものは霊界での大国主の命が八十神の迫害から逃れた経緯を古事記が記録していたことであろう。霊には障りを現世に及ぼす作用があって、首長たるものはその障害を取り除く義務が果せられていたのであろう。そこで死の瞬間を迎えた倭建の命が迷いを解いて朝廷の後継者に触りを残さないようにしなければならなかったであろう。そのために生への断ち切れない愛着を慰める作業が古代歌謡によって執拗に繰り返されたのであろう。ところが日本書記は彼を理想的な勇者に仕上げるために倭建の命の無念の情感を排除しなければならなかった。それらの呪法を明確に物語化したものが誰であれ呪法の統括者として小角が伊豆に流されたのも時代の急激な変転を物語るものであった。

しかし古事記には少なくとも倭建の命でさえ魂の救いをおろそかにできないという決意が見られる。敵味方で扱いを変えるとか善悪によって扱いを変えるとかいうことはあり得なかった。敵将を讃えるという非難を覚悟の上で大国主の命を讃えたように、倭建の命を無惨のまま死なすべきではないとする覚悟を朝廷のために強要されたであろう。首長になる大国主の命のように、朝廷の首長になるならば朝廷の政権は倭建の命の死魂に情念を送り続けなければならなかったであろう。和語で時世の歌を詠んで死んだ倭建の命の死後の迷いを漢語の作用で解けるというのであろうか。「はふり」の儀礼は何回ともなく続けられていた。現世に迫る死者のイザナミの尊の迷いを払いのけるイザナギの尊の作業は命がけのことになろう。死者の永遠の迷いを解くエネルギーを現世から送って欲しいという願いは死を迎えるものの悲願でもあったであろう。大倭建の命は熊かしの葉を髪に挿して振り動かして命をかきたてて欲しいと殆ど命令の形で願っている。念いを葉の振動に乗せて死後も生き続ける意識に波動として送り届けてもらいたかったからであろう。しかしそのような願いは大陸的理性と軍事力で権力を支える権力者には通じない。迷信的なまじないのレベルの呪者に格下げされた小角は僻地に排除されてしまう。葬制のはふるは葬るという語に面影をとどめ、鎮魂は専門職として僧に預けられたであろう。全ての人が自分と家族の魂鎮めに関わっていた時代の習俗の面影が古代歌謡にわずかに残されたのではなかろうか。文化の仕組み全体が変化を蒙っていったので、当時の資料をどの立場で詠むかでその意味が変わるであろう。それは人は天地の恵みによって生かされているのか、それとも自分の力によって生きているのかという見方の相違でもあったかもしれない。風の呟く音を聞いて命を分かち合う喜びを知り自分を取り戻そうとする。その呪法を「まじなひ」「うらなひ」として捉えるのかあるいは「さやけし」として捉えるのかが我々に問われているのであろう。極限状況の中であってもなお現世に言葉を残そうとする意志が呪能に伝達を期待したのではなかろうか。死者の叫びの声を語らなければどうして慰めになったであろうか。高踏な文言は命の叫びと噛み合わずすれ違ったであろう。見えない意志に伝達力が宿りえたのは、鳥の鳴き声に同調する作用と似たものがあった。自然に根拠をもったものを仲立ちにしていたからであろう。最も基本となる願望を生命祈願、妻問祈願、共同体祈願としてパターン言語の構造となし、自然音に基づいた発声を大切にし、それを五七調のリズムで響かせている。それらは生命体が営む波動の方式に逆らうことがない。近親の叫びであったから死者に通じたであろうし、死の極限の叫びであったから倭建の命の歌は自らの鎮魂曲ともなりえたのであろう。記紀にはそれを認めるか認めないかの違いがあった。

その方式を受け入れるかどうかがその描写する人物の性格を決定したのであろう。その視点は大国主の命の死の解釈にも影響を与えないではおかないであろう。時代が強要する悲劇の中で人々はそれをどのように受け止めなければならなかったか。古事記で大国主は万葉的人格をもち、倭建命は反万葉的に描かれたが、日本書記では非万葉的扱いを受けざるをえない。万葉的な概念に当てはまらない視点が登場したのであろう。その著しい変貌を目にに見える領域「国」の姿にみてゆこうと思う。

武力の貢献力に加えて徳政に応じても首長達への報酬が期待されよう。

第四章　国に権威を与えた青銅器

―銅鐸は大国主同士の対決の中でどのような役割を果たしたか

第一節　国の境界地帯としての原

生活領域の境界は皮膚のように外界の刺激に対して敏感であった。些細な侵害に対しても死にものぐるいで対抗しようとする。その緊張感は日本の場合国よりも大国の方が接触面が広がった分だけ大きくなったであろう。同時にそれは国の首長よりも大国の首長の方が重圧を背負うことを意味していたであろう。そこで大国の主になった者は境域を巡視して、それを侵す者に対して犠牲を厭わずにその権益を守り抜く必要があった。内に清明な権威を確立していたとしても、外に境界を確定することがなければ大国の車の両輪の一つを欠くことになったであろう。その境界を確定する祭礼が銅鐸にまつわる行事であったのではなかろうか。すなわち国を拡大する手段であった金属器が青銅か鉄かは別にして、国の領域を確認する象徴としての役割を果していた時期があったのである。

その経過を実年代に当てはめてみよう。縄文時代は稲作が普及した前三世紀の頃終ったとしたい。それ以来はとくに稲作の耕地を争奪する激しい争いが始められたであろう。弥生時代から古墳時代にかけて大規模な権力の集積が進められたであろう。その領域が村から郡へ、さらに県からその集合体へと拡大していったときに大国による全国の覇権争いが最高潮に達したであろう。領域の周辺部は隣接する集団同士の緊迫した雰囲気を漂わせていたであろう。とくに生産力に直結した低湿地域では寸土を争う対決が繰り返されなければならなかったに違いない。

その境界線は万葉では「垣」と表現され、境界領域は「原」として表現されよう。その争奪に関わる権力は軍備で補強されたであろうが、米の生産力を示す領域の広さと比例してその力は増減したであろうし、その権威は古墳の大きさで示されたとも言えるであろう。そういう想定で話を進めてみよう。

そこで大国主の命の権力を支える境界がどういう経緯を辿って成り立っていったかを扱いたい。「大国主の神、亦の名は大穴牟遅の神と謂し、亦の名は葦原色許男の神と謂し、亦の名は八千矛の神と謂し、亦の名は宇都志国玉の神と謂す」（記上二五オ七）

彼の名称がそのように多面に渡っていたのは、種々の役割をその分だけ引き受けた可能性もあろうからであろう。先ずその内で葦原色許男という名称を「葦原にいる醜い男」という意味で万葉の原から検討してみようと思う。

大国主の命がかって争奪地域の葦原で活躍していた時、万葉の原七三例は何を意味していたか見てみよう。

a　統一後に新しい姿で登場したときの原について

a1　都としての原は二七例三七パーセント　「天の原」「藤原」「橿原」で二〇例二七パーセントになる。「天の原」の状況は「振離け見る」が中心で八例になっている。「藤原」は首都の役割を果たす状況になっていて大宮、都、国見、フリが同伴している。「橿原」は「宮柱」「神あれ」を伴う。「天の原」は権力の立地点として神が出現して都をなしている。

「・・・登り立ち、国見をすれば、国原は、煙立ち立つ、海原は、かもめ立ち立つ、うまし国そ、あきづ島、大和の国は」（万二）

香具山に登って展望すると藤原京は安定して栄えている。かつての係争地がいまは実り豊かな広がりがあってすばらしいという。原は讃歌の対象になっている。

ところが藤原京は六九四年に完成したばかりの最初の首都であったからか、一〇年にしてその機能が行き詰まってしまっている。それは何故かというと大和三山のまん中の係争地として終った広大な敷地は全国支配の拠点となったが、同時に水流の集中する問題を解決しなければならなかったからであろう。記紀万葉を編纂した宮殿が原の中央に造られたのは文明の巨大な試行錯誤を伴う作業の始まりを告げるものであった。「続日本紀」に「京城内外多く穢臭あり」とあるという。一旦雨が降ると悪条件が露呈されたからではなかろうか。原に転々として都を定めながら統一王朝の拠点は従来の各地の係争地に都の機能を受け継いでいったのであろう。

a2　統一以前からずっと続いてきた状態の原　（僻地としての原は四六例六三パーセント）そも

そも原は本来は村外れの僻地につけられた名称に過ぎないものだった。「榛原」「浅茅原」「桧原」で一七例二三パーセントを見てみよう。「榛原」は「衣摺り（匂ふ）が八例で全例、「浅茅原」は「標結ふ」六例中四例、「桧原」は三輪山四例中三例、となっている。あとの二五種の原のうち状況として多いのは旅寝が六例、僻地四例等である。

「何処にか、我は宿らむ、高島の、勝野の原に、この日暮れなば」（万二七五）

何処に私は宿をとればよいのかと、人里離れた危険な原に一人寝る不安を隠せない。旅にいるときの切ない気持ちに共鳴して、原は故郷を偲び思う気持ちを「高鳴る思いで独り寝に耐えようという意欲を」その名称が秘めていたのであろう。

b　原に於ける人の操作を中心にして見てみよう

b１　首都となるべき大多数の状況描写は「振りさけ見る」八例、「神集い、生れ、上がり」四例になっている。

「振りさけ見る」は「遠くに離れて震える思いで見る」ということかもしれない。原は震える吉兆に満たされた領域を眺望する天皇の拠点にもなっていたのであろう。宮廷に対して六例中五例が挽歌を興し、そこは神が出現する地点でもあった。「神集い、生れ、上がり」四例が「天の原」に関わっている。国つ神に対する天つ神の出現の地として新しい秩序への逆転が原で始まったのではなかろうか。新しい支配の拠点は古い生活集団の枠の外で悪条件を克服しながらしばしば移動を繰り返さなければならなかった。藤原京に継いで平城、恭仁、難波、紫香楽、長岡、平安と移転した一因となったのかもしれない。数万本の木材、百万枚を下らない瓦を必要とする移転ごとに原の本来の性格が変わっていったであろう。

「天の原、振り放け見れば、大君の、御寿は長く、天足らしたり」（万一四七）

倭姫が天智天皇の病気平癒の「祈願を遥かかなたを見つめるように送信している」。広大な天を見て広大な天皇の徳を讃えようとしたのか、それとも宇宙に遍満する波動のエネルギーを寿命に振りかざそうと願ったのか。マクロ的言葉の広域的作用と、ミクロ的一身上の祈願の作用が同時に存在しているかのように歌う。境界領域にあった係争地としての原の役割が終って、広大な空き地となったとき一体化する共振作用でその情景を活用し評価する言葉が「振りさけ見る」だったのではなかろうか。係争地が遠域を新しく見渡した地域観として、権威の象徴となり繁栄の拠点となったのであろう。

万葉の「振りさけ見る」二四例は山八例（万三一七、三三〇五、三三〇九、三九七八、三九八五、四〇〇〇、四一七七、四三六七）、月四例（万二八九、九九四、二四六〇、二六六九）、天の原三例（万二〇六八、三六六二、四一六〇）を対象にしているが、宮廷挽歌五例（万一五九、一九九、一九九、三三二四、三三二四）にもなっている。それらは次元を超えるような遠く離れた所に意志を通じようと強い願いを振り立てたものになっている。超空間的なもの六三パーセント、超時間的なもの二一パーセント、残りの四例も長寿、七夕、大鷹、夜更（万一四七、四一二五、四一五四、三四八〇）に対して波動通信（振り）を遠隔地に（さけて）求め（見る）ものになっている。領主が眺望して遠く見渡す事により、固有の振動をする地域を確認して眺望が繁栄を祈ることになったのかもしれない。それとも視覚的に歌ったものなのだろうか。将来に禍根を残すことになる。空間領域の視覚的認定だったとすれば音響領域の視覚的評定になるであろう。

b2　僻地・原に於ける操作は「衣摺り」（万一一六六、一二六〇、一三四六、一三五四、一九六五、三四三五）「独り宿り」（万五七、二七五、二九八、五四六、九二八、一六三六、二五八七）「標結ふ」（万一二五二、一三四二、二四六六、二七五五、三〇三六）一七例、他二九例であり、

「衣摺り」は道も満足にない荒れ野で花の汁が衣に染み着くの意味であろう。

「独り宿る」は家も見えないところで風に吹かれながら、まんじりともできない一夜を明かすという意味であろう。

「標結ふ」は草木に紐を結ぶ旅のまじないの印として僻地を行くこの厳しさを示していたであろう。その他八例が境域として道もなく、家もなく、風吹き、鹿や鳥が鳴き、露に濡れる状況になっている。

「わが里に、大雪ふれり、大原の、古りにし里に、ふらまくは後」（万一〇三）

寂れた大原の里にも雪が降って相手が思いを新たにしてくれるだろうと言う期待をかけている。大原から「ふれ」「ふる」「ふら」の同音で波動を広げている。その時それは連鎖反応式的に「たまふり」の意識に続き侵入者を「はらふ」思いにも及ぶ。天武天皇は雪の「ふる」活性力を「ふる」里につ

なげ国の領域に「ふり」及ぼそうという祈りがある。この穏やかな情景描写の裏に原のもつ躍動が隠されていたように見える。

「鎮懐石の歌」（万八一三）もかっての原の習俗をとどめていたように思われる。

その内容は「筑前の子負の原で、海に臨んだ岡の上に二つの石があった。大きい方は一尺二寸あり、その素晴しさを説く言葉がなかった。深江の駅家を隔てること二十里ばかりの路頭にあって、公私の往来に馬を降りてひざまづき、拝して行かない者はなかった」という。

すなわちその場所は村の中心から遠く隔たり、海が迫っていて岡の上にあって村と村の境界をなしていたと言えよう。その石の厳粛な姿は、神の名によって動かすことを禁じられた権威ある境界標識を思わせている。小さい領域が互いに対決しあった葛藤の思い出が次第に無意味になり、伝説の変形も進んだであろう。この歌の原点は原で境界を確定する神事に関わっていて、その名残がただ畏敬すべき信仰として残された可能性がある。

「空みつ、大和の国、青丹よし、奈良山越えて、山城のつつきの原、ちはやぶる、宇治のわたり、たぎつ矢の、あごねの原を、千歳に、かくる事なく、万代に、ありがよはむと、山科の、石田の杜の、皇神に幣取り向けて、我は越え行く、逢坂山を」（万三二三六）

この作者も親愛と畏敬の心で古い時代の山越え祭事を思い返している。かって隣接していた勢力と対決をした原における緊張感がにじんでいる。すでに律令の施行とともに縮小されていった原における祭事は、集団の安全を図る境界線の基本的な山越え行事を続けたのであろう。万葉の時代に原における葛藤が減少したかどうかはともかくとして、村落の境界としてよそものを拒むような雰囲気を残さざるをえなかったであろう。ここに見られる原、田、山、川のつく地名は畿内のほぼ北東側の境域を南北に連ねるものになっていて、馬を駆って境界巡視の役を引き受ける決意を秘めた幹線道路になっている。原の危険に身をさらす男たちの姿を歌ったものではなかろうか。

次に古事記の原を検討してみよう。

a　記上巻では天照大神による神事は、天の安の河原においてなされている。岩戸隠れで天の原が闇に覆われ（記二〇ウ八）、そこに八百万の神々が集っている（記一九オ九、三九ウ四）。あるいは後に大国主の命に寝返った天若日子の射る反逆の矢が飛んでくるところも原であった（記四一オ五）。すなわち上巻の原は対立する集団同士の衝突の場として中つ国に対する進出の拠点でもあった。

b　古事記の中巻では神武天皇の征服事業において原における騒乱が続いた。エウカシを宇田の血原に斬り（記五ウ六）、葦の繁った川辺で妻問がなされ（記一〇ウ七）、亡骸を葬る御陵が菅原の中に設けられ（記三五オ四）、倭建の命の妃達は彼の死魂をあさじぬ原に追いかけたが、足に草が絡んで進めなかった（記四六ウ六）。

古事記中巻の原も荒涼とした土地にあって、人里離れた境界領域をなすものであった。紛争の跡をとどめ、陵墓が作られ、霊界と接する地点になっていたのである。

c　記下巻の仁徳記においても、菅原が荒れ地であるように人は子供をもつことができないという

（記八ウ二）。安康記では陵墓が菅原の伏見の岡に設けられている（記二三オ九）。またシシの足がすすき原のように数多く立っているという記述もある（記二五オ二）。雄略記では大陸の呉の人たちが渡来し呉原に置かれたとある（記二六オ二）。顕宗記には原に谷があり、ぬるでが振られたとある（記四〇オ三）。河原では惨刑が行われている（記四〇ウ三）。すなわち下巻でも原は渡来者の居住地であり狩場でもあり、人目は少なく、監視人をおいて侵入に備えて鈴が振られ、辺境にあって人の交流を妨げる寂しい場所であった。古事記の原には、万葉集の原の恐怖に劣らない緊迫感が漂っていたと言えよう。両者の厳しさの相違は律令以前と以後の開発体制の違いからきていたのかもしれない。原にはどの原にも国を示す境にまつわる緊張感があった。

ついで大国主の命の別名、葦原醜男の原に関わっていた葦を万葉集に見てみよう。

a　葦は自然環境の厳しい水辺に生えている。

辺境の水辺で鴨（万六四、三一三五、一八三三、三〇九〇、三五七〇、三六二五、三九九三、四〇一一）、雁（万二一三四、三三四五）鶴（万三五二一、四五六、五七五、九一九、九六一、一〇六一、一〇六四、二七六八、三六二六、三六二七、四四〇〇）等の渡り鳥の鳴き騒ぐところであった。葦辺には自然の厳しさが辺境に一人で旅するものの切なさをかき立てている。その他九例（万一二八、六一七、一三二四、一八〇一、一八〇九、一八一〇、二六五一、三八八六、四四一九）、計五一例になっている。

「家思ふと、寝を寝ず居れば、鶴が鳴く、葦辺も見えず、春の霞に」（万四四〇〇）

春霞にあてどなく広がる葦辺で、一人旅の寂しさに家を思い出している。葦に結びつけられた場所は葦辺一一例、葦垣九例、葦原五例であり、それらは辺境の湿地の情景を表し五一例中の二五例に及んでいる。それと結合する相手の語彙は辺にせよ垣にせよ、原と同じ境界の先端の部分をなすものであった。そのような風情の水路をゆく危険で高ぶる思いを描いている。

b　葦を通して恋を思う。葦は舟が入港する時支障になるので（万三四四五、四〇〇六、四四五九）その葦を刈り（万一二八八、二七四五、二九九八）、浪速の津にも葦の葉が散落ちて（万四三三二、四三六二、四三九八）独り相手を思うものになっている。葦は人の難儀も知らぬげに無情に繫って道行きを阻んでいるので、相手を忍ぶ思いを促す、恨めしい仲立ちをなしていたのであろう。

「湊入りの、葦分け小舟、障り多み、吾が思ふ君に、逢はぬ頃かも」（万二七四五）

舟の入港を阻む葦のしげみがあるように、恋に障りをなす人の目が煩わしいという。阻まれるほど、恋を促される嘆きになっている。

c　葦は境域がもっている厳しさの象徴でもあった。原一面に繁る葦が人の行き来を阻んでいたために、神々の降臨を仰ぐ境域となった（万一六七、一八〇四、三二二七、三二五三、四〇九四）、あるいは境界の障壁としての垣をなしている（万九二八、二五六五、二五七六、二七六二、三二七九、三九七五、三九七七）。

「花ぐはし、葦垣越しに、ただ一目、あひ見し児故、千たびに嘆きつ」（万二五六五）

葦垣越しに一目見ただけで抑えきれなくなった憧れが、葦垣が人を隔てる作用が大きいほど耐えられないものになっている。

自分のふるさとを離れて、葦辺をゆく恐怖と緊張感とが、鳴く鴨の羽音をもってしても鎮めきれない不安を漂わせるものであった。大国主の命の場合はそのような厳しい勢力争いの接点において、しかも葦の生える人跡の絶えた辺境において、シコオとしての役割を果たしていたということになるのであろう。そこに大国主の命になるための葦原の醜男が担っていた必須の条件が辺境における武人としての役割であったのではなかろうか。

万葉のシコについて見ておこう。

a　汚いからその反対の清さに憧れている（万一五〇七、一九五一、三二七〇、四〇一一）。

「うれたきや、醜ほととぎす、今こそは、声のかるがに、来鳴きとよめ」（万一九五一）

思いのままに鳴いてくれないほととぎすを醜の蔑称で唆して、人一倍よく鳴くように期待している。

b　そして醜であることを逆手にとって、お互い引き受け合う力を強めようとしている（万七二七、三〇六二）。

「忘れ草、わが下紐に、着けたれど、醜の醜草、言にしありけり」（万七二七）

つまらない言葉だけの草なのに忘れられない、むしろ醜であるから魅力があるといっている。

c　醜は不細工なので、主君に命を預ける覚悟にも通じていた。

「今日よりは、顧みなくて、大君の、醜の御楯と、出でたつ我は」（万四三七三）

自分を庇護してくれる集団であるならば命と引き換えにしてもよいという帰属感をシコの名で示

したのであろう。唐王朝が大陸に成立した時の風圧に対して、国家体制を構築するあり方が問われていた。従来の共同体の論理から言うならば、自分の存在証明のために危険な役割を僻地で果そうとする。劣位の名においてその政権に服属し、大君のために醜い楯となって出立しようというものであった。しかし万葉の段階で進行していた新しい変化は、地方の国を服属して統一王朝を成立させることにあったであろう。だからこの歌は葦原の醜男の名で表した共同体的意識を基にして、新しい国家に奉仕する意識を歌ったのかもしれない。大国主の命の前身として境界領域の防衛にその責任を共同体意識で果たす戦士がいたことが想定されるのであった。身を張って外の風圧に耐えようとするのは大国主の命に課せられた一貫した姿勢でなければならなかった。境界では体をカモフラージュして侵入に備え国の条件を絶えず満たし続けることが必要であったからであろう。

第二節　境域を画定していた銅鐸

第一項　銅鐸の考古学

原において領域を争奪する戦が激しさを増していったとき、外交的に争いの結末をつけたのは銅鐸の祭礼においてであった。

文献的にはスサノオの命が追放されて劣位に落とされる推移の中で、天照大神が中央に支配権を確立していった。さらに各地に権力が集積していって大国同士の外交交渉が、銅鐸にまつわる祭礼として演じられたのであろう。権力相互の接点において調整が図られている。古代の地方政権であったクニは領域ごとの秩序を維持しながら拡大縮小の変動を避けられず、最終的には統一王朝の権威に服する過程に関わる政治的な祭器を銅鐸に求めたのであろう。

本節は銅鐸が古墳時代にかけて政治的領域の先端に置かれた政治的標識であったということを扱うものである。

そこでまず銅鐸を考古学的資料に見てみよう。

その例として大阪湾北岸の地域の銅鐸の分布状況をみると次のようになっている。弥生時代の住居跡は川筋ごとにその遺跡を残していて、水田耕作の集落であったことを伺わせている（『兵庫県の歴史』山川出版社、昭和五〇年、一二頁）。銅鐸が境の標識だとすると大阪湾に面した兵庫県側の銅鐸の出土地は六カ所あり、流れる川は六川で数キロメートルおきに海に注いでいる。その流域ごとに集落が営まれ、その集落と集落との境界に銅鐸が埋められていたという位置の関係になっている。その出土地は東から西へ津門稲荷町・打出親王塚森・生駒・渦ケ森・桜丘である。それらの銅鐸は住居地から二〜三キロメートルのところにあり、鐸と鐸は五〜六キロメートルの距離になっている。そのために住居跡からの銅鐸の出土は皆無である（和島誠一『日本の考古学』河出書房新社、昭和四九年、三四二頁）。その場所は山が迫り峡小な地域を埋蔵地点として選んでいる。境界地点としてふさわしいものであり、先の万葉の「こふの石」の状況と似ている。

ちなみに中世の荘園はこの地域ではやはり六荘となっている。すなわち広田、山路、得位、都賀、葺屋、福原である（「新版仏教考古学講座」雄山閣、昭和五四年、四巻八三頁）。

また集落間の激しい闘争を物語る遺跡がこの地域に残されている。田能遺跡の北東一キロメートル余りの勝部遺跡には人骨の中に石槍や石鏃が深く入り込んだものが数例発掘されている（和島誠一前掲書「日本の考古学」三巻一六頁）。さらに弥生中後期になると難を山地に避けたと思われる遺跡が高地に残されている。その最も激しい闘争の時代が銅鐸の時代と一致している。すなわちその変動する社会に安定した領域を設定しようとする政治的要請に基づいた遺跡になっていたと言えよう。

次に大阪湾の東岸の状況を見てみると、銅鐸の発掘例は箕面、岡町、黄金山、観音寺山、流木と続いている（「大阪の歴史」山川出版社、昭和五〇年、九〇頁）。それによると集落の数が四ヶ所、銅鐸同士の距離は一〇キロメートルであって各集落の中間に位置していたと言える。また河内の東方山地においては銅鐸出土地は四ヶ所であって、天神山、四条畷、恩智、二条山であり、十数キロメートル間隔になって河川を挟む形で見つかっている（「古代の日本　五巻（近畿）」角川書店、昭和四五年、五四頁）。さらに河内の平野部では一四郡の地域に一二の銅鐸の発掘を見、大和の中枢の地には三大勢力があったとされるところで発見された鐸数は三ヶである（岸俊男「日本古代政治史研究」塙書房、昭和四一年、七八頁）。やがて成立する古代国家胎動の舞台となったそれらの地域において、銅鐸は基礎的な生活集団が対外的に自己を主張する役割を示す境のしるしであったと言えよう。と言うのも生産力が米を中心として向上し、軍事力の基礎を低湿地の拡大に求めていた時代に、画域を永続させる保証を相手方と同意し合う方式が強く求められなければならなかったからであろうからである。中央の統制力が充分強くなりきらない時代には、古代であったにせよ中世であったにせよ、自然の境界にできるだけ沿いながら、基礎となる集団の画域を明確にする作業が続けられたはずである。その作業は弥生中期において銅鐸の祭礼により果たされていたと考えられよう。その間の状況については（「藤森栄一全集第十巻」学生社、昭和五八年、一五八〜一九四頁）を参照しながら検討したいと思う。

銅鐸の出土地は山丘が大部分で八二パーセントに達し、一ヶ所だけで出土するもの八一パーセント、深さが一メートル未満のものは八三パーセント、すなわち農耕立地点から離れた見晴らしのよい場所に浅く埋められていたことになる。文様を見てもとんぼ、蛙、すっぽん、いもり、猪、鹿等の水邊の動物が多く、葦原の情景をなしている。高床式の家屋は穀物倉であるかあるいは神殿を兼ねた監視所であるかは不明であるが、邪視文と言われる人の目を文様にしたものがある。それは古事記においてただ一ヶ所だけ鐸の例があって、それによると鐸を管理していた役を置目と名付けていたのと目の点で一致し、鐸の機能に外敵を監視するものがあったことを予想させている。また鐸面に描かれた構図からみると、一番多く用いられているのが袈裟たすき文と呼ばれるもので四ないし六区分の田の字形をしているものである。その田の字形は二三五例中一二七例、五四パーセントになっている。すなわち田の字は水田としての境域ではなく境界の標であった可能性がある。スサノオの命が荒した田も原における田であった。集団間の葛藤を最も敏感に反映する接点を表示していて、境界としての田の標の多かった可能性がある。次に多く見られる構図は六区突線帯文であり六七例、二八・五パーセントに及び、両二者で八二・五パーセントと大勢を占めている。さらに続いて流れ文が二九例、一二・三パーセントが見られるがそれが水流を意味しているならばそれは、そのまま境界をなす自然環境の表示であったことになるであろう。総じて見ると銅鐸は農耕に無関係な水邊の雰囲気をもち、それを見おろす目を光らせていて、音を発して警告となし神に誓いを立てる鐘としての高価な境界表示の器物であったということになろう。銅鐸の埋葬はかつて西日本の領域構成の政治的契機を同じ構想力をもって演ずる状況をなしていたと言えよう。ただし、一般論として渡辺昇一氏は「太陽神が大日如来として天照大神の本地」となり矛盾しないと言われて合体をためらわれない（『日本の歴史1古代篇―神話の時代から』ワック社、一七〇頁）。しかし考古学的にも銅鐸の埋葬が残した実態は古代における領域構想上の典型的構造を作り上げていたと言えよう。

銅鐸は地中から出土したものだけが残されているのであって、地上に伝世されてきたものは一例もない。ところが銅鐸としてならば鐸が伝世されてきた例が諏訪地方にあって、しかも神事として現在に継承されてきている。すなわち諏訪上社最大の神事として春と秋に御立座《みたてまし》の名で執り行っているものである。その時鉄鐸が登場する（前掲書「銅鐸集成」二一六頁）。その「諏訪神社誌稿」によると

「a　本社廻神祭の時神使の一行、この鈴（鉄鐸）一飾りづつを竿頭に結び付け、これを鳴らして巡回せしと。

b　しかして各御頭郷御社口社に到着すれば、この鈴を神体として祭祀を執行す。

c　このところを湛《たたえ》と称す。信濃国いたるところに何々湛・・・という遺跡あり」となっている。

思うに隣接する勢力との対決点は面状に広がっていて、その無事を管理する仕事は鈴を竿の先につけて鳴らしながら巡回した古来の神事が今に伝えられたのではなかろうか。

a　春秋の御立座神事には鐸をもって夜更けに御回りをしたが、

b　鈴を神体として各所に奉納し、

c　村境には境の注連を張り渡したという。その時の使いの者は突き落とされて打擲を受け、あるいは馬の暴走をけしかけられて犠牲になることが多かったという。領域画定を維持する神事がいかに危険をともなっていたかを窺わせている。湛と言うのはそのような境にあって神事を執り行う場所であったのではなかろうか。大きな木が残っていたり「最も顕著なのは七木の名ですべられているたたえ木の群であった」と言う（藤森前掲書「銅鐸集成」一二二頁）。たたえは境域の権威を保証する神の威光を称えると言う意味であるのか、重用な器物である鐸が地下に湛えられていると言う意味であるのか、境域確定を讃えたのか、確証はない。

その内「みねのたたえ」は見晴らしのよい「本拠前宮はもちろん諏訪盆地の全体を見渡せる景勝地である」ということである。

それは近世初頭の戦国時代の戦乱との関連でも言えることであった。天文四年（一五三五年）の守矢文書によれば、武田信虎と諏訪頼光とが

a　長い間の確執をなした末に双方とも疲れはてて和議を成り立たせたことがあった。

b　その時その鉄鐸を担いで行って誓約を述べた上で打ち鳴らしたという。

c　そしてその甲信国境の境川の北岸において講和が成り立ったという。近世においても鐸は境界域を確認しあい誓約を交わして、長く守ってゆく誓いを保証するものとして使用されていたのである。自然の境界は中央権力が衰えるときには平穏と安定を求めて鐸による境界点の確認の場になったのではなかろうか。なぜ諏訪地方に鉄鐸の伝承がなされていたのであろうか。古事記からの推定が許されるとすれば、諏訪は最後の征服地であって（記上四五オ四）、銅鐸文化の圏外にあったからかもしれない。ともかく境域を画する「うけひ」をする役割をもっていたという点からみれば鉄鐸と銅鐸とは同じ機能をもつ水脈でつながっていたと言えよう。

銅鐸の作られた時代は紀元後二世紀後半以降であり、弥生時代の中期の中ごろに当たっているということである（前掲書「日本の考古学」三巻、三四二頁）。小国家群の統合のための争いが激しくなってその一世紀にわたる内戦は三世紀後半に終止符が打たれた。弥生後期の末のことであった。それ以来集落は再び耕地の近くに戻ってきている。多分馬や鉄の文化が発達して広い領域の統合が進められ、安全が次第に確保されていったのであろう（水野祐「大和の政権」教育社、一九七七年、七九頁、森浩一「日本民俗文化大系3　稲と鉄」小学館、一九九四年、二二三頁、田中「古代文化」一一号一一二頁）。

すなわち銅鐸を埋めて小地域の村を基礎集団とする区画が意味をもたなくなったということでは

なかろうか。数十平方キロメートルの領域から百平方キロメートル規模の広がりをもつ新しい古墳時代の領域が作られ始めている（森浩一「巨大古墳の世紀」岩波書店、昭和五八年、一三三頁）。

また水津氏によれば「原初的な生活二次圏としての機能を強めて」いったということになろう（水津一朗「社会地理学の基礎問題」大明堂、昭和三九年、三一―二―b）。郡までは一日を徒歩で往復することは可能であった。しかしそれがクニの領域に広げられたとき、平均三二五〇平方キロメートル、国府から一日六〇から八〇キロメートルの距離は馬による一日の行程になっている（水津前掲書「社会地理学の基礎問題」三一―三―a）。その時村の境域の意味がなくなり新境界を示す銅鐸が弥生後期の農耕集団を確保するために隣接する集団に対してその境界を明示する祭具となったのであろう。しかし各領域とも膨張意欲が強くて死闘が繰り返されたが、彼らが鐸の位置を管理する危険な作業から解放されるようになったのは、古墳期も暫く経ってからであった。しかし銅鐸を単に水に関わる農業儀礼の道具として解釈する場合には、その歴史的位置づけも成り立たないであろうし、地理的意味も不明になるであろう（上田正昭「大和朝廷」角川書店、昭和五九年、五九頁、藤森栄一「銅鐸」学生社、昭和三九年、二四〇頁、田中琢「古代の日本」角川書店、昭和四五年、五巻四五頁、『三品彰英論文集』「大地の霊を鎮める地的宗儀」平凡社、昭和四八年）。

銅鐸はむしろ紛争空間において境界点を神に報告して合意し、その鳴る音で誓い合う機能を分けもつことになる。波動に意味のある時代の祭具であった。政治的画域ごとに原における勢力のバランスが図られ、おのおのの画域の接点を設営する誓約の神事は、記紀においては天照大神とスサノオの命の確執の場として描写されている。最終的には古墳時代の各領域ごとの接点に埋められたのではなかろうか。銅鐸の出土地の現在の名称を見ても境域を示す地名が多く残されている。先の大阪の例では二〇例のうち境界性を名称にしているものは山五例、森二例、丘二例、葦一例、原一例、畷一例、計一一例で過半数をなし、集落の位置を示す語尾をもつ名称は見られない。その状況を古事記に見てみよう。

第二項　古事記に見られる境域確定の神事

地域の境域的性格こそ古代集団生存の枠組となる。その名残として鐸の祭礼を受け止めたい。

a「故れここにハヤスサノオの命まおしたまはく、しからば天照大神にまおしてまかりなむと申したまひてすなわち参き上りますときに、山川ことごとにとよみ、国土皆震りき。ここに天照大神聞き驚きて、我がなせの命の上り来ます故は必ず善しき心ならじ我が国を奪はんと欲すにこそと詔りたまひき」(記上一五オ二)

天照大神はスサノオの命が国を奪おうと思って攻め登ってきたのだと言う。するとスサノオの命がそれに答えて

b「けしき心なしと申たまへば天照大神、しからば汝の心の清明き事は如何にして知らましと詔りたまひき。ここにハヤスサノオの命まおしたまふ、おのもおのもうけひて子を生まむと答へたま

ふ。かれここにおのもおのも天の安河の中におきてうけふ」（記上一六オ二）

心の浄いことをウケヒによって誓約しようとしたのである。

c「吹き棄つる気吹の狭霧に成りませる神の御名は天のホヒの命、また御づらにまかせる珠を乞ひ渡して、サガミにかみて、吹き棄つる気吹きの狭霧になりませる神の御名は天津ヒコネの命」（記上一七オ二）という。

息吹が霧となって現れた神によって心の証明がなされている。以上の神話の筋書きを構造的に追ってゆくと次のような経過を辿れるのではなかろうか。すなわち

a　スサノオの命と高天原の天照大神が武威を張って国を奪い合おうとする。

b　領域侵犯の意志がない事を誓約の神事によって決着を図ろうという。

c　その時スサノオの命が生んだ二神が各地の国の造の祖をなして末端の行政を担当する。すなわち各々の基礎集団に危機が襲いかかって原における抗争が避けられなくなると、相互に誓約を交わして身を浄める霧の中から新しい生命力を生み出して、地方政権の統合者を中心とする国の発展を準備することになったのであろう。

天照大神の側においても境域確定の神事を行う。

a「ここに万の声さばえなす皆満き、万の禍ひことごとに起こりき」（記上一九オ七）悪い神々が禍いを引き起こす地方の組織をスサノオに任すとしても中央では、

b「天の香具山のイホツマサカキを根ごじにこじて、上つ枝に八尺曲玉の五百津のみすまるの玉を

とりつけ、中つ枝に八尺の鏡をとりかけ、下づ枝に白らにぎて、青にぎてを取りでて・・・」（記上二〇オ二）玉、鏡、幣を木の枝に取り付けて権威を確立する準備を行っている。

「天のウズメの命・・・天の石屋戸にうけふせて踏み轟こし神がかりなし」（記上二〇オ九）

c「フト玉の命しりくめ縄をその御しりへにひき渡しここより内にな還へり入りましそとまおしき」（記上二一オ六）注連縄を張って天照大神が聖域を画域して大和を踏み固めている。この両神の葛藤には古代日本の農村社会の急速な変貌に対処しようとする権力構造上の組み替えの試みが反映していたのであろう。それらは縄文から弥生に転換する過程において見られた天照大神とスサノオの命を象徴とする対決であったとするならば、弥生から古墳にかけて繰り広げられた葛藤は大国主の命の権力に関わる闘争に何等かの示唆を与えているかもしれないと思う。すなわちaでは・両者ともその威力を誇示して対決をしている。スサノオの命は田を荒し馬の皮を剥いで投げつけ天照大神と争う。その回りに混乱を引き起こし緊張をかき立てて、天照大神は天の岩屋戸に入られてしまう。bでは・両者は清めの神事を行う。うけいを行い踏み轟かして音を立てている。

「古語拾遺」によればその音に対応するものが鐸になっている。

「天の細女命、手に鐸《さなぎ》の矛をもちて、石窟戸の前にて覆誓槽（うけふ）せり」と言い敵対する相手同士が緊迫した外交上の交渉をなす姿を示している。とすればアメノウズメの命の名称は誓い合った地点に鐸を埋め踏み締める意味にも通ずるであろう。弥生期を通してなされた画域の作業が神域に境をなす祭を演じ出入禁止の地域を設定する。それによって基礎集団の領域確保の争いを収める。

境界に鐸を埋める祭になったのであろう。

　移動力を秘めた馬の牧地が拡大するにつれて隣接地域と対峙する者同士が威をはって乱に及ぶとき、それを誓約によって収めようと玉を付けた鏡を掛け、にぎてを掛けて振り動かしたが（a）、結局鐸の儀礼によって折り合うという手順を踏んで古代からの和解の習俗が繰り返されてきたのであろう（b）。結果的には天照大神とスサノオの命の関係を破綻に導く政治的行為になったけれども、互いに境域の確認を尊重して緊迫感を和らげる方式になっていたと思われる（c）。

　この段階を歴史に対応させるとすれば、国域がまた未定であるが、地方政権の成長が著しくなった弥生時代後期への情勢に当たるであろう。原で成り立たせた両者の合意を踏みにじられながらも神事を介して回復しようとしたのは、鐸の祭事の緊張感を連想させるものになっている。原における境界争いを神事によって国堅めとして行わなければならなくなった時に、銅鐸の祭礼は記紀の天照大神とスサノオの命との対決にも重なるであろう。とすれば天の岩戸の物語は紀元二〜三世紀の百年間にわたる弥生動乱期の神話的記述であったということにもなるであろう。ちなみに日本書記一書において天照大神とスサノオの命の争った天河依田は川に沿った田に連なり、天杭田が杭を打って境界とする田に連なり、天垣田が垣をなすかぎる田を意味し、天の口鋭田が口論する闘争の場を示していて、稲作前後に境域の緊張を偲ばせた場所の標識になっている。「これ皆痩せ所なり」という、生産には向かない危険で不毛な土地を稲作地化に争い合う危機が生じたとも言えよう。

　さらに集団の領域が徒歩一日分の広さの時代から次第に馬による統合の時代に移行し始めつつ

あったとき、新しい秩序の統合の方式を生み出す必要が生じたであろう。国造を軸となす新しい社会組織を創設しようとする試みがなされた時、その接触するエネルギーの衝突を和らげて利害を擦り合わせるために、神の論理をことづける新規の権威に誓い合う和解の方式が求められた。神話では国造の祖となるべきスサノオの命が狭霧の中に新しい社会の実態に即した神として再生したとしても、ニヒルな荒れ方をして中央の権力構造の中から追放を受けることになった。大国主の命の場合も清めの呪法によって秩序を維持する道を内部的には選んだのであろう。そこで大国が集団の核心となり、権力の実体が作り出されることになった。スサノオの命が闘争する神話の時代は終わり、原始以来の八岐の大蛇退治をもって本来の儀礼としていた主題に帰っていったのであって、すなわち大国主の命の歴史段階に転じたのである。連合政権の時代はそれで済んだのかもしれない。それが五世紀以来中央の傑出した成長によって変わり出したのである（本稿二四九頁）。その最大のテーマは境域の確保であった。境がなければ国ではなく、まして大国にはなり得なかったからであろう。

その時さかいの条件となるさかが「坂」の文字で神格を獲得して、境界域とする神の登場を見てみよう。

万葉では坂は二八例あり妻問祈願一三例、四六・四パーセント（万五〇四、一六九四、三一三六、三二三七、三二三八、三四四二、三四七七、三九六二、四〇五五、四一五四、四四〇七、四四二三、四四二四）。ついで安全祈願七例二五パーセント（万一〇二二、一八〇〇、三一九二、三一九三、三三七一、四三七二、四四〇二）、情念活性三例、一〇・七パーセント（万一七〇七、一七五二、二一八五）、活性祈願二一例、七・一パーセント（万一六七五、一六七八）、その他一例ずつ宮廷賛歌（四五）、再会祈願（万三五二三）、鎮魂祈願（万四二七）となっている。例えば

「・・・参上る、八十氏人の手向けする、恐の坂に幣奉り、われはぞ退る」（万一〇二二）。恐怖の坂に安全を祈願している。

坂の神を歌う万葉には次のようなものがある。

「ちはやぶる、神の御坂に、幣奉り、斎ふ命は、母父が為」（万四四〇二）

両親のために身を清めて危機をただよわす峠の道に幣を差し上げ旅の安全を願っている。

古事記では二〇例ある坂のうち霊を遮断する場所の働きをしているものが一九例、九五パーセント（記上一〇オ八、ウ六、一一オ五、二九ウ九、三〇オ二、三〇オ八、五七ウ六、中六オ九、ウ六、一六オ七、二〇ウ九、二四オ六、二五オ二、四四ウ八、六三オ九、下一三ウ一、六、一四ウ六）。他の一例も霊性の証明をなすものであった（記上四一ウ五）。

すなわち坂は古事記にあっては霊の障りをなす働きが見られ、万葉では坂にその障りを受けまいと祈ったのである。

境という語もその坂の働きをカ・ヒとして捉えて境界域の凶兆に対処したものであろう。すなわち万葉の「さかひ」三例（万八九四、九五〇、一八〇四）は安全祈願、妻問祈願、鎮魂祈願を促している。

「・・・唐の遠き境ひに遣はされ・・・まかり坐ませ、海原の辺にも奥にも、神づまり領き坐す、

諸の大御神たち、船の舳に導き申し・・・幸く坐して早帰りませ」（万八九四）

境の恐怖を司る意志を神として鎮めようとする心の働きが見られるのである。

境の例は古事記でも一例しか見ることができないけれども、そこでも堺比婆山において埋葬されたいざなみの命の霊のたたりを排除する働きになっている。

そこで拡大した国の境界の安全のために大国主の命が登場する時、肉親の霊の障りを排除するという作業が、坂において行われている。

「須佐の男は大穴むじの命に黄泉比良坂に追ひいでまして、太刀矢をもち汝が庶兄弟をば坂の御尾に追伏せ河の瀬に追払ひておれ・・・大国主の神となりまたうつし国玉の神となりて高天原に居れ・・・その八十神を追避くる時に坂の御尾毎に追ひ伏せ、河の瀬毎に追払ひて国を造り始め給ひき」（記上二九ウ九、上三〇オ二、三〇オ八）

肉親の霊の障りから自由であるために、坂において汚れを払う儀礼を演じたものである。それはいざなぎの命の場合も同様であった。

「いざなぎの命逃げ来て、黄泉比良坂の坂本に到るとき、その坂本になる桃の三個を取りて待ち打ちしかば、ことごとに逃げ帰りたまひき・・・いざなみの命追ひ来ましき、千引き石を黄泉比良坂に引塞へて・・・道敷の大神と号しその黄泉の坂に塞やれりし石は道反へしの大神ともまた塞ります黄泉戸の大神とも号す」（記上十オ八、十ウ六、一一オ五）

古事記の坂の障害を起こす働きも、万葉の安全を祈願する働きに取り入れられている。坂の安全の祈願を媒介する神格の存在に大国主の命の司令性は高められていったのであろう。
古事記の坂の神は六例あり悪霊退散三例、奉納祈願三例の神で次のようになっている。
「その黄泉の坂に、塞やれりし岩は、道反へし大神」（記上一一オ五）
「さやりますよみどの大神、黄泉の坂に塞やれりし岩は道反しの大神」（記上一一オ六）
「坂の神白鹿になり来、ひるの端で殺されたりき」（記中四二オ八）
「うだのすみ坂の神、赤色の楯矛を祭り」（記中二二ウ七）
「大坂神に、黒色の楯ほこを祭る」（記中二二ウ八）
「坂のみおの神より、河瀬の神まで皆幣帛奉り」（記中二二ウ九）
坂には障りをなす神が鎮座しているのだから、祭ごとを通して「比良坂」で「ひる」「ほこ」をもって安全を祈願しなければならなかったのであろう。
なお同様にして境の働きを人工的になしている門の機能を見ておこう。
御門の機能は万葉において集団の安全（万四二四五）と繁栄（万五〇、五二、一八三、一八六、一九九、一九九、八七九、八九四、三三二四）のために守りを固めて馳せ参ずる任官（万三〇四、七九四、三六六八、三六八八、四〇一一、四一一三、四三三一、四三三一）と防衛（万一七四、一八四、一九九、四四三、二五〇八、二五六八、三八八六、四〇九四）の働きをなし、その首長の死に際しては御門に寄せた鎮魂儀礼の対象になったものである（万一九八、一八九、一九九、四七八、四四八〇）。
「藤井が原に、大御門始め給ひ・・・大御門に、春山と立てり」（万五二）

と繁栄を目指して

「よそに見し、檀の岡も、君ませば、常つ御門と、侍宿するかも」（万一七四）

と守りを固めている。御門は集団の防衛拠点としてその入口を堅めることによって、繁栄のための霊格が「御門の神」として宿ったのである。

「門」については古事記では防衛（記上三八ウ七、八）、遁走（中二九ウ三）に対して、妻問祈願（上五三ウ七、五四オ九）、接待（上二三オ八、四〇ウ八）、活性作用（下三三ウ一）の機能ももっている。外界と接して人と交渉する場所であったからであろう。古事記で門に神を設定していた例は三例あり次の通りである。

「羽山戸神、大月姫に娶ひて生みませる子、櫛石窓門《クシイハマド》の神」（記上四八ウ五）

「天の石戸別の神亦の名は豊石園《トヨイハマド》の神御門の神也」（記上四八ウ六）

「天の岩戸別の神は御門《ミカド》の神也」（記上四八ウ六）

古事記の門の神に「とよ」「くし」「いは」の形容がなされている。

万葉の門も妻問祈願二八例、活性祈願一〇例で異性と接触する願いを込める場になっている。門に神を設定していた例は次の二例である。

「天雲の向伏す国の、武士といはれし人は、皇祖の神の御門に、外の辺に立ち候ひ・・・」（万四四三）

「皇祖の神の御門をかしこみと、侍ふ時に逢へる君かも」（万二五〇八）

門というものがもっている象徴的機能として、神を劣悪な環境から守る結界で畏敬崇拝をする意図が込められていた。悪意をチェックして追い返すことが繁栄の条件として考えられていたからであろう。

これら一連の境に関する言葉の働きは、当時の生活が境について実態面でも精神面でも、厳しい雰囲気に満たされていたことを物語っている。大国主の命が政権を成立させるための前提であったばかりではなく、霊界の影響を遮断するににぎの命の子孫繁栄の願いも込められていた。

「いざなみ命自身ら追来ましき千引岩をその黄泉比良坂に塞へて・・汝し国の人草一日に千頭殺さむと言はく」（記上一〇ウ六）それに対して「一日に必ず千五百人を生まるるなり」（記上一一オ五）といざなぎの命は答えている。死者の祭ごとは冥界との境を岩で塞いで終っている。それでも一日に千を超える生死の入れ替わりが避けられない。

ところがそのいざなぎの命いざなみの命は古事記の冒頭において次のような創世の神事を執り行っている。

「この二柱の神天の浮き橋に立たして、その沼矛を指し下ろし畫きたまへば、鹽こをろこをろに畫きなして、引き上げる時にその矛の末よりしただる鹽累積して嶋となりぬ。これおのごろ嶋なり。」（記上二オ六）その後産屋を建てられている。

この神話は夫婦がいて矛の先に鈴を付けて「こおろこおろ」とかき鳴らしながら、塩をたらし（累積し）て境とし、村としての嶋を明確に確認するために線を画して印をつけながら（かきなし）自己の領分を区画する神事であったと想定することができよう。そうすればイザナギ、イザナミの命の神話は婚姻の儀式を行い死亡の神事で終ったことになるであろう。ひいてはそれが皇孫が継承を行う神事の下敷に使われたことになる。そしてその神事は境の厳粛な宣言をしてから家庭生活が始められ、国の基礎をなす神事に連なっていったことを物語っている。

すなわちイザナミ・イザナギの神事は、前世に関わる場合も現世に関わる場合も、場を設定して境域を設定することが最大の関心事になっていた。それを神話として誓い合い、また来世との関連においてさえ、霊性の影響を避ける場となしていたのである。その悪霊の障害を彼岸からも此岸からも共に断とうという方式であった。神前で鐸をつけてからんからんと鳴らすのも、画いて垣とするのも、嶋の枠組みを作るのも、又門前に塩を撒いて境を限って邪霊を防ぐのも、今日まで日本の境域を清める習俗であった。画域の作業が家、村、国の営みの前提となって繰り返された一連の神話があった。何故ならば纒まりをもった場がなければいかなる生存もその営みを許されなかったからであろう。地理学にその思いを聞いてみよう。

その婚姻と死亡の間に差し込まれた多くの神々の存在は神統記として記録され、皇位継承のための権威に関わることになった。

第三項　画域の地理学的意義

最大の関心事は大地との安定したかかわり合いでなければならなかったに違いない。それを一九世紀のドイツの拡大する領域の課題として論じたのはラッツェルであった。その地理学との対比を通して考察してみようと思う。

彼は境域を設定する意義を学問として説いたのである。

「自然領域・・・すなわち我々は諸民族の発展史の中でその地域空間を見ることができるのである。それは絶え間ない動きの中にあって、安定した姿を少なくとも安定に向かっている過程の姿を提供しているのである。しかしながら他方それは、不安定な姿や安らぎのなさ、すなわち全存在のより確かな（姿、すなわち）変動の中にあるものである。」（F. Ratzel, Anthropogeographie, Engelhorn. Stuttgart 1844, 1921, V. S3. 88）

ラッツェルは自然境域が流動状態にあるドイツの生存を処理する地理学のあり方を底知れない不安の中で探っていたのであった。ちょうど大国主の命の迎えた時代の流動状態にそれを対応させることができるであろう。

ラッツェルが描いた国のイメージは一九世紀後半のドイツにあったのであるが、彼が無意識の内に描いたであろうドイツのイメージはむしろ彼が生を受けた統一以前の領邦分立の時代にあったに違いない。ラッツェルは現代に生きる混乱を意識的に纏めようとする解決されえない課題にその学問の課題を選んだのではなかろうか。領域を画定しなければ生命は維持できないが、領域は絶えず変動を繰り返し始めたので、その矛盾の狭間に身を置かなければならない絶望を見据えなければならなくなる。その矛盾に応えようとする彼の何時終るともない義務感によって、試案を繰り返し著述しなければならなかったのであろう。

彼の本音は領域の統合を神の意志による神秘性に由来させなければ、生の根源をより確かなものに永続させることができないのではないかということにあった。神の意志に基づいて領域を画定しなければならないという想いは、文明の季節を迎えた日本の古代にも課せられた課題であった。国の首長に神聖さを与えることによってその正当性を保証しなければ、国家生存の不安を解消できない。地域の統合を神の意志に基づかせるラッツェルの意図は、原始時代を終えた日本の初期文明のあり方を解釈するときに示唆を与えてくれるであろう。

そのために国家を統一する神の仲立ちとした儀礼が権力のバランスを調整する。それによって権力の委譲に段取りをつける。そこで国譲りの神話には大国の神聖性を解消し、新しい権威の正当性を保証する方式が必要になったのである。

ラッツェルの場合は人工的に作られた境域に膨張する民族を配置する。そういう作為を納得させ合うという課題を解決しなければならなかった。その彼の説は後日ドイツに第二及び第三帝国の強引な国家形成がなされることによって、何度か肯定され何度か否定されることになる。それによって彼等が痛切に境域を確定しようという意欲に揺さぶりをかけ続けている。則ち彼は自分の独自の空間に立てこもりたいという領邦人としての願いと、境の移動が当り前のこととして膨張収縮に身を任せなければならない近代国家人としての願望との間の矛盾の中に生きた。その統一過程の中に身を置いた地理学者であった。前者の共同体の協同生活者にとっては、生活空間的な実体世界を基盤に生きてゆかなければならないときに、後者の立場では成長する空間の法則について語らなければならなかった。彼が繰り返した「生命の地的統一」という言葉の意味は「生命は自己同一的領域に基礎づけられる」ものでなければならないという前半の生活実感に基づくものであろう。国の領域が変遷してゆくときに運命が綿のように乱れるのをどう処理してゆくかという課題になる。

日本も列島が国家の境域となる近代国家の成立にあたり、自然から有利な国境を与えられたということによってラッツェルの地理学が根付かなかったのかもしれない。さらにそれを地政学の名で外国にまで拡張する理論として活用されるようになったとき、彼を再読する機会を失ったのであろう。しかし大国主の命の場合が鉄や馬によって境域が流動しだしたときの政治のあり方を問題にしなければならなくなったときに、ドイツの「潮汐地帯」に挑まなければならなかったラッツェルの理論は境域そのものが潮汐地帯に置かれ出した古代出雲の状況に照らしても有効な理論を提供するものになるであろう。国が大国になるときの政治家、すなわち大国主の命のありようが境域的にもラッツェルを通して問われなければならなかったのである。ラッツェルを解説したシュタインメッツラーが絶望的に言う。

「達成された統一はきわめて流動的であるが故に、外見的な統一でしかありえない」(ヨハネス・シュタインメッツラー「ラッツェルの人類地理学」山野正彦、松本博之訳、地人書房、一九八三年、四八頁)。仮装に過ぎないドイツ統一のそのような不安定性をラッツェルが警告する。

そのラッツェルを地政学によって彼自身も身を引き裂かれるような難しい状況に利用されたまま

になっていると嘆いたのであろう。そのままそれは大国主の命にも襲いかかる運命となったのであろう。例えば国の境域のように極まりなく不安定なものに対してても永続性をもたせようとする時には、神の威厳が利用されなければならなかったであろう。ヴィトゲンシュタインが近代に著しくなった実態と名称のずれを言語の面で問題にしている。「それ自体が組み合わされてできた複合体なのであるからその呼び名もまたそのように組み合わされてそれを説明するような言論になっているのだ」（ヴィトゲンシュタイン前掲書「哲学探究」五一頁）。

現在の日本の境界の概念とは異なった言論で大国主の命の複合的な境域論を論じなければならない。その時たまたま合成された大国主の命の権威が朝廷を凌ぐ永続性を持ち始めたとき破滅的な緊張が生じたのであろう。各地の権力者は統一するか滅びるかという悲劇を選択しなければならなくなったであろうからである。領域は自然に纏まっていった場であったがそれが流動しだしたのであろう。

第三節　青銅器に衝撃を与えた鉄剣

第一項　縄文の境域への弥生の侵略

ア　金属器の登場

鉄砲の効力を鉄道が広げて近代国家の領域を変動させたように、鉄剣の効力を馬が拡げて日本の古墳時代の領域が変動していったのであろう。金属器特に鉄器の登場は時代の変貌に衝撃的な役割を果たしたであろう。それはまた大国主の命の神話にどのような痕跡を残したであろうか。

スサノオの命の神話の終焉には青銅器文明の登場があった。その時稲作文明に縄文の権威を譲る儀式が記録されたのであろう。大国主の命の神話の終焉には鉄器文明の登場があったという想定で話を進めてみようと思う。

鉄剣の破壊力が襲いかかるとき大国主の命は青銅器文明が物質的な鉄器文明に逆らえないことを悟って身を隠したとすれば金属器の登場によって時代精神が変貌した問題として扱いたいと思う。

縄文のスサノオ、古墳期にかけての大国主、そして統一時代の大和朝廷という権力の変遷があったという網のかぶせ方に疎漏があれば取り除いてゆきたいと思う。その枠の中で言えば大国主の命の歴史段階は精神的に縄文に近かったのか、物質的に大和政権に近かったのか。それらの推移の中に大国主の命の神話を位置づけてみようと思うのである。

古代史の変遷の背景には金属器の変遷があった。大陸から文明の利器が流入してから大和政権による統一までの千年間はその前半が青銅器の時代であり、後半に鉄器の時代が入ってくる。その境目に五世紀から六世紀の激動期を迎えた。大国主の命はその激動の中で統一の意向を示す中央への異質要素として登場している。

スサノオの命のオロチ退治の祭礼は縄文以来の狭い地域ごとの祈りを引き受けていたが、国家レベルでは次第に劣位の傍系に落とされてゆかざるをえない。長く原始の権威を保ったスサノオの命も天照大神と肉親の契りを結びながら追放され、記紀では祭礼の首座を従属的な系譜に組替えられてしまう。

「ここにハヤスサノヲの命、天照大神に申したまはく、我が心清明き故に我が生める子、手弱女を得つ」（記一八オ九）自分の心が清いから優しい子を生んだと言いながら「天照大神の営田《みつくだ》の阿を離なち、その溝を埋め」、境の仕切りを壊している。

食料の生産性が著しく高い稲作社会が進出してくると、スサノオの命を軸にした社会のまとまりが脅かされるようになる。スサノオの命が荒した田は縄文の原野を人工的に分断する境界の標識でもあったが、水田として争う土地になろうとしていた。数千年間の縄文文化を維持するためには稲作の秩序は異質であった。例えば弥生の文化が水田を拡張しようとするとき、その先端の境界標識は縄文の文化には不快感を与えるものであった。スサノオの命が荒した田も、殺傷した馬も、破壊した織物も、すべて縄文の文化を破壊する弥生文化の素材であったが、その弥生の象徴となるものに刃向かえば力の差は金属器の面で歴然としていた。葦原は境界地域から生産力を争う闘争の場に変じたに違いない。

「大嘗めを聞こしめす殿にくそまり散らし」て抵抗したスサノオの命の意図は、弥生文化に対する縄文文化の反逆であった。単に収穫祭のための神聖な斎場を汚したという以上の対決を意味していたであろう。原を境域とするか生産地帯とするかによって縄文と弥生の闘争は古墳期にも継続されたであろう。場に執着してきたものにとって場の変動は文化破壊の恐怖をもたらしたのではなかろうか。

弥生文化に対して縄文文化にこだわるスサノオの命が母を憧れて泣きわめくという場面が現れる。「青山枯れ山なす泣き枯らし」（記上一四オ九）て生存の根源が枯れ果てるかのようにスサノオの命が「泣きいさちる」のは、文明の利器によって縄文文化が根絶されるのに耐えられなかったかの如く、確かに一万年の縄文文化は百年単位の歴史段階によって分断されていった。その反動によって文明の未来も引き裂かれてゆく。少なくとも悠久の時間感覚は失われざるをえない。新しい稲作文明は旧来の信仰を巧みにかわしながら、経済的には縄文文化を一挙に飲み込んでいった。

しかし縄文の立ち場にこだわる人達が敢えて境界荒しを強行したのは、農耕に対する抵抗ばかりではなかったであろう。むしろ大陸文明の理知的枠組に対して万世を生きた秩序の知恵を捨て切れなかったからではなかろうか。

弥生の米作も、織機も、金属器も、馬力も、文字でさえ功利を目指し始めたとき、精神の一体感が抹殺される危惧を抱いたのであろう。個別の論理の押しつけによって心理的に言えば自然との一体感、心の無限の広がり、音の響きによる呪能の力の喪失を憂えたのであろう。文明は原始心性に対する挑戦者として立ち現れたけれども、畏怖に満ちた清明な精神性が、欺瞞に満ちた貪欲な物質性に切り替えられてゆく恐れを予感させたに違いない。

生存の条件を奪おうとするものに対する本能的な拒絶反応は実は文明に対する恐怖に基づくものであろう。スサノオの命の「荒れ」は、生存の基盤を共有する悠久感が縄文の波動と共に消え去る恐怖でもあった。しかし新しい権力を成り立たせるためには、裁かれるものを非道な立場に置かなければ済まない。新しい文化を創造するために古い文化をどのように継続した流れの中に取り込めるかが神話製作者の腕の見せどころとなったであろう。新しい文明の器材を破壊するスサノオの命はその頑迷さによって断罪される。しかし天照大神は古い文化の伝承を根絶していない。政権への反逆者となる部分に対して追放刑で対処している。だから新しい文化創造を古い文化の否定によって成し遂げようとしたとは言えないであろう。そこで大和政権はスサノオの命を祖とする大国主の命の権力を剥奪しながらその民族の魂に染み着いた精神文化を断罪できなかったのであろう。それに天照大神自身が神話的に変容して縄文の神の序列の最高に位置されることになった。けれども古事記は縄文から弥生への文化の変遷をスサノオと大国主の霊的な葛藤の形で物語ったに過ぎない。そして最大の反逆者であったスサノオに対して追放刑で済ませたうえに、大国主の命には天皇を凌ぐ祭礼を準備したのに、最大の功労者大倭建の命に対しては死の挫折を与えている。

神の機能の配分を無理やり天照大神一神にまとめようとする文化的改造事業であった。それなのに縄文精神の基軸を維持し続けようとするところに記紀を叙述する者の心の葛藤があったのであろう。その時従属を拒んできた大国主の命に対する朝廷の処遇が新たな問題を提供したのであった。

「天のふち馬を逆か剥ぎに剥ぎて堕し入る」（記上一九オ三）

馬の皮を剥いで投げ入れ織り姫を殺害した。その罪でスサノオの命が追放されている。しかしこの場合の馬はスサノオの命の立場から見ると旧来の自然を蹂躙する主役として登場したものである。不変の自然を枠付けした基礎領域が変動し、稲作の耕地を争奪する戦が金属の武器によって激化するとき、正邪の判断が狂い出して小さな共同体に生きる縄文人の文化は物事を裁く力を失ったであろう。さらに言葉の欺瞞を隠す文字の普及によって文明が一挙に押し寄せてくる。かっては天地の交流を果たしたであろう音声はその伝達を次第に視覚による映像に譲ってゆく時、言葉の真実が何処にあるのかと問いかけたのである。認識が聴覚から視覚へ移行する新旧文化の無視できない。

イ　基礎領域の心情

政権の持続時間は瞬間的になっていったが金属器の作用に抵抗できるものはいない。精神史は急変してゆくことになる。ところが万葉にはその前史が遺されていたのである。

「湖葦《みなと》に、交れる草の、知り草の、人みな知りぬ、わが下思ひ」（万二四六八）

万葉の歌は心は隠し切れないのだという諦めの歌でもあった。しきりに隠した思いであっても隠しきれない認知能力をみんなが共有していたのでなければ、このような嘆きにはならなかったであろう。心の秘密を響きで聞くかわりに目で見て知るようになると、心は目によって逆に隠されたのである。

「玉かぎる、石垣淵の、隠りには、伏して死ぬとも、汝が名は告らじ」（万二七〇〇）

垣に囲まれ淵に潜んでも、相手の名前を心に誓って守らなければならないとする執拗な意志は、共同体に生存する者の必然の結果であろう。だから求愛という自分だけの要求で成員の心を出し抜かなければならない時にその矛盾が露呈してしまう。逆に文明は無限に情報が豊かになって文法も精緻になるほど無言で感じ取る余地はすでにない。そして集団人に留まれなくなり孤立化へ追い込まれてゆく。同時にも同域的にすら共感することができなくなると悠久の時間感覚からも見放されよう。

万葉の垣三七例は葦垣七例、垣内六例、岩垣四例、瑞垣三例、青垣三例の順で見られる。葦垣は嘆き（万二五六八、三九七五）思いを乱す（万一八〇四、三二七二）障害を越える（万二五六五、二五七六、三二七九）意志を興している。垣内は垣を越えてもよいから来て欲しいという（万一五〇三、一八〇〇、三二二三、三四五五、四〇七七、四二〇七）、岩垣は淵や水が世間の目を妻から遮る働きを期待している（万二〇七、二五〇九、二七〇〇、二七〇七）。瑞垣は水を飛び越えられずに久しく恋い続けたけれども何時か思いを遂げたいというものになっている。言葉に魂を篭める時代であったからには表面の景色の裏に祈りが潜んでいたのを無視できなかったであろう。垣にも情念を歌うときにはその人の限界を越えようとする意志を見ることができるのではなかろうか。垣について言えば越え難い境界線を越えようとする思いが潜んでいたのであろう。それは古事記の傾向についても言えるかもしれない。万葉人が与えられた生命の条件は危機であり（a）、与件が垣であれば、祈りは超越でしかありえない（b）。人は文明段階にばらされてゆくことになろう。

古事記の垣二七例は柴垣四例、八重垣三例、歌垣二例、青垣二例、垣二例の順に見られる、柴垣はしびの臣がおけの命とおふをめぐり妻問を歌で争った時、その歌に登場した言葉である。臣は命に対していくら柴垣に閉じ込めようとしても焼き切られてしまうであろうと歌の垣で自分の境界に妻を引き入れようとしている（記下三七オ七、ウ一、三八オ七、八、九、ウ九）。垣はおろちを酒で誘って閉じ込める囲いを成し（上二三オ七、七）八重垣はおろちから妻を守る囲みをなすものになっている（二四オ七、七、八）。青垣は境界の障壁を成す霊性をもった山になっている（上三七オ五、中四五ウ三）。記上巻の垣は霊的な障壁を成し、下巻の垣は妻争いに決着を着けようとするものになっている。

日本神話は八世紀の初めに藤原王朝が纏めたものである。その時スサノオの命は数千年の風雪に耐えた権威の座から追放される。地方の連合政権は中央の統一者の立場に抵触してその存在の根拠を既に失ってしまっている。東アジアを制覇した唐の圧力に対して天照大神を軸にした国家統合の形成が急務になる。追放に甘んじたスサノオの命は田を荒したという罪状を引き受けて従属を誓ったけれども、田を荒したことが水田の田であるならば民事的犯罪であるから追放刑にふさわしくない。にもかかわらず政治犯的追放を受けなければならなかったのは、新しい領域秩序を破壊する反逆罪によってであろう。巨大集団をまとめるために文字の働きが伝達のより所になったので、その視覚認識によって聴覚認識はその文化の根底を覆されたのであった。

ところが文字は表意文字であるのに万葉は表音文字で書かれた。表音文字を捨てきれなかった古事記は日本書記の表意文字に書き換えられて公表が禁じられる。思うだけで心が外に出るのであれば、それを言葉にしたり文字に証拠を残すことすらできなくなったであろう。万葉初期の文字や言葉には心の訴えを働きかける力が残されていた。しかし自然に万葉かなに表意文字が入り込んでいって文字が表音に固執しなければならない時代が終ったのである。

しかし万葉の田ですらかっての田の意味を忘れきってはいない。田を夕と詠んで次のように歌っている。

「石《いそ》の上、ふるの早稲田を、秀でずとも、しめだにはへよ、守りつつをらむ」（万一三五三）

ふるの杜の早稲田に縄を張り巡らすように、占有の標しの縄張りを娘のためにしたい。田が注連縄を張ることによって神域の標識としたように、娘の安全の確保を祈ろうという。単なる生産の場所としてならば田に縄を張って占有を示す必要性はない。神の意志によって出入りを禁じられた祭礼の意味を問われなければならない。境界領域の権益を譲る縄文の意図がこの田には隠されている。古るの杜の早稲田には、境域を守る神の機能が期待されていたからこそ次のような歌にもなったのであろう。

「魂あはば、相ひ寝むものを、小山田の、しし田もるごと、母し守らすも」（万三〇〇〇）

心が響き合っているのだけれども、添い寝もままならないという嘆きになる。田は越えてはならない境であった。汚い田にはいくつばってでも護ろうとする猛者が見張っているように母が見張っているので共に寝る隙がない。

田は隣接した勢力との接点にあって、荒れたまま境界上に区画された標識であった。猪の出没するような村外れの丘の境域であった。田には恐ろしい形相でそれを守り通そうとする神の意志が潜んでいる。合意した魂はさらにそれを乗り越えようと打ち震える。ということであれば万葉には訴えなければならない烈しい意志の働きが外に染み出されなければすまなかったのであろう。

「神なびの、清きみ田屋の、垣つ田の、池の堤の、百足らず、斎槻が枝に、瑞枝さす、秋の紅葉葉、巻き持てる、小鈴もゆらに・・・」（万三二二三）

鈴を手に懸けて振り動かしながら、神の田の垣の中にある池の堤の木を、相手の髪に挿すのに折取って行こうとしている。池や垣が障害となって、田の区画する働きを助けている。そこには神の名で誓約した事柄を見守る清められた社があった。その権威を保証し、さらに鈴の音を響かせて田の神事の記憶を辿ろうとしている。すると田がもっている神聖さとはその生産力への期待感ではなく、外交上の約束事を象徴的に地面に設営してきた標識であったということになるであろう。紀元四世紀前後に境界の標識として利用された銅鐸の時代にすでに田の意味は薄れていったのであろうが、その銅鐸の表面に描かれたものの大部分は田の字の形をもっていたのであり、田の起源を示していたとすれば田が境界のそれ以前の標識であった可能性は否定できない。田は注意をする必要のある場所として七世紀の万葉の時代においてすら見守り続けられていたのである。スサノオの命が乱暴をして畦を切り溝を埋めたとあったのが、田の区画の境界線であったものを壊すことによって統治権に対する挑戦の意味になったのである。だから「大嘗を聞こしめす殿」を汚して反抗したという殿堂を、生産の予祝を通して君主権を確立しようとする社殿とするよりも、神の保証を確認する境域の神殿だったと捉えるほかありえない。それによって田荒しが財物の弁償の対象とならずに反逆事件として追放処分を受けることになる。

弥生と同化することを拒絶した縄文の文化が、スサノオの命の名前で断罪されたのである。逆に彼が田を荒し生き馬の皮を剥いだのは、生存様式を冒涜する侵犯者に対抗する縄文の文化的、政治的行為であった。しかしその共同体的な認識は新しい文化を軽蔑したけれども、その経済力には圧倒されてしまう。田荒しは原始が文明に衝突した際の文化摩擦であった。その時地方と中央に人工的に住分けを強制しきれなくなって文化の交代が急速に進められている。土器が変われば済むというような問題ではなかった。だから何千年の間矛盾することなく併存を続けてきたこの二神は新しい装いをもった対立の関係に立つことになる。

ウ　風土記の大国主の命

ここで初めて出雲風土記のスサノオの命を、記紀の神話のスサノオの命とは、境域の防衛の先端にたづさわる首長として一体化することになるであろう。さらに出雲のスサノオの命が大国主の命の映像と重なり始める。また記紀に見られる出雲タケルが大和にとっては敵性国家のリーダーとして出雲の大国主の命と限りなく一体のものに近づくであろう。

対外関係の緊張が増大してゆき、それへの対応が大国主の命の主要な任務となっていく。意宇郡安来郷の条において彼は壁《かき》を立て巡らして「我が心安平けくなりぬ」と言い、集団生活の場を確保するための垣を修復する作業を優先的に行っている。

また大原郡佐世郷の条では佐世の木の葉を頭に挿して踊りを舞い、頭の葉を振り動かして栄えを求めている。彼自ら予祝において「はふり」による大国の繁栄を祈願している。

また大原郡郷室山の条では御室を作ってそこに宿り、山上における「国見」の儀式を領主による領域確定の行事として行っている。

また飯石郡須佐郷の条では「大須佐田を定めたまひき」となっているが、その田の定めの意味を境界域を設定する「くさぎる」作業として考えてみるならば、風土記のスサノオの命は領域を守護する首長として記述されていたことになるであろう。彼はいくつかの自然村を集めた郡を単位として、境界の地帯を確保する為政者の義務を果たしていたのである。

彼は「かぎる」「はふる」「国見する」「くさぎる」という境域の領有に関係する政治的作業を引き受ける人物として風土記で回想されている。地名の由来を説くという名目であったけれども、出雲風土記には地方の権益を確保する名君の実態が記録されていたことになろう。中央の勢力がそこに進出しようとするときに、激しい抵抗が既に想定されていたのである。

第二項　弥生の青銅器から古墳の鉄器へ

ア　金属器の発達

地方権力の領域争いは古墳時代に入ると武器の集積が進んで弥生時代に劣らない烈しさを示した

であろう。その時発生した田をめぐる緊張は領域の最先端においてスサノオの命が神殿を荒すという説話として仕立てられる。各地の領域争いはその境を銅鐸を埋めることによって決着を図ろうとする努力がなされた。その時の振り動かされた鐸の響きは神霊への誓いを相手と共有する交渉を成り立たせている。この霊的な習俗は神話の形式を踏まえて行われる儀式であった。そこで大国主の命も身を境域に晒して寸土を張り合う指導者でなければならなかった。

それを記録したのが出雲風土記であり、田を介した形でその葛藤は処理される。神話ではスサノオの命は天照大神の系譜からはわき役に排除されて、大国主の命の系譜につながり、大国主の命がその課題を引き継いでいる。大国文化の特色は縄文文化の本質を鉄器の文化に引き渡す前に、青銅の器具を通して縄文の精神を維持しようとする試みであったように見える。鉄が切り開いた生産社会を青銅の響きによって見下そうとしている。そこですでに優劣がはっきりしてしまったが心まで明け渡す訳にゆかない。古事記は縄文文化に対する哀惜の情を惜しんでいない。すなわち名実共に大国主の命に全力を注いで記述している。

神話の神々の葛藤は新しい王朝を正当化する神統記をまとめたが政治的に排除されたスサノオの命や大国主の命をいとおしみ、大倭建の命の断罪を忍んでいる。それは征服者の奢りを捨てて滅びの美を讃えたものと言うのでもない。それは「ことだまのさきはふ国」の評価に関わることであった。しかしそれは第二篇の霊性の響きにまで及ぶ問題を含んでいたように見える。

そのころ大陸の文物が多く日本に流入するようになり、その激変する文化に対応する模索が重ねられたであろう。その中でも特に古墳時代中期に普及した鉄器の衝撃力は農具のほかに、騎馬戦の方式、さらに大規模な土木技術に及んだであろう（上田正昭「帰化人」中央公論社、一九六五年、一六三頁）。

難波は五世紀にはすでに巨大な政治勢力が結集し、瀬戸内交通のかなめになり、豊かな後背地を収めて大きな拠点に成長している。それは応神朝に始まり仁徳朝に続き、六世紀の初めに継体朝に継承された政権の本拠地となる。

さらにその推移を外交面において辿ってみると、四世紀半ばにすでに百済が新羅に対抗するために日本に使者を送ってきたが、応神朝ではその初年にすでに武力に優れた新羅を討って外交上のリーダーシップを争っている。

応神天皇の時「手人、韓鍛《からかちぬ》を貢まつりき」（記中六二ウ九）とあって文化の流入が勢いを増していった。鉄は古墳時代の副葬品の中心であり、文化の隆盛を実現する原動力となった（前掲書「大和の政権」一四七頁）。

後期古墳時代に入ると、馬の飼育が畿内の各地に広がり始める。同時に半島の情勢も百済に不利に展開して、そのエリート達が彼らの文化を荷ないながら日本に帰化を求める。雄略天皇の時には「手人」を盛んに徴発して国権の整備を急いでいる。そのように大和の勢力は内海の水軍の拠点を確保して大陸と密接な交渉を保ちながらその勢力を日本各地に広げていった。

帰化人を組み入れて最大の軍馬を擁する部族集団が河内に成立し、巨大な権力を構築していったのであろう。土器や織物や鏡の生産に携わっていただけでなく、騎馬戦にふさわしい曲刀の作成も引き受け、さらに強力な海軍力を独占的に維持する技術によって権力の基盤を支えている（上田正昭「日本神話」岩波書店、一九七〇年、九五頁）。五世紀後半から六世紀にかけて国内でも鉄器の著しい増産が図られたのである（上田前掲書「帰化人」九四頁）。

出雲では何時鉄が生産されるようになったのであろうか。大和の政治勢力が対決を迫った出雲についてもその鉄の生産の時期が問題になるであろう（小林前掲書「古墳の話」八四頁、吉野裕「スサノヲ伝説の成り立ち」『東アジアの古代文化』大和書房、七号、昭和五〇年、六六頁）。大和の生産力に対決する最大の勢力に成長していったということは容易に想定されよう。出雲風土記にも

「奥出雲など・・・出せる鉄堅くして」

と書かれてあって鉄器の自前の供給を志していたばかりではなく、大和の勢力が谷那鉄山に進出した時、日本書記にはスサノオの命自身が半島に降臨したという話まである。出雲は当時の日本の表玄関口として大陸の文物を取り入れる拠点でもあった（森浩一「甦る古代への道」徳間書房、昭和五九年、一四〇頁）。

そこには剣の文化による大きな変革が迫って来ていたように見える。

五世紀前半すなわち古墳時代中期の最盛期には大量の鉄器具の文化が出現している。それは同時に製造の技術についても著しい革新が見られた（森浩一「考古学から見た鉄」『古代文化の探求・鉄』社会思想社、昭和四九年、四四頁）。その新旧文化圏の覇権争いが激しい対決を迫ったであろう。

大和における巨大な鉄文化が大陸との交流によって蓄積した軍事力を用いて、地方政権との抗争に終止符を打ち統一への道を進めていた。その時神を生み出す鉄剣が神話に登場したのであろう。そのような実勢の変化にともなって記紀万葉ではどのような剣の変遷が見られたかを追って行こうと思う。

イ　古事記に見られる剣の変遷

古事記においても剣の扱いに大きな変遷が記録されていた。

上巻二八例三六パーセント、中巻四〇例五一パーセント、下巻八例一〇パーセント、序二例三パーセント、合計七八例一〇〇パーセントの配分になっている。

上巻には呪性の剣の傾向が強く見られる。刀の血に神が成る六例（記上オ一、四、八、ウ七、七、九）、蛇の尾を斬りはふり剣を取り出す五例（上二三ウ四、五、六、七、九）、刀をふきつつ黄泉軍、八十神から逃げる四例（記上一〇オ六、二九ウ五、三〇オ八、ウ一）、喪屋を切り伏せくえはなち三例（記上四二ウ五、七、七）、波穂に剣を刺す二例（四四オ一、二）、降臨に添える二例（四八オ八、四九オ九）、他六例になっている。霊界の清めを刀の振りの呪能に求めている。

「刀の血によりて成りませる神イハツツノヲの神」（記上七ウ九）

以上刀についた血から生まれた一三体の神のうち四例にはフツがつき、二例にはサク、ハヤビがつき、ツツ、ツチ、ミツは一例ずつである。その内フツはフルと同じ意であり古事記の石上神宮の祭神はフツで日本書記履中紀ではフルになっている。土橋寛氏は「フルとフツの違いはタマフリの呪物としての機能と、武器としての機能の違いを表すにすぎない」（土橋寛「日本語に探る古代信仰」中央公論社、平成三年、一〇七頁）と言われる。呪能として斬るものが紐から鉄剣になり、振る作業は語根フにツという助詞を加えて抽象化を進めたものかもしれない。すると振ることによって霊を払い精気チを回復させる呪法が、血を流して成り立つ神の作用として説明されるようになったのであろうか。振る呪物がハからヒレへ、ヒレからカタナに変わっていったのかもしれない。

最初に剣は振られることによって生命力を成り立たせたのであろう。それが基になって神は刀によって、流された血から成立する生命力だという観念が生態系的には考えられたのであろうか。そのようにして振られた紐が鉄になり、流された血は気力を促したのであろう。媒介するものが変わったので、剣に期待されたミクロの呪法も次第にマクロの効能に変わったのであろう。とすればここでも文明が心の作用を物の働きに置き替えられてフツがフルに移行したのかもしれない。

中巻には合理的剣の扱いが現れている。詐刀で殺す九例（記中三九ウ五、六、七、八、八、九、九、四〇オ一、三）、宴で懐に小刀を潜め殺す五例（記中三八オ七、ウ六、六、八、九）、国を平定する刀四例（記中三ウ三、三、四、四）、紐小刀を授け殺さす四例（記中二八ウ四、五、七、二九オ七）、草をなぐ四例（記中四〇ウ七、四一オ九、四四オ三、ウ九）、剣の末ふゆ二例（中六一ウ四、七）、他一二例になっている。

「妹に八塩折の紐小刀を授け天皇の寝むを刺し殺し奉れといふ」（記中二八ウ四）

しかし事は成らず殺害への反省や悔恨を伴い（中二九オ七、三九ウ七、四五オ四）、呪性と合理性とが混ざり合っている。

ヤマトタケルはイズモタケルを殺そうとして刀を取り替えて相手を欺いている。

「出雲の国に入りまして出雲建を殺さんと欲して到りましてうるはしみ給ひ、故れ秘かにいちひの木もち太刀に作りなしてみ佩して共に肥の河に沐みし給ひき。ここに倭建命、河よりさきに上がりまして、出雲建が解き置ける太刀を取り佩きて、「刀を易へむ」と詔りたまひき。故、後に出雲建、河より上がりて、倭建命の詐刀を佩きき。是に倭建命、「いざ刀合はさむ」と誂へて云りたまひき。ここに各其刀を抜きし時、出雲建詐刀を得抜かざりき。即ち倭建命、其刀を抜きて出雲建を打ち殺したまひき。ここに御歌よみしたまひしく、

「やつめさす、出雲建が佩ける刀、黒葛多巻き、さ身無しにあはれ」（記中三九ウ三）

倭建命が欺いて刀を替えて出雲建を殺したことになる。文化が転換して語義を逆転させたのだろう。それでも朝廷は詐術を止めない。

即ち敵性国家の首長同士が裸になって水浴を楽しむという情景は想定しにくいので、一応儀式としての意味を伏せておくとしても、欺かれた者のさやけさは万葉の歌による剣のさやけさと一体のものだったのではなかろうか。心を相手に預けて生きていたのだから巧みな詐術に欺かれて討ち取られている。同時に意志の通い合いを可能にした万葉の精神は息絶えることになろう。その場合の発信機と受信機とは同じ波動を敏感に受け止めて疑いつつも水浴を可能にしたのかもしれない。と

ころが鉄が登場して征服の効率を向上させるためには倭建命の詐欺的な方式を拒むことはできない。万葉の精神に対する鉄器の裏切りであり、文化の変容は確実に進行する。その時人は心を預け合う代わりに欺き合う立場に立つことによって時代の流れに従ってゆく。次元を超えた時間はなくなり、同じ次元を同じ心で生きることすら困難になる。そのような時代の流れから人は耳に聞こえない波長の響きは聞こえない。目で見る姿を優先するならば鉄剣の魔力に取り憑かれる他なかったであろう。占星術はあざむこうとしない。

下巻にはひたすら人を殺す剣が登場している。斬り四例、殺し一例、他三例。「むしろの下に置かせる剣を取り出でて隼人が頚を斬りたまひき」（下一五オ七）。以上を呪性の比率でみると、上巻は八九パーセント、中巻は三五パーセント、下巻は一三パーセントになっている。上巻で精気を取り入れて生きようとする呪術性は減り中巻以降になると反比例的に自分を中心とした合理性が行動の原理となる。なお十拳剣と草薙剣の全ては呪能を秘めているが、横刀は欺く刀であり、やや呪性の強いものが太刀であり、その中間にあるのが刀で半々ずつ、やや合理性の強いものが剣と紐小刀となっている。

時代が変わり素材も変わり機能も変わったので、剣の神威に期待する名称も変わったのであろう。

古事記の剣の新古の層はほぼ文脈の順に並んでいたが、万葉の場合はどうなっていただろうか。

ウ　万葉の剣太刀二九例の変遷

万葉の剣は清明な心で障害を乗り越えてその恋の成就を願う媒体であった。

a　讃歌五例は腰に佩く男さびる勇姿をさやけく名を負うものとして讃えている（万八〇四、九八九、三八三三、四一六四、四四六七）。

「ますらおの、男さびすと、剣太刀、腰にとり佩き・・・」（万八〇四）

b　妻問祈願一八例は身に副い（万一九四、六〇四、二六三五、三四八五）、名惜しまず（万六一六、二四九九、二九八四）、刃を踏んででも（万二四九九、二六三六）、君や妹子に逢う思いを高めている。

「吾が妹子に、恋ひし渡れば、剣太刀、名の惜けくも、念ひかねつも」（万二四九九）剣が高めてくれる名前がさらけ出されたとしても惜しいとは思わない。

c　宮廷讃歌・挽歌、焼き（万四〇八五）、研ぎ、（万三三二六）、抜き（万三二四〇）、佩いて（万一九九、四七八、四〇九四）軍を率い、門を守るものになっている。

「剣太刀腰に取り佩き・・・大君の御門の守り」（万四〇四九）

以上は剣の目的別（自然、妻問、宮廷）祈願を更に剣の状況別に佩く、副う、踏むの順で分類したものである。身を清めることはあっても敵を征服し斬る、欺き殺すというものが見られない。万葉の剣は古事記の上巻の剣の意志を共有していたと言える。霊界を清める古事記の剣の初期の呪能を万葉は相聞歌を通して現世の恋の成就に振り替えたのではなかろうか。研ぎ澄まされた剣が恋の路を清める作用に期待したのであろう。清い思いを遂げるためならば刃の上を渡って行くことも辞さない覚悟になっている。

「剣太刀、諸刃の上に、行き触れて、死にかも死なむ、恋ひつつあらずは」（万二六三六）

剣太刀は切り掛かってきても相聞歌としてならば恐れることはないという意志を秘めている。挽歌としてならば盛時を追憶して死者の鎮めを期待させる気迫を籠めている。その背景には神代の剣を振り動かす呪能が生き続けていたのであろう。少なくとも万葉の剣の歌には死を境にした前世と現世に通い合う意志の交流があった。出雲の青銅の剣には神代の清明な心で誓い合おうという意志が潜んでいたに違いない。

その意志の強さを剣の輝きが支え剣の気迫にふさわしい雰囲気を醸しだしている。その雰囲気を歌は焼き、磨くという鋳造過程から説く場合もあり、それを身に佩く姿から説く場合もあり、輝く刃が葉の振りの呪法に由来を探ろうとする場合もあった。いずれにせよ心の邪性を斬って運気を高めようとする願いによっていたのであろう。大国主を軸とする銅剣文化の背景には万葉的な剣の精神が営まれていたのではなかろうか。

第三項　大国主の命と剣の関わり

ア　国譲りの交渉

大国主の命は剣のさきにあぐみて臨む朝廷の使者と国譲りを交渉している。この時大国主の命に国譲りを迫る神はフツヌシの神であった。それは鉄の武器を背景にして朝廷権力進出を果たそうとしていた意志を想定させている。日本書記の場合の命令権者は天照大神あるいは高皇産霊尊でありその使者はフツヌシとタケミカツチの神であった（神代紀本文、神代紀一書の一、神代紀一書の二）。

なお古事記に登場するチを末尾にもっている神の名は雷、迦具土、久久能智、武甕槌の神である。なお現代においてもチを名称として用いているものが智、地、父、血、乳など生命の力を支える語になっているものが多いとすれば、その異様な力をもった剣が呪性を表にし欺きを裏に秘めて使者の名前として出雲の文化に襲いかかっていったことにもなろう。剣のさきに座り真心で誓い合う姿勢で問い詰めている。

「天鳥船の神、建御雷の神、出雲の浜に下りつき十掬剣を抜きて波穂に逆に立て大国主の命に（国譲りを）問ふ」（記上四四オ一）

そのような呪能の方式によって朝廷側は自然人を安心させたかもしれない。西暦八世紀の万葉ですら清やけき人間性の輝きを受け継いでいたのだから西暦五世紀の大国主の命の対応はまともにその呪法を受け入れていたと言えよう。己をあやめるものに対して死を前提にして進んで対面しようとする精神の純粋性が見られる。鉄器の自己を中心とする合理性には及ばない青銅器の武器では偽りの効用が期待できない。倫理の変動はある程度金属器の変動と対を成して変動し、社会の秩序にも衝撃的な作用を及ぼしたであろう。

イ　出雲征服異聞

（既出）「出雲建、河より上がりて、倭建命の詐刀を佩きき。是に倭建命、「いざ刀合はさむ」と誂へて云ひたまひき。ここに各其刀を抜きし時、出雲建詐刀を得抜かざりき。即ち倭建命、其刀を抜きて出雲建を打ち殺したまひき」（記中三九ウ九）

余りにも一方的に欺かれ殺されている。文明人が自然の中の自由人に出会うときはこういう形にならざるを得なかったのであろうか。この余りにも素直な対応を見る限りその反面全く異質の政治姿勢が想像されよう。一九八四年に島根県神庭荒神谷で発掘された三五八本の銅剣の意味を以上のような剣の立場で推定してみようと思う。

その回収において特記すべきは銅剣の数が今までの発掘の中で最大であったというばかりではなく、余りにも整然と埋葬されていたことであろう。意味がなくなっていたなら捨てればよかったのであろうし、意味が残っていたならば地上に保管されなければならなかったであろう。一糸乱れない景観が山の斜面に蘇っている。青銅器は権威を象徴する祭具でそれを中心に秩序を成り立たせていたとき、その青銅の器具が突如役割を終えて回収された。その崩壊の過程に全員が参加したのは、自然を基準にして生きる時代への名残だったのかもしれない。彼ら自然人が文明人によってコントロールされることは容易なことであったが、すぐ又新たな権力が登場するのも目に見えていたに違いない。その場合の自然人とは自然を仲立ちにして意志を共鳴し合う人達のことであった。自然を偽れば自然に反逆されて自滅するのであれば、相手の偽りを疑うことが愚かなことであった。だから中巻の自然人達は相手に気を許して殺害されていったのかもしれない。自我を主張する横しまな刀の振るう余地は自然に同調して生きる彼らになかったのであろう。だから我欲を押し付け合わないでお互いをつなぎ止める方式を編み出したのであろう。いわば自然の声を聞いて生きる時代があったとすれば、その声が次第に人の声に変わりやがて自分の声になろうとしていた。だから青銅器が整然と並べられていたということは自然の鳴動するエネルギーに逆らえない時代の余韻を奏でていたのではなろうか。波動が共有されたときに成立する秩序であったとも言えよう。生態系のなかに波動を通して刃を振りながらしっかり組み込まれていたのでなければ、消滅して行くものに思いを込める必要などなかったであろう。文明に征服されたとしても自然のエネルギーに逆らって合理性を求める鉄器の限界は見えていたに違いない。自然の精気へ誘われて万葉は情念を言葉に込めた時、偽っても必ず自然の調整力が働いてとがめを受けると言う仕組みが頭に植え込まれている。生命は生死を繰り返すが魂の永続を信ずる文化にとっては文化再生の機会に永世を信ずる心を伝承させたかったのであろう。

剣はそのような思いを呪物として促すものであった。万葉によると剣は現世においてさやかに名を立て、男さびすと磨き立てるものであった。古事記によると剣は刃についた血から神が発生し、八十神の迫害を避け、蛇の尾の中から取り出した剣で天神に仕えるものであった。欺いて剣を振るった者は自滅している。

剣には一人の人間の命をかけた思いが潜んでいた。その剣三五八本が領域の総合意志を凝縮して何等かの意志を訴えかけていたはずである。その意志とは政権が変わっても地域の意志は永続するものであって欲しいという地域の意志に違いない。自然に対して誓った地域の統合と繁栄への意志はその媒体である剣が埋葬されても消滅することはないという願いがあった。権力の構造は変わっても領域の意志が変わる不幸は避けなければならない。たとえ剣がその意志をつなぎ止める媒体として否定されたとしても、次の媒体もないのに精神のシンボルであったものを風雨にさらすに忍びなかったであろう。ばつ印をつけて呪力を消して整然と並べて埋葬している。

ところが案の定古事記の中巻になると剣が詐刀として働きだしてくる。偽って敵の首長を殺し地方の領域を奪い地域ごとの意志を抹殺していく。ところが更に下巻になると多くのものが邪念に巻き込まれることによって、呪力の働きの判定が入り乱れて人の関心を引きつけられない。自我だけが基準となる認識の方式が始まったのであろう。それに対して現世の魂を活性化しようとした万葉集、前世との関係をテーマにした古事記の上巻には、霊魂に語りかける生存の方式があった。しかし古事記の中巻から下巻にかけてその方式が崩壊する過程に入っている。上巻の方式を成り立たせる場としての背景は何であったのだろうか。

第三巻　総括篇

神としての大国主の命　―破滅と救済のエネルギー―

第一章　神話における海の役割 ―少名毘古那神はなぜ海からきたのか

第一節　イオンの働きを前提にしたスクナヒコナの神 ―大国主の懐古性はどこからきたのか

大国主の命の神話には奇妙な物語が付随している。それは小さな神が政権を支えるために海から訪れてくるというものであった。その神はスクナヒコナノ神（少名毘古那神）といい、大国主の命の国造りに参加している。一体国造りに欠かせない小さな協力者とは何者だったのであろうか。神代篇の姿を際だたせる要素がこの話の中に潜んでいたのではなかろうか。海からやってきて海から力付けを授けるという働きを古事記では次のように記されている。

「故れ大国主の命、出雲の美保の岬にましますに、波の穂より天のかがみの船に乗りて、ひむしの皮をうち剥ぎに剥ぎて衣服として帰り来たる神あり・・・カミムスビの神にのりたまはく・・・故れ汝アシハラノシコオ（葦原色許男）の命と兄弟になりて、その国を造りかためよとのりたまひき」（記上八〇ウ二）

海から神が訪れる。その神と兄弟となって海の力と協調しながら国の経営を引き受けることになる。その海の力とは何であったかをこの章で扱いたいと思う。一介の武人が国を治める資質をもつに到ったということは何を意味していたのであろうか。

その少名毘古那神が去っていって大国主の命が気落ちしていると、海の向こうから又新しい神が現れている。

「ここにおいて大国主の命愁ひまして、吾独りいかでかもよくこの国を作ることを得む。いずれの神と吾はよくこの国を相作らましと告りたまひき。この時海原を照らしてより来る神あり。その神のりたまはく。よく我がみまへを治めてば、吾よく共どもに相ひ作り成してむ・・・」

神が繰り返し海から少名毘古那の神として大国主の命に向かって現れている。ここでその神は大国主の命に私のみまえをよく治めるならば一緒に国を作って行こうと提案している。海の力が神として扱われることによって兄弟としての大国主の命が神格を体現する段階に到ったということであろう。それを次章即ち総括編第二章において扱い、総括編の主題である神としての大国主の命への導入となしたいと思う。それは海の力を受け入れる姿勢の問題として捉えることもできるであろう。大国主の命が少名毘古那神を迎えたとき人格の完成に向けて、神にいたる転機となる推移をこの文章は辿り始めたということでもあろう。

海に国を治める能力を祈願していたとすれば、海からやってくる精神作用をマクロ的に目でみるよりミクロ的に波動的な現象として検討してみたいと思う。その場合の神は異常なまでに小さい姿で現れ、日本書記にも海神ワタツミは「海童」「少童命」（岩波版日本古典文学大系「日本書記〈上〉」九〇、九四頁参照）と記されている。柳田氏は異郷から福徳をもたらすワタツミや童子と無縁でないと説き（柳田国男「海神少堂」『桃太郎の誕生』一九三三年所収）、「はるか沖合いの海底にあった」ものという説もある（西郷前掲書「古事記注釈」第二巻三三二頁）。しかしここでもイオンの波動の働きを想定すれば、海辺で砕ける海水面が繰り返し破裂するときの泡の「羽根の生えたように飛び散る」作用だったと言えないだろうか。「鏡の船に乗りて」海面上を「ひむし皮をうち剥ぎに剥ぎて衣服として」泡の状態で「帰り来る」行っては戻ってくる状態になっている。「岬に立ち」大国主の命が小さい神を迎えたというのは海のエネルギーを真正面から最大限に受け止めたと言えよう。

先ず海洋と陸地が接触する海岸を万葉がどういう場として捉えていたかを見てみよう。岩石海岸を磯六三例、砂浜海岸を浜七五例、計一三八例によって扱ってみたい。その「出雲の美保の岬」は日本海に入ってきた津島暖流が最初に本州に接近するところであり、突出した陸地にエネルギーを放出させて磯の地形を連ねている。

万葉の磯は状況からみれば波しぶきが立ち上がり、船で漕ぎ出して島廻りをし、浜では風が吹き波が寄せてさやけさをもたらすというものになっている（船漕ぎ・万三六六、（三六八）、（三一九九）、三二三二、三六二七、（三九六一）、四〇二九、四二四五、浦廻・万一一五五、一三〇一、一六七一、一七九九、磯廻・万三六二、三六八、一二三四、三一九九、三九五一、三九六一、風吹き・万七三、一二五一、二九四、一四五九、三二〇一、波寄せ・万二二〇、九三七、一一五一、一一五八、一二三九、一六一五、一六七三、三二三七、三三三九、三三四三、四四一一、清くさやけし・万九三八、一〇〇一、一〇六七、一一五八、一一七七、一二〇四、三六三二、三九九四、四一八七、四二七一、括弧内の数字は重複している歌の番号)。

わざわざ荒れる海にさやけさを求めて相手への思いを強めに出かけていたのである。その対象としては清い(三例)浜波を(六例)見て思いを鎮め(一〇例)、妹子(一一例)や君(七例)を、恋い(七例)思う(四例)というものであった。

又磯や浜に見られる波の状況は、風寒く(五例)白波が立ち(九例)磯を越え(三例)、轟き揺すり(九例)振り乱れ(五例)、荒く(一〇例)恐こい神を(四例)磯みに訪れ(六例)なぎを待つ(一例)というものになっている。それらは一三八例中五二例に達していてすべて荒れた姿で描写されている。

「住吉の、沖つ白波、風吹けば、来寄する浜を、見れば清しも」(万一一五八)

穏やかな風や波の記述がみられないし、進んで荒れた海によしみを向けている。大国主の命と万葉集の歌は海の荒れたエネルギーを共有していたように見える。海洋のエネルギーが海岸で放出される時荒れるほど好ましいという受け止め方をしている。

更に記紀万葉には「ひりふ」という用語例があって、海の作用は荒れて冷たい海中に振り動かすほど有効であるという。

記紀万葉には「貝をひりふ」という呪法が多数記述されていた。それは海の活性力を細く振り動かして採集するためであったと考えられる。その論拠は袖をひりふと同じように細動による同調によって活性力の採集を目指していたことであろう。

「ひりふ」が従来のように拾う（ひらふ）の意味で解釈すると、なぜ冷たい水に潜って拾って来たのが家の土産として貴重であったか特定できない。「ひりふ」は全部海の中の動作になっていたのであり問題は（1）どんな動作で、（2）どういう意味で、（3）どんな根拠に基づいていたかについて大国主の命の海の作業との関連で検討したい。

第一に、その動作の種類であるが、「ひりひとり」というその「ひり」は細かい震動を伴う動作で取り出すのであったとすれば、貝をひりふというのは貝に細かい震動を与える効果を期待したのではないかと想定されよう。

第二に、その働きのもっている意味が、あわびを目でみた色や形の美しさで想定することは音に興味を集中していた万葉人には異質の行為になってしまう。恋を操作する恋忘れ貝の呪法が、海の波がもってくる震動に関わる無数の小さい活性力に基づいていたのではなかろうか。

第三に、なぜそのように恋の傷みを忘れさせる生命の効用が期待されたのであろうか。「家づとに、貝そひりへる、浜波は、いやしくしくに、高く寄すれど」（万四四一一）

波打ち際の海水は小さなイオンの働きが活発である。波が心身に与える影響力はマイナスのイオンの波動に共鳴した結果だったのではなかろうか。そこで海辺の海中のイオンの状況について、その分子的な関連を検討してみようと思う。（4）それがどんな心構えで行われていたかは第二篇で扱いたいと思う。

地球表面に循環する大洋エネルギーが集中するところとして海岸は、風のエネルギーを伴ってそのイオンを更に小さくして効用を高めている。その微細な作用を共有できたのは自然に素直に従う開かれた心をもたなければならない。「よく吾が御前を治めては」とスクナヒコナノ命がその謙虚に斎い奉る心がけを冒頭の文で説いている。自然人としていったん自然に波長を合わせてその効用を浴びた以上、自然を偽ることは逆効果が恐ろしい。それがたとえ文明人に欺かれ易いという欠点をもっていたとしても、人間を含めた自然に心を開いた人格的な効用を捨てきれない。むしろ積極的に自然の中にその効能を求めて潜り込んでいったのではなかろうか。その背景をなすものから検討していきたいと思う。

第一項　海の元素

その第一は海水には殆どすべての元素が含まれているが、井口洋夫氏によれば「海水一キログラムに一ミリグラム以上のものは一四種あり」（内海誓一郎、鈴木啓介、坪田博行、野田春彦、妹尾学、吉田章一郎「水―生命のふるさと」共立出版、昭和四九年、七五頁）、その一四種を示すと、ナトリウム、酸素、水素、塩素、マグネシウム、硫黄、カルシウム、カリウム、臭素、炭素、ストロンチウム、ホウ素、ケイ素、フッ素となっている。その科学的状況は

「海水中の溶解物質の大部分は強電解質であって、水溶液中ではイオンとして存在している・・・（海水中のイオンの数は）・・・半径七・〇オングストロームの球内に一個のイオンが存在する・・・

（水溶液中のイオンは水分子に強い相互作用を持ち）・・・イオンによって水分子が配列される領域、水の構造が破壊されている領域、水本来の構造を持つ領域に分かれ」ていると考えられる（井口前掲書、八五頁）。

そのような海水が波打ち際で分子やイオンの状態で人間の神経細胞やひいては生理に影響与えることになるのは、海洋の表面で大気の局所的な分子的反応が相互に作用して「海水の微滴が生成され」ることによってである（井口前掲書、一〇〇頁）。海水の表面がはがれるように微小な水摘をなして岸に寄せると言うのはスクナヒコナノ命が「波の穂よりひむしの皮をうち剥ぎに剥ぎて衣服として来た」という表現と矛盾しないであろう。

さらに水中での反応は竹内氏によれば、「無数の小さな気泡ができたり破れたりするので一種のざわめき音」が起こっている（竹内龍一「音―その形態と物理―」日本放送出版協会、昭和四一年、四九頁）。それらの気泡が海水中で変形するときにその形をもとに戻そうとするので、さらに気泡の生成を促しながらざわめきを増幅させてゆく。しかしその音は人の聴覚には響かない。「震動は生ずるのであるが」気泡が大変小さいので、このような震動の周波数は非常に高くなり、音波になっても超音波の範囲を出ない（竹内前掲書「音―その形態と物理―」四九頁）。その音波がさらに海水に対して気泡の生成を次々に促し連鎖反応を拡げてゆく。

「超音波が十分強く液体中を伝播する時には、発熱によってその液体中の気体が気泡になるのである」（竹内前掲書「音―その形態と物理―」一八二頁）。なぜなら超音波は液体の粒子速度を非常に大きく加速させることによって粒子による気泡の生成を促すからである。超音波は海水中で海水に強い張力の作用を及ぼすことによって、気泡の無限の生成と消滅の作用を繰り返し与えている。更に海水のイオンは海水中に閉ざされ続けてなかなか水面上に出ることができない。内部へ屈折する方が抵抗が少なくほぼ一二度の入斜角では水中から外へはなかなか出ることができない。この時の「音速と密度との積が（波動インピーダンスと呼ばれて）その差が大きいほど反射率は小さい」ことになる（竹内前掲書「音―その形態と物理―」九八頁）。そのようにしてもし水中の効能をイオンとして採集するならば、それを水中で採集することになろう。小さいイオンは分子の一〇ヶから一〇〇ヶ位の集まりと考えられるけれども、むしろそれは波動の状態のものである。近代物理学が古典物理学と異なる考え方の一つは、物質が粒子からなると同時に波動からもなっているという点であろう。鏡がイオンを反射させる場合、粒子としてのみならず波動としてのイオンの働きを考えなければならないのと同様である。そして万葉人が実修していたみそきが（海岸や川瀬の）水中で行われなければならない理由が小さいイオンのもつ波動性の効能によっていたからかもしれないと考えられるのである。イオンをその粒子性と波動性の一方だけに限定せずに分子レベルの現象を扱わなければならないとすれば、粒子と電子との直接相互作用のみならず、波動と電子との間接作用についてもその影響を無視することはできなくなるであろう（竹内前掲書「音―その形態と物理―」一八四頁、寺沢徳雄「震動と波動」岩波書店、昭和五四年、二〇四頁）。

「なかなかに、君に恋ひずは、比良の浦の、海女ならましを、玉藻刈りつつ」（万二七四三）

恋のつらさに耐えかねて海女にでもなろうというのは、海女が海の精を受け入れて蘇生するようにイオンの生命力に憧れたからではなかろうか。

第二項　イオン採集

――（万二八）「衣」から活性力を我が身に引込むように
（万七四五）「貝ひり」も貝の波動を引込む作業――

問題はその海水の効用を「家づと」にもって帰ろうとする発想がどのようにして成り立ったかということにある。仮設を先取りして言えば、海水の震動の中で成長した貝の共鳴音を持続させようとしたのではなかろうか。イオンの作用を海水中で貝が震動として受け止めているという発想に基づくものであろう。そのような観点に立って海水中イオンの働きを取り出す方法を考えてみよう。

全ての物質はイオンと電子とから構成され、その電子が波動的性質をもつことを最初に指摘したのはドブローイであった（寺沢前掲書「震動と波動」二〇五頁）。次にデヴィソンとジャーマーは電子線の結晶による解析パターンで電子の性質を証明した。イオンが波動的性質をもっていることになると、粒子としては海水から取り出しにくいイオンの効果を、波動の共鳴によって採集できる可能性が生じたのである。「震動を与えることによって、いまプリントされた波動が活性化されて来るのです。波動には、いつも活性化のために震動を与えることが必要です」と江本氏が波動の取り出しを説かれている。「ボトルの底を床などにとんとんと十数回たたきつけて震動を十分に与える」（江本勝「波動の人間学」ビジネス社、一九九四年、一〇〇、一一三頁）ことによって波動のプリントが進むという。

「妹がため、貝をひりふと、ちぬの海に、濡れにし袖は、振れどひらず」（万一一四五）

水中で濡れながら振り動かすという作業がどんなに大変な作業であっても、水中に震動を求めてそれに同調しなければならない気持ちが歌われている。冬の海の危険な作業を通して貝を海に共鳴させせようとする確信に満ちた行為になっている。その確信の根拠は何にあったのであろうか。

第二節　イオンの波動の意味

イオンが心身に大きな影響を与えるものであったとすれば、そのイオンの作用を波動の面でも捉えなければならないであろう。

ボーアは原子核を回る惑星電子を考えたが、電磁波が放射されてもその原子のもっているエネルギーが失われていないことを説明しなければならなくなる。その時彼は「定常状態」という考えを提出した。それは電子が固有の震動数で震動しているという考えであった。

例えば貝は海水中の波動に刺激を受けながら成長してきたともいえよう。万葉人はその貝に海水の震動を与え返して生命体の震動を増幅させたのであろう。その波動を人の指先が増進させたと想定してみよう。すると波の震動と貝の震動とがある段階の定常状態において、イオンの波動を授受しあう状況を成り立たせたとしてみよう。死に絶えた貝殻の最低の定常状態に対して、より高い状態を貝に或いは真珠に活性化させようとしたのではなかろうか。なぜならば電子の定常状態はそれぞれ固有の波動をもっているので、「決まった値の振動数の電磁波しかださない」（大槻義彦「原子を見た」講談社、昭和五二年、六七頁）からである。貝の電子の震動を、人間が振り動かして探り出したということになるであろう。一定の決まった震動数をもった泡のイオンによって成長を刺激され続けてきた貝が、その震動数の波長によって共鳴を回復し増幅し始めると想定してみよう。巻貝は水流の渦と同型でありそれが死んでもその水流の螺旋の運動に同調させれば貝の生命感を再生させられたのであろう。「蝸や貝の多くのもの・・・の構造に見られるある種の螺旋形態形成も又、渦形態とその動的力を表している」（シュベンク前掲書「カオスの自然学」一四八頁）とシュベンクは波動が形態を創造する霊的な関係をもつことを報告している。万葉で好んで採取された貝も巻き貝のアワビであった。

量子論では「エネルギーはある基本単位の整数倍になっている」という現象がある（大槻前掲書「原子を見た」七二頁）。その基本単位はプランクの定数と呼ばれる（寺沢前掲書「震動と波動」二〇一頁）。とすれば海水の震動で成長した貝が再び海水の震動の中で共鳴を回復することがプランクの定数を元に戻すことによって可能になるであろう。ボーアは次のように言っている「ある定常状態にある原子には他の定常状態へのさまざまな可能な遷移の間で自由に選択する権利があるといってよい」（ボーア前掲書「原子理論と自然記述」一二〇頁）。たとえそれを予測するために確率的な考察が必要になるとしても、万葉人のそのような試みを再吟味する機会をわれわれは避けることはできないであろう。

しかも海水の組成を見ると、人体や他の生物の組成と殆ど同じだったのである。江本氏によれば「生体の多量元素と海水中の多量元素とは（PとMgとを入れ換えただけで）元素の種類は全く一致する」というほどのものである（江本前掲書「波動の人間学」一七〇頁）。「初期生物進化は海でなされ・・・生物は海水中に比較的多量にある元素で構成され、又生物に微量に必要な触媒活性中心としては海水中の微量元素が用いられている。それも海水中濃度の高いものから優先的に利用された、元素を海水中濃度の順に並べてみた。元素の海水中濃度と元素の生物学的あり方との間には見事に相関関係が」成り立っていたのである（江本前掲書「波動の人間学」一七四頁）。

生命の起源は三〇億年前のことであった。その生命を発生させ、さらに活性化させる故郷は海であった。その生命の組織は海水の組織と同質であり、海水の濃度の差の順位で生物の生命活動が促されてきたのである。とすれば炭素化合物の分子配列を新陳代謝を行うにふさわしい配列に組替えることによって、生命が付与され始めたのは海水中であったということになるであろう。そのようにしてエネルギー代謝の中核をなすブドウ糖・ATP・核酸・アミノ酸がそれぞれの分子配列をマイナスイオンの波動に順応して組替えられていったと考えられよう。生命が組成されはじめたのはまだ空中に酸素が発生していない段階で、オゾンもなくそのため紫外線が降り注いでいた地上ではありえなかった。そこで紫外線の弱い、マイナスイオンに満ちた海水中の太陽光線の届く数メートル前後の深さの所で、生命にとって最も活性を刺激される状態が成立したのであろう。とすれば「潜いて」いって「ひり振り」取ったという万葉の習俗は、生命の発生した場所とその活性化の機能において矛盾し合わないであろう。万葉人はその生を促す荒海の水泡「さやけし」を当てて全細胞に同一の方向性を感じとっていたのかもしれない。

マイナスイオンは生命の活性を促す分子的震動であった。カリウムや塩素のイオンの分子的震動の中で原始の生命の胎動を刺激したのであろう。海こそ生命を活性化させるエネルギーに満たされた唯一の場所であった。イオンが海水中において生体の新陳代謝を促す機能をもっていたのは、その新陳代謝にふさわしい分子の配列を準備する機能によるものであった。ちょうど河の瀬に紅葉が散紛う時のカリウムイオンの散乱にも匹敵する働きが想定されよう。生命力を刺激する分子的作用から生命の起源の問題が切り離されて考えることはできないであろう。どちらにしても万葉的環境と一体的反応は進行してゆくに違いない。

「家づとに、貝をひりふと、沖辺より、寄せ来る波に、衣手濡れぬ」（万三七〇九）

家にもって帰るために貝を振り動かしていると、沖から寄せて来る波に衣が濡れてしまう。

「わが欲りし、野島は見せつ、底深き、阿胡根の浦の、珠そひりはぬ」（万一二）

彼らは海水中に貝をひりふり、砕ける波からさやけさを受け取っている。ひりひとるための海水への感性が変わってしまった現代では、「ひりふ」を「拾う」と訳すことによって精神の充足から物質の充足へ価値判断の基準は転換されなければならなかったのであろう。

「わが背子に、恋ふれば苦し、暇あらば、ひりひて行かむ、恋忘れ貝」（万九六四）

恋の傷みに耐えられないから貝をひりひて行こうというのであるなら、傷みに耐えて力付けをしてくれるように願うのは心の波動の作用によってであって、物として期待する祈りの作用ではない。岸辺の海水の活性力を貝に共鳴させるひりふる操作が、恋の不調によって自滅しそうになる生命感を万葉の気力によって蘇らせたい。「恋忘れ」とは「恋」という心の危機を回避させて「忘れ」るという動作を指している。「恋」が悦楽であるならば忘れる必要もないし、そのような「貝」の存在もありえない。

第三節　貝に込められた海のエネルギー

貝を歌った万葉の歌を見てみよう。

a　貝を採り土産にする

a1　潜ってあわびを採る（八例、万九三三、一三二二、一七九六、一七九八、三〇八四、三二五七、四一〇一、四一〇三）。

「珠州《すず》の海女の、沖つ御神にい渡りて、潜づき採るとふ、あわび玉五百《いほ》ちもがも、はしき妻の命の・・・」

（万四一〇一）

懐かしい妻から別れてきたので、沖の神の処に行って潜って採って来よう。そのあわびを五百でも千でも欲しいという。

「沖つ鳥、い行き渡りて、潜づくちふ、あわび玉もが、包てやらむ」（万四一〇三）

鳥が潜って採るというあわびがあれば贈ってやれるものを、それができない相手への憧れが貝への思いを共にその意図するものとして増幅させている。

a2　貝をひりひとる（四例、万一一四五、三一七五、三七〇九、四四一一）

「家づとに、貝そひりへる、浜松は、いやしくしくに、高くよすれど」（万四四一一）

いくら波が高く寄せて来る濱であっても、貝をひりふりとらなければならない。波に濡れる身を惜しまずに貝に海の共鳴を移すことによって、家人を思う不安な旅心を鎮める。貝を通して海のもつ浄化力を生命力に転化しようとしていたのであろう。

b　濱に寄り来る貝を採り、恋の傷を忘れようとする（九例・万六八、一二二四、九六四、一一四七、二七九五、三六二九、三七一一、四〇三三）。

「暇あらば、ひりひに行かむ、住吉の、岸に寄るとふ、恋忘れ貝」（万一一四七）

「我が袖は、たもと通りて、濡れぬとも、恋ひ忘れ貝、採らずば行かじ」（万三七一一）

満たされない恋心の傷みを除く貝の働きから、恋忘れ貝という言葉が生れ、生命の復活を祈願された貝は、海水中の活力の写しになったのであろう。それは貝の食用になって美しいというようなな味覚や視覚の問題とは必ずしも関わらない。我々の言う聴覚の問題ですらない。満たされない想いに対してなされた、心の不満を充足させる操作として「ひりふ」を問題にしなければならないであろう。再会が絶望的であるほど、命を掛けて荒海の冷水に挑むことによって、萎える心を振り立てたのであろう。それは故郷に帰りつけないかもしれない旅の危険の中に、自らを励まそうとする苦行であった。だから拾ってきた貝によって好意を表せば思いが通ずるという軽い気持ちで、万葉の深い思いを通わせられるだろうか。荒れて危険な冬の海に潜るのであれば如何なる好意も「ひりふ」に及ぶものはありえない。

「我背子に、恋ふれば苦し、暇あらば、ひりひて行かむ、恋ひ忘れ貝」（万九六四）

波動を感ずるものにとって生の挫折から海のエネルギーを張らせてくれる貝の働きは掛替えのないものであったに違いない。その価値は物ではなく弾みを心に蘇らせる精神的な充足にあったからである。分子レベルにおけるミクロの作用として、少なくとも呪法として心に響くようにひりふられていたのであろう。

c　宮廷を讃美する貝の働きについて

「・・・海の底、奥ついくりに、あわび珠、さはにかづき出、船並めて、仕へ奉るが貴し、みれば」（万九三三）

貝が生命力を促す働きは宮廷の繁栄にも関わる呪法であった。主君を祝福するあわび珠の活性力が政治の世界に及んでいたのである。

古事記の貝の作用もその傾向は受け継がれている。

a 「・・さるたびこの神、あざかにいましける時に、漁りして、ひらぶ貝にその手喰ひあはされて、海塩に溺れたまひき。故れその底に沈みたまふ時に、み名をソコドク（底度久）御魂とまおし、その海水の粒立つ時のみ名を、つぶたつ御魂とまおし、そのあわさく時のみ名をあわさく御魂とまおす」（記上五〇オ四）

サルタヒコが海底に沈むときにツブとアワが発生し、それに魂の名をつけた神が生成する。そのような神の名からツブとアワの機能の生理的影響が分子的イオンの働きになっている。魂という名を得た水中の泡粒の働きが至宝の作用を神として及ぼす。その貝の名が「ひらぶ」（比良夫）というのは、万葉の「ひりふ」貝の機能と関連するであろう。しかも底に沈んだ泡が、粒として浮きだして来たという。底に沈んだ泡が粒として破裂する時のイオンの働きを採集しようとして万葉の習俗がひりふっていた習俗を古事記が受け止めたのである。古事記の泡粒の神が海底で発生したのを万葉が陸上で継承したとも言えよう。民俗的に言えば新古の層は入り組んでいてその前後は問いにくい。その神を水中において高度のエネルギーの作用として採集しようとする。宮廷に海産物が献上されたのは、あわびが美味であっただけでなく、朝廷の繁栄を海の貝のミクロの働きから祈願されたのであろう。「相当大きな二枚貝」に挟まれて溺れたというのでは「なぜツブタツ御魂というのかよく分からぬ」ということになるであろう（西郷前掲書「古事記注釈」第二巻二八八頁）。古典物理学のマクロの世界はここでは通用しない。新古の層の断裂の根は深い。

b　允恭記「夏草の、相ひ寝の、浜の牡蛎貝に、足踏ますな、あかして通れ」（記下二〇ウ四）

恋の実りを与えてくれた、牡蛎の呪能に敬意を払い、踏みつぶすなと歌っている。生命へ活力を与えるものとして、海水によって刺激された貝の働きを、恋のエネルギーを実らせる条件として扱ったものであろう。それはちょうど貝を家づとに包んで持ち帰った万葉の心情と通じるものになっている。夏草が繁る中であい共に寝た、夜が明てからその浜の貝の殻で足が傷つかないように、むしろできれば海の精気を精一杯受け入れていって欲しいと願う。

c　宮廷讃歌　権力の意向によって貝の呪能が取り入れられたのである。

「この天皇（敏達帝）トヨミケカシキヤ姫の命にめあひまして生みませる御子、シヅカヒ（静貝）の御子、またの名はカイダコ（貝蛸）の王、次に竹田の王、またの名はヲカヒ（小貝）の王・・・」（記下四六オ五）

とあって海中の貝の効能を取り入れて皇子の幸運を海に祈念する名称をつけている。天皇が貝にあやかろうとして皇子の名前に貝の名を付けたのは、世継ぎの栄えを海水の働きに預からせようとする祈りからだったのであろう。

第四節　海中の神を求めて潜る

「自然は・・・恐ろしいものでも敵意に満ちたものでもなく、純粋なエネルギーのたまり場である」（ブレア前掲書「超自然学」二六一頁）とブレアは万葉人が冷たい冬の海の波に身を浸す方法が、深い次元で自然と関わっていたことを予想させている。

海水中でその優れたイオンの活性力を取り入れる行為がどのようになされていたかを万葉の「潜く」二一例を通して見てゆきたいと思う。

a　鳥が海・河・池に潜り、珠を採ってきて恋の仲立ちをする（七例、万一七〇、二五八、七二五、三三三〇、三八七〇、四一五八、四一九八）。

「紫の、粉潟の海に、潜く鳥、珠潜き出でば、我が玉にせむ」（万三八七〇）

水鳥が人にくれる玉であるならばそれにはきっと海水の活性力が転移されていることであろう。とても叶えてもらえそうもない気持ちを鳥に掛けたものであって、その仮定の対象は真珠であるかもしれない。

「・・・速き瀬に、鵜を潜けつつ、月に日に、しか遊ばせね、はしき我が背子」（万四一八九）

河瀬に鵜を潜らせながら鮎を採るのは鳥が一度は水に潜って身を沈めながら、再び空中に羽ばたく勢いを感じさせるものがあった。潜る鵜の再生への気力を相手に二重に転移させようとした歌であろう。

「人漕がず、あらくもしるし、潜きする、おしとたかべと、舟の上に住む」（万二五八）

藤原京が都でなくなった淋しさから潜ろうともしない鳥の姿や人のやるせない気持ちを表している。鳥が物思いに沈んで人の生気を吸い取ってしまいそうな気配もある。恋の挫折や死の絶望に通づる潜らない鳥の不吉な姿になっている。

「島の宮、勾りの池の、放ち鳥、人目に恋ひて、池に潜かず」(万一七〇)

日並知の皇子の死に際して島の宮の池の「放ち鳥」が「人目に恋ひて潜」ろうとしないのは、きっと鳥までも皇子の死の虚しさを感じているからに違いない。鳥は自分の生命を更新させようとして人の目を気にすることはないはずなのに、死んだ皇子の再生を預けようとする鳥すら諦め顔をしていたのではどのように心の傷みを癒せばよいのであろうかという嘆きにもなる。

b　海女が潜って玉を取りに行き恋を歌う(一二例、万九三三、一二五三、一二五四、一三〇一、一三〇二、一三〇三、二七九八、三〇八四、三八六九、四一〇一、四一六九)。

「伊勢のあまの、朝な夕な、潜くといふ、あわびの貝の、片思ひにして」(万二七九八)

片思いの不安と悲哀を鎮めるために、一枚貝であるためのあわびの片思いに主題をずらしている。もしも万葉人が恋というものを魂の抜け殻として考えていたならば、その仮死状態から蘇生するために潜り採る貝の中のエネルギーを求めていたことになるであろう。虚脱した心をなぜ癒す働きがあるのかを貝に尋ねたのであろう。

「沖つ島、い行き渡りて、潜くちふ、あわび玉もが、包てやらむ」(万四一〇三)

海水の中でエネルギーを採取して成長する貝がここでは人の恋の道を成す呪物になっている。「包みてや」るのはどうぞ食べて下さいという現代的習俗に加えて気落ちしないで待っていて欲しいという願いでもあったであろう。それは沖の海のイオンの作用を鋭い聴覚でひりひとる昔からの確信によるものであってその上で次のような表現が成り立ったのであろう。

「海神の、手に纏き持てる、玉ゆえに、磯の浦みに、潜きするかも」（万一三〇一）

海の神が手にしっかり巻いてもっている玉だからこそ、荒れる磯に潜って採ることによって、物理的な命よりも精神的な魂を、無謀にも優先させていたと言えよう。

海に潜って恋の傷みを取り去ろうとするのが同時に死の傷みを鎮める機能に通じていた。蘇生を人間に対して神の作用として許されるためには、救済の条件に対する共通の認識がその前提をなしていなければならなかったであろう。

玉に神聖な働きが宿ると人は思ったのであり、磯の入り江に潜ることがその手段だと考えられたのは、神が岩石海岸の波しぶきが作り出すイオンの効用を玉に取り入れることができるという実感からであろう。かずき採る操作を成り立たせたものは海神の手に巻く実態を感じ取る能力によってであろう。神の名にふさわしい効能を前提にしなければお互いの共感を通じ合えなかったに違いない。

「潜きする、海女は告るとも、わたつみ（海神）の、心し得ずは、見ゆといはなくに」（万一三〇三）

海に潜る人が確かに海水から得たと保証してくれたとしても、海神の保証がえられなければあの人に会えるかどうかは判らない。海水の働きが実態であり、それを神の名で表現していたものを、今は神の名で実態を捉えようとして、海水の効用への自信が崩れ出し始めているように見える。

c　身を水に投げて「潜」いている（八例、万一七〇、二五八、七二五、三三三〇、三七八八、三八七〇、

四一五八、四一八九）。

「耳成の池し恨めし、吾が妹子が、来つつ潜かば、水はかれなむ」（万三七八八）

表面上は愛しい人が潜るなら水は干上がってくれればよかったのにと言う。投身自殺をした少女を実は「潜」いたのだから蘇えって欲しいと悔やんでいる。言うならば水辺の再生呪能の力不足を責めている。

潜く海女を万葉で見てみたい。

海女の作業は万葉に七一例あり、旅行く者が、海女の漁り三四パーセント、潜き一一パーセント、塩焼く七パーセントの姿を見て

a　自然の活力を発散する海女を讃歌し

「潜きする、海女は告るとも、海神の、心し得ずは、見ゆといはなくに」（万一三〇三）

海神がよいと言うまではたとえ海女がよいと言っても逢えないであろうという。海女が自然力を間接的に受け継いで神の働きを期待されたのは、海のエネルギーを身に浴び続けていたからであろう。

（その他、万二三、二五二、二五六、二五六、二九四、九九九、一〇〇三、一〇三三、一一八七、一一九四、一二〇四、一二三四、三一六九、三八九二、一二二七、一二四九、一三〇二、一三一八、一三〇三、一六六九、一六七〇、一七一五、三二二五、三二二五、三六〇七、三六〇七、三六〇九、三六〇九、三六〇九、三六

二三、三六六四、三六六一、三八七二、三九五六、四〇〇四、四一〇一、四〇一七、四〇〇六、四一〇五、四一六九、四二〇二)。

b　海女を見て妻を偲ぶという形で歌われ

「白たえの、衣の袖を、まくらがよ、海女漕ぎ来見ゆ、波立つなゆめ」(万三四四九)

まくらの里から海女の船が漕いでくるのが見えるから波は立つなと言う(衣を枕に敷いて寝て思いを新たにするという習俗があった。それを地名にだぶらせて相手に心を掛けている(その他・万四一三、八五三、九四七、一一六七、一一九七、一二四五、一二五三、一三三二、一七二六、二六二二、二七四二、二七四四、二七四六、二七九八、二九七一、三一七四、三一七五、三一七七、三二〇五、三六二七、三六五二、三六五三、四二一八)。

c　海女を通して宮廷を讃える

「大宮の、内まで聞こゆ、網引きすと、網子調ふる、海女の呼び声」(万二三八)

海女の網引きを指図する声が宮廷をことほぐように聞こえて来る。あたかもそれは海の轟きを人の声に乗せて海辺の空間に響かせているようであると言う(その他・万九三三、九三四、三六九四)。

万葉では故郷を離れて海辺を旅する者が、海女が船に乗り出し魚を取り海に潜り玉を取るのを見て、自然を讃え妻問を歌ったのである。此の場合の海女は海のもつ活性力を伝達するときの祈りの中継ぎをしている。

次に古事記における「潜く」を見てみよう。

a 「（応神記）このあまやいずくのあま、百伝ふつぬがのあま、横去らふ、いずくに至る。伊ちじ島、み島につき、にほ鳥の潜き息づき・・・しなだゆふ、さざなみ、道をすくすくと我がいませば、木幡の道に逢はししおとめ・・・我が見し子にうたたけだに、向ひ居るかも、い副ひ居るかも」（記中五九オ二）

宣長の解釈のように蟹を蟹としてそのまま詠めばこれは饗宴の歌になろう（『宣長全集』第一一巻古事記伝三二巻、筑摩書房、四六一頁、西郷信綱前掲書『古事記注釈』第四巻二二八頁）。土橋氏の解釈のように海部の部分は枕詞であるならば（土橋前掲書『古代歌謡全注釈』一八七頁）この枕詞には作者の意志が込められてもよいことになる。それは海の力を取り入れる海女のように、あるいはかいつぶりが水に潜っては命を蘇生させる力をもつように、漣の道を辿ってきて出合った娘と寄り添いたいという意味になるからである。但しこの枕詞には恋の成就を祈願する意志が込められていたとしなければならない。応神天皇の歌に海女の歌を合わせてみれば、前半は旅をして海女や鳥が海に潜くのを見、後半は女性を獲得し、ウジノワキイラツコを生むという筋となろう。自然を讃えa、妻を得b、皇子を生むc、という類型を満たしてもいる。蟹とすると饗宴と鳥と妻との関連がばらばらになって歌の意図に筋道を通せない。

しかも蟹は記紀万葉には呪物としても無視された素材であったたし、祈願としては物質に偏りがあり精神性を辿れない。この場合の海女も鳥も水に潜っているという描写は恋の成就の兆しであって、生命感を息づかせる呪能にあやかろうとする意図が見られる。万葉の「にほ鳥の、潜く池水、心あらば、君に我が恋ふる、心示さね」(万七二五)潜る鳥の生命感を見て相手への願望を伝えて欲しかったのであろう。池が深い心を示す(折口信夫全集第四巻(口約万葉集〈上〉)、中央公論社、二五四頁)のであればそれでも潜り取ろうという水の活性力への憧れを示すのであろう。

b「(神代記)ここに上つ瀬は瀬速し、下つ瀬は瀬弱し、と詔りごこちたまひて、初めて中津瀬におりかずきて、そそぎたまふ時に成りませる神のみ名は、八十まがつ日の神…」(記上一一ウ三)

危険な荒波を被る上津瀬を避けて、イザナギの命が死界の悪い作用から洗い清められたのは、中津瀬にかずきそそぐことによってであった。そこで神の名をもつところの清めによって、水中の泡粒に身を曝すみそぎの効用になっている。とすればここでも万葉の生命の蘇生を祈願する水しぶきの作用が、古事記における死界の汚れを浄化する働きに連携していたことになるであろう。浄化して霊性のバランスを回復した者が祖先の冥福を祈る資格をえたのであろう。

c「いざ吾が君、振り熊が痛手負はずは、にほ鳥の淡海の海に、潜きせなわ」(記中五四オ三)

この歌はオシクマの王が追撃を受けたときに、海に潜って水死した状況が歌われている。アリクマの手に掛かって痛手を受けるよりも、水に潜って水のなかから再生するものでありたいと自ら鎮魂を歌うものになっている。鳥が潜らないのは死の予兆であった。再生の絶望であった万葉の趣旨と表裏の関係にあったのであろう。金子氏のように「呪的信仰は人間特有の創造力に」よるものだとしても（金子武雄「上代の呪的信仰」公論社、昭和五二年、五頁参照）その創造力は波動的実態に基づく共鳴性があり、西郷氏が「にほ鳥は比喩」（前掲書「古事記注釈」第三巻四三三頁）とされるといっても比喩の飛躍を可能にするミクロの関連性があったとしなければならない。水に潜く鳥の再生力にあやかって水に潜った人が救済されると信じていたのではなかろうか。それは身投げしても池は干上るという歌（万三七八八）とその発想で一致するであろう。

纏めてみると

a　「かずく」は記紀万葉を問わず海中に潜ってイオンを採集しようとする呪法であった。

b　それによって恋の傷みから再生を祈願して海水中の泡の破裂する働きが期待されたが、

c　さらに死の汚れを払い蘇生する海の浄化作用に基く祭式になっていたのである。

すなわち古代人は危機を迎える時、見える世界に即物的に対応するよりも内面的な心の処理を優先して海の力に頼っていたことになるであろう。だから「潮の流れで汚れを払い流し去る」（益田勝美「古事記」岩波書店、昭和五四年、一三九頁）にしても泡の浄化力が心のわだかまりを内面的に取り去って、霊を清めて現世の幸福を促したものなのであろう。

又水中で身を濯ぐ時、その深さによって効用が異なり、発生する神の性格が違っていたのは、小さなイオンの働きが海の深さによってその機能に微妙な違いがあったことによるであろう。「潜水族のみそぎの習俗」（益田前掲書「古事記」一四三頁）は場所ごとのイオンの作用の違いを基にしたものであろう。それを予想させるものが神名からみた古事記の記録にあった。みそぎによって生まれたワタツミの神が底と中と上で区別され、底津綿津見の神、中津綿津見の神、上津綿津見の神と書かれていて海の深さによる働きの違いを神の名で表現している。日本書記では底津少童の神、中津少童の神、表津少童の神と書かれている。少童はやはりワタツミの神とよまれて生まれたばかりの微細な神霊の姿でその機能が実感されたのであろう。海辺の海中の深度によってナノメートルの単位の泡粒の効能がそれぞれの神を区分し、海水のもつ効能の違いも明記したのである。「底筒之男神はつつ星により航海の進路を定めた関係から海路の神」だという語句の切り方がよいのか「底つ津の神」であるかは微妙だけれどもここだけが筒なのもおかしい（次田潤「古事記新講」明治書院、昭和三六年、七一頁、西郷前掲書「古事記注釈」三巻四〇八頁）。同様にオキザカル（奥疎）の神、へザカル（辺疎）の神等（記上一二オ二、六）も即物的な海路の神であるが、海岸の微妙な地形の違いからきた海の効用の違いを表したものであろうか（中島悦次氏も「海流の神」とされる「古事記注釈」七〇頁。本居宣長は「赤土命は中筒之男なること・・・その故は今禊したまひて、清明（アカ）くなりたまふ瀬なればなり」と言う「本居宣長全集」筑摩書房、昭和四三年、第九巻二七一頁。松村武雄氏はマヤ、アイルランド、フィン族等の祭の連想から「海人族の崇拝祭祀した霊格である」とされる「日本神話の研究」培風館、昭和四六年、第二巻、五一一頁。折口信夫氏は神功紀、住吉神出現の段を引かれ海の力を指摘される「日向の国の橘の小門のみな底に居て、水葉も稚やかに出で居る神。名はウハツツノヲ（表筒男）・中筒男・底筒男の神あり」（岩波版日本書記上巻三三二頁）

とあり「みぬま・みつはと言ひ、其若い様に、若くなると言った考え方をもっていたらしいとも言える」「折口信夫全集」中央公論社、昭和三〇年、第二巻八二頁。さらに「少名毘古那神は・・・常世の国から流れ寄った小人の神であった」とされる「折口前掲書「二」四〇頁。柳田国男氏は「海を母の国といった古い言伝えは私の知っている限りはまだ理由を究められていない」「川童が水の神信仰の零落の姿であるらしい」（「柳田国男全集　第八巻」筑摩書房、昭和三七年、五九、七三頁）と言われる）。

書紀は続けて「この三柱の神教へて曰く、吾が和魂をば宜しく大津ぬ名倉の長峡に居け。即ち因りて往来ふ船を看む：・則ち平に海を渡ることを得たまふ」（神后紀・住吉三神を祭るの段）と言い、諸説の説明がここに由来することになったのであろう。

スサノオの命の生まれは、古事記によればイザナギの命のみそぎによってであるが、日本書記によればイザナギ・イザナミ二神からであった。そのこともまた日本書記がすでに合理性への道を開き始めていたことの証になると言えようが、古事記ではまだ呪法の働きを色濃く残すことによって、霊性を浄化し悪性の霊の働きに対処しようとする意図をより鮮明に示したのである。表面的に古事記は相聞の万葉に較べて死者の浄霊をより深く祈願するものになっているのであった。

万葉人は霊のエネルギーを感得する力をもって、足下に砕ける波のしぶきの中で現れる神の姿を実感していたように見える。少名毘古那神は「沖合い」から寄せて来られる神秘な霊格であったし、天照大神の神格はイザナギの命が「みそぎ」した海水中で生まれた霊格であった。また大ひるめむちの命とも呼ばれ、その「ひる」の名は「ひひる」「ひりふ」という海の呪能的操作とも対応するものになっている。大国主の命も海からの精霊を取入れて磯の禊の習俗から生まれた海の精霊の救済力という共通項が見られる。いろいろな海のイオンの響きを受け止める神々の姿を精細に機能分類したものになっていたのである。それらすべての海の呪法も陸からの呪法の影響と同等の関連性になっている。

少名毘古那神の大国主の命に対する支援とは海の極度に小さな粟粒の形で、心身の清めを通して国作りに参画したものであろう。

「風のむた、寄せ来る波に、漁りする、海女乙女らが、裳の裾濡れぬ」（万三六六一）

という万葉の歌は悠久の命を蘇生させるようなさやけさを海に向かって訴えている。蘇生する力をもっている海女への憧れは人間の側の海に対する呪能への期待をどうとうであり、イオン介護の方策と一体である心構えの問題にならざるをえないであろう。

万葉には絶えることなく受継がれた歌の響きがあった。古事記の言葉の響きの中にも永遠の生命をねらう歌の消しようのない宮廷の意図が繰り返され続けたのであろう。

第二章　イオンに対する感性―スクナヒコナの神に対してどう対応したか

転換篇で扱ったのは大国主の命に関わる救済のエネルギーであった。特に海の救済力をイオンに求めている。

総括篇では大国主の命が破滅のエネルギーに蔽われかねない状況を迎える。神霊の処理を意識して処理しなければならない段階と言い換えることもできよう。時代はその政権の継続すら許さず、もう一つ向こう側にある神の座を準備しなければならなかったであろうようにも見える。その救済するエネルギーが破滅させるエネルギーにならないためにも古事記の引き受けた最大の難問に直面しなければならなくなる。それは同時に大国主の命の神話の隠されたテーマに当たるであろう。

心的な影響力のある波動に対して第一篇に見られた期待感は、ａの生命感から、ｂの家族愛に及ぼし、ｃの国家集団を祈念するという類型にまとめられるものであった。もしも一人でよく国を治められようかという大国主の命の危機感「吾独して何にかよくこの国を得つかまつらむ」を処理するためにはより総合的なパターンを求められたであろう。それはａ―の自然のみならず神との共鳴によって、ｂ―はまず神を迎える場を設定し、ｃ―も高次の効用を図るために神のお出ましを願わなければならない。ｄ―はその上で供養し、ｅ―その上で初めて神に祈念をするという方式も考えられていある。危機に際して霊性に向かって効能を発揮できるパターンが高次の機能として求められたのであろう。

大国が大国に対決する混乱を信仰によって調整することはむつかしい。朝廷力が神々の秩序の上に新しい時代の秩序を実行して統合の調整を引き裂いてしまう。

大国は自主的秩序の方式を失い消滅してゆかざるをえない。朝廷側はその新しい方式の秩序・平城京文化を説明できない。武家政権に従属しながら再統一の権力構造を温存し、象徴的権威をどのように確立するべきだろうか。


第一篇の最後に海のイオンの採集について扱った。それは厳しい試練を受け入れる呪能であった。単にそこに自然の優れた波動が存在しているだけで効用を期待できるものではなかった。既に見てきたように冷たい海に身を浸して貝を捕るという能動的な対応がまず必要であった。それを実証するかのような考古学上の報告が小林達雄氏によって次のようになされている。

万葉の時代をさらに千年以上遡り、縄文人の海の生活に潜水の跡が残されていたのである（日本経済新聞一九九七年六月一日、二〇頁「遺骨に残る潜水漁法の跡」）。発掘された遺骨のうち千体程度が形質上の特徴を知ることのできるものであり、それはそれ以降万葉までの古墳人の四倍を越える数になっている。

彼らの頭蓋骨の特色として、潜水人でなければ見られない頭の骨の症状である外耳道骨腫《ガイジドウコッシュ》が残されていた。岩手の九例中六例、岡山では三五例中九例に達しているという。ところが東京湾から東海にかけての貝塚からはそのような症例は発掘されていない。冷水の素潜りによって耳鼻咽喉的症状が発生していたと言われる。福島県の大畑貝塚からはとくにアワビ貝の出土があり、それが単に捕食の痕跡であったばかりでなくきちんと敷き並べられていて、マツリに関わるものであったことを推定させていたのである。さらに文献上でも弥生時代の記録として日本海の冷たい海で壮年男子があわびを採集していた記録が「魏志倭人伝」にあるという。小林氏はそれが万葉が歌われた古墳時代に継承された可能性が否定できないと云われている。高い発祥率をもったこの難治性の病根を残してまでこのあわびを好んで捕り祭に使っていたということは、万葉のあわびをひりふりとる習俗との根深い関連を物語るものであろう。万葉のあわびを玉として潜きひりふる記録は縄文・弥生・古墳時代を通して継続されてきたミクロの世界の習俗であったと言えるであろう。それを人間がどのように受け取っていたか見てみよう。

とくに冷たい海水が人体に対してどのような影響を与えるものであるかから見てゆこうと思う。

海中の主要物質カリウムのイオンの働きは植物の成長にとっての効能ばかりでなく、動物の生体にとっても高度の働きをもつものである。竹内氏によれば「ノイロンは（脳内神経の末端として）ジェリーのような物質で高い濃度のカリウムの正イオンが含まれていて絶縁被覆で包まれ、その膜によって全体の力学的強度を保っていると言われる。ノイロンの回りは高い濃度のナトリウムの正イオンを含む液体であって、・・・十分に強いエネルギーのパルスがあると、この電気的な平衡状態は乱されてノイロンの鎖を通して電気的信号が秒速一メートルから一〇〇メートルで伝わる」という（竹内前掲書「音―その形態と物理」四五頁）。人間の神経機能は海水の組織と同じであり、海水の活性化の作用を受ける状況にあることを想定させている。

又人間の聴覚器官も魚の浮き袋の機能から発達したということであれば、魚の内耳に音波が伝わる経緯は人間では槌骨、砧骨、鐙骨に相当している。人間の内耳の中の組成が原始の海の組織と同質のものであるとすると人間の聴覚と接している脳の部分の働きが、原音とも言える海水の音波の刺激を受けて、正常化されるであろう。動物の筋肉から分離した酵素の作用によってピルゼン酸キメーゼを活性化させるためにはカリウムが必要とされるという（前掲書「水とイオン」一七二頁）。とすれば筋肉の原動力であるATPはカリウムの働きを媒介にして作動していたと言えよう。

「細胞の構成物の維持は細胞代謝のみならず、まわりから分子やイオンの取り込みと、物質の細胞外の輸送にも依存する」からである（D・M・プレスコット「細胞生物学」酒井彦一訳、東京化学同人、一九九〇年、一一三頁）。人間の感覚上の受信装置の一つに内耳があり、それも含めてその伝達器官であるニューロンも、また活動器官である筋力も海水の主成分でもあるカリウムイオンの刺激によって成り立つものであった（プレスコット前掲書「細胞生物学」一二五頁）。人間の生命が成り立つためには新陳代謝の働きを欠かせないが、その働きを促すものは酵素であって、海水の働きが基本的な初動の操作を行っていたのである。フランシス・クリックは次のように言っている。「どの特定な化学反応についてもその過程の、しかもその過程だけの速度を早める特殊な触媒が存在し・・・それらの触媒は酵素として知られ・・・」ているということである（フランシス・クリック「分子と人間」玉木英彦訳、みすず書房、昭和四五年、四五頁)。

全ての細胞の生成の過程は、分子的レベルで遂行されているのであるから、海水のイオンが分子的レベルの範囲でそれを活性化しているという実態描写でとどめている。しかも万葉人がその関係を好んで成り立たせようとしていた海水の作用があった。たとえイオンと細胞の活力との間にある分子・タンパク質・酵素・ATP等の概念を省略して考えていたとしても、海水と肉体との相関関係を実感していた習俗は万葉を通して過不足なく物語られていたと言えるのではないか。海水の泡が破裂するざわめきは、可聴周波数二万サイクルを越えるものであったが、彼らはその効用の実態を海水中に聴き出すために、冷たい危険な海に潜っていたのである。

「潮満てば、水沫《みなわ》に浮かぶ細砂《まさご》にも、われは生けるか、恋ひは死なずて」(万二七三四)

恋にやつれて死にもしないでいるのは、水の沫に浮かぶ砂にでもなったのであろうかと言っている。いっそ「砂にもなりたい」(澤瀉久孝「万葉集注釈」中央公論社、昭和三一年、一巻)と言うのであれば、水面に浮かぶ沫がもっている活性力に救いを求めたからであったと言えるかもしれない。カプラは次のように言う。

「共鳴は粒子ではあるが物体ではない。出来事とか事件に近いものなのだ」(カプラ前掲書「タオ自然学」二九四頁)。すなわち活性力を生命に取り込むために、物体としての価値よりも出来事として泡と細胞の相互作用があったのであろう。問題は目に見えない気力というものをどうすれば萎えさせないで済むかということをミクロの世界に尋ねたのである。海の実体を第一篇にみたけれどもそれがどのように人体に取り入れられるものであるかについて能動的作業を含めて第二篇で検討したいと思う。

第一節　受け入れる側の心身の姿勢

海水中にはそのようにイオンが無数にひしめき合っていて、それが人間の心身にどのような影響を与えているものかを見てみよう。

神山恵三氏によると、イオンの分子が一〇ケから一〇〇ケくらい集まった大きさのものがマイナスの電荷をもつイオンである場合に「精神を安定させ、呼吸器官の機能」を高める効能をもつということである（神山恵三「健康の設計」大月書店、昭和五三年、三二頁）。このマイナスのイオンは特に「気管の中に遊離している五ヒドロトリプトアミンという物質の酸化過程を早めて気分を和らげ、喘息の発作などを静める」力を発揮するという（神山前掲書「健康の設計」四三頁）。海岸で大気浴を行うだけでも新陳代謝は高まりをみせ、酸素の消費量は増大し、呼吸が深くなり炭酸ガスの洗いだしも増加してゆくということである。その場合「水温が低いほど一層炭酸ガスの代謝の増大、脈拍、血圧の変化が強く現れ・・・睡眠も深まって行く」のである（神山前掲書「健康の設計」四二頁）。

ではいったいそれらのイオンの働きは生命体の中で生理的にどのような作用を及ぼしているので

あろうか。人が健康体をたくましく維持するために、目まぐるしく変化していく環境の中で、環境へ絶えず正しく適応するためには、神経系が強靭に対応しなければならない。神山氏によれば健康とは「高次の神経系の物質変化の結果としてもたらされたもので、人間の高次の神経活動を生み出す大脳」（神山前掲書「健康の設計」一七頁）が栄養を適度に調節・分配する制御システムの役割を引き受けている。「環境と生体との間の微妙な調整や、損傷を受けた組織の代償を通じて生存条件への適応を行っている」（神山前掲書「健康の設計」一二三頁）、その神経の終末に富んだ皮膚や粘膜に重大な刺激を与えるもの・・・それがイオンに富んだ潮風だったのである。万葉人が海辺で期待したものは単に肉体の健康だけでなく、精神的活動を活発にし、それによって願望を成就させる力となるものであった。

ペレティエは次のように言う。

「全体としては脳は一つのパターン認識者である・・・（脳の）左半球は範疇ヒエラルキーによって構成させる構図を作り上げ・・・外界のリアリティの信頼に足る効果的な表象を生みださなければならない」（ケネス・ペレティエ「意識の科学」吉福伸逸、スワミ・プレム・プラブッダ訳、工作舎、一九八六年、一二二頁）。海の波動の採集を根底に置いて各種の波動の効用ごとに祈願のパターンが古典の構成の機軸をなしている。記紀万葉では共通してペレティエの言うパターン認識が、ミクロの波動の素材ごと、目的ごとの対応のパターンをなしていたのであろう。

万葉人の描く構図が聴覚的な感覚に基づいていたのであるとすれば、聴覚的構図のパターンを再構築するのでなければ、視覚的な限界に阻まれ続けることになるであろう。

「設計図がなければ意味の枠組みを持つことができず何も見ることができない」（ブレア前掲書「超／自然学」四七頁）。とブレアの言うパターンの中に伝達の方式も共有されていなければならない。自然を受け取る構えも成り立っていたのであろう。パターンが文字の出現で形を変えたときに、原始への手がかりを失いかねない。カプラの言葉で言えば精神とは本来パターンで認識されるものであった。

「意識という言葉がどのような意味で使われるか入念に吟味する必要がある。人間の精神は、自己組織化のダイナミクスをあらわすプロセスの、多層的かつ統合されたパターンである」からである。

記紀万葉において見られた厳密なパターン認識（a．b．c）は今はもう見られない。パターンは文字以前には生活の構えとしての認識であり伝達の基の形をなすものであった。リズムのように生命の躍動感を刻むことによって、共同体を構成するなくてはならない軸足であった。意識が仕組まれた構造のみが意志の疎通を可能にさせたからであろう。「構造は律動的なパターンから生じる」（フリッチョフ・カプラ「ターニング・ポイント」工作舎、一九八四年、四九三、五〇〇頁）とするカプラの量子力学の認識論から捉えるのでなければ記紀万葉の構成軸を復元できるであろうか。その場合の律動とは生物について言えばaの鳥の鳴き声、bの領域的な全自然の波動、cの宇宙的・前世的震動や揺らぎ、総称すれば文字以前ならば呪能を指していたと言える。その時人は「生命力のパターンを信じ・・・生命エネルギーは生体と環境との間で交換されるとも信じ・・・自己組織化システムのパターン化されたプロセスとともに、それらのプロセスに関与するエネルギーを研究しなければならなくなるであろうと言う（カプラ前掲書「ターニング・ポイント」五六九、五七〇頁）。万葉人の生きる主題はさらに神を軸とした祈願のパターンに基かせよとするものになったのではなかろうか。

波動を採集する目的意識は万葉の場合、生命感からa、家族愛に及ぼしb、国家集団を祈念するcという類型にまとまって受け止められるべきものであった。

更に総合的なパターンを求められるならば、自然や神との一体感によってa、心を神霊との共鳴に求めb、心を尽くして活性を目指すものであったcと言えるかもしれない。そのために疎漏のない対応が最終段階的に詳細に規定されたのであろう。特に海山川にその恐怖と救済の波動のエネルギーが満ちていたのではなかろうか。この章では特に大国主の命が接触した海の呪能を受け取る感受性について見てみようと思う。国を建設する資質が海のエネルギーとの共鳴に基づいていたように見える。精神的な汚れを清めるのは地球エネルギーの中で海水の泡の力に勝るものはないという思いがあったからである。波しぶきを浴びながら精神に精気を漲らせる古代人の鋭い感受力は、特別な呪法で超音波の響きを受け止めていたように見える。

「耳は原始魚の平衡器官から進化してきた。・・・それは液が詰まった簡単な嚢として、この回りを感覚細胞が取り巻いている・・・音波を聞き取るためには内耳を満たしている液に震動を起こしその震動が内耳の液を取り囲んでいる膜に直接伝えられる」とスチブンス氏が言われる（ＳＳスチブンス、フレッド・ワルショフスキー「音と聴覚の話」タイムライフインタナショナル、昭和四四年、八一頁参照)。

すなわち「人間の原形質にある潮の濃度〇・九パーセントは最古の有機物の登場した三〇億年前の海の塩分と同じ」なので、「ある意味では大昔の海の一部がいまなお存在し、人間のコルチ器官の内外を満たしている」ことになり、その「コルチ器官がその震動を聴神経に伝える」という仕組みになっている。そのように人の耳も海に泳ぐ魚の聴覚を原形として進化してきたものであるとするならば、人間の聴覚のメカニズムは原始の海の潮の成分と等しい液体の詰まった器官の働きによるものだと言えるであろう(スチブンス前掲書「音と聴覚の話」七八〜一五二頁)。

このような電気的イオンパルスとして脳へ伝達する転換器の役をなしているのが人間のコルチ器官であるとすれば、耳の中枢を万葉人が海水の響きを通して活性化しようとしていたのも納得できないことではないであろう。

耳に海水の本来の音響を与えることによって、耳に本来の機能をとり戻そうとする。それは自然の清浄力を生命の初発の海で採集しようとする感性から発したものであろう。

彼らは海に潜って貝をひりふり採って土産としていたが、もしも「ひり」が細かい震動を与える動作を意味していたとするならば、貝の中に海の震動を映しとって再生への刺激にしようとしたからであろう。古代人が「ひりひ」取ったのは水中の海鳴りの波動であったとすれば、彼らが視覚的なものよりも聴覚的器官を主に働かせていたことになるであろう。原始からの自然のエネルギーが最もよく集中していると思われる瀬や渚や瀧などに出かけていって祈願の歌を詠み、祭礼を行っていたのである。そのような自然のエネルギーが集中している場所には水中の音のざわめく形で生命を蘇生させる力が漲っていた。波の騒ぐ寒冷な水中の沫の響きに万葉人は憧れ続けている。それを玉にこめて宮廷讃歌を捧げたのもその音波にひかれたからであろう。

「やすみしし、わご大君の、あり通ふ、難波の宮は、いさな取り、海片付きて、玉ひりふ、浜辺を近み、朝羽振る波の音騒き・・・」（万一〇六二）

この歌には轟く波に玉を操作して命の原型を取り込もうとする気持ちが見られる。渚を打つ海鳴りを受け止めた活性化によって、彼らの献身的な愛を確かめたのであろう。

「一滴の雨粒でも約二・五センチ平方当り一キログラム余りの力で地面を叩く・・・五メートル余りもある嵐の時の波になると一〇トンの岩でも動かし、また空気から酸素を吸収し酸化作用によって・・・直接有機性の廃物に働きかける」というのである（前掲書「水―生命のふるさと」一二六～二四六頁）。海水が立てる波の音を遠い彼方から貫いて来るエネルギーとして内面に万葉人は感知していたかのように歌っている。

「わが欲りし、野鳥は見せつ、底深き、あごねの浦の、珠ぞひりはぬ」（万一二）

深く潜って袖を濡らしてでも採集してこなければならない、磯が発散する自然の生命感があった。それに共鳴し共震を再開させるように、貝に対してささやかな初動のエネルギーをひりふりとったのであろう。その「ひりふり」の文法上の活用形は次のように、「ひりは」

(万一二、一一五四、三三一八、四〇三八)、「ひりひ」(万九六四、一一四七、一一五三、一四〇四、三二四七、三二五七、三六一四、三六二七)、「ひりふ」(万一〇六二、一一四五、一一九六、一二二〇、一六六五、三七〇九)、「ひりへ」(万三一七五、三六二八、四四一一)というものになっている。

「ひり」に「ふ」の活用を加え、ひるように振って細かい震動を与えるという表現になっている。原始の海の働きに敏感であった古代人たちの感性を万葉歌謡は痕跡としてではなく一連の救済の手だてとして、文法の活用形によって保存していたと言えよう。それは生命力を促して幸運を引き寄せ、かつ同化させる吸引力でもあった。心の汚れは爽やかにして明朗活達になり、崩れる力は原動力を回復し、死に絶えようとする息をよみがえらせ、恋の思いは成就されるのであった。

「吾が背子に、恋ふれば苦し、暇あらば、ひりひて行かむ、恋忘れ貝」(万九六四)

心身を爽やかにして元気を回復し、清明な心で溢れる愛を実感しようとしている。そのような期待が貝にこめられている。その自然の活性力は死後の魂に響かないことがあろうかという挽歌の構成を成している。世事に汚された霊魂を自然の安らいに浄化させる作用すら期待している。

「鏡なす、わが見し君を、あばの野の、花橘の、珠にひりひつ」(万一四〇四)

死者に対して珠の振動を通して嘆きの意志を発信している。日本古典文学大系本は骨を拾うとする。

「ひる」について従来の諸家の解釈は「拾ふ」であって、澤潟氏は「珠拾に興ずる」(澤潟前掲書万葉一一二)、折口氏は「拾って遊ぼう」(折口全集第四巻前掲書万葉一一五四)遊技として解釈されている。万葉仮名は拾を当てたものが八八パーセントもあり、比里は八パーセント、比利は四パーセントに過ぎない。石をひるのか貝をひるしかない用法であるのに、頻度の順は配列の順になっているのでどうしても「拾ふ」の意味から逃れにくくしている。古今の時代ですらひるは「拾らふ」か「干る」の意味になっている。万葉仮名をその漢字の意味を通して読み取ってしまった以上、その意味の束縛から逃れるためには「波動言語学」といった立場に帰るほかないのではないか。それ（文字の登場）以降は文字は見て理解する時代になったからであろう。

第二節　超音波の働き

少名毘古那神の海の呪法は大国主の命が国造りを行うために欠かせない条件であった。それは海の浄化力で心を促して、超音波の作用を政治に反映させるものであったからであろう。

第一篇に見られた種々の震動、そして海鳴りがそれぞれ記紀万葉の呪法を支えてきていた。それらの音は受け取る姿勢によって特別の働き方をしていた。

超音波について伊藤氏の説を聞いてみよう。その周波数は微妙な働きに振り分けられるが、その効用を次の三点に纏められている。

（一）浸透効果によって体の芯まで暖まり、
（二）乳化洗浄効果によって石鹼なしに汚れを落とし、
（三）マッサージ効果によって細胞の若返りをもたらすというものである。

ところが超音波は体の中に入ってゆきにくいために水袋の中へ探触子を入れて超音波を発射すると言われている（伊藤健一「超音波の話」日刊工業新聞社、昭和五七年、四九頁）。とすれば万葉人が進んで水中に潜ってその授受を行った行為を逆の方向にしたものではないか。先に見たようにイオンは水中から空中に出にくい性質をもっていたのだから、水中で清めを求めるための二重の根拠を彼らは感受していたことになる。少なくとも袖が濡れるくらいにまでは水の中にその機能を探らなければならない。神道の水垢離にせよ、瀧行にせよ信仰の原点に位置されるものであった。純粋な波動を通して異次元に及ぶエネルギーと同調する構えとなしたのであろう。

そこで海水の巨大なエネルギーが海岸では消滅しきれず、海水に潜っても様々なエネルギーに変わりながらその力を発散し続け、

「水が激しくぶつかり合って局部的に非常に高い圧力を発生する」（伊藤前掲書「超音波の話」六七頁）。その強い超音波が水中に広がるときに「起こす局部の張力は水がその張力に耐えられずに破裂するほど強い。・・・破裂したところには小さな空気の泡ができ、その小気泡の中には液体の蒸気と液体にとけ込んでいたガスが入って・・・それを空洞現象という」（クドリャフツェフ「きこえない音」舟田三郎訳、理論社、昭和四六年、六八頁）。

そのような現象で気泡の内部の放電が複雑な化学変化を起こし、「水素の原子二つと酸素の原子一つが水素の原子一つ」の時きわめて活発に化学反応をおこなう。（クドリャフツェフ前掲書「きこえない音」七九頁）。言うなれば小さいマイナスイオンの働きをこの超音波が増幅させることに

よって、海泡中に溶け込んで活性化されたガスが人体に有益な作用を引き出す。海に求めたエネルギーの効用は余りにも大きいので、そのような空洞現象には音の発光現象すら見られるのであった。すなわち

「気泡の中にあるガスや蒸気が放電作用を起こすために光る」（クドリャフツェフ前掲書「きこえない音」八九頁）とクドリャフツェフは言う。そしてそれは大国主の命が国作りの際に一人でいると海の彼方に発光するものがあって、大国主の命の国の経営に少名毘古那神が助けを出してくれたという神話との関わりを成り立たせるかもしれない。

「波の穂より、天のかがみの船に乗りて・・・来たる神あり」（海洋の全エネルギーが海岸に圧縮されて打ち寄せる時）

「海原を照らしてより来る神あり」（気泡内部の放電現象によって波動活性が増進され発光現象を見せ）

「ともどもに国を相ひ作らむ」（異次元の波動の同調体となって国を建設する。記上八〇）となっている。

彼らの世界はミクロの世界であり、分子や原子やさらにイオンという電子の世界がその感覚器官を働かせ、人の思いを感じ取りそれに働きかける心の作用を知っていたようにさえ見える。思念が放出する微細な物理現象を自分の中でどうすれば共鳴し合えるかという試みになっていたのである。古代人は心が穂《きざし》として表面に出ることを恐れ、見透かされないように敏感に対処した。

「言に出でて、言はばゆゆしみ、山川の、たぎつ心を、塞きあへてあり」（万二四三二）

心を塞いでじっと堪えなければ暴き出されて重大なことになってしまう。溢れる思いを抑えながら歌っている。山川にたぎるような思いを隠すためには、瀬が醸し出す鎮静力に頼らなければならない。前者のマクロと後者のミクロのエネルギーを使い分けようとするけれども静と動の関係を調整する難しさを嘆いている。

第二巻第一章では葉の揺れ動きは生命感の媒体として呪法の素材であり、規模に違いはあるけれども海の空間と差異はなかったのであろう。ハの振れが及ぼす空間の分子構成の変化に敏感であったので羽と葉は見た目には違いがあっても同じ波動機能としてハの音を当てたのであろう。

第二章ではその時風はその震動の原動力として働き、その影響力を受け止める人の構えが問題であった。

「人の体からも超音波の雑音が出ている」。人間が呼吸したり、血が流れたりする体内の絶えざる動きが雑音を発信するのであろうと推定されている（伊藤前掲書「超音波の話」一六〇頁）。相思相愛の心の波長が時空を超えて通じ合えるという確信が海の作用で甦っている。風や雲の予兆に対して身体の波動で応えている。表面的に言えば人の直感を刺激して心理的影響力を行使し「気」の機能を活性化させている。海洋がもたらす超音波が宇宙的振動を大地に刻み込み生命感を刺激する。清められて原形を回復する基本的な波動現象に人は憧れたのではなかろうか。彼らは震動の形で危機に対処したので、風や雲は特に海において顕著な効用をもったのであろう。万葉人はそれを特に海中の玉の震動として意識していたように見える。ふる、ひる、ひりふ、ひひるという一連の呪法が宇宙エネルギーの授受の仲立ちをしていなかったろうか。

第三章では弓矢の震動ですら人の命を促す力があった。弓矢を武器として扱う前に生命感を促す力として作用している。大国主の命の生まれた加賀の神崎に岩屋があり次のような説話が残されている。彼が生まれるとき弓矢が失われた。それが出てくるように願ったところ流れ着いた弓矢を射て社を作った。そして「この窟の辺を密かに行かば船必ず覆へる」とある（出雲風土記一四九頁）。大国主の命の海の説話にも弓矢の呪能が色濃く残されている。

第四章でも音の響きが問題であった。波動力学の示す原理に対して古典力学からみると矛盾はあるけれどもローゼンベルクは言う。

「超音波は風の騒ぎにも、岸に寄せる波にも、瀧の音にもあることが判ってきた（ローゼンベルク「超音波入門」上田光隆訳、東京図書、昭和四二年、三三頁）。陰山氏は言う「経穴を通じて確認される波動はそれぞれの器官、臓腑に特有のものであり、健康細胞、組織臓器との比較により健康度チェックが可能になります」（陰山泰成「ドイツの波動機器」サンロード出版、一九九五年、四一頁）。これは、はり治療から発達した医療体系になっている。それが今悪い物質波動の作用を受け、さらに否定的な想念波動に侵されつつあり自然の波動に戻らなければならない場の状況になっている。ところが優れた波動の場は万葉では彼らが好んで「遊ぶ」所として意識され、古事記人の言う神が顕現する場であった。そのもっとも期待される場所は生と死の故郷である海辺であった。

第三巻第一章ではスサノオの命にせよ大国主の命にせよあるいは又少名毘古那神にせよ、国の成り立ちの基本的条件を海に求めたのである。彼らが求めた力は物質的なものであったとは言えない。海に帰一するミクロのエネルギーの作用であった。海水の泡立つしぶきが特殊なイオンの働きで発生させた超音波が、海辺でそれが最も活性化されたものである。特に小さなマイナスイオンの働きをもって人を救い、さらに自らも救われる浄化作用を成り立たせている。心に自然の浄化力を受け止める構えを整えておいて、その力を浴びたのである。太陽熱そのものを浴びる前にその電磁波がイオンに変換されてさらに斜光の形で宇宙の力を浴びるのであれば、その波の機能はそれぞれの段階で特殊性を発するであろう。

第三節　呪能の基をなす自然

日本古代の信仰を支えてきたものは自然の活性力によって心身を浄化することであった。その細胞を活かす自然のエネルギーの働きは、神を想定させる前提でもあった。海や瀬の中に循環している水の力が神の基本的な環境を準備している。

「海の水を蒸発させそれを地球の各地に分配し、又海に戻すというこの自然のメカニズムは水の循環として知られている。太陽から絶え間なく投入されるエネルギーで動くこの循環は、信じられないほどの大量のエネルギーに恵まれ」ている（ルナ・B・レオポルド、ケネス・S・デイビス、

「水の話（ライフサイエンスライブラリーコンパクト版12）」タイムライフインターナショナル、昭和四三年、六〇頁）とレオポルトとデイビスは言う。

「一つの川はその川の水が海から蒸発して大気中に上昇したときに得られたエネルギーをもっていて・・・位置のエネルギーと言われ・・・熱に変えられ次第に消えて行き海に到着するまでには殆ど全部消費されてしまう・・・その損失率は流れに沿って均等に分布し・・・河川系統のあらゆる部分に対して加わるエネルギーの損失率はできるだけ低い・・・この二つの必要条件つまり最小の損失率ということと均等な損失率の分布ということは互いに矛盾しており・・・瀧の場合もその絶壁を削ってしまうか、緩やかな勾配を作っている」というものである（レオポルド、デイビス前掲書「水の話」一一六頁）。

「川床は平坦でなく、川に流れ込んで来た沈澱物の堆積でできていて、沈澱物はバラバラに流れ込んで来て・・・その粒子はたちまちいくつかの塊に分かれそのように沈澱物が固まることによって淀んだ瀞を挟んで早瀬ができる・・・淀みには傾斜がない代わり、そこで一定の長さに対するエネルギーの消費を増そうとしてその流れの方向を変え、カーブを描いて流れ・・・そのような川はそのエネルギー損失率を均等にしかも最低に保つべくその消費量を均衡させるものなのであった。・・・蛇行する川はその淀みの所で湾曲し、その早瀬の所では直進している」というわけである。

結局川のエネルギーが発散される所でエネルギーの損失率は高い。しぶきとなり、あるいは音を立てて岩を削り、「たぎつ」状態になる。川におけるエネルギーの消費が瀬では外に向かって行われ、淀では逆に内に向かって消費されていると言えよう。瀬の効用を期待した万葉人には単に見た目に浄い姿としてだけではなくそのエネルギーが発散する効用に対して感応していたのである。その効用について神山氏は次のように言われる。

「川の急流によって水滴が破れ『レナード効果』によってその付近の空気はマイナスになり小イオンに満ち満ちている」(神山前掲書「森の不思議」一二六頁)。

けれども叙情の点から分類すると、淀はためらう恋の心を表現するものであった(万一一九、四九〇、六二〇、六四九、七七六、八六〇、一三七九、二七一二、二七二二、二九八八、三〇一九、三一〇九)。淀は外に向かってほとばしるエネルギーを内面に抑えることによって、心の淀みに連なったと言えるであろう。そのために古事記では神事が淀においてなされたという記載はなく、みそぎの場になることもなかった。採集すべき効能が内に篭って、「淀には傾斜がない代わり、水はそこで一定の長さに対するエネルギーの消費を増そうとして、その流れの方向を変え、カーブを描いて流れ水の螺旋運動になってい」(レオポルド、デイビス前掲書「水の話」一一九頁)たのである。

だから淀が外気からエネルギーを授受する水の状態ではないように、万葉における淀も内に秘める心のエネルギーの表現になっていたのである。逆に万葉の瀬でしぶきを浴びる実感が自然の生命力への志向を表している。

「洗ひ衣《ぎぬ》、取り換へ川の、川淀の、淀まぬ心、思ひかねつも」(万三〇一九)

川の淀んでいるところで洗った衣を取り替える時、奔流となって溢れ出ようとする心が滞ってしまう。内に抑え込もうとするエネルギーの切なさを述べている。

すなわち淀は内篭った力を発散できないけれども、瀬には生命を漲らせて浄化させる力があり、特に瀧や渚の接点でみそぎを成立たせていた。それを古事記に当たってみると
「ここをもってイザナギの大神詔りたまはく『吾はいなしこめき汚き国に到りてありけり。故れ吾は御身のはらへ給はな』とのりたまひて、筑紫の日向の橘の小門の阿波岐原に到でましてみそぎはらへたまひき」（記上一一オ八）とある。

万葉で生命力を抽象的に回復させようとしたものを、古事記では邪霊から具体的に救済される媒体にしようとした表現にしている。顕と幽の世界との区別を越えて、記紀万葉は生きる根源に関わる力をこの水のエネルギーの中で「さやけし」として受け止めている。「さやけし」には活性力と浄化力があった。さらに自然が人の気を促す機能は特に海岸の効用について次のようになっている。

海辺の縄文集落の海よりに作られた高層建築も海の波動と関係をもつものであったかもしれない。

「海の空気は沢山の海粒子が含まれている。これは白波の中に含まれている泡が破裂する際に泡の膜や泡の下の水面から飛び出す水滴から空気中に運び込まれたごく細かい粒子であり・・・沢山のミネラルが含まれていて、肺の細胞を適当に刺激してくれる。磯の香り・・・快適な刺激と・・・ヘクトカルペンという物質」（神山前掲書「森の不思議」一九八頁）をもたらしてくれる。海の空気に含まれている無数の粒子が、有効な働きをすることによって破砕された波の泡が水中から空中に飛び出したときのなんらかの細かい粒子の働きとして考慮されたのであろう。

さらに推測を進めれば、そのような自然の働きを人間の背後に光るプラズマとして実感していたのかもしれない。ワトソンがいうようにそのハイレベルの波動はオーラとなり「イオン化した粒子からできていて、ある種の基本的なプラズマ状の集合体である、・・・プラズマは完全にイオン化されている」（ライアル・ワトスン「スーパー・ネイチュア」牧野賢治訳、蒼樹書房、一九七四年、一五四頁）。そして「そのエネルギーを効果的に受け入れられる唯一のものは磁場であり・・・磁場を持っている」（ワトソン前掲書「スーパー・ネイチュア」一五五頁）人体に、イオンの共震がなされて、神霊的な雰囲気をそこに醸し出していく。

そういう観点によって巻頭の歌を見てみると、（1）空間を宇宙にまで広げて「天の河川音さやけし」となす心の触れ合いをなし、（2）自分の心の枠を超えた「かわず聞かせ」る共同体的心性に及び、（3）「古へもかく聞きつやと」時間を彼岸にまで越える心の交流を行っていたのである。言わばホロン的な宇宙観を秩序理解把握の軸として成り立たせていたのであろう。活性化されたイオンによって、波動のパターンが動的な結合を人と人との間に促していたと言えよう。人を結集してつなぎ止める根源に波動への同調体が整えられたのであろう。人為的な法制ではなく自然の一環に組み込まれた体系に矛盾することのない位置づけを得ようとする試みであったのかもしれない。そして海のエネルギーの同調体となった判定者が主の地位を得たのであろう。「場の量子論の決定的な特徴は粒子の生成と消滅である」（カプラ前掲書「タオ自然学」二四二頁）。

カプラによれば電子という粒子のイオン化作用によって活性力を生ずる神の実態は量子が生成消滅する働きの中で見られたのである。神を粒子の生成の一環として捉えようとしている。日本の神性には生成消滅する働きがあった。

出雲の勢力がきわだって突出する勢力をなしていたのが、海との関わりなしに説明できるであろうか。例えば津田左右吉氏は「皇室に対する対抗者であった出雲の勢力が・・・すこぶる頑強」だったが、スクナヒコナの命の物語も思想的にそれを強めるものであったと説かれている（津田左右吉「日本古典の研究〈上〉」岩波書店、昭和四七年、五六九、四八四頁）。それを皇室の統治の権威を確立するための物語にされるか（津田前掲書「日本古典の研究〈上〉」六三九頁）、それとも神話時代に生きる別の条件によってであったのか。唯物史観的に言うならば耕地の造成、製鉄業の育成、日本海交易への進出等が考えられるであろう。しかしミクロ的な神話の現象として捉えなおしてみるときには、そこに高度の精神性をもった統治の形態が成り立っていたと言えるのではなかろうか。その人格が宇宙のエネルギーから成り立っていたときにそれを媒介した海に対する深い畏敬の念を扱わなければならなくなっていたのではなかろうか。暖流エネルギーのミクロ化された影響力を一身に受けるために「海を光らして依り来る神」に協力を依頼しようと説かれた神話に日本海の知恵が潜んでいたのではないか。ニュートン力学的な整合性は成り立たないとしても古事記はスクナヒコナの命の言葉として次のように記載している。

「よく吾が前を治めてば、吾能く共どもに　相ひ作り成してむ。もし然らずば国成り難てましと告りたまひき。ここに大国主の神曰したまはく、然らば治め奉らむ状はいかにぞとまをしたまへば、吾をば倭の青垣東の山の上にいつき奉れと答りたまひき。こは御諸の山の上に坐す神なり」（記上三七ウ三）

「自然の秩序を支えるはずの宇宙のエネルギーが人間の前に立ちはだかるとき、万葉の秩序はそれに正対して克つ気迫を身構えてきた。恐ろしい神霊に対して場面ごとに気力を充溢させることで味方に引き寄せる。

a―（畏怖）「国成り難てまし」・自然のエネルギーを神として捉えなければならなかった。なぜならば神のもつ恐怖のエネルギーを前提にしない人の主張はいかなるエネルギーとも同調を拒否されてしまうであろう。畏怖として自然を受け入れるところからこの神話は始まるであろう。

b―（結界）「治め奉らむ状はいかにぞ」・自然の願わしいエネルギーの場においてより高度の波動と同調することができたのであろう。結界を敷いて波動に同調する波動を準備して迎え入れなければならないであろう。

c―（勧請）「吾をば倭の青垣東の山の上にいつき奉れ」・神格が人格を引き上げる働きをするならば、人格にふさわしい神格が設定されて心に神を実態として描き出したときに初めて波動の効能が発揮されよう。

d―（供養）「よく吾が前を治めてば」・大国主の命の政権を支えたものは冬の日本海の荒波の作用に

対して誠意をもって対応する厳粛な共震姿勢であったであろう。

e—（祈念）「吾能く共どもに作りなしてむ」・集団にとってよい波動を取り入れて荒れる波動をどのように取り去ればよいかという集団の共通意志が神に通じなければならない。そのような意志の中で自らも神としての地位を確立して大国主の命の権威が成り立っていたのであろう。

f—（讃歌）「然らずば国成り難てまし」生々消滅する時の優れた効能を受け止める神話的な心性が神々の機能を身に呼び寄せたのであろう。神と共鳴して「兄弟となりて国を作り堅め」ることになったのであろう。

そこに大国主の命の神格が同調体として形成されなければならないであろう。少名毘古那神とは古事記では祭り祭られる関係に始まっているが、万葉では限りなく同体に近づいている。

「大なもち、少御神の、作らしし、妹背の山は、見らくもよしも」（万一二四七）

少なくとも宇宙の意志の体現者として大国主の命は神の宿る山の根源に位置することになったのであろう。高度の人格化に依って清められた大国主の命が自らスクナヒコナの神という神と同格の地位を得ている。最もよく宇宙のエネルギーを吸収した海の精として山に映し出されたのがスクナヒコナであるとすればその神の同伴者に当る。大国主の命の姿も神の生成の推移の中に捉えられなければならなくなるであろう。

物質的な説明だけでは政権の永続の根拠には資料的な限界があるであろう。もしもその根拠を呪能に求めれば、海で秩序を支える意志を養ったという視点によって、当時の政権が千年単位で継続していた背景の説明になるかもしれない。新潟の朝日村は二千年、青森の三内丸山遺跡は一千五百年継続している。宇宙エネルギーとのやり取りの中で継続した文化の実態は何であったのであろうか。古事記にとって「いつき奉」らなければならない切実な問題は何に対してであったか。さらに大国主の命がその清めと高さにおいて誰も及ばない霊性を発揮していた時にその死を強要する事態が迫っていたとすれば、その恐怖は破滅の波動に人々を巻き込んでゆかなかったであろうか。

第三章　神々の体系 —期待される発生的状況

神々は生成消滅を繰り返しその場としては海山川があった。大国主の命がその資質を問われたのもそれらの場においてであった。それらの自然が神の如き効能を発揮するとき人はどのようにしてそれをわが身に取り入れたのであろうか。自然の精気と連動する神の実態が人の心を反映するものであったとすれば、その仕組みはどのようなものになっていたのであろうか。川、山、海の順で見て行こうと思う。

第一節　川における神々の顕現 —万葉人にとって「名」とは何であったか

第一項　川における大国主の命の試練

（1）大国主の命の試練　川は神々の発生について何らかの働きを果たしていたのであろう。大国主の命の神話では川が霊界の障りを阻む役割をしている。地下世界である根の国での試練は四段階の危機に対処するものであった。第一・第五は庶兄弟の追跡を受けている、第二は蛇の襲来、第三は野焼きの火に焼かれ、第四は大神の追跡にあっている。それぞれ貝姫を遣わし、ヒレを振り、ホラホラ、スブスブという呪言を唱え、琴が樹にフレて鳴り、太刀弓によってヒラ坂の川瀬にハラっている。地下界の祖霊の迫害を振る呪法によって受けあるいは払っている。

第一の試練・「石に焼きつかえて死せたまひき・・・キサガイヒメとウムガヒヒメを遣して活かさしめ」（二七ウ）

第二の試練・「その蛇喰はむとせばそのひれ三度振りて打ち払へとのりたまふ」（記上二八ウ一）

第三の試練・「『内はほらほら、外はすぶすぶ』かく言ふが故にその処を踏みしかば落ちて隠りいませる間火は焼け過ぎぬ。ここにその鼠その鳴り鏑を喰ひ、いで来て奉るなり」（記上二八ウ七）

第四の試練・「その大神の生太刀と生弓矢とまたその天の沼琴を取り持たして逃げいでます」（記上二九ウ二）

第五の試練・「故れその太刀弓を持ちてその八十神を追ひ避る時、坂の御尾毎に追ひ伏せ河の瀬毎に追ひ払ひて国を作り始めたまひき」（記上三〇オ八）

この第五の試練を中心に扱いたいと思う。

祖先の霊を訪ねて大国主の命がスサノオの命に好意の支援を求めたのであろうが、しかしかえって呪いの迫害を受けてしまう。それを救った呪物は貝、ひれ、矢、琴、太刀であり、霊格を扱う呪具であった。大国主の命の国作りはスサノオの命や兄弟神たちの呪いからの逃避行の形を取っている。オオナムジの神としてそれらを鎮めるための祭礼を行ってから大国主の命として支配の実務に携わっている。政治の実権を振るうためには呪術的な段階を通り抜け霊界との和解によって身を迫害から清めておかなければならなかったのであろう。大国主の命の前身であったオオナムジの命は霊界の根の国から現世への入口である黄泉ひら坂に来たとき、鎮魂の作業によってその霊の働きを封じたのである。霊界からの恨みの作用を断って身を清めたときにはじめて広域を支配する主権者の地位を得ることができた。不運が国人に及ぶのを避けるために、祖先の悶える霊の重荷を払い、自ら運勢を好転させなければならなかったのであろう。

ヒノ川上に追いやられたスサノオの命の物語から、川瀬に神の追跡を払った大国主の命の物語を辿るとき、川には霊性を和らげる働きがあって、川を仲立ちにして救済を祈願するという信仰があったのかもしれない。しぶきを挙げる川のエネルギーを支えに大国主の命が政権を確立し、それによって死者の私的に関わる迫害から公の事業を護ったのであろう。

その方向で「川の瀬毎に追い払ひて国を作り始めたまひき」という川の精神的な働きについて検討してみたいと思う。

（2）万葉の川　万葉にもそのような障りの例がある。

「はしきやし、誰が障《さ》ふれかも、玉梓の道見忘れて、君が来まさぬ」（万二三八〇）

貴方が来ないのは誰かが邪魔をして道を忘れさせてしまったからであるに違いない。きっと呪的な障害を心に受けてしまったのであろうと嘆いている。

川の瀬のしぶきの中で死者の怨念を跳ねのける、その浄化された国作りを大国の主になる条件に求められたということであろう。川で心の責任を取るとりかたが国のまつりごとに臨むあり方であったように見える。瀬の音のさやけさが肉体を浄化する効用として歌われたものがある。例えば「瀬を早み・・・清けく」（万一一〇八）、「瀬をさやけみと見に来し君を」（万一一〇七）、「清き瀬の音を」（万一一一二）、「音のさやけさ」（万一一一二、一一五九）、「川音のさやけさ見るにともしく」（万一七二四）、「清き川瀬を見るがさやけさ」（万一七三七）などとあり、瀬がさやけしという心の浄化をもたらすものになっている。

瀬は人を爽やかにすることによって、邪念に汚されないおおらかさを与えるものであった。精神的な障りを受けないように公明正大な構えを準備するものであったが、強引な腕力を肉体的に期待したものではない。

「命をし、幸くあらむと、石ばしる、垂水の水を、むすびて飲みつ」（万一一四二）

命に幸運をもたらす効用を走る水に見ている。万葉人が心に悪い作用を受けたとき、瀬は死者の恨みを浄化する期待まで受けている。「染色体の情報」が病的な波動の形で現世の生活に影響を及ぼしているのであるならば、その悪い波動を打ち消すことに意味があったのであろう（江本前掲書「波動の人間学」一一〇頁）。

そのような波動を及ぼす水に対する感性が万葉歌に働いていた。

「ささなみの、志賀津の子らが、まかり道の、川瀬の道を、見ればさぶしも」（万二一八）

川瀬の道は心寂しい葬送の道であるけれども、作者は清めを期待させる川の作用を実感して慰霊の歌にしたに違いない。

ただしその川の呪的な働きは個別的であって、場所ごとの呪性に基づくものになっていたとするならば、その場所の微妙な差ごとに神格を表す神の名前も多様になり、人の運命を多様に左右する神になっていたのかもしれない。

そこで川ごとの個別の意味が固有名詞によって強調されるとき、川の意味の違いが明確になっていったのであろう。そこで固有名詞を歌い込めない川は人間生活に対して厳しい作用を及ぼして来ることになったのであろう。まず万葉で名前の見えない川五六例を扱って神との関連を見てみよう。

a　川の激しい自然の流れは玉を乱し（万一六八五、一六八六）、波を立てて流れ（万一一二二、二〇四六、二〇五四、二〇九二、三八五四）、霧が立ち（万一八四九、二〇三〇、四一六三）、清く流れても（万四三七、四三六〇）、風寒く（万四二二五）、千鳥が鳴き騒ぐ（万九二五、一一二三、三九五三）雰囲気がある。

b　そのような川は人と人との出会いを妨げている。隔てて人を遠ざけ（万六〇一、三七五五、三七六四、三九五七、三九六四、四〇一一、四二一四）、向い合いながら会えるというわけにゆかず（万一五一八、一五二〇、二〇三〇、二〇四八、二〇四八）、永く待ち（万三三〇七、三三〇九）、渡って（万三六、三三三五、三三三九）、行くのに（万二四一四、二六五五、四〇〇〇、四〇〇三、四〇一一）、裳裾を濡らし（万八五五、八六一、一一一〇、二七〇五）、船で行く時も（万一三〇七、二〇四五、四〇六一、四〇六二）、何時越え来ることができるのか（万一一〇六）心許ないものがあった。

c　結局川で人は絶望を余儀なくされる。侍い難い（万一五二四）、呪物を結び再会を祈る（三四〇五）場になっていた。その他、磐群に草生さず（万二二二）、死者の通る道（万二二八）になっている（他・万三四四〇）。

破滅させる川の中にある救済の部分にもしも人が意識して対応し、それを受け止める姿勢を準備するならば破滅を免れるかもしれない。しかし鎮める祭をその川なりに怠っていたならば、破滅する川のままに留まるであろう。そのような恐しさが名を呼びかけられない川には潜んでいたのである。

そこで万葉集に出て来る固有名詞を伴うことのできた川二五例には好意を期待させる神が歌い込まれている。

a　自然讃美に関わるもの　三例（万・讃歌一七七〇、祈念四〇〇三、崇拝一〇〇五）

「みもろの、神の帯ばせる、泊瀬川、水脈し絶えずは、われ忘れめや」（万一七七〇）

川が神を宿して水脈の絶えない限り、この川を忘れずに見に来続けるであろうという。具体的な名称をもっている川に人は神とのつながりを感じている。固有な川には神が宿り、神が発生する状況が場と関連してあったことを示唆している。

b　妻問いに関わるもの　四例（万・畏怖二〇〇七、三〇一五、讃嘆三〇一四、四一二五）

c　宮廷讃歌に関わるもの　一九例（万・畏怖三八、三九、結界四〇〇〇、勧請三一九、供養三二二七、祈念三八、讃歌九〇七、九二〇、三二二七、崇拝三八、三九、五〇、一六七、九一〇、一〇〇六、一〇五〇、一〇五二、一〇五三、三二二七）

今度は川の神に対する人の対応を主体にして、以上の分類を国家意識的に組み替えられる場合を見てみよう。

a｜川は畏敬に満ちていて「山川もよりて仕ふる」四例（万三八、三九、二〇〇七、三〇一五）
b｜結界を定め「すめ神の領き坐す」一例（万四〇〇〇）
c｜勧請して「国の鎮めとも坐す」一例（万三一九）
d｜供養し「神の帯せる明日香の川の」一例（万三二二七）
e｜祈念し「山つみの奉る」二例（万三八、四〇〇三）
f｜讃歌し「神からか貴く」六例（万九〇七、九二〇、一七七〇、三〇一四、三二二七、四一二五）
g｜崇拝する「百代まで神しみゆかむ」（万三八、三八、五〇、一六七、九一〇、一〇〇五、一〇〇六、一〇五二、一〇五三、三二二七、一〇例）

という配列が見られる。総体的には神に対する遺漏のない対応がなされている。川が名をもつ場合には場所ごとに固有の機能が込められていたことになる（吉野川六例、河内川二例、泉川、泊瀬川、水無川、安の川、天の川、明日香川、鵜川、各一例）。吉、泉、瀬、天などの吉兆を川の中に期待されている。

祈願の内容は活性力を祈願したものが一〇例、繁栄を祈願したものが三例ある。万葉では瀬における神の顕現は二例（万一〇〇五、一〇五三）になっている。

固有名詞を伴う川には神が祭られて人の安全の願いを引き受けている。例えば

「神の御代より安の川」(万四一二五)、「山の神も・・・鵜川立ち」(三八)、「神ながらたぎつ河内に」(三九)、「吉野川・・・神をそ祈る」(万九二〇)、「泉の川・・・神ながらならし」(万五〇)、「水無し川・・・神代し恨めし」(万二〇〇七)、「三諸の神の帯ばせる泊瀬川」(万一七七〇)、「明日香川の水脈速み・・・斎祭る神に」(万三二二七)などである。川には名称があってはじめて神の救済が図られたが、名称の無い川には神の顕現がなく、恐怖しか見られない。それらに例外はなく、文字も文法書もない時代から、名称によって意志の伝達に意味のずれが見られないのは当然なのかもしれない。

第二項　名称のある川の意味

固有の名をもたない川は、ミクロのエネルギーを取り入れようとする集団としての構えを祭礼の形で整えていなかったのであろう。あるいは個人としてはそれに参加する機会もない。そこではマクロの荒れたエネルギーがじかに人に衝撃を与えてくるものになっている。破滅と救済とが同時存在をしているエネルギーに対して、それを振り分ける人間の側の受け止める姿勢が要求されていたのであろう。ハイゼンベルクは次のように言う。

「器械と観測者との間に相互作用がある時に限ってその名にふさわしいものとなる。・・・我々が観測するものは自然それ自身ではなくて、我々の質問の仕方に晒されている自然だということを考えておかなければならない」（ハイゼンベルク前掲書「現代物理学の思想」三六、三七頁）。取り入れるべき自然のエネルギーにふさわしい構えを川は名称の中に準備させられていたと言えよう。

固有名詞をもった川はミクロのイオン的な活力のある機能を発信する。人間の心の働きによって特殊な意味の川の流れとなり、救済の働きを選別的に引受けていたのであろう。構想の基本はa、b、cの手順に従う。

記紀万葉では海も山も危険に満ちていて人間を拒絶しがちであった（a）。しかし修行や奉納によってそれらのマクロの危険を避けながら（b）、川に対する対応を人が変えるときに川は別の姿を人に示したのであろう。意識して彼らは川のイオンの波動をミクロの自然の力として引き出そうとしている（c）。その時の効用を自覚した働きかけが問われたのであろう。川の一定の流域空間に対して具体的な固有の名称を与えて人間の気持ちを訴える。その意志を通わせ合うことによってその危険な力を生命の力の形で防衛的に取り込もうとしていたように見える。川にはマクロ的な機能をする部分とミクロ的な機能をする部分と表裏の関係をなす重なり合いがあった（祈願の内容a自然、b妻問、c宮廷）。マクロ的に恐ろしい暴走を及ぼす川に固有名詞を与えることによって、ミクロ的作用を意識して取り入れる。その構えが効能を神として機能させたのであろう（吉兆の名称1吉、2泉、3天）。この場合人は恐怖と安心の同時存在を名称によって振り分けなければならなかったのである。そのような神は限定された場所のエネルギーを採集する心の働きと密接な関連にあり、実体である心が現象に方向性を与えていたと言えるかもしれない（神霊畏敬の内容a畏怖、

b結界、c勧請、d供養、e祈念、f讃歌、g崇拝などのパターンが準備されていたのであろう)。

川の名称は川を観察する者の生存の意図に関わるものだからであり、名称は期待を込めた美称になり、その意図に従ってその実体を表したのであろう。マクロの面ですら目的意識なしには観察できない、すなわち荒れる川には美称はおろか名称もないのは、人間の意図を受け止める微細な働きを限定できず、その実体を描き出せなかったからかもしれない。そこで名称はその意図をもって対応する人を神の如く救い、あるいは滅ぼす。ミクロ的に受け止めて対応する万葉人の生き方は、信仰と知識との鋭い分裂をまだ経験していないように見える。未分化の段階の自然観に宗教の救いすら取込める合意にたどりつけていない。構想の手順はa、b、cの基本形に、d、e、fの祭礼でしめくくる納得に終わらなければならない。神に救済の連なりが生まれ名称が生じ救いの方式が生ずる。

例えばエジプトの象形文字に書かれた名辞の意味をセリグマンが紹介している。「言葉は全ての事物を我々が愛し憎むあらゆることや存在の全部を作り出す。いかなるものもそれが明確な音声として発声せられる以前は存在しない」(カート・セリグマン「魔法」平田寛訳、人文書院、一九九一年、六八頁)どんなものも名前が言われなければ生まれることすらありえないものであった。観念を外界に投射する時にその存在から現実化せざるをえない。統合領域として合意し合える結束力のある地域への過程を指摘できるであろう。

一神的な神を認めないライアル・ワトソンも名前の効用について

「名前ってのは便利なレッテルでも社会の写し絵でもない。そんなのをはるかに越えたものだ。言葉はリアリティを構造化し再組織することで、それをおれたちの体験の中に組み入れるのさ。命名というのはな、強烈な、魔術的な行為だぞ。一つ一つの物につかみどころというかハンドルを与え、そいつの機能からまるっきり独立した地位を与えるんだ」「こうしたオーガニックな仲介物の助けを借りて世界を構成する実質に自分達の刻印を残し、そうすることによって物質に想像もされていなかった様々な能力を与えている・・・」（ライアル・ワトソン「シークレット・ライフ」内田美恵訳、筑摩書房、一九九三年、五六、九〇頁）と言っている。

その背景をなす説明をペレティィエに聞いてみよう（再録）。「全体としては脳はひとつの適合的なパターン認識者である。脳は厖大な数の細かい識別をし・・・全体としてのこれらの構図は外界のリアリティの信頼に足る効果的な表象を生み出さなければならない・・・左半球に帰せられている分業活動は、範疇識別を行うことである・・・右半球の機能はより柔軟で分散し・・・ホリスティックな能力を発揮することができるのである」「接続を断たれた右半球のある側面と、原初的な思考や抑圧された意識のあいだに類似性がある・・・非言語的表象様式を使い・・・全体に入って来る複雑なパターンに対して効果的に取り組む」必要性を説いている（ペレティィエ前掲書「意識の科学」一二二、一二九頁）。パターン認識に対して原初の認識にふさわしい右脳的な訓みが、万葉にも求められるであろう。ペレティィエは万葉がもっていたパターン認識を復元する必要性を委細を尽くして説いていたかのように見える。

万葉の山についてまとめれば、領域ごとに結合する集団が名称を明示して神名をまとめ上げ祭礼を統合することによって、構想をパターンの繰返しとして神話が野合から神聖な秩序へ完成していったと言えるであろう。

第三項　古事記の川の名称の意味

古事記では一般的な名称になっている川の神は（記中二二ウ九）カハノセ（祭ることによってたたりも収まり穏やかになった川の瀬）の神、（中三九ウ二）カハ（川にあって荒々しいすさまじい）の神である。

ところが古事記の川の神で固有の名称が与えられ例えば川の出口における神の場合、（記上五ウ一）ハヤアキヅヒコ（川から海に勢いよく流れ込む）の神、（三）ハヤアキヅ姫（同女神）の神、（四）アワナミ（波が泡立つ）の神、（四）アワナギ（水泡が凪いでいる）の神、（五）ツラナミ（水面に波立つ）の神、（五）ツラナギ（水面が凪ぐ）の神、（六）アメノミクマリ（谷で水分け）の神、（六）クニノミクマリ（国で水分け）の神、（七）アメノクヒザモチ（谷でクヒザ持つ）の神、（八）クニノクヒザモチ（国でクヒザ持つ）の神などが見られる。

祭礼が営まれて役割が割り振られ、人間に好意的な働きをする神は、場所が明示される。イザナギ・イザナミの命が川口にかけて禊をする水面の状況が神の名になっている傾向であった。

また川の禊の場所が早瀬であって息が霧となって現れた神の場合、（記上一六ウ一）タキリビメノミコト、（ウ二）オキツシマヒメノミコト、（ウ二）イツキシマヒメノミコト、（ウ四）タギツヒメノミコト。天照大神がスサノオの命の剣をすすぎ「気吹の狭霧になれる」瞑想に際して成立する神達であった。気吹は現在神道瞑想法になっている。

また玉飾りを川のほとりの天の真名井の水に注いで清め、噛みふっと吹き出すときその特殊な呼吸法によって息が霧となり現れる神は（記上一六ウ九）マサカツアカツカチハヤビアメノオシホミミノミコト、（一七オ三）アメノホヒノミコト、（一七オ六）アマツヒコネノミコト、（一七オ八）イクツヒコネノミコト、（一七ウ二）クマノクスビノミコトとなっている。スサノオの命が天照大神から球を受けて「吹き棄つる気吹の狭霧になりませる神」五柱であった。

祝詞に次のような言葉がある。「さくなだりに落ちたぎつ速川の瀬に坐す瀬織津ひめといふ神、大海の原に持ち出でなむ。かく持ち出で往なば荒塩の塩の八百道の八塩道の塩の八百会に坐す速開津ひめといふ神、持ちかか呑みてむ。かくかか呑みては気吹戸に坐す気吹戸主といふ神、根の国・底の国に気吹を放ちてむ」（「古事記祝詞『六月の晦の大祓』」岩波書店、一九五八年、四二三頁）。瀬に住む神が罪という罪を大海原に持ち出してそれを速あきつひめという神が呑み込むと瞑想によって呼吸と共に消失する。そこで「大川道に持ち退り出でて祓へ却れ」という言葉でまとめている。気吹の呼吸法で罪を払えという。そこで古事記にイザナギの命が禊をして生じたとするハヤアキヅ姫は汚れを瞑想によって清める霊格であったことになるであろう。そして川において祓い清めるという作法になっていたのである。さらに「古川岸の生ひ立つ若水沼間のいや若えに御若えましますすぎ古をどみの水のいやをちに御をちまし明つ御神の大八島を天地月日と共に安らけく知ろしめさむ」(前掲書「古事記祝詞『出雲の国の造の神賀詞』」四五七頁)の禊的寿言と関わるであろう。その川は「たぎつ」瀧の働きをもつことによってタギツヒメノミコトの神の機能を説明しているかもしれない。「伊吹・伊吸は世にいう呼吸法のこと」(「神道の本」学研、一九九二年、一二七頁)だということでもある。川の神が川における行の機能の名称になっていたのであろう。祝詞の中の「大殿祭」には次のようにある。

「八船くくちの命、八船豊うけ姫の命と御名をば称へまつりて・・・瑞の八尺にの御吹の五百つ御統の玉に明るにぎて曜るにぎてを付けて斎部の宿禰某が弱肩に太襷取り懸けて言寿き鎮めまつる」(「古事記祝詞」四一九頁)。水面に船を浮かべて吹く玉を齋い祭って鎮魂を祈願しているとするならば、この神々はスサノオの命が古事記で玉を噛み吹き神を生じたのが鎮魂の機能をなしていたのと呼吸法において一致しているのではないだろうか。その時古事記の神の名にアメノホヒノミコトがあり、ホがヒという神霊のよい兆しであるならば霊性の清めを予想させるであろう。アメノホヒノミコトは「山川の広く清き地に遷り出でまして、神ながら鎮まりませと称辞をへまつらく」と言う(「古事記祝詞『祟り神を遷し却る』」四五一頁)。またイクツヒコネのイクが生であるならば「生く島の御巫」の称辞(「古事記祝詞『祈年祭』」三八九頁)に関わるであろう。同様に「イッキシマヒメノミコト」も「生く島の御巫」（「古事記祝詞『六月の月次』」四一三頁）に対応しているならば「塩沫の留まる限り狭き国は広くさがしき国は平らけく」なるための祈願を成就させる機能をもつ神名になるであろう。祝詞に見られる川の神の名と古事記の川の神の名は機能の点について矛盾なく重なり合う。

古事記の固有名詞をもつ神々は、禊と瞑想に相応しい場における神であったと言えるのではなかろうか。

古事記の場合固有名詞をもたない神は、万葉で場の限定を受けなかった神と同様にマクロの荒れた働きを演じていたのである。大国主側への鎮めの行法《ぎょうほう》は異様なくらいである。

川に神の映像を描いたのはまず自分の仕事にかかわる順調な展開を願って、心理的、生理的に活き返らせようとしていたように見える。それを受け止める十分な自然環境にあったであろう。神経系の働きに関わる抑圧を払い体内の分子の組成を組替えて、行動や性格すら改善しながら運命の軌道を変えようとしたのかもしれない。

古事記の神は禊が行われる川が海と接するところで多く見られる。神の具体的な効用にそれぞれの水の性質が関っていたように見える。あるいはミクロのエネルギーを吸収しようとする祭礼を営む場所ごとの神となっている。それによってミクロのエネルギーを受け止める姿勢と共に川の神の恩恵を期待できたのであろう。川が名称をもって神の存在証明としていたということは、名を通して救済のエネルギーを期待しようとする信仰が控えていたからではなかろうか。

神の成立のパターンの中で大国主の命の神格もその実態は捉えられるべきだったのではなかろうか。少名毘古那神は自分を祭れといって国作りに参加している。期待される成果は期待した人の祈りに対して成り立つものであった。そのためには波動のレベルが一致する必要があった。それは既に名前の段階で定められた運命とも言える果実であった。なぜなら混沌としてのホロンにあっては期待感があるから命名による秩序が生ずるからであろう。その時はじめて自然の特定の部分に特定の操作を加えて特定の成果を期待できたのである。

「故れその太刀弓を持ちてその八十神を追ひ避る時、坂の御尾毎に追ひ伏せ河の瀬毎に追ひ払ひて国を作り始めたまひき」（記上三〇オ八）。この弓矢も武器ではないであろうし、瀬ごとに払い国を作ったのも禊と瞑想の環境の中で純粋な自然のエネルギーの作用を同調するためのものであったということになるであろう。

万葉で神に対して畏敬の念を込めて対応したとき古事記は川に対する修業の場としての作用を期待して己を清め、場を清め、その上で過去の恨みを清めてから自由になって国の支配に望めたのであろう。資料ごとに見られるパターンの特性にあった解釈が成り立つのではなかろうか。

名前が土地に発声されたとき神の発生が説かれたということは、万葉が波動のレベルで言えば存在をミクロ的に認識する段階にあったということになろう。視覚のレベルでは納得し合うマクロの認識になっていなかったのである。

すると大国主の命が川の瀬において邪神を払ったという物語は、人間に不幸を迫る波動の状況を川のミクロのエネルギーによって避ける名称の成立によるものだということになろう。特に精神的なものや霊的なものに対して命名は決定的な役割を果たした。見えないものに基づいて生きている世界では見えない存在に働きかける唯一の手がかりとして名称があった。それによって心をその一点に集中して祈願を込めて波長を同一にすることで神との感応道交を成り立たせたのであろう。だから物に基準をおいて認識を成り立たせる文明との落差は限りなく大きい。そこで少名毘古那神は自ら崇拝を受けることによって願わしい実態を大国主の命に移し変える方策を説いたのではなかろうか。名は実在よりもより実態的であり、名の成立には人の心の向きや力の働きが問われたのであろう。出雲側の行法についての反省文をなすほど、それが天皇制の確立期に当って古事記の隠蔽に深く関わらざるをえなくなった。

第二節　山における神の顕現について ―万葉人にとって「心」とは何であったか

第一項　山の神

山においても安全は霊性の鎮静を祈願するものでなければならない。大国主の命について日本書紀に次のような記録がある。

「くすしき光、海を照らしてたちまちに浮かび来る者あり・・・汝はこれ誰ぞと（大国主の命）のたまふ。（少名毘古那神）対へていはく、吾は汝の幸魂《サキミタマ》、奇魂《クシミタマ》なりといふ・・・（大国主の命）いま何処に住まむと欲るといふ。（少名毘古那神）こたへて曰く吾は大和の国の三諸山に住まむと欲ふといふ。故即ち宮をかしこに営りてゆきてましまさしむ。これ大三輪の神なり」（紀一書いはく神代第八段一書第六、岩波版一巻一三〇頁）。

少名毘古那神は私は大和に鎮まるがそこは三諸だと言う。神が納まるところの名称が示されている。

即ち大和の勢力が巨大な力をもつ少名毘古那神を海の奇しき力として大和の聖地に結界を巡らして迎え入れようとする意図が示されている。朝廷は出雲の力の根源に少名毘古那神の存在を評価して場違いながらもその力にあやかりたかったのであろう。

新しい神を迎えるためには場所の名称を明らかにする必要があった。しかし如何なる聖地も悠久の昔から集団の心を一つにまとめてきたのである。それを一瞬のうちに大和に移して出雲の勢威を大和の地に迎え入れることになった。その時異質の神に対して異例の勧請をしたのは、幸運をもたらす奇跡の魂を大国主の命の仲立ちによって少名毘古那神の意志によって大和の地に違和感なくもたらそうとしたからかもしれない。

古事記の記録には「幸魂、奇魂」の記述が見られない。ただ少名毘古那神は「くしき子ぞ、故汝葦原色許男命と兄弟と為《ナ》りてその国を作り堅《カタ》めよ」（記上三七オ三）とある。ただ海を照らして寄り来る神が、私のために宮を営んで祭るならば国は成り立つであろうと言うので、どこに祭るのがよいかを問うと「倭国の青垣の東の山の上にいつき奉れ」（記上三七ウ五）とあって、少名毘古那神が祭られたことになっている。
古事記の場合、霊が海から光る現象として取り入れられ、その活かす力を常住させるために山に囲い、美称をつけて荒れる霊位を鎮め、神域「おおみわ」を成り立たせている。即ち心が山に神を導くとき名称が成立して、山が存在を現すという信仰の推移が古事記でもちぐはぐの感を否めない。(その背景には、山の神がいてその山の神についてですら大和は出雲に対して劣勢な関係にあったことを隠していない。) 万葉の言葉で部分的に山の神をまとめてみよう。

(1) 万葉の名のある　山

普通は神代からの経過を辿っていたものがここでは一瞬の内になされている。更に記紀の間には山そのもののもっている目論見についてのずれがある。それを万葉に照らして見てゆくことにしようと思う。万葉には具体的名称をもつ山の例が多い。万葉人が山に名前を付けたのも神の存在に関わりがあってのことであった。人に活力を与える神を勧請し、神の領域を確保して霊山とし、不純を排除して幸をもたらす意図によっていたのであろう。まず山にある神が人からどういう願いをどういう形で受けていたかを見てゆこうと思う。

a　自然讃歌　一三例 (万・讃歌三八二、一六七六、一七五三、四〇〇一、四〇〇四、崇拝二五九、二六〇、三二七、三一九、一二四七、三八八三、三九八五、四三八〇「神さぶる生駒高峰に雲ぞたなびく」)

b　妻問い祈願　一二例（万・畏怖九六三、一七六〇、三四二一、勧請三七九、結界一七五九、供養一三七七、四〇〇八、四〇〇九、讃嘆一五七、一五九、崇拝二四一、二五九「何時の間も神さびけるか」）

c　宮廷讃歌　一七例（万・畏怖一三、祈念四二〇、讃嘆四五、三二一、三二二、三二四、九〇七、三二二七、三八八四、四〇〇三、四二六六、崇拝四五、五二、一一三〇、三八八三、四〇八九、四四六五「高千穂の峰に天降りし」）

即ち山神に関わる自然讃歌一三例、妻問祈願一二例、宮廷讃歌一七例となっている。それを山の神霊に対する人の対応の姿に組み替えてみよう。

a｜畏敬　万九一三「真木立つ山ゆ」、六三、一七六〇、三四二一

b｜結界　万一七五九「この山をうしはく神の」

c｜勧請　万三七九「奥山の榊が枝に」

d｜供養　万一三七七「木綿懸けて斎ふ」、四〇〇八、四〇〇九

e｜祈念　万四二〇「泊瀬の山に神さびにいつきいますと」

f｜讃歌　万一五九「その山をふりさけ見つつ」、四五、一五七、三二二一、三二二二、三二二四、三八二二、九〇七、一六七六、一七五三、三二二七、三八八四、四〇〇一、四〇〇三、四〇〇四、四二六六

g｜崇拝　万五二「瑞山と神さびいます」、四五、二四一、二五九、二六〇、三二一七、三二一九、一一三〇、一二四七、三八八三、三八八三、三九八五、四〇八九、四三八〇、四四六五

神への祈願は山の祭式と一体のものになるのであった。

「・・・み吉野の、秋津の宮は、神からか、貴くあるらむ、国からか、見が欲しからむ、山川を、清みさやけみ、うべし神代ゆ、定めけらしも」（万九〇七）

自然の中に神に匹敵する働きを感じて、神代からこのように素晴らしい自然が整えられてきたのであろうと歌う。

以上の歌に登場する山は筑波四例、嶋、泊瀬山、神丘、吉野、立山が各三例、香具、富士、伊夜彦、三諸が各二例、砺波、名児、御舟、二上、生駒、妹背、荒、高千穂の山等が各一例となっている。以上の固有名詞をもつそれぞれの山には神が歌われている。恐ろしいから敬虔な祈りを名に込めたのであろう。

神丘では「神丘の山の」（万一五九）とそのものであり、吉野山では「神さび立てり吉野山」（万五二）、筑波山では「筑波の山を見まくほり男神女神」、伊夜彦山では「伊夜彦おのれ神さび」（万三八八三）、泊瀬山では「泊瀬の山に神さびに」、砺波山では「砺波山手向けの神に」（万四〇〇八）、香具山では「神さびけるか香具山」（万二五九）、富士山では「神さびて高く貴き」（万三一七）、立山では「立山に降り置ける雪を・・・神からならし」（万四〇〇一）、二上山では「二上山に神さびて」（万四〇〇六）、嶋山では「神の尊の・・・嶋山の」（万三二二二）、荒山では「神にしませば荒山中に」（万二四一）、生駒山では「神さぶる生駒高嶺に」（万四三八〇）、耳成山では「耳成の・・・神さび立てり」（万五二）、妹背山では「大穴道少御神の作らしし妹背の山を」（万一二四七）、畝傍山では「神を言向け・・・

畝傍の宮に」（万四四六五）、鹿背山では「現つ神・・・鹿背山の際に」（万一〇五〇）、高千穂では「高千穂の嶽に・・・神の御代より」（万四四六五）となっている。以上は一般的な傾向だけれども、万葉に於ける香具山の全例十例についてみる場合、香具山の逆転する気力a．坐祈の悲しみとして孤舟一五七、霞の一八一二、停滞・雲居二四四、b．意志の逆転二五九、神さび二五、古里の三三四、屍の悲しみ四二六、c．大和三山の妻争一三・一四。

それらの神が祭られる形を式次第や例数で見ると畏敬四例、結界一例、勧請一例、供養三例、祈念一例、讃歌一六例、崇拝一六例で次のようなものである。祈りと祭式は自然と密着し不即不離の関わり合いをなしている。

「手向けの神に幣奉り吾が乞ひ祈まく」（万四〇〇八）、「風祭せな」（万一七五一）、「神の社に照る鏡・・・乞祈みて」（万四〇一一）、「神さびに斎きいますと」（万四二〇）、「宮柱太しり奉り」（万一〇五〇）などである。自然の荒々しいマクロの力を鎮めて祭がその力を安全と幸運への道筋をつけている。

大自然の危険なエネルギーには名前をつけてそのよしみを引き寄せる。そのとき神として祭り祈願する方式が用意される。そこに名付けられた神が成立し、救済のエネルギーが呼び込まれようとしている。ここでは最初に名前があって物が成り立つかのように、心の波動をものに声で植え込まれて名付けられている。そのときはじめて山神がその姿を現前させる。祈願を名前にして人の願いを篭めるときに神が山を従える。自然の摂理を再現させる名前によってのみ人を救済することができると考えられていたのであろう。その点日本書紀は神の人格化の進みが早く、万葉では神はまだ人間の言葉を呼び込もうとする余裕は見られない。それは少彦名の神を海に受け止めて国造りをする「紀」の傾向と対応関係にあると言えよう。

「神さぶる、磐根こごしき、み吉野の、みまくり山を、見ればかなしも」（万一一三〇）

山に関わる神の状況は「神さぶる」一〇例、「神ながら」五例以下神丘、神代となっていて神は人の姿かたちを現していない。霊威を漂わせる深閑とした奥山に対して万葉はその霊格にふさわしく祈ったであろうかと自問自答し、スクナヒコナの神は供養に応ずる名称を示し、日本書紀ではその功徳の内容まで命名の形で示そうとしたのであろう。神に対する人の意識が霊的なものから人格的なものへ戸惑いながら変遷を急いだのであろう。神に対する人の意識も敬虔な自律性から依頼的な他律性に変遷してゆく。それは同時代人自身の中の意識の揺れでもあったに違いない。神話的心性は情念の面で万葉にあって、叙情の面や叙事の面よりもより古い層を記紀よりも残していたのであろう。

「古ゆ、人の言ひける、老人の、変若《お》つとふ水そ、名に負ふ瀧の瀬」（万一〇三四）

老人も若返るという養老の瀧の水を讃えることができたのは、自然の力を取り込もうとする意志で名付けた名前に瀧が寄り添ったからであろう。神の名もその状況を誘い出す言魂の働きをしている。若返りたいという期待にふさわしい祈りが瀧水に込められたとき救済はその名称に負っているという文脈が成り立っている。それが実態が現れる以前にすでに名前が存在していなければならないということになる意味ではなかろうか。あるいは名前によって実態の効用が発揮されるということでもあろうか。

その逆の場合、マイナスの活性力に関わる名前を言うのは禁止される、タブーとして不運を避けなければならない。どちらにせよ存在の根拠は名前をもつことに負っていたように見える。

「吾が背子を、こち巨勢山と、人は云へど、君も来まさず、山の名にあらし」（万一〇九七）

こせ山という名前が付きながら貴方が来ないのは、きっとただの山の名前に過ぎなかったからであろう。仮りそめにつけられた名前の山には効験が現れないという当時の習俗が反映されている。山はその名前によって人に恩恵を与えるという筋書きで対応していたのであろう。

名はその領域が心的に作用する場を表わし、神域として俗事を遠ざける働きをもつものでもあった。「この山をうしは（領）く神の昔より」（万一七五九）対応の仕方に応じて山から返って来る霊威を様々に受けたのであろう。名称は羽にせよ高、吉、瀬、弥にせよそれぞれの名称に込められた人たちの吉兆への意志を映し出している。神の保護力を名称を通して持続し増幅しかつ強化されようとする。何よりも名称は限定された地域で限定された効能を成員の意志の反映したものとして特別に評価したのである。名称をもつ山に神が宿り、あるいは神が宿る部分に名称を与えて人の祈願の対象とする。その時人の心構えがそこに成立したのであろう。大国主の命の場合は彼を支えた巨大な霊力を三輪山に勧請して大和の信仰の中心に据えようという意志があり、あるいは少名毘古那神の霊位を国の護りに据えて「幸魂奇魂」となそうという意志があって、神山をなしたのであろう。だから山一般にイメージが分散される場合には、自然の猛威がそのまま襲いかかってくることになったのであろう。ただし国から大国へさらに国家へと基礎領域が広がるにつれて命名における神ながらの時間的余裕がなくなってゆく。すると自然に納得をして共有された名称から人工的に押し付けられ受身で記号化された名称が祈願の対象に呼びかけられたのであろう。そのころ万葉仮名が生まれることによって命名の対象が自然という漠然とした危険物一般から特に意識的に対処せざるをえない山や川の部分を固有名で呼びかける祈りを抑えきれなくなってきたのである。

（2）万葉の名のない山

山一般の場合の状況を見てみよう。川の場合と同様に抽象性の高い山には神の顕現が見られない。しかし古事記の山の神にはそれに対応すると思われるものがある。それを併記しながら進めてみようと思う。

固有名詞に関わりのない山の例一九七例の状況は、次の通り恐ろしい印象をぬぐえないものであった。

山の環境上の厳しさを示すもの七六例（a）、人間がそれに対する対応例七〇例（b）、祈願しても効能が虚しい例二三例（c）、その他言葉上に類型をもたないもの三〇例（'c）によって見てみよう。

a　環境上で厳しいものについては例えば高竣な地勢であるもの「山高み河遠しろ」（万三二四）など一七例（万・山関係三六、三二四、九〇九、一〇三九、一〇五九、一七三六、一七四七、一八四一、一二

三一三、三三三四、四〇一一、四三九八、河関係三六、三一九、九〇七、一〇三七、一一三一）古事記ではオク（奥）ヤマツミの神（奥山の恐ろしい山の神記上八ウ三）がある。山越えを阻む「磐根踏む」（万二四二二）など六例（万一三三二、一三三二、一三七三、二四二二、二四二二、四四六五）古事記ではネ（根）サク・イワ（磐）サクの神（記上七ウ九・八オ七）、気象上で困難を伴うものでは深山の紅葉に活然たる世界を出現する山の精気「紅葉常敷く」（万一六七六）など一〇例（万一五九、一五一七、一五五一、一五八七、一五九四、一六七六、二一九二、二二〇〇、三三三三、三七一六）ハ（葉）ヤマツミの神（記上八ウ六）、天空に一人残されて「雲の棚引く山の高高に」妹を思う（万七五八）など一三例（万四二八、四二九、五七四、六六八、七五八、九四八、一〇〇五、一一二五、一二四六、一三〇四、一九〇九、一九一二、三九五七、四一七七）ハラ（原）ヤマツミノ神（記上八ウ七）、雲降り風吹く「寒けくに一人寝む」（万七四）など一一例（雪関係・万一八四八、一八四九、二三三四、三九二四、四二二八、風関係・万五、七四、一三三三、一四三七、二三五〇）クラ（闇）ヤマツミノ神（記上八ウ三）がある。また動物の鳴き声は万山に響きわたって静寂の中に取り残された孤独を際だたせるもの「鹿妻呼ぶ」（万二一四八）など七例（万八四、一六〇三、二一四六、二一四七、二一四八、二一五一、二二二〇）及び「鳥が鳴働む」（万一〇五〇）など一二例（ほととぎす関係・万一四七〇、一九五七、三九八三、三九九三、四〇六七、四一八〇、四一九五、ほととぎす以外万一〇五〇、一二二一、一八二四、一八三七、四〇八九）オドマヤツミノ神（記上八ウ一）となっている。

b　人間のそれに対応するあり方の三つの類型は「越える」と「入り行く」と「見る」になっている。

「越える」では厳しい条件を克服する山越えに配偶者を偲ぶもの「山も越え来ぬ、思ひ萎へて嘆くらむ」（万一三八）など二七例（万一三二、一三八、二八七、三〇一、九五三、一〇九七、一一八八、一六八一、一七七一、一七八六、二一三六、三一四九、三一八六、三一八八、三一九〇、三二四〇、三三六八七、三七三四、三九七八、四〇〇六、四〇五二、四一一六、四一一六、四一四五、四二二五、四二八一、四四〇三）、古事記ではクラ（闇）オカミノ神（記上八オ五）がいる。また山に入り行くことが再会を絶望的にする恐ろしさを「草生す屍」（万四〇九四）と伏して一三例（万一六、三五四、四八一、一二一〇、一二四二、二四二〇、三三三五、三三三九、四〇九四、四二九三、四二九四、四三四四）イワ（磐）ツツノオノ神（記上七ウ九）。「見る」では山を眺望して「偲ぶらむ」（万一三一）など二四例（万一七、一三一、一三八、一五九、三一九、三二四、三八三、四八二、九一三、九二七、九七一、九九八、一〇四七、一三〇六、一四二二、一八六五、二一七七、三〇三三、三八六二、三九七八、三九八五、四〇〇〇、四一二二、四三六〇）及び、山に月を遠望して「妹待つ」（万三〇〇二）など六例（万四九五、一二九四、二六七二、三〇〇二、三〇〇八、三二七六）トヨフツ（振る）ノ神（記上八オ三）になっている。

c　結局山は人間を守るよりも拒絶する働きをしている。場を隔てるだけでなく日月を隔て心と魂を隔て、果ては愛をすら遠ざけてしまう。「山来隔りて」夢に見えけり（万三九八一）など一二例（万六〇一、六七〇、六八九、一四六四、二四二〇、三七五五、三七六四、三九五七、三九六九、三九八一、四〇七六、四二一四）ト（戸）ヤマツミノ神（記上八ウ七）、「標結ふ」では邪霊を排除して清浄を図るもの三例（一五四、四〇一、一三四二）ミカフツ（中三ウ四）・ミカハヤビの神（記中三ウ四・上八オ二）、「ひれ振り」によって心で距離を越えようとするもの三例（万八六八、八七一、八七二）サジフツ（振る）ノ神（記下三ウ三）、結局絶望に閉ざされて雫に立ち濡れて山越えを見送る二例（万一〇七、一〇八）がある。

c' 山に関わる動作や操作の用語のうち以上のように類型化されたもの以外にも以下の三〇例がある。そのうち厳しく人を排除する言葉をもつものは一〇例であり、責める（万二六九六）、隠す（万三一八九、一七）、心無き（万三二四二）、荒れる（万三三三一）、悲し（万三六九三）、死し枯れる（万三八五二）、遠み（万三九六四）、障る（万三九七三）、常無し（万四一六〇）となっている。その他は神ながら（万三八、三九）、狩り（万二六七）、海包む（万三二九）、光る（万四七七）、居る（七二二）、近し（万七七九）、錦張る（万三二三五）菅生え（万三二九一）、現しく（万三三三二）、忘れる（三三九四）、色づく（万三六九九）、黄金あり（万四〇九四）、梢散る（万四一一一）である。

山の姿を表す慣用語一四例が古事記の山の神一八例とどのように対応するか並べてみた。万葉に出てくる語は実感であり古事記に出てくる名は物語化が進んでいるという違いはあったが、両方とも漏れ者が少なくなるように結びつけようとした。以上に付記したように類型でないものも（c'）が若干あるが類似の類型に当てはめることはしなかった。古事記の山の神は万葉の神のない山の性格と対応が成り立っていた傾向であった。古事記と万葉の山の性格は言葉の上では成り立たないが意味の上で共通性があった。祝詞と古事記とは言葉の上でも共通性をもっていたように見える。

（3）古事記の山の神

古事記の山の神を見てみよう。ヤマツミ（山の神）は恐怖の神でありその発生は死体と血であった。又死体から成り立つ神は山の神に関わるものであった。その殺された者の怨念を恐れて原始の神が発生したという関連で万葉人はそれらの神を鎮める願いを歌ったように見える。万葉が祈願の歌であったとするならば、山に一人いる恐怖を避けたいという願いを神の映像に重なりあわせていたのではなかろうか。

二種類の神々が区分されるであろう。前者は神の影響を遮る働きを期待するものであり、後者は捧げものをしてその影響を断とうとするものであった。祝詞の言葉で言えば「祟り神を遷し却る」（「古事記祝詞」四四七頁）とか「御酒はみかの上高知り」（「古事記祝詞」四〇五頁他）ということになる。それを物語の形で古事記が説明した神々はカグツチという神の死体から生まれた山の神々と、刀に付いた血から生まれたそれぞれ九体の神々であった。

死体から生まれた神々はオク（奥）ヤマツミノ神、オド（慟）ヤマツミノ神、クラ（闇）ミツハノ神、シギヤマツミノ神、ト（戸）ヤマツミノ神、ハ（葉）ヤマツミノ神、ハラ（原）ヤマツミノ神、マサカ（坂）ヤマツミノ神、ミツハノメノ神が見られる。それぞれ括弧の中の意味で解釈すると行く手を遮る神々ということになろう。山が交通を妨げて立ちふさがっている万葉の状況と重なり合うものになっている。古事記にも「塞ります黄泉戸の大神」（記上一一オ六）という神が万葉の山の障壁性とも合致し、古事記の死体の恐怖とも合うので、祝詞の祟り神を遷しやるものになっていたのであろう。

刀の血から生まれた神も九体ありイハサク（磐を削る）ノ神（「磐根木根踏みさくみて・・・峻しき国は平らけく」「祝詞」三九一、四一三頁）、イワツツノオノ神、クラオカミ（万葉一〇四）ノ神、サジフツ（振る）ノ神、トヨフツ（振る）ノ神、ネ（根）サクノ神、ヒハヤビノ神、ミカハヤビノ神、ミカフツノ神が見られる。

サクは平らにし、ミカは捧げ、フツは振るであるならば「祟りたまひ健びたまふるかくして鎮まりませ」（「祝詞」四五一頁）という祝詞の祈りと合うであろうし、古事記の刀に付いた血の恐怖を和らげることになるであろうし、荒れる恐怖と密着することでもあろう。それらは死者に対する鎮魂の機能を名称にした神名であったということになるのではなかろうか。万葉の山の厳しさより海の救済への厳しさがより大きかったように見える。

大和平野の南端にあって全国的統一への機運に対応する藤原朝廷がその流動化する姿勢を山の障害性に対する神事として取り除くことは出来ない。山に見られた神秘的だが怪奇的現象はその山の奥深い恐怖から派生するという意識が様々な賛歌の対応策を考えている。万葉の民俗でも精気に満ち溢れてはいても山は犠牲無しには越えられないものとして敬意を表したのであろう。まず、目の前の香久山の障害性とそれを乗り越える意欲を自発するものとして祈りの言葉が発せられる。原型的祈願文として記紀万葉の初期の歌が作られていったのである。山の障害性を神の悪意として鎮める歌に記録されたのである。

万葉仮名が物事を表象する機能は肉声をもって具体的に意志を伝えるものでなければならなかった。文字による抽象化作用はまだ未熟であり、民話のように尾鰭を派生させてゆく余裕も余り見られない。恐怖に対する彼らの感性に誇張はなく素朴で直接的であった。古事記になって映像が拡張され飛躍し始めたのではあろうが、山の神について見ると、万葉では固有名詞のある具体的な山に対して神が想定され、固有名詞のない山には神を歌わない。環境的な状況を示せない抽象的な山には神の存在を許さない。山の名称で波動を固体化し、その影響力の根源に祈りを共有し合うとして鎮めの好意で訴えている。なぜその名称によって土地の吉凶の区分けをしたのか、こちらの祈りを刻み込んだ対象だけが存在しそれに沿って事態を進行さ得せたからであろう。生《ナマ》の自然を歌う万葉はまだ叙情の段階に成り切れていない祈願を主題にせざるをえない場合に、そういう万葉の情念を古事記は明確な神の映像として示したかったのではなかろうか。その神に礼節を尽くして祭る救済への道が身構えとして示されなければならない。それぞれの祈りの方式をそれぞれの山において神の名によって成り立たせたのであろう。名称がある山にはそれぞれの方式を成り立たせる合意を得ていったのであろう。だから名称をもつ山には神が存在することになる。その山を褒めたたえる讃歌は叙情詩と区別できなくなっていったであろう。祭ることもできない悪意を秘めたかに見える山に情念を映し出すことができなかったのである。

そこで名前をもつことは存在を限定する役割をもち、その限定によって人と自然の交渉を成り立たせる前提になったのである。自然から必要とする部分をちぎり取ってきて対象を見据えた時初めて人は自然に働きかけられたのである。存在を限定し外界を操作し名前を付けることで心をやり取りする実体を見るという方式であった。その時こちらの心に答えたのは神であった。そのやり取りができない悪意の神はヒリフル善意のイオンをふりかけてその悪意のイオンを抑えておかなければ必定に襲いかかってきたのであろう。その山の儀式に参加できない旅人にとって国を離れることが命を晒す恐怖であったに違いない。その恐怖の程度が叙情と祈願の違いになったのであろう。だから万葉はまず恐怖があり祈願を込めそして叙情が成り立つという順序を厳格にしかし無意識に守ったのであろう。万葉冒頭の女帝の「衣ふり」の呪法には、万山を善意の波動に横溢させようという意図が見られる。

（4）三輪山の場合

ところが記紀はスクナヒコナの神を三輪に勧請しようとしたとすれば、神代からのものに今更新しく神を付け加えられたのであろうか。万葉の三輪及び三諸二六例を先ず祈願（a、b、c）で、ついで儀礼（d、e、f）で分類してみよう。

a　自然祈願　万・畏敬一七七〇、三二三一、供養一〇九四、祈念三二二七、三二二七、三二一八、讃歌三二四、一〇九五、一〇九五、一一一八、一二四〇、一五一七、二二二二、三二二二、

特に紅葉、川音、蛙の声を愛でている六例

b　妻問祈願　万・畏敬一五六、一五七、供養七一二、祈念一三七七、二九八一、三二六八、四二四一、

特に神を「齋ひ」君を思うというもの四例

c　宮廷挽歌　万・供養二〇二「みわ据え祈れども」

それらを組み替えて神霊に対処する儀礼によって三輪を見てみよう。

a｜畏敬　万一五六「神杉過ぎる惜しみ」、一五七、一七七〇、三二二二

d｜供養　万二〇二、七一二「美酒を三輪の祝部が齋ふ」、一〇九四

e｜祈念　万一三七七「神さびて齋む」、二九八一、三二二七、三二二八、三二六八、四二四一、

f｜讃歌　万三二四「繁に生ひたる栂の木の」、一〇九五、一〇九五、一一一八、一二四〇、一五一七、

二二二二、三二二二

古事記はスクナヒコナノ神を大和の守護神とし、同体化しようとしたのであろう。しかし万葉を見ても勧請するために結界をするという発想が見られない。古事記の三輪の儀礼はa畏怖（国成り難し）、b結界（治め奉る状いかに）、c勧請（青垣東の山の上にいつき奉れ）、d供養（我が前を治め）、e祈念（共どもに作りなしてむ）、f讃歌（国成り）（記上三七ウ三）となっている。がしかし、神が主体になって話が進められ人の声が聞こえてこない。abcの祈願があってそれからabcdef｜の儀礼が成立してきたはずであった。その祈願の内容が記されていない。祈願と儀礼は組み替えれば過不足なく転換が可能になるはずであった。三輪にスクナヒコナノ神を招いても同化できるの

であろうか。しかも海空間の場の特性を無視して山空間の場に神の移転が試みられてしまう。現在でもスクナヒコナの神社は海に面しており、ほとんど日本海に面したところに集中している。ミクロの同調体となろうとする修行者にとって違和感があったであろう。水泡の神霊としては擬人化が進みすぎていなかったであろうか。スクナヒコナノ命を無理に割り込ませて定着が難しく現在に至るまで三輪にその神の痕跡もない。それにもかかわらずスクナヒコナの命に対する憧れは消し難かったのであろう。だから朝廷は呪術に対して革新者の立場に立っていたが伝統を保持する立場を嫌ったのであろう。畏怖すべき「天霧らひ風さえ吹きぬ」自然の猛威があって除災の祈願を神名に込めて「帰りにし人家に至りきや」と言う歌と共に(万三二六八)「我が衣色どり染めむ」と祈念し、「うま酒」で供養し「三室の山は、紅葉しにけり」(万一〇九四)という讃歌が成立したのであろう。だから枕詞は祈念や供養の痕跡を残し願いを込めたのであろうが、叙情詩として見るときは訳出する機会を失うであろう。ミモロも垣に神籠るという意向を含めていたかもしれない。

万葉では一様に共有化された祈願のパターンで山の名称が成り立っていたのである。そこには「時代を通じて響いてくる『形態共鳴』が起こっている」とワトソンが言っている(ワトソン前掲書「シークレット・ライフ」一九〇頁)。共有されている共通の願望と儀礼とが実態そのものの姿を整えていったのである。

「朝日さし、背向に見ゆる、神ながら、御名に帯ばせる、白雲の、千重を押し別け、天そそり高き立山」(万四〇〇三) 家持が立山を歌ったものである。一般に言葉の現代的機能から言えばこの歌は「神意のままに立山という立派な名を持つ」（澤瀉前掲書「万葉集注釈第一巻」）ということになるであろうが、名前が実態であった時代であれば立山という山は立山という名前を装飾する文辞であった。そこで山の帯を巻いて名前が飾られているという認識になっていたのではなかろうか。しかしその逆転的な発想が命名によって漠然とした山という不明瞭な領域に聖域を限定したのであろう。その時自然の効能を主体的に取り込む構えと対象が実体となったのである。それによってマクロの恐怖を映し出す漠然とした山の姿に対して、救済のエネルギーを引き出す方式を編み出したのである。そのためにはむしろ集団意志によって限定された場の働きをミクロ的に限定しなければならなかったのであろう。ただし山のエネルギー分布に積極的に微細に対応する表現でなければ人工的に命名を急いでもその信仰は短命に終るであろう。「山が名前を帯びている」のではなく、「名前が山を帯に巻いている」という発想の意味を万葉は記紀に対して問いかけている。だから三輪の実体に外来の神がどのように存在を位置づけられ得るのであろうか。日本海地方の場の実体であったスクナヒコナノ命が三輪の実体とどのように折り合えばよいのかと役の小角ならば問いかけたかったであろう。

その背後には共同体の生活様式から来る言葉の作用があり、言葉の繰り返しから定着してきた期待すべきイメージがあったので、心の祈りを実現する道筋が名前の働きによってつけられたのであろう。祈願を表現する言葉のパターンを繰り返しながら、人間の共通の意志によって恐怖を逆転させようとしていたのであろう。山がもたらすミクロ的な一見奇跡となる幸運を、言葉のもつ機能によって期待している。そこに山一般は恐怖であったけれども、固有名詞のついた霊域には神の救済を祈願するという方式が成立したのであろう。願望のイメージを植え付けてから性格作りをおこなって実体としたのであり、性格を見てからイメージを作り上げたのでは「山の名にあらし」ということになってしまうであろう。

限定された局面に人間の価値を植え込んだときに真実が中立的な立場で動きだしてくれたのである。ハイゼンベルクによれば「客観化しうる領域は我々の真実の単なる一部分に過ぎない・・・しかし結局は常に中心的な秩序がそこを貫いている」（ハイゼンベルク前掲書「部分と全体」三四三頁）その時、空間の同質性が問われなければならなくなるであろう。しかし多次元の世界を狭め始めた日本書紀にこの言葉は当てはめられたであろうか。

波動レベルの生理的実感を前提とするコミュニケーションが万葉には残されていたように見える。原始の震動言語によれば目で見た現象は仮りの像であり、実像は名辞にあり、名辞は音色を伴い、音色は実態と共鳴している。その好ましい音色の領分を画して命名するときそれは受入れる人間の身構えとなる。そのような共鳴によって形態をなすという筋道が辿れたであろうか。

第二項　心の意味

我々文明人と違って自然人は聴覚的波動によって自然を認知するが、視覚的には自然を認知しようとしていない。巨視的・微視的な救済力を振り分けなければならない。救済を得たときに破滅されることがあり、破滅した時に救済される場合もある。それを振り分けるのは人の側の問題、すなわち心にあることを知っている。山に対する対応の仕方を見ると名前にふさわしい対応によって救われもし、その心の態度を無視すれば滅びもしたのであった。だから文字を通して頭で知ることはない。それによって実態が文字の方にあるとする危険を避けなければならない。

万葉の場合は目的に合わせて一定の型に人間の営みを当てはめている。それによって共通の下敷きの上に心を重ねて伝達する。その伝達ができないときは集団は崩壊すると考えられている。但し、律令制以降は人麿の歌も人も存在の余地がなくなってしまう。

万葉の歌も心に祈りをパターンによって込める祈願文を成していた。自然讃歌二七例、妻問祈願二六七例、宮廷讃歌一三例をもった「心」の働きを見てゆこうと思う。合計三〇七例の内大部分は妻問を祈願したものになっている。その妻問の対象が明示されているものはもののふ、妹、君の順になっている。以上は外面的な状況であるが、ここではまず心の働きを中心に見てゆきたいと思う。

心の働きで一番多いものは「心思ふ」七〇例であった。その構成を見ると相手を思っているけれども、ますます思いは募るばかりだというものになっている。即ち心の外に「思はず」(万六〇一、六〇九、七九四、一三五四、二五二三、二九一一)、忍び「思へど」(万四九六、一四〇一、二五二一、三三六七)、ますます「思はなくに」(万七一一、七七〇、二四七一、三〇五八、三〇七一、三五〇七、三七七五、三八〇七)、「思ほゆ」(万五六九、六九一、一六二九、二三九二、三五八八、三九七九)という対をなしている。

心は障害に会ってそれを乗り越えようとする意志を秘めていたのである。
「人目多み、逢はなくのみそ、心さへ、妹を忘れて、わが思はなくに」（万七七〇）

次に多いのは「心恋ふ」三八例であるがその語彙の構造的な傾向は同じように「夢にみて」（万七〇五）恋焦がれても隔てられ（一四例）、恋しげく「恋に死ぬべし」（万二九〇七）となっている（二四例）。

次に「心慰むるなく」（一五例）ますます思いは募り、次に「心忘れられず」（一五例）、「心痛む」（一一例）となっている。

その次の「心に乗る」（一一例）と「心に寄る」（一〇例）を見ると前者は相手から自分の心に入り込み、後者は自分から相手の心に入り込むという使い分けをしていたように見える。心が乗りかかり忘れられないという形容として「しみみに（みっしり）」（二七四八）、「ゆくらかに（ゆるゆる）」（万三二七四）、「ただに（じかに）」（万二七四九）、「とをに（たよたよ）」（万一八九六）、「しくしく（しきりなく）」（万二四二七）等という語彙を使っている。折口氏の訳を括弧に入れさせてもらったけれども、現代語に響いてこないのは相手の心に入り込むという現象そのものが薄れたからかもしれない。

「たしかなる、使を無みと、心をそ、使に遣りし、夢に見えきや」（万二八七四）

信頼のおける使いの者が見あたらないので、貴方への使いとして私の心を遣りましたが、貴方はそれを夢に見てくれたでしょうかと尋ねている。心に訴える共鳴を響かせるように、相手の夢に自分の意志を語らせようとしたのであろう。相手にたいして念波で自分を気付かせようとする、そういう時代がもっている確信がまだ消え去っていない。文字のない時代に人は人と通じ合う力を心の及ぼす言魂《ことだま》の作用に期待していたのであろう。心が言葉を通して実体になっていたのであろう。但しこの歌の場合は遠い空間を飛び超えて発信された波動の意味になっている。

「恋ひ恋ひて、後も逢はむと、慰もる、心しなくは、生きてあらめやも」（万二九〇四）

後できっとあの人に逢えるという期待がもてなければ焦がれ死にするほかないというのは、生きる実体は希望であったからその心のはげみで生を支えたのであろう。心に原動力を養えなければ（こころしなくは）生命体は成り立たなかった（生きてあらめやも）。心は障害があるから自覚しなければならない意志であった。心を失った命は死を意味するような歴史の季節を彼らは生きていたのであろう。本文冒頭の「ひ」の使い方と同じ方式で歌われている。厳しい心を同じ文脈上に通じ合っている。

例えば祈りに満ちた願いを心とするならば、見えない心が実体であり見える命は仮象である。名前は心を映し出すから実態となるのであった。そこで命が絶えたとしても心は存在し続けるので、その心に魂を当て「たま」と万葉人は表現したが、古事記神代篇では霊界に働く魂が現世に及ぼす作用を扱っている。魂が実在ならばそれは空間や時間を超える操作が可能になり、万葉には次元に関わらない「神代より」や「天地の極み」の語彙が入り、古事記には霊界と現実界が混ざり合って表現されることになったのであろう。大国主の命の神話にも次元を超えた霊界における生死の繰り返しが見られたのである。

それはペレティエの言う波動力学のもつ認識論の写しのようなものになっていたのであろう。「物質的宇宙の本質に関する理論的諸構造は、全観察者が共有する絶対的リアリティに関する事実ではなく、むしろ観察者の心の抽象作用のあらわれと見なされるべきことが明らかになった」(ペレティエ前掲書「意識の科学」五〇頁)。万葉の心は物質世界よりも精神世界により濃い陰を見ている。万葉人は山の恐怖に訴えて「山高み、磐根踏み、葉敷く、隔たり、寒けく寝、鳴慟む」厳しさを歌う。それらに対する畏怖の念を受け止めてもらうためにそれぞれを神に置き換えて古事記は「奥、根、葉、戸、闇、慟」の名称をつけたのであろう。そのようにして山の主要な形容言と山神の名称とが合致したであろう。それらの神に対して「振る、捧げる」人の心が「フツ(払)、ミカ(甕)」の神名で供養を受け入れるように祈るならば「神さぶる」山が現前し(万五二、二五九、三一七、四二〇、三八八三、四〇〇六、四三八〇)たであろう。それによって「つく羽、初せ、神おか、吉の、立やま」の順に吉兆に満ちた名称が定着していったのであろう。①山の習俗に隠された記紀万葉の心は山の恐ろしさを神として祈る。②祈り切ったところに光明を見る。③その名称は神の姿になっている。④同時に山の恐ろしさをもつ祖霊の遺恨を次の世代に渡さない。という筋道を辿っていたのではなかろうか。前節の川の神は人がこの世を退出するとき川の清めを受けて遺恨を払う機能を神格にしたものであった。川筋に沿って霊魂を送りだすまかり路としている。両者ともミクロのエネルギーとの同調体となって身を清めようとするものであったのであろう。

そのような心が波動を通して自然と相互作用をしていたとき万葉人は神話の世界を生きていたことであろう。山神の名称にもそれが成り立つ過程を経てきていたのであろう。その基には心を玉と震わせる習俗が名辞を通して自然との過不足のない触れ合いを続けていたに違いない。恐怖が名前を通して神のよしみを引き出さなければならなかった。

「畏みと、告らずありしを、み越路の、手向けに立ちて、妹が名告りつ」（万三七三〇）

横槍が入るのを恐れて相手の名を口に出さずにいたが、山の神を前にしてとうとう口から出してしまった。それはたんに「配流者としての慎みから」（澤瀉前掲書「万葉集注釈」）とも言われる。

しかし「実体を表す名の働き」を慎んでいたからだとすれば「名に負ふ」という認識で名が存在の基盤であった時に、初めて名によって自然の活力を受け入れることができたのであろう。人に自然の精気を媒介したものは受発信機能をもつ名称であった。それを可能にしたのは精気に同調して双方向的に意志を通わせる作用によってであろう。その名称は当然邪心も受け付ける同調装置であった。媒体となる名称は生成と破滅の混信を防ぐ必要があったので、その時は口に名を「告る」のをためらわなければならない。はかない名称やはかない心にのみ実体を感得していた場合、波動の善悪の効能に敏感にならなければならなかったであろう。名称は観念であったけれどもそれを観念として無視するならば、彼らから実在が消えたであろう。そこに実態以上の実態を感得する働きを認めるならば運命の方向まで視野に入れるものになっていったであろう。生命が波動の影響を免れられないとき、それを受け付ける姿勢を準備したのは名称を通してであった。波動の受容器として受容の容量まで準備する。その受容を指令する心が実在となる。そのような仕組みが考えられよう。「玉かぎる、石垣淵の、隠りには、伏して死ぬとも、汝が名は告らじ」（万二七〇〇）

名前が知られれば危険を誘い出して命を晒すことになってしまう。人から名指しで非難や中傷を受けて心を操作されるくらいならば、いっそ死をもってしても名前を伏せたほうがよいという程のものであった。名称は双方向的に作用を与え合う実体でもあった。

「これやこの、大和にしては、わが恋ふる、紀路にありとふ、名に負ふ背の山」（万三五）

「せ」という名にその価値を負っている背の山こそ、私の愛する背の君が今赴いている紀の国の途中にある。作者の恋焦がれる山は夫の安全を祈願するにふさわしい山だという。「音に聞こえた」「有名な」という意味（澤瀉前掲書「万葉集注釈」）と訳したいけれども、彼らにしてみれば「ふさわしい立派な名前だから」その名に山が存在を負うて頼りがいのある山だということになるであろう。背を思う山として夫の安全を祈願する山の名称になっている。名前にその山の実体を支える根拠があって、その名にふさわしい応え方が期待されたに違いない。山があって名前がつけられる以前に、名前が成立した時に山が「名に負ふ」という存在になったと考えられよう。だから「名を負ふ」とは歌わない。恐怖の神であった山を格式の異なる神として祭る。その時、言葉に新しい実態を伴った神の姿が顕わになったのであろう。皆が名にふさわしい仕え方をしたときに山が波動通信の特性によってそれにふさわしい答え方をする。すると神の姿勢は人の心の受け止め方の姿勢に関係せざるをえなかったのではなかろうか。

「名に負ふ瀧の瀬」（万一〇三四）、「名に負へる社に風祭せな」（万一七五一）「名に負ふ鳴門のうず潮に」（万三六三八）では名前のおかげで意味付けを得た瀧や社やうず潮に祈願を捧げたのである。心のもち方を変えることによって場に神を感知して、その範囲を占有して清めると、新しい価値を願う彼らの場が出現する。名称にその評価を負わせることによって反応が変わるものだという心理的操作が場に対して行われている。そのような思いを積み重ねて実態が成り立つ時悠久の過去を「神代」と言ったのであろう。「神さびる」は万葉では各名山の形容であったが、古びて神々しい姿は時間の経過を必要としていたに違いない。神名の推移を組込むために時間が繰返されて概念が前に進まないことに耐えねばならない。

古びた名称の山に祈願して念いを同調させてきた実績の積み重ねがあった時に、人々は息を合わせて神との交感を成り立たせてきたのであろう。恐怖の山も救済を受け入れてきたとすれば万葉からみれば悠久の昔の山に該当していたのであろう。共通の願いで実態が進展してゆくという考えられないことが信じられていた時代のことであった。

万葉を叙景詩としてみれば比喩的に歌われたものも含めて、心の歌の背景をなしていた自然は一位の鳥が二八例でその中で特にほととぎすの鳴き声が三割を占め、二位の海二八例がそれに次ぎその中では特に舟を漕ぐ姿が五割を占め、次いで三位は気象状況が二二例でありその中で雲、雨、風、霧等があり、四位以下は川、草、木、花の順になる。

「わがこころ、焼くもわれなり、愛しきやし、君に恋ふるもわが心から」（万三二七一）

万葉の心を見るとよい震動を採集し、悪い震動を排除するという方式を守っていたかのような姿に見える。場所を選び媒体も選びそして相手を選んだのであろう。恋によって活性化するのも自滅するのも心のもちようであったというので、神そのものも実態の半分は少なくともこちら側の対応のあり方に関わっている。だから実態のあり様を左右する心が実体以前に存在して、心の受け止め方を吾が心に問い正さなければならなかったのであろう。でなければ実体のない吾が心を実体のない吾れが焼くことにはならない。認識する実体を成り立たせるものの半分の要素はこちら側にもあったからそれは交渉を成り立たせる場の問題に及んだであろう。

川の精気を通した恋歌が心によって歌われたのも同様であろう（瀬一三例、川七例）。

「明日香川、明日も渡らむ、石橋の、遠き心は、思ほえぬかも」（万二七〇一）

しぶきを上げる川の音に触発されて恋の意志を決断している。相互に心を触発し合う力を川や瀬がもっていたということであろう（その他瀬の例・万四三七、六八七、一三八一、二〇六九、二二〇八、二四二七、二四三一、三〇二五、三一六七、三三三五、四〇〇三、四一九〇、川の例六〇一、三三〇七、三三〇九、三四二五、三七六四、四四七八）。

精気を受け入れる音を聞く例としては、鳥の鳴き声によって萎える心を震わせるというものがある（二八例）。

「今朝の朝明、雁がね聞きつ、春日山、もみちにけらし、吾が心痛し」（万一五一二）、（その他万二六六、三七二一、七一一、七二五、七九四、八九七、八九八、一三六六、一四一三、一四八〇、一六一四、

一八〇五、三五二六、三七八四、三七八五、三九一二、三九九三、四〇〇六、四〇八九、四一〇一、四一四六、四一五四、四一七九、四一八九、四一九二、四三五四、四四四五）

音に心を乗せて響きを届けられるという作用をお互いに信じている。同調しあって「心に乗り」（万一〇〇、六九一、一三九八、一八九六、二四二七、二七四八、二七四九、三一七四、三五一七）、遠方に波動として「心を使ひに遣り」（万五五三、二四五二、二五五二、二八四五、三五三八、三九九一、三九八一、四一八七）、相手の心に行き着いて「夢に見えきや」（万七一六、七一八、二八四二、二八七四、三九八二）という発想が続いている。

ａ（失意）だから初動のエネルギーを失って「心萎ぬ」（万二六六、一五五二、三三五五、三九七九、（心もしぬに）三九九三、四〇〇三、四一四六、四五〇〇）、ｂ（転機）時に「来鳴き響もす」（万一四八〇）、ｃ（発動）鳥を期待して「心振り起こす」（万四七八、三九六二、（大夫の情ふり起す）四三九八）必要があった。伝達の方式としては波動のやり取りとして万葉の蘇生の方式になっていたのである。パターンをなす同じ系列の短文ａ、ｂ、ｃの組み合わせによって、文節が繰り返されることにもなろう。

次いで海の渚の音に慰めを求める心の例は二四例に及んでいる。

「雲隠る、小島の神の、かしこけば、目こそ隔てれ、心隔てや」（万一三一〇）

神のように目はごまかせても心の震動を避けることはできないと言う。「音のみ聞きて未だ見ず」という一連の言葉も（万八八三、一一〇五）、その音とは「名称に込められた響きであってそれを聞いたけれどもまだ目で確かめてはいない」という意味であろうか。視覚の認識は聴覚の認識とはズレてしまうので、聴覚によって恋の思いを鎮める歌が圧倒的に多い、目で見る以前に別の実体をある種の感覚、すなわち超音波を聞く能力で認識していたのではなかろうか（その他海の例・万七二、六一九、一二二一、一二四五、一三五二、一三九五、一三九八、一三九九、一四〇一、二七二四、二七四八、二七四九、二七七九、二七八〇、三〇二八、三二一六二、三二一七四、三二五一、三三六七、三六二三九、四一〇四、四一八七）。

その他、木や葉のさやぎに思う例（一二例）、花を通して思う例（一一例）、山を通すもの（一〇例）、次いで衣（九例）、雲（八例）、馬、玉、月（六例）の順になっている。

警戒すべき震動としては人々が自分達の恋を噂することにあった。「人言繁み」（万五三八、六四七、六五七、七一三、二五七三、二五八一、二九四四、三〇五九、三二五八、三四六六、四〇〇八、四二三六）、私達の間柄はとても隠しきれないほど「人目多み」（万七七〇、二九一〇、二九一一、二九三二）、逢うのを避けなければならないという筋書きで万葉の忍ぶ恋が歌われている。恋の思いを隠しきれない震動として表面に顕わすとき、噂話の悪意で汚れた波動が身に及ぶのを嫌ったのであろう。まだ目でみる文字がその証言力を持っていなかった時代には、その認識の視点が波動の高鳴りを無視できない聴覚に集中していたことの結果であったのであろう。すなわち初期の万葉仮名は意味をもたない発音記号の役割に徹していたから、見た感覚で意味をとろうとする表現にならなかったのであろう。目で見たものと違って響き合う感動を感応し合って得られる何ものかがあったに違いない。

心を隠しきれないほどの認知能力は文字が伝達の中心に来て不可能になったが、万葉仮名はその境目の所で原始の感覚を受け止めていたのかもしれない。悠久の時間の経過の中で人の心を集積してきた山ミモロに、果たして時の承認もなくスクナヒコナの異質の神が迎え入れられたのであろうか。

第三項　魂の登場

「こころ」を協調して表現するために「たましひ」はすでに使い始められようとしていた。語彙の意味からも振動する玉の持つ命の力（ヒ）の心の重い働きを強調するためにも使いたくなったのかもしれない。それは振ることによって精気を回復させる願いを込めたものであった。振れない玉は絶望の表象であった。単なる石や貝を振り動かして心に震動を及ぼそうとする習俗は、心が震動することによって活力を回復するという考えに基づいていたことを予想させている。だから万葉では玉が魂になった時の歌が魂は震動することによって生命の証しになっていたことを示している（以上は万葉集の中の原則として玉九〇例、心三〇六例の傾向、前稿四二頁）。

「魂は、あした夕べに、玉ふれど、我が胸痛し、恋のしげきに」（万三七六七）

生命は震動する心であった。緒に玉を通して振り動かすと呪具として効用を増したのであろう。挫折を前にした緊張感は（四・四パーセント）、正常に戻ろうとする分別であり（二三・四パーセント）、憧れて高鳴る心（七一・二パーセント）に次第に成長するものであった。振幅の大きな乱れを静かなもとの震動に落ち着かせようとするとしても、命の源にある魂の震えにリズムを与えながら活性力を玉の振りとして心の高揚感を抑える。

「雨は降る、仮庵は作る、いつの間に、なごの潮干に、玉はひりはむ」（万一一五四）

その取り込みをする場所になごという固有名がついているのは共有された名称を選んで浄化に鎮めを与える心構えとしたのであろう。自分の心に自然の活性力を歌で再現する小さな斎場をしつらえている。叙情詩であると同時に祈願文であり、生活の場でありながら同時に神域にもなっている。住之江の「澄み」の名前にふさわしく「ふる（降）、ひ（干）、ひり（嚏）」の呪言で清浄な響きを経文の如く奏でたのであろう。

万葉の歌は形と心が表裏一体をなして形は心を表し、それをリスト化するとその関係性はぶれようがなくなる。その関係はパターン化されていく。そのパターンで場所と密接な関連をもつ神の由来が説明されよう。それも文字のない時代のコミュニケーションのあり方を示すものであり、表象は既に明確な意志を伴って共有されていたのであろうから、個別の実態に即応して言語の働きが忠実に維持されていたと考えられる。すなわち神々は具体的な名前をもち、個別の神は個別の感情を受け答えしている。そのような個別の応接を通して神は民俗の願望に深く入り込んでいったに違いない。

大国主の命が少名毘古那神を三輪の山に祭る。その祭り方を万葉の心で共鳴し始めたのであろう。本源的には荒れた山に気力に溢れた運勢を伴う神を鎮座させようとするものであった。名称の方向に神の指図を辿り、年月に晒された名称に含まれた意図を手繰り寄せる必要があった。その神の勢威に恥じない清明で誠実な心を差し出しているかが性急に問われようとしている。それほど政権の交代は急速に行われた。即ち国をなすのに幸運と奇跡に即物的に依存するのか、精神的にわが身を清めて開運を祈願するのか。それは日本書紀と古事記のそれぞれの作者の心構えの相違になっていたであろう。出雲を征服したのは朝廷であったとしても出雲の勢威には恐れるべきものを感じる神威を見過ごせなかったのであろう。割り込ませた神格によって幸運を期待しようとするのか、山の脅威を鎮める心で少名毘古那神を三諸に祭るのか。脅威とは何であったか。神の実質が問われている。

原始から文明への推移の中で、神を巡る意識も著しい変動を余儀なくされよう。原始から文明に移るにつれて情報処理のルールが五感を超えた超音波的な波動によっていたものから視覚と聴覚の五感的な文字を介在させるものに変わっていったのであろう。養老孟司氏が言語の発生について「ヒトが視聴覚という異質の感覚を結合して言語を創り出したことは進化的にはきわめて重大な事件だった」（養老孟司「考えるヒト」筑摩書房、一九九六年、一七〇頁）と言われるように、それ以前に波動によるコミュニケーションが実在していた自覚はすでにない。万葉以前ですら生存に必要な共通した価値を物質的な充足に求めた形跡はない。精神的な気力を支え合おうとする意志は目先の現象を五感によって満たされなかったであろう。波動感覚による意識の共有を可能にしなければならない。万葉人が好んで伝達において用いた文脈には自然の精気が不可欠のものとして歌い込まれている。瀬の音や波の音、鳥の鳴き声等に心を乗せて時空を超えて伝え合う。意志の使いをしたのは夢や花であり、前兆を伝えるものは風に飛ぶ鳥や雲であった。そこでは岩淵に隠れても心は露見してしまう。ということは伝達の手段は五感の働きだけに絞りきれていなかったからであろう。

その推移を日本書紀の「幸魂、奇魂」について見てみよう。万葉では魂は挫折を前にした緊張感であった。それは心の危機であって運不運から言えばむしろ不運に近い。幸魂は万葉には見られようもない矛盾した概念にすぎない。一五例の幸があるが、無事で達者で健康だという意味で使われていて、命の震えを自覚しなければならない圧迫感に関わりはない。

「天地を、嘆き乞ひのみ、幸くあらば、又還り見む、志賀の韓崎」（万三二四一）

「嘆き乞」う魂がもしも万一「幸くあらば又還り見」ようという、絶対に一致しない状況が対比されている。奇魂も同様に偶然の光明もない状況なのに偶然の光明を期待する魂という矛盾をもった言葉になっている。古事記はそのような造語になじめなかったのであろう。

日本書紀は幸魂奇魂をもって少名毘古那神の功徳としたが、古事記はそれを説かなかった。次のような書き出しで少名毘古那神との出合を万葉の心で説いたのであろう。

①「寄り来る神有りき。ここにその名を問はせども応えず・・・クエビコを召して問はす時、こは神ムスヒノ神の御子、少名毘古那神ぞと答へまおしき。故ここに神ムスヒノ御祖命にまおし上げたまへば答へのりたまひしく、こはまことに我が子ぞ。子の中に我が手俣よりくしき子ぞ。故これよりオオナムジと少名毘古那と二柱の神相並ばしてこの国を作り堅めたまひき。

②さて後はその少名毘古那神は常世国に渡りましき」（記上三六ウ四）続けて

③「ここに大国主の命愁ひまして吾れ独りしていかでかもこの国を得作らむ。いずれの神と吾とよくこの国を相作らむやとのりたまひき。この時に海を光らして依り来る神ありき。その神の言りたまひしく、よく吾が前を治めば、吾よく共に相作り成む。然らずば国成り難けむとのりたまひき。

④ここに大国主の命まをしく、然らば治め奉る状は如何にぞとまをしたまへば、吾をば倭の青垣の東の山の上にいつき奉れと答へのりたまひき。こは御諸山の上に坐す神なり」（記上三七オ九）

この記述は少名毘古那神の協力を得て大国主の命が国を作る推移を物語っている。

① まず第一に名前を聞き出そうとする。名称をクエヒコに尋ねると少名毘古那神であると言われる。即ち存在に意味があるのは名前が海全体に渡らず小さな一部分を絞りこんだ名前にしているという点であろう。その姿の余りにも小さい姿の描写は記のように紀も「オオナムジ神即ち取りて掌中に置きてもてあそびたまひしかば、おどりてその頬をくふ」（岩波版「日本書紀上巻」一三二頁）という。海水を掬うとき指の俣からこぼれ落ちる水を手に結んで顔に近づけた時チクッとした痛みを感じている。その実体を瞬時に受け止める共鳴体は視覚器官ではないので天下を歩き回ってもわからない。書紀は弄びながら皮膚感覚で捉えている。古事記にしても自然の脅威を畏怖していない。

② 第二にその神が常世国に去っている。海水を受け取ったものは神ムスビの神であり、その子がスクナヒコナ神であり、その名を知らせたのがクエヒコであった。受け入れ姿勢がなければそのまま常世国という宇宙的に循環する永劫流転の世界に隠れ込んでしまう。その永遠に関わる実態を久

延の字で久遠の意味で表記したのかもしれない。少名毘古那神は繰り返しやって来るがその度ごとに去っていってしまうという嘆きになっている。それは波打ち際の海水に含まれているマクロの作用が波が寄せては返すような不安を与えるからであろう。自然の好意は繰り返し訪れては去ってしまうのをどうすればよかったのだろうか。山の方式で海の霊位を捉え込むことができなかったのであろう。

③　第三に大国主の命が最初の神が去った後でどうして一人で国を作れようかと嘆いている。独りで国を治められようかと愁い嘆くとき再び少名毘古那神が訪れる。思案して問を発した時その心の空白に答が飛び込んで来た。名前が判れば対応は難しくない。期待感を満たせない空白の部分を、救済を受け入れる役割に転用すればよかった。ただし神の名にふさわしい波長の同調が成り立たなければスレ違いに終るほかない。名称は山の神の恐怖を避ける祈りから山の神であれば「いずれの神と」協力しようかという発問はありえないであろう。スクナヒコナ神は山において救済を願う祈りの蓄積はない。

④　第四に再び現れた少名毘古那神が鎮座する祭り方を大国主の命に指示している。それは、山しかもミモロであった。名前が判り祭り方が判れば救済の前提条件が完成されたことにはなるであろうが、スクナヒコナの神意を成り立たせる海の条件は無視されたのであろうか。祖霊の遺恨を残さないように山に祭る根拠を何に求めればよかったのであろうか。古事記もそれについては何も応えていないように見える。海であってこそ生きる神であったのではなかろうか。

万葉には山に対して心を開き、名を付け、救いを祈願される神の姿でスクナヒコナ神が歌われている。

「大なむち、少彦名の、神こそは、名づけ始めけめ、名のみを、名児山と負ひて、わが恋の、千重の一重も、慰めなくに」（万九六三）

少名毘古那神とともに併記された神として大国主の命は神の心に共鳴する力を持って神秘的な救済力をもつ名前をこの山につけたのであろう。この歌の作者はその名に込められた心の働きが恋心をナゴメ、鎮静させてくれるであろうことを期待している。万葉にしてすでにスクナヒコナ神の山との関わりを強く意識し、神への思いが期待外れで心を鎮めてくれないと相手に訴えている。出雲の地を離れるほど生活実感から遠ざけられたのではなかろうか。

山の神を鎮め恩恵を期待するならば人は山に心を開きその名にふさわしい精気を受け入れるために、神との同調作業が祭を通して行われてこなければならない。

最後に「ミモロに坐す神」として位置づけられてしまうと、大和朝廷の聖地に出雲の首長が出雲の神を祭り上げるということになった。海に深い絶望を問いかけまでして大国主の命は自らを祭主とする信仰の新しい主宰者として登場する。そのようにして古事記の神髄にも作為の手が伸びてきたのであろう。古事記を編纂する側の妥協はここで限界を超えたのではなかろうか。

第三節　海における神の顕現について ―万葉人にとって「神」とは何であったか

万葉集に漂う歌の叙情は、呪的な祈りから来ていたように思われる。その祈りは分子レベルのミクロ的な作用によるものであった。多くの神はミクロの影響の強い海というイオン環境の中で登場したのである。

ちなみに神の発生の場所は万葉集二三七例中で海や川等の水関係のものが二八・三パーセントに及び、ついで山の場合、権力、系譜というように続いている。又古事記二〇七例中では、水関係が二二・七パーセント、ついで山関係へと続いている。

大国主の命も潮風の匂いが漂っている海から大きい影響を受けている。また神として最終的には水の清めによって魂の鎮めを受けている。大国主の命の人格の高さも、神格の清めも海との関係を抜きにしては語れないであろう。土着神が次第に国土神に成長していったのであろう。

大国主の命の権威も海を背景としていた。出雲風土記では大穴持の命の名前で八例すべてが海との関連で記載されていると言えよう。ほとんどすべての大国主の命の事例が海の霊威を受け止めるものになっていた。すなわち大国主の命の国の経営は海の呪能を通してなされたのであろう。島根は黒潮をまともに受け止めるように日本海に突き出たところに位置している。彼らは海に畏怖の念を抱き海から神を招き、呪法を施し、厳格な作法をもって大国に主たるものの政治を支えたのであろう。川や山において神が顕現した時に人がそれに対応した方式がこの海においても同様の対応になっていたように見えるのである。それは記紀万葉についてだけではなく風土記においても例外ではなかった。風土記から見てゆこうと思う（参考にした風土記の資料は岩波書店「日本古典文学大系」第二巻、平成三年版）。

風土記における大国主の命の神への対応。外交上の国の難題を前にして、政治的統一体が宗教的統一体に組み込まれていった。

a1　畏敬・船の就航の危険な状況を神話や呪法の形で伝えている。

「加賀の神埼《かむざき》すなわち窟《いわや》あり。いわゆる佐太大神（一説大穴持命）の産まれまし所なり。産まれまさむとする時に、弓矢失せましき。さかひ姫の命『わが御子、ますら神の御子にまさば失せし弓矢出で来』と願ぎましつ。その時角の弓矢水のまにまに流れ出でけり。・・・即ち待ち取らしまして・・・射通しましき。即ち御祖きさか姫の命の社ここに坐す。・・・この窟の辺を秘かに行かば飄風起こり行く船は必ず覆へる」（出雲一四九頁八行）。

恐怖の場所に神を祭り弓矢の呪法で災難を避けようとしている。神を無視すれば災難は免れないという。

a2　畏怖・「楯縫《たてぬい》の郷（大穴持命の宮のあるところ）・・・即ち北の海の濱のなり磯に窟あり。・・・人入ることを得ず、遠き近きを知らず」（出雲一六九頁四行）。神の門を渡る恐怖を避けるためには恐れ敬って安泰を願い、畏敬に満ちた神に守護を依頼しなければならない。

b1　結界・国の境界をはっきりさせて杖を立てて領域に線を引き、国堅めを終ったという宣言をしている。「意宇《おえ》と号くる故は国引きましし八束水臣津野命、詔りたまひしく、「八雲立つ出雲の国は初つ国小さく作らせり。故、作り縫はな」と詔りたまひて・・・国来国来と引き縫へる国・・・今は国は引きおへつと詔りたまひて意宇の社に御杖衝き立てて、おえと詔りたまひき。故、意宇といふ」（出雲九九頁一四行）

八束水臣津野命が大国主の命の祖父として国引きをして領域を広げたと言う。現在の出雲大社がある砂浜と対岸の浜山の砂州が本土に結ばれたのは風土記成立の頃であった。そのような自然現象が「国引きのイメージを造りだした背後の実態として考えられるであろう」と千家氏は言われている（千家和比古「古代出雲大社の復元『古代出雲大社の心象風景』」学生社、平成二年、三二頁）。又松前氏も「風土記に色濃く出ている要素は出雲の海人文化である」と言われている（松前健「出雲神話」講談社、昭和五二年、五一、一三二頁）。しかし単なる干拓地が広がったことの神秘的な表現であったであろうか。

国の領域を囲い込んで線を引き名称をつけたのではなかろうか。国引きは実効的に地域を支配する宣言であり、たとえ干拓地に領域を拡大したのであっても、国を警護し安全を保証する祭ごととして線引きを考えることができるであろう。

b2　結界・政治の安定によって神を警護し鎮座させる条件を調え終ったのであろう。一定の境域を策定して神として鎮座し奉り、よしみを受ける条件を作り出している。

「杵築《きつき》の郷八束水臣津野《ヤツカミヅオミツノ》の命国引き給ひし天下作らしし大神の宮を造り奉らむとし諸の皇神等宮処に参集ひて杵築きたまひき故寸付《キヅキ》といふ」（出雲一八一頁八行）。これは神殿としての宮が集団の拡大過程の中で成立する状況を物語っていると言えよう。

c1　勧請・大自然の荒々しいエネルギーを善意に受け止める態勢を先ずその名称から調えなければならない。黒潮のエネルギーを受け入れる名称によって、集団の基になる部分に神を迎えて大国を始めたのであろう。普通は神代の作業であった命名が比較的新しい命名になっているのは新しい堆積・干拓の結果だったかもしれない。「島根と名付くる故は国引きましし八束水臣津野命（一説大国主の命の祖父）の詔りたまひて、名を負せ給ひき。故島根といふ。」（出雲一二五頁一四行）名前に命を預けることによって国の経営を始めなければならなかったのであろう。

c2　勧請・神に危険なエネルギーを善導するお出ましを願い、導きを請わなければならない。マクロのエネルギーをミクロに受け止め替える心構えを神の名で調えることでもあった。日本書紀でも大国主の命を助けて国造りを手伝った少名毘古那神は出雲国五十狭之小汀に出現される（岩波版「風土記」一三〇頁）「はじめて大己貴神の国平けしときに出雲の国の五十狭狭の小汀に・・・即ちスクナヒコナ命（浮きいたる）」その場所は古事記では稲佐の濱そのものを指している（千家尊統「出雲大社」学生社、一一八頁）。大国主の命が少名毘古那神に対して「吾は汝が幸魂奇魂なり」といって訪れた救済神の魂を自分と同格に扱っている（岩波版「日本書紀」一三〇頁）。この場合の神は海のミクロの作用と人との相互交渉の上に成果を挙げるという同体化現象を示している。

e1　祈願・捧げものをして神を祭っている。次の例は大国主の命が海上を遊行された後で、彼が夢で見たものを霊現している。

「猪麿の娘鰐に賊われ父娘を浜辺におさめておろがみ訴へまをしけらく「天神千五百万柱、地神千五百万柱、並びにこの国に靜まり坐ます三九九社、又海若たち、大神の和み魂は靜まりて、荒み魂は皆ことごとに猪麿が乞むところに依り給へ。まことに神霊あらませば吾に傷はしめ給へ、ここをもて神霊の神たるを知む」とまをせり」（出雲一〇五頁一〇行）。娘を鰐に損なわれた男が復讐を神に祈願したものであるが、海の霊の働きはほとんど大国主の命以外に考えられなかったのである。出雲風土記についても大国主の命は海の霊威によってその権威を成り立たせている。

e2　祈願・幣を奉り枝に鏡を掛けて神に祈願を通じようとしている。大国主の命もその子の霊的な障りを神への祈願によって解消させている。

「三沢の郷大穴持命の子アジスキタカヒコネ髭八握に生えるまで夜昼哭き御辞通はざりき。その時御祖（大穴持命）御子を船に乗せて、八重嶋を率て巡りてうらがし給へども猶哭き止みまさざりき、大神夢に願ひ給ひしく「御子の哭く由を告らせ」と夢に願ぎませば、その夜御子み辞通ふと夢見しましき・・・」（出雲二二七頁六行）。海の呪能に願いをこめるとその兆しを得ることができたという。

f　賛歌・あたかも神が目の前に存在しているかのように神の喜びとする音楽・舞踊を捧げている。そのようにして神を讃えそのよしみを引き付けている。出雲風土記の加賀の潜戸《クケド》の話では神崎に三方に通じた窟があり、「わが子がマスラ神の御子であるならば、失せた矢が出て来るようにと言うと、角の弓箭が流れてきた、佐太の大神がそれを見て神の子にふさわしい弓箭でないと言われると続いて黄金の弓箭が流れてきた」と言う。海の脅威と救済を神がもたらすというものであるならば、神と和解し共鳴する大国主の命に国の運命を委ねる義務を課すことができたのであろう。

第一項　海の神

（1）万葉の神

大国主の命の政治を支える海の霊威がどのように人の態度と対応する関連があるかについて、海に神の顕現を歌う万葉の歌（五八例）を取り扱ってみたい。

a　自然賛歌に関わる海神の歌　九例（万二二〇、二四五、二五五、一〇六五、一〇六七、一二二六、三五九九、四〇四六、四一五九）

b　妻問いに関わる海神の歌　二五例（万八一、一六三、五〇〇、八六九、八九四、八九四、八九四、八九四、一〇二三、一二一六、一三二〇、一七四〇、一七四〇、一七八四、三三〇一、三三三五、三三三九、三六〇、四〇二六、四一〇一、四二二〇、四二四〇、四二四五、四四〇八）

c　宮廷賛歌に関わる海神の歌　二四例（万二九、三三、五〇、一六二、二二〇、二四一、二九五、三〇四、三一九、八一三、九一七、九三八、一〇三二、三三三四、三二五三、三六二一、三八八八、三九八五、四二四三、四二五四、四二六一、四二六二、四三六〇）。

その内bの例を挙げてみよう。

「珠洲の海女の、沖つみ神に、い渡りて、潜き取るといふ、あわび玉・・・花橘に、貫き交へ、かずらにせよと、包みて遣らむ」（万四一〇一）

沖の神の所に出かけて行って、あわびを五百でも千でもいいから採りたいという。あわび玉に妻を加護してもらう祈願をする。あわびが神の働きを代行するという具体的な表現になっている。その表現に抽象的な曖昧さは見られず、具体的であり直裁的である。語彙のイメージとしてはマクロの影響を肉体が「渡り、潜き」て受け止め、ミクロの影響を精神面において共有し「包て遣らむ」、多面的な神の映像「沖つ御神」を歌の行間に漂わせている。あわびの由来が万葉人があわ（泡）の破裂するときのエネルギーひ（活力）を期待した合成語であったとすれば、歌に読み込まれた機能と発語が生命力を祈願するという点で一致するであろう。また前述したように福島県大畑貝塚の祭礼的扱いをされたアワビの考古学資料とも対応するであろう（小林前掲書「古墳の話」）。

万葉に歌われた神が人間に対してどのような働きをしていたかは、人間が神に対してどのような祈願を込めていたかということと表裏の関係にあるだろう。そこでその両面から歌の多様性を見ていきたいと思う。

ここでも固有名詞をもった海はおだやかであり、具体的な名前をもたない海は荒れている。山と川に見た神への意識は海の神にも通用するものであり例外は見られない。原始からの生活に例外のない法則が貫かれていたように見える。それを記録した文書を文字の無い時代に期待できないが、統計的傾向によってはその背景や影響を推定できるかもしれない。

まず固有名詞をもつ海（六五例）と固有名詞をもたない海（三一例）とを計九六例について検討してみよう。

固有名詞のある海の描写を見ると「白波包て家づとにせむ」（万三〇六）、「海人の袖返る見ゆ」（万一七一五）、「鳥玉かづき出ば吾が玉にせむ」（万三八七〇）、「神風の国は湊なす海も豊し」（万三二三四）、「幣奉り斎ひてむ早帰りませ」（万三二一七）、「気比の海の庭好くあらし」（万二五六、参照三六〇九）、「長浜の湾に月照りにけり」（万四〇二九）という描写になっている。

海神が顕現する歌は固有の地名を伴っている（三〇例）。その場所は深江が三例、住吉が二例、難波が二例、後は一例ずつ（大崎、大海、奥国、高山、玉津島山、大和田、讃岐、藤井、瑞穂、敏馬、珠州、島門、大和、越、伊勢、垂姫崎、荒京、長門、秋津島、海若）である。

万葉における海の神が顕現するときの状況を、海の神に対する対応と、海の神の応供の状況二九例を対象にして細分類してみよう。

a―神の門を渡り（万一二一六、三三三五、三三三九、三六六一、三八八八、四一〇一）恐怖を冒して、沖の神に漕ぎ向う時（万一七四〇）

b―へさきに神を導き（万八九四）

c―神の領き座す場を設定して（万四二四五）

d―神の櫛笥を斎き（万四二二〇）

e｜神に祈りを捧げるならば（万一二三二）

f｜神の小濱は（万一〇二三）、神柄から貴い（万二二〇）、清い（万一〇六五）、神代から押し照る（万四三六〇）、千船の泊つる（万一〇六七）、神風の伊勢の（万一六二）神ながら高知りいます姿が（万九三八、三二五三、四二五四、四三六〇）、神さびいます（万三二六、八一三、三六二一、四〇四六）ものとして「神代しおもほゆる」（万三〇四）姿になっている。

彼らには場ごとに危機を避けて幸を招く祭り方をしていたので、場を特定しない海に漕ぎ出すことはできない。地名のある歌を神への対応ごとに分類すると敬虔で畏怖に満ちた心が現れてくる。

一首の中にも神への対応をいろいろ述べたものがあるので挙げてみよう。

「a｜海原の辺にもおきにも、b｜神づまりc｜領き坐す・・・諸々の大御神たち船舳に導き申し・・・ひさかたの天の御空ゆ・・・天翔り見渡し給ひ・・・d｜還らむ日はまた更に大御神たち船のへに御手うち懸けて・・・e｜墨縄を延へたる如く・・・f｜御船は泊てむ・・・早帰りませ」（万八九四）

これを次のように解釈してみよう。

a｜畏敬に満ちた恐ろしい場に神を迎えに上がり

b｜勧請してしつらえた場に招き導き迎え

c｜喜びの供養をなす設備を整えて

d｜神の境域を定めて護衛を厳しくし

e｜神に対してそこに同体と化して相応ずる願いを届けた時

f―初めて神の徳は賛美され感謝の念が通じて恩恵に預かることができるであろうという。そのような関係は手順も機能も効用も、心構えですら先の出雲風土記の大国主の命の海の祭と対応していたと言えるのではないだろうか。

とするならば海を祭る万葉の歌人は、特定の場を設定することによって礼節を満たし、畏敬の念をもって神を遇するというパターンになっている。

万葉の歌は文のパターンが個別の意志によって充足され個別の土地柄に密着している。生死を分けるような危険な地域に吉兆を招く祈願を歌う。それはそのまま神社の発生を準備する信仰の原型となっていたのでもあろう。少なくとも「海原の辺にも沖にも神づまり領き坐す」神は実感を伴って海に顕現している。物理的には自然は危険に満ちていたけれども、波動的な観点から見れば優れた活力を受け止めていたように見える。万葉の歌は状況が厳しいほど立ち向かう意欲を感じさせるものが多い。そこには恐怖を克服するために救済の状況を準備しようとする強い課題意識が働いていたように思う。生命力を荒々しい自然環境から取り込もうとする、一見して矛盾したエネルギーの転換が、荒れているエネルギーを逆手にとった祈願の方式として演じられたのであろう。

「a―住吉の、わが大御神、b―船の舳にうしはき（領き）c―坐し、d―船ともに御立しいまして、・・・荒き風波に、e―遭はせず、f―早帰りませ元の国辺に」（万四二四五）海の名前や山の名前に人は再生力をもたらす神の働きを期待する。名前を呼びかけその潜在力を引き出そうとしている。

不安な生命感がどよめく海に名称を与えて、神の救いに共鳴しようとする。彼らは住吉という吉

兆に転ずる言葉で荒れた海の救済力を誘い込もうとしたのであろう。ここにも神を畏敬しa|、結界しb|、勧請しc|、供養しd|、祈念しe|、讃歌f|、を捧げるという信仰の跡が残されている。神の顕現に対して万葉人も手順に狂いないパターン認識をしていたと言えよう。

羽振りや瀬音の震動によって蘇生と幸運を確保するために、媒体をなす言葉を通して轟く海の神事を執り行っていたのである。ヴィトゲンシュタインは次のようなことを言っている。

「説明を理解したと言うことは説明されたものの概念を精神の中に所有することであり、それは即ち標本や映像を所有することなのである」（ヴィトゲンシュタイン前掲書「哲学探求」七五頁、七三番）。ヴィトゲンシュタインは標本や映像によるように認識を確かなものにしたかったのであろうが、現代的な視覚的連想よりも万葉的な轟く波の聴覚的連想が特に精神世界の認識には必要だったのかもしれない。

海や山に名称を与えるためにはミクロの共通認識が必要であった。共同体の成員達が地名に願望を響かせて神の祭を成り立たせたのであろう。地名が心に響いて、荒廃の中から救済力を引き出すという神事になっている。神の救いは自然のミクロの作用に共鳴する心の作用がなければ成立しなかったであろう。岩場の名辞によって期待される波の機能に同調しようとする身構えの作業であった。自然の多様な変化の対極にある一点に期待を集めるという発想ではない。自然の中に救済と破滅の作用が同時に控えている。受け取る側の姿勢に無関係ではない。

その時その名称に彼らの救済を預けていたように思われる。対極の理想の中で普遍的に解決しようとしたのではない。たとえユングが「全てのエネルギーが対立物から生じるように心も又その内的な対極性をもつ・・・理論的にも実際的にも、対極は全ての生き物に生来的に存在している」（ユング前掲書「自伝」下巻一九八頁）と言っていたとしても、このユングの場合の対極性は人間に襲いかかる危機を観念的に逆転した理想であった。しかし自然のエネルギーは万葉の場合モンスーンのエネルギーのもたらすマクロの荒れる作用をミクロの救済力を内面に潜めるエネルギーとして秘めている。破壊と創造が同時的には共存するニューサイエンス的に捉えられている。ユングの場合弁証法に誘われた無意識の逆転発想があったのは西岸海洋性気候の穏やかさに飽きたらない観念の操作であったのかもしれない。荒れる自然の中に点じられた心の爽やけさだけが活力を満たすものであった。外部のマクロの脅威に対してそれと同時存在する内部のミクロのイオン振動によって対応したのである。そのとき生存は根源に帰り、原生的震動を回復する。「細胞のミトコンドリアの活性や、カルシウムイオン濃度等も原形質流動とともに振動している」「非線形振動子の集団の振舞いが正しく粘菌でみられる」（「生物の中の情報の流れ」松本、上田、小畠『エピステーメ』2―2号、朝日出版社、昭和六一年所収、四〇七、四〇九頁）と細胞学的にいっている活性段階を万葉が先取りしていたように見える。親しい名前を通してその好意を誘い出すからであろう。マクロの面とミクロの面を使い分ける心的効能の妙を歌ったのであろう。東西両洋の違和感が多分海の影響の違いに発していてそれが細胞の末端における原生的機能への対応を振り分けている。

否定的な神を歌う例はあるが（万一二一六、三三三五）、固有名詞を持たないその海域に顕現する神は恐ろしい。ミクロ的対応のひとつとしてミソギが記紀に登場する。

固有名詞をもたない海一般の場合の海の表現は、「海や死にする」（万三八五二）、「水浸く屍」（万四〇九四）、「大海の奥処も知らず」（万三八九七）、「大海の底を深めて」（万三〇二八）等のものである。荒れるエネルギーに身を任せている。その場合の全例（三一例）は次のような語型のパターンをもっている。

風が吹いて思うに任せず（万一三〇九、一三一九、三三三九）、波がたって道を塞がれ（万二三三九、一〇八九、一一八四、一二〇一、一七四一、一九二〇、三三三八）、荒れて止むこともなく（万一三一七、二八〇一）、底知れず深い海に（万三〇二八、三八九七、四一九九、四四九一）、無謀に船を浮かべ（万一二九九）、事が起こったならばすべもなく（一三〇八）、浜辺に宿り（万三三三六）、あるいは恐ろしい畏怖に満ちた海を渡り（万一〇〇三、一二三二、一三九七）、深く思い（万二四三八）、藻を枕に死し（万三三三六、三八五二）、いとましいことであるが真実とはそういうものなのだというあきらめがあった（万三八四九、三三三二）。海の神について記述の禊の神の他にはタキリビの命（記上一七ウ七）イツキシマヒメの命（万一七ウ八）、タキティメの命（万一七ウ九）があるが、それぞれに瀧、斎を当てられれば荒れた海や孤島に祈念を込めようとする名残だったのかもしれない。

次の万葉の海の歌も地名の明示がない。

「潮満たば、いかにせむとか、わたつみの、神が戸渡る、あま乙女ども」（万一二一六）

潮が満ちて来るというのにあの人たちは船を乗り出してどうするつもりなのだろうかと、神を取り込むことのできない場所がらを心配している。仮定法の言い回しによる抽象的な神は、人の救いにはならなかったのである。

「・・・海道を出でて、畏きや神の渡は、吹く風も和《ノド》には吹かず・・・しき波の塞《さや》ふる道を、誰が心いたはしとかも、直渡りけむ」（万三三三五）

水死人を前にした歌人が貴方は神に祈らないで直に渡ってきてしまったのではないだろうかと悔やんでいる。地名を記さない神の歌には海の深刻な脅威が直接法で刻まれている。細胞の先端の微子的情報を無視した結果として捉えていたように歌っている。

海の歌のみならず万葉全体の固有の地名が含まれる神の歌二二二例を概観して見よう。

神に対して人はどのように讃え、神は供養に対してどのように応じたかを状況別に分類したものになっている。

a|（荒廃の鎮め）神の門を渡る恐怖を避けるためには（万一二一六、三三三九、三六六〇、三八八八、四一〇一）、神を恐れ敬うことによって安泰を願い（万二三三五、五四九、六〇五、九一三、一〇九二、二五一三、二五一四、二六五八、三四二一、四二三六）、厳格で畏敬に満ちた神に守護を依頼し（万二四一、八九四、一三六九、一七六〇、一八〇〇、一八〇四、二四一六、二五〇八、二六六一、三二八六、三三四六、三八八五）、

b|（結界）その神の崇拝の対象として邪霊を防ぐ境域を造り（万二九五、四〇四、八九四、八九四、一

七五九、二六六三、三九三〇、四〇〇〇、四〇九四、四一一一、四二四五、四二六〇）、神として鎮座し奉り（万一五〇、一六七、一九九、一九九、二〇四、二〇五、四四三、六一九、三三二四）、神としての地域を領有申し上げ（万二九、二九、五〇、一〇一、一九九、三三二、五六一、六五五、八六九、八九四、九三八、一〇〇六、一〇四七、一〇五三、一七四〇、三一〇〇、四〇八九、四〇九八、四二六一、四二六四）、

c―（勧請）神を導き下して（万一六七、二六〇、八九四、二六五九、四二五四、四四六五）、

d―（供養）神を警護し（万二〇〇二、四一一二）、捧げものによって神をまつり（万三八、三八、三八、三九、四五、五〇、五二、七七、二三〇、三七九、五五八、四三六〇）、清めを与え（万九〇七）、

e―（祈願）斎き祈り幣を奉り（万一六七、一六七、一六七、一六七、四〇六、四二〇、四四三、五一七、九〇四、九〇四、一二三二、一三七七、一三七七、一四〇三、一七八四、二四一八、二六六二、三二二七、三二二七、三二三六、三二八四、三二八七、三二八八、三三〇六、三三〇八、三五六六、三六八二、三七四〇、三八一一、四〇〇八、四〇〇八、四〇一一、四二二〇、四二四〇、四二四三、四三五〇、四三七〇、四三七四、四三九一、四三九二、四四〇二、四四〇八、四四二六、四四九九）、

f―（神さびわたり）（万四五、二五九、三一九、三二二、三二二、五四六、七六二、八一三、八一三、八六七、九一〇、九九〇、一〇五二、一一三〇、一一三三、一二四七、一六一二、一七五三、一九二七、一九二七、二四一七、二八六三、三〇四七、三六二一、三八八三、三八八三、四〇〇一、四〇〇三、四〇〇四、四〇〇六、四〇二六、四〇四六、四一〇六、四一五九、四二六六、四三八〇）、尊み畏み

（万二二〇、二二〇、二四五、三一七、三一九、八一三、九〇七、九一七、一〇〇五、一〇五〇、一三一〇、一七四〇、三三三五、三九八五、三九八五、四〇〇三、四〇九四、四二三五、四三六〇）、議論のかすを残さずに（万三八、八九四、三〇一五、三二五〇、三二五三）、照らし給い（万一七五三）、川水を帯とする神をめでて（万一七七〇、三二二七）、神代より伝える人為や自然の優れた情景を維持し広げる（万一三、三〇四、四八五、一〇二三、一〇六五、一〇六七、一〇八〇、一七〇七、二〇〇七、三二二七、三二九〇、四〇九四、四一〇六、四一二五、四四六五）ものでなければならなかった。危機に対して礼節を尽くした危機の背景にある神威を宥め奉ったものである。神の恐怖の構造を人の祈願の構造に組み込んで制御するために、すでにそれらは細部に至る迄パターン化されている。

太陽のエネルギーは地上で水を循環させるときその最も激しいエネルギーを山の風、川の瀬、海の磯において発散させている。そこでは一方で人の犠牲を強いながら、他方で人はそのエネルギーの発するおびただしいマイナスイオンを浴びる。すなわち破滅と蘇生の力が同じ時空の中にあった。両面的に同体化されていたのであるから、神を畏怖して「かしこ」むという態度に恐怖を転じて再生したいという祈りを篭めていたのであろう。量子力学的にニュートン力学を組み替えれば、古典文化も現代に生き返られるのではないか。

「雲隠る、小島の神の、かしこけば、目こそ隔てれ、心隔てや」（万一三二〇）

荒れたマクロの環境aに潜むミクロの影響bを心に受け止める姿勢が問われるのでなければ、どうして恐怖の中で希望を捨てずにいられたであろうか。特に救済の条件を満たす場所を区画してc｜命名し、実際の効能を図ってd｜、神の顕現e｜を確実なものにする賛歌f｜を捧げなければならなかったに違いない。

「…a｜海原の辺にも、奥にも、神づまり領き坐す、b｜諸々の大御神たち、船のへにc｜導き申し…d｜船のへに御手うち掛けて…e｜値嘉の岬より御津の浜辺に…f｜つつみなく幸くいまして…早や帰へりませ」（万八九四）

海の神をなだめる万葉のパターン的構想こそ万葉の救済の骨格をなし、山や川の神事の基をなしてきた。

海の神々の効能を導き降ろし、精神的に蘇生するために、その場の名称にあやかって、航海の安全を図っている。自然の生気を受け容れる方式がパターン化され、原初の精神作用を踏襲している。すなわち猛威を振るう自然の中で歌に言魂を響かせて「ちか」「みつ」の地名に神の恵みを引き寄せなければならない。その畏敬の念によって神の力を回復させる時海を庭とした人間を蘇生させたのであろう。

「けひの海の、庭好くあらし、刈薦の、乱れ出づ見ゆ、あまの釣り船」（万二五六）

恐しさが集中する処に、神が祈願を受けて顕現する。乱れる場所に祭の庭の吉兆を得たのであろう。恐怖の自然が救いを誘いだすとすれば、それは宇宙的波動が精神に組み込まれたときであろう。パターンの狂いない響き合いの中で心に受け止めた自然の摂理を共有した時に脅威を克服できたのであろう。万葉人は分子レベルの波動的な生理作用を対応的に受け止めている。そのとき共同体の意志を鋭い彼らの響き合う感性に祝福され。感性で共有したのであろう。共同体の成員が環境認識を分子レベルで共有していなければ、言葉は実態の微妙な機能を振り分けて生と死の方向を指示できなかったであろう。また伝達において錯誤を避けられなかったであろう。

「神が崎、荒石《ありそ》も見えず、波立ちぬ、何処ゆ行かむ、避《よ》き道は無しに」（万一二二六）

神のついた名前の岬に立っているのに波を被って岩も見えない。救いの波動と同調しようがないという不安が述べられている。万葉人が渇望した自然の活力は危険と共存していたが、それに反比例した活力で生き返ることもありえたのである。語彙にも意味のパターンを組み入れて活力を支えている。万葉一般に見られる類型は自然が人を活かす力を賛美しa、家族bや、集団cの幸運を祈願するという大分類を可能にしている。それは文節の意味のパターンにもなり、ひいてはそれを基にして神話が構成されてゆく。共同体における生活の心理の仕組みから、認識と伝達を可能にするパターンが成長したのであろう。それらは共通の祈りとして幾通りかの様式にパターン化されてゆき、万葉の歌として帰一していった。

「ひさかたの、天照る月は、神代にか、出でかへるらむ、年は経につつ」（万一〇八〇）

月の光がいつまで経っても衰えないのは繰り返し神の精気を浴びて帰って来るからであろうと、月が及ぼす活力を生理的に受け止めている。悠久の昔、永遠の天空に時空を超えて思いが遊んでいる。彼らの認識には次元に関わらない意識が宇宙を住みかとするような波動を広げたのであろう。

現代の言葉で言えば祖先は遺伝子の中で語り掛け、月は池面に響きを上げ、銀河系はまばたきながらささやき続けているというようなものかもしれない。そこで自己の生命を活かすか死滅させるかという微細なエネルギーは、他者を活かすか死滅させるかという身構えにも同調したのであろう。波長を選ぶ能力はこちらとあちら側の心の響き合いにしかなかったからであろう。海の場合その微細な泡が破裂する時にミクロの分子的働きが生ずるが、それが細胞の末端を刺激して命の力を供給した。元はと言えばマクロの巨大な太陽エネルギーによって成り立つ分子レベルの感応であった。月の光の場合や瀬に映ずる淡い光も、初めは太陽光のエネルギーによって生じた反射光であった。エネルギーの源泉としての共通の環境認識を成り立たせている。それを神が坐す場の名称によって確認し合ったのであろう名称による神を受け入れる態勢を共同体が作り出し、脅威のエネルギーを善意のよしみとして受け取ろうとする祈りを込めたのであろう。そのイオンエネルギーは海のエネルギーごとに神名の差を生じ、まして山や川の状況はそれに共鳴する人体からみれば異質の構造空間ごとに対応しなければならないものであったであろう。

（2）古事記の神の量子力学的分類系列

古事記の神を概観してみよう。

まず神の機能を二分して人間が神に対応する構えをaからkまでとし今まで細分してきたものを当てはめ、神の発生と対応に関するものを1からzまでに配分したいと思う。

そのおのおのの記号については今までの類型を踏襲し、古事記の場合は七七七例、日本書紀の場合は六九〇例の神を対象とする。記紀では人間の対応が一四パーセントで後は神の対応であり、万葉では二四パーセントが人間の対応で後は神の対応になっている（引用文献は平凡社版「古事記總索引」本文篇による。オは面、ウは裏を指す。その前の数字は枚目、後の数字は行数を表す。括弧内のbは中巻、cは下巻、無印は上巻を指す）。

a―・畏怖　イザナギの命イザナミの命の恐ろしい姿に畏怖して逃げ帰る(記九ウ八その他一〇オ一、ウ一)。

b―・結界　フトダマの命鏡を大神に差しだし奇しと思わせ神に意を通じ(二一オ三その他二一オ三、三、四、五、六)

c―・勧請　天の岩戸の前で踏み轟かし神霊のお出ましを願う（二〇ウ四、その他二〇ウ六、ウ九、二一オ一）

d―・供養　水戸の神の孫櫛八玉の神膳でもてなし饗奉る（b四六オ五、その他二〇オ八、b四〇オ六bウ一、一四オ四、一四〇四）

f―・賛嘆　スクナ御神のかむほぎほぎくるほし（c五五オ三、その他二四オ一、三五オ一、b四三オ五

g―1・帰服　ハヤスサノオの命千倉負はせ髪爪切り祓へてやらふ（二一ウ二、その他二オ八、ウ三、三オ五、ウ七、一四オ六、二五ウ三、ウ四、ウ六、二六ウ九、二七〇五、三〇ウ四、b四五オ五、

オ七、オ九、オ九、オ九、ウ一、ウ四、b四六オ一、b五一オ六、c一ウ六、c四オ六、ウ三、c三九オ九、ウ二、ウ二、c三二オ二）

g―2・伺候　イザナギの命アマツ神の詔勅により国を堅めなせと矛を賜はる（二オ四、その他二オ四、三オ三、三ウ一、ウ二、一一オ四、一五ウ五、一六オ六、ウ四、一九オ一、オ二、オ九「万の神の声さばえなす皆満き、万の災ひことごとく発る」、ウ一、ウ五、ウ六、ウ八、二〇オ七、オ九、二一オ一、二三オ六、オ三、オ六、二四ウ一、ウ二、二六ウ九、二八オ七、ウ二、二九オ四、ウ九、三〇オ三、三六ウ五、b三六ウ九、b三九ウ四、ウ四、ウ八、ウ八、b四〇オ二、b四〇オ三、オ五、ウ一、ウ三、b四一オ六、ウ一、b四二オ五、b四三ウ一、ウ二、ウ二、ウ二、ウ五、ウ七、ウ八、ウ九、b四四オ二、b四五ウ九、b四六オ一、ウ七、b四七ウ二、ウ七、b四八オ二、オ二、オ八、オ九、ウ四、ウ五、ウ五、ウ六、ウ六、ウ七、b四九オ八、オ八、ウ八、ウ九、b五〇オ二、b五三ウ三、五五ウ四、b五六ウ四、ウ五、c三オ七、ウ二、c一一ウ六、c二二ウ六、ウ七、c四〇オ六）その力に帰服して伺候しなければならない（g）。一一一例、一四・三パーセントに及ぶ。

k―・舞踊・振り　スサノオ命アマテラス大神の玉を乞ひ渡し振りすすぎ（一六ウ五その他、オ五、二〇オ九、ウ九）

m―・発生「殺さえまししかぐ土の神の尿になるミツハメの神（記七オ二、その他坂関係、一一オ四、一一オ五、オ六、c二二ウ七、ウ八、ウ九、c四二オ八、かび・一オ九、木・六オ一、オ一、死体・七ウ六、八オ九、八オ九、ウ一、ウ三、ウ三、ウ四、ウ六、ウ七、ウ七、ウ八、九ウ七、九ウ七、一〇オ五、二一ウ八、初発・一ウ一、身体・二一ウ四、二三オ二、刀血・七オ八、ウ七、ウ八、ウ九、ウ九、八オ一、オ二、オ二、オ二、オ三、オ五、オ六、オ七、オ八、尿・六ウ九、七オ二、オ三、オ三、涙・七ウ三、ウ三、嘔吐・六ウ八、ウ九、屎・六ウ九、七オ一、玉・一八オ三、オ五、b五四オ四、剣一七ウ七、ウ九、ウ九、鏑・三八オ五、オ七、刀c三ウ三、ウ四、比礼・c六八オ三、風・五ウ九、鳥・六ウ一、ウ二、三六ウ四、b四三ウ三、火・一オ七、八、六ウ三、ウ四、ウ五、七オ四、b五二オ九、ウ一）

古事記の神は死体や血から発生するものが七七例九・九パーセントに及び、腐敗、破壊、死滅が生態系の循環のように新生への再生を成り立たせている（m|）。

n|・海

「この時海を照らして寄り来る神あり」（記三七ウ二、神の海原における発生を示唆したものになっている。その他三ウ一、三七ウ二、b五三ウ三、ウ七、b五四オ一、オ一、ウ五、b五七オ三、沫・b五〇オ九）、n|1・気吹、一六オ九、ウ一、ウ二、ウ二、ウ三、ウ四、ウ九、一七オ三、オ六、オ八、ウ二、ウ三、一八オ一、オ二、n|2・対偶、五オ九、五オ九、五オ九、ウ一、ウ三、ウ二、ウ三、ウ四、ウ四、ウ五、ウ五、ウ六、ウ六、ウ七、ウ八、三八オ三、オ四、n|3・汚染、一一オ八、ウ四、ウ五、ウ六、ウ七、ウ九、一二オ三、オ四、オ六、オ六、オ七、オ八、オ八、ウ一、ウ四、ウ六、ウ八、一三オ四、水底b五〇オ六、波、三六ウ八、沫、b五〇オ七、禊祓、一一オ一、オ二、オ四、オ九、一二ウ四、ウ七、ウ九、

一三オ二、オ三、オ五、オ六、オ六、オ九、ウ一、ウ二、ウ五、ウ六、一四ウ二、五〇オ三、オ九)、n|・八二例、一〇・六パーセント。

o|・井戸　木の俣の神亦の名を御井の神と申す（三〇ウ五）一例〇・一パーセント。

p|・対偶　山の神オホヤマツミ（大山津見）の神を生む（六オ二、その他、六オ二、オ六、オ六、オ七、オ七、オ七、オ八、オ九、野、六オ三、オ三、オ四、他、三八オ五、オ六、c四四オ四

p|・山一五例、一・九パーセント。

r|1・系譜「いざなぎの尊、喜び生む子三貴神を得たり」（記一三ウ八、その他、二三オ二、二四ウ五、六、六、ウ七、ウ九、二五オ一、二、三、三、オ四、オ五、五、オ六、六、オ七、七、オ八、オ九、九、ウ一、ウ二、三〇ウ五、ウ八、三一ウ七、三二ウ三、ウ六、ウ七、三三オ八、三四オ四、三五オ三、オ四、オ六、オ七、オ八、オ九、ウ二、二、ウ三、ウ四、ウ五、ウ六、六、ウ七、ウ八、ウ九、三六オ一、一、オ二、オ三、三、三、オ四、オ五、オ六、オ六、オ七、七、七、オ九、ウ一、ウ七、七、ウ八、八、八、ウ九、ウ九、三八オ一、一、オ三、オ五、オ八、八、ウ一、一、一、一、ウ三、三、ウ五、ウ六、六、六、ウ七、ウ八、八、八、ウ九、九、九、三九オ三、オ五、四七オ九、b四ウ九、四四ウ一、b四五オ八、b四七オ五、b四八オ三、b五二オ二、オ六、オ九、ウ三、ウ八、ウ八、b五七オ四、ウ八、b五八ウ三、ウ五、五、五、ウ六、c二オ八、三オ一、ウ七、c四オ一、オ二、ウ四、ウ九、c六ウ二、c八オ五、c九オ八、c一一オ二、c一二オ一、オ三、c一九オ五、オ七、c二〇オ五、c二三オ二、

c二八オ八、c三五ウ三、ウ四、c三六オ六、ウ二、c三七オ二、c四三オ六、c四七ウ五、c四八オ五、c五一オ二、c六七オ六、c六八オ三、他b五二ウ四、c八ウ九、

r－2・出合　九オ二、二三オ九、九、二八オ九、五一オ一、b五〇ウ八、b五一オ一、オ五、

r3・初源　オ一、一、オ二、オ三、三、三、オ九、ウ一、一、ウ二、二、二、二、ウ三、ウ四、ウ五、五、ウ六、ウ七、七、ウ八、二オ一、オ二、オ四、オ五、オ六、

r－4・対偶　二オ七、五オ四、四、四、オ五、オ六、六、オ七、七、オ八、ウ二、六オ四、オ六、ウ一、ウ二、ウ八、七オ六、六、オ七、二四オ四、三五オ九、ウ八、三六オ五）皇統の系譜に神の権威が組み入れられている（r）二〇二例、二六パーセント。

u－1・威嚇　イザナミの命自ら追ひ来千引石を塞て対立し言戸渡す（記一〇ウ四、その他、一一オ三、一四ウ三、一五オ二、

u－2・妨害　一一オ六、二七オ二、b四七ウ八、b五一ウ三、ウ七、

u－3・荒れ　一四オ八、ウ四、一八オ九、二一ウ七、二六ウ三、b三九オ七、ウ七、b四〇ウ六、b四一ウ二、b四二ウ二、ウ七、ウ九、b四三ウ四、c三オ四、c四オ二、c七ウ五、c八ウ一、c二三オ一、c三七オ五、ウ八、c三八オ五、c四一オ五、c四四オ五、オ七、オ九、ウ一、c五〇ウ一、ウ二、c五二オ四、オ五、c六九オ六、

u－4・反逆　九オ五、二八オ五「すさのおの命、根の國の堅州國に居ましてたばからむとす」というすさまじい力を発揮している。三二ウ六、b四〇オ三、b四四オ六、ウ三、ウ四、ウ

五、ウ六、b四五オ二、b四六オ二、b四七ウ六、b五一ウ一、b五二オ四、オ五、ウ
九、c四〇オ七、c四一オ三、オ六、ウ三、c四二オ六、c四三オ二、

u|5・迫害　九ウ八、一〇ウ七、一一オ三、二五ウ八、ウ九、二九オ五、ウ五、三〇オ三、b五三オ三、

u|6・対決　九オ八、一〇ウ九、一四ウ七、ウ八、一五オ二、オ四、一六オ二、オ三、一八オ九、ウ三、一九オ五、二〇ウ六、二三ウ三、b四〇オ一、b四一オ八、c二ウ六、ウ八、八、c三オ二、c三六ウ六、ウ七、c三九ウ一、ウ五、ウ七、ウ八、ウ九、c四七ウ二、c六八オ六、

u|8・挑発　c四オ九、

u|9・拒否、追放　c六八オ四、二一ウ二、ウ四）。　神の祟り、荒れ、反逆する対決行為が神の属性として一〇三例、一三・三パーセントに及んでいる（u|）。

v|2・憑依　ハヤスサノオの命乙女を櫛に刺し酒を醸み垣を廻す（二三オ四、その他、c五〇オ三、c五一オ三、オ五、オ七、c五四ウ一、v|1・呪言　三ウ三）七例、〇・九パーセント（v|）

x|1・祟り、崇拝　万の神の声さばえなす皆わき万の災ひことごとく発る（一九オ八、二四オ五、b五〇オ一、c二二オ二、ウ四、c二三ウ六、ウ七、c三二オ七、オ八、ウ二、c三三オ三、ウ七、ウ八、c三九ウ二、c四〇ウ二、c五一オ七、オ九、ウ一、ウ二、ウ二、c五四ウ三、ウ三、ウ三、c六一オ六、d一五ウ一、d三〇オ三、三、

x|2・統治　三七オ四、四、オ五、オ六、オ九、ウ一、ウ二、ウ四、b四四オ三、

x|3・指令　「天つ神、いざなぎ、いざなみの尊に詔りごちて国を固めよと」（記二オ四、その他、

二オ五、オ九、三ウ六、九オ三、一一オ一、オ二、ウ二、一五オ二、ウ六、ウ八、ウ九、一九ウ一、ウ二、二二ウ九、二三ウ八、二五ウ三、二八オ六、二九ウ一、三九オ七、五五オ四、三九オ四、ウ二、ウ四、四〇オ四、ウ一、ウ二、ウ四、ウ九、b四一オ三、オ六、オ七、七、b四三オ八、八、八、b四四オ三、オ八、四五オ六、ウ一、b四七オ一、オ七、ウ四、ウ六、ウ七、七、b四八ウ二、b五〇ウ二、b五二ウ六、b五四ウ六、b五五オ一、オ九、ウ四、b五六オ五、c一オ四、ウ二、c三オ六、六、ウ五、ウ九、c一一ウ六、c一二オ七、ウ一、c五〇オ三、d二九オ七、

x|4・鎮座　三七ウ六、c二二ウ四、c二三オ四、

x|5・出合　二六オ二、二七オ三、c三オ八、d三二オ二、

x|7・守護　二一オ八、二六ウ五、ウ九、二七ウ二、

x|8・降臨　b四七オ六、b四八オ二、

x|9・他　三七オ八、三九ウ三、b四四オ九、

z|・死去　七オ四、オ九、一四ウ九、二一ウ八、二七オ五、b五八ウ一、c二ウ四、c一一オ三、c一二ウ二、c一四ウ二、c三四ウ四、c四六オ六、c五〇ウ七、c五三オ一、ウ三、三、c五七ウ五、c六三ウ二、c六六ウ三、d三六オ四、d四一ウ三、d四二ウ二、他、七オ七、ウ四、c二一オ二、c四四オ九、d二二ウ七）。神は崇拝する者に指令を行う（x|）。一二一例、一五・六パーセントになっている。不明b四二ウ一、c五二オ三、c六九オ五、

ウ五、d三二オ三。

以上の古事記における神の機能の総括的な順位は次の通りである。一位・r—系譜二六パーセント、二位・x—神霊一六パーセント、三位・g—司祭一四パーセント、四位・u—祟り一三パーセント、五位・海一一パーセント、六位・m—生誕一〇パーセント。

古事記の神の意義を見てみると、神は自然の脅威に宿る活性力として捉えられている。神は腐敗と危険の対極において成立し、その力を人間に取り入れようとする神事が演じられたのであろう。それは日本書紀においても神名とその数や類型や頻度数において同じ傾向を示している。

（3）万葉の神一般

次に万葉の神をまとめにおいて扱いたいと思う。少なくともそこには一首ごとに神の発生的背景、神の作用、人間の対応、という三つの項目が全ての歌ごとに一句ごとに析出されると考えて、一首を三首の働きに拡大して実数二三七例の三倍の合計七一一の中の傾向としてその比率を表したいと思う。万葉歌は神に対する人間の切ない祈願の形をとっている。即ち敬虔な対応にもかかわらず断罪を避けられない恐怖の神を記録したのであろう。記紀にあっては人間と神の対応関係は神話の神代篇には見られない。ただ神の発生の場所がその神の名の中に示されている。場所の状況のない神の記録はない。神の名称は五七調の歌には馴染まない。神は自然の大きな力の中で成立している。そのような万葉の表記の差異が記紀との間の表現形式に見られるけれども、記紀も万葉も特定の場所のもつ自然のエネルギーとの対応関係を神の姿で物語っている点で同時代性をもっていると言えよう。神話は神の名前の中にその機能を表していたが、万葉は自然環境を描写することによって神の機能の形式的表現になっていた。神は人の心構えに応じて対応するものであったので、生活の中に神は降臨していたし、生活と神事の間にははっきりした境はない。

万葉の神を分類してみよう。括弧の中に発生の場の表示が同時になされている。万葉の一首には発生の場所が記録された時、人の対応が場との関係でニューサイエンス的に成り立つという相関関係が見られる。

人は恐怖の神に対して畏敬の念を抱き畏怖の念にわたり接触を始める。神に関わる歌謡構造体が抽象的にも拘らず数千年も継続してきたことは例外がないとしても、集団統一体の基盤をなす奇跡的力があったことを意味していよう。

a｜1・畏敬　松ノ木の歳の古さに神の畏敬a1を感じ取っている。各項目を対象別に括弧内に番号で細分した。

「茂岡に、神さび立ちて、栄たる、千代松の樹の、歳の知らなく」（万九九〇）

（門関係・万四四三、風一六二、雪九一三、雷一〇九二、二六五八、海三三、三六二一、三九八五、四三六〇、川三八、三九、滝三〇一五、初発一六七、一六七、四八五、七六二、八九四、八九四、一〇四七、四一一二）

a｜2・畏怖「道の中、国つ御神は、旅行きも、し知らぬ君を、恵みたまはな」（万三九三〇）逆

らえない神の恐怖に対して身を屈めて祈願をしている（万・その他、黄泉一八〇四、坂一八〇〇、道三九三〇、門二五〇八、木一〇一、一五六、五一七、社五六一、風一九九、五〇〇、雷二三五、一三六九、二五一三、二五一四、獣三八八五、侍四〇六、争二六五九、社四〇四、天地五四九、六〇五、三三四六、四二三六、海二五六、一二一六、一二二六、一三一〇、一七四〇、一七四〇、三三三五、三三三九、三六六〇、三八八八、四一〇一、川三八、二〇〇七、丘八一三、山一七六〇、墓三四二一、系譜七七、初発一三、六一九、二四一六、三五六六、三八一一）a|・計六五例。

b|・結界　神を迎える境域を厳重にしつらえるように、恐ろしい境界を恋のためなら越えようとする意志を表している。

「ちはやぶる　神の斎垣も、越えぬべし、今は吾が名の、惜しけくもなし」（万二六六三、その他垣関係二六六三、木綿一三七七、原二九五、国四〇九四、海八九四、四二四五、川四〇〇〇、山一七五九）b|・計八例。

c|・勧請　杉の木で思いを込めて社を作り神を招くのに、思いの過ぎることはない。そのように恋をすることだと言う。

「神名火の、神依板に、為る杉の、思ひも過ぎず、恋ひのしげきに」（万一七七三、その他雲一六七、海八九四、一七八四）c|・計四例。

d|・供養「・・・新た代の、さきく通わせ、事図り、夢に見えこそ、剣太刀、斎ひ祭れる、神に

しませば」（万三二二七）。身を謹んで神に仕え供養の限りを尽くしてきたのだから方策を授けてほしいという（万・その他坂関係四四〇二、社五五八、四〇一一、四三九一、庭四三五〇、社三二三、六、天地四三七四、四四二六、海四三六〇、四四〇八、川三二二七、原一四〇三、山三七九、一三七七、四〇〇八、四〇〇九、初発四四三）d―・計一八例。

e―・祈念　命の響きを伝える神の仲立ちを期待している。

「吾妹子に、またも逢はむと、ちはやぶる、神の社を、祈まぬ日はなし」（万二六六二）。（万・その他風関係四三七〇、地九〇四、天地九〇四、九〇四、三二八四、三二八七、三二八八、三三〇六、三三〇八、三六八二、四三九二、四四九九、海一二三二、四二四〇、四二四三、山四二〇、出合二四一八）e―・計一八例。

f―・賛嘆　神を讃え幸運を祈願するもの

「神さぶと、いなむにはあらぬ、秋草の、結びし紐を、解くは悲しも」（万一六一二、その他草関係一六一二、木八六七、一九二七、一九二七、二四一七、二四一七、二八六三、三〇四七、四〇〇六、四一五九、月一〇八〇、風八一、一六二三、三二三四、三三〇一、天地二一九、五四六、海三〇四、八六九、八九四、九三八、一〇二三、一〇六五、一〇六七、四〇四六、四二二〇、島三五九九、川九〇七、一七七〇、三〇一四、三三二七、四一二五、山四五、一五七、一五九、二六〇、三二四、三八二一、一六七六、一七五三、一七五三、三二二七、三八八四、四〇〇一、四〇〇三、初発一七〇七、二〇〇二、三二二七、三二九〇、四一

○六） f|・計五○例。

g|・崇拝　厳しく畏敬を迫る杜が崇拝の念を要請している、七四例に及び、

「とぶさ立て、舟木切ると言ふ、能登の島山、今日見れば、木立ち茂しも、幾代神びそ」（万四○二六）

（万・その他社関係三一○○、木四○二六、天地六五五、三二五○、三二八六、四○九四、四一○六、国三二五○、四二六四、海二二○、三二五三、四二五四、湊二二一○、島二四五、沼四二六一、水二九、三一九、瀬一○○五、一○五○、一○五三、川三八、三八、五○、五○、一六七、九○七、一○○六、一○五二、四○○三、瀧九一○、湯三二二、三二二、三二二、丘八一三、八一三、九一七、山四五、五二、二四一、二五九、三一七、三一九、一一三○、一二四七、三八八三、三九八五、四○○四、四○八九、四二六六、四三八○、四四六五、系譜一九九、八九四、四○九四、四○九八、四一一一、四二六○、初発一六七、九六三、四四六五、悲嘆一五○、一六七、一九九、一九九、一九九、二○四、二○四、二○五、二三○、三三二四、他雪四二三五、山一一三三、天地三七四○、出合二六六一） g|・計七四例。

以上、人間の神に対する対応二三七例、括弧の中は同時に発生の場となるものが含まれている。風雨はm|、海はn|、川o|、山p|、初発r|等の記号を当てている。

人の神への対応の合計をまとめると、a|は六五例、b|は四例、c|は八例、d|は一八例、e|は一八例、f|は五○例、g|は七四例、計二三七例、

神の発生の場の合計をまとめると、m|は八一例、n|は三九例、o|は三一例、p|は四二例、r|は四四例、計二三七例になっている。

次に立場を変えて神の人への対応を見てみよう。同じ二三七例の歌を対象とする。

u―1・威嚇

「雷神の、光とよみて、降らずとも、我は留らむ、妹しとめてば」（万二五一四）

雷は畏れを感じさせるけれども、あなたが泊まれといえば泊まろうのにと言う（その他・万六五五、二五一三、三一一〇、四三七四）。

u―3・荒れ

「天地の、神し理なくばこそ、わが思ふ、君に逢はず、死にせめ」（万六〇五）

無情な神の横やりが入ったのでもあろう畏怖を感じさせる神の荒れがあった（その他・万三三、一六二、一九九、二六五、四〇六、五〇〇、五四九、六〇五、一二一六、一二二六、一三一〇、一七四〇、二六五九、三三三五、三三三九、三四二一、三六六〇、三八八五、三八八八、四一〇一、四四〇二）。

u―5・迫害

「思はぬを、思ふといはば、大野なる、三笠の杜の、神し知らさむ」（万五六一）

嘘を言うなら神に知らせて罰してもらおうと神の畏怖感aを相手に迫害として向けようとしている（その他、万五六一、六一九、一三六九、一八〇〇、三三四六、三五六六、三九三〇、四二三六、u―6・一三、一八〇四、u―7・七六二、一六一二、v―2・一〇一、一七七三）

x―1・鎮座

「王は、神にしませば、天雲の、五百重が下に、隠り給ひぬ」（万二〇五）

恐ろしい雲の下の存在になられた皇子の悲嘆g9を歌人は弔っている（その他、一五〇、一六七、一九九、一九九、一九九、二〇四、二〇四、二〇五、二三〇、三三二四）。

x―2・統治

「神代より、吉野の宮に、あり通ひ、高知らせるは、山川をよみ」（万一〇〇六）

高知らせる統治能力は神代の昔からの自然の気の働きが人に与える崇敬の心gによるものであろう（その他、万二九、一六七、一六七、一九九、八九四、九三八、九六三、一〇〇六、一〇四七、四〇九四、四三六〇、x―3・一七五九、二四一六、二六六一）。

x―4・尊厳

「ちはやぶる、神の社し、なかりせば、春日の野辺に、粟蒔かましを」（万四〇四）

勝手なことをさせまいと恐ろしい神aの社がしっかり秩序を維持していても、恐くないと仰るならどうぞおいでなさいと言う（その他・万二九、三八、三八、三八、三九、四五、四五、五〇、五二、一五七、一六三、一六七、二二〇、二三五、二四一、二四五、二五九、二九五、三〇四、三一七、三一九、三一九、三二二、三二二、三八二、四〇四、四二〇、四四三、五一七、八一三、八一三、八九四、八九四、八九四、九〇七、九一〇、九一七、一〇〇五、一〇二三、一〇五〇、一〇五二、一〇五三、一〇六五、一〇六七、一一三〇、一一三三、一一三三、一三七七、一三七七、一四〇三、一七〇七、一七四〇、一七六〇、一七七〇、二〇〇二、二五〇八、二六六三、三〇一五、三二二七、三二五三、三八八三、三九八五、三九八五、四〇〇〇、四〇〇三、四〇〇三、四〇〇四、四〇〇八、四〇〇九、四〇二六、四〇八九、四〇

九八、四一一一、四一一一、四二三五、四二四五、四二五四、四二六〇、四二六一、四二六六、四三六〇、四三八〇）。

x|5・霊力

「海つみの、いづれの神を、祈らばか、行くさも來さも、船は早せむ」（万一七八四）

どの神に来てもらって祈ればb早く船が進んでくれるだろうか。奇しき神の働きを引き寄せようとしている（その他・万五〇、八一、一五六、一五九、二六〇、三二一、三二四、四四三、八六七、八六九、三七九、四八五、五四六、五五八、九〇四、九〇四、九〇七、九一三、九九〇、一〇八〇、一〇九二、一二四七、一六七六、一七五三、一七八四、一九二七、一九二七、二〇〇七、二四一七、二四一七、二四一八、二六五八、二六六二、二八六三、三〇二七、三〇四七、三二二七、三二二七、三二二七、三二三四、三二三六、三二五〇、三二五〇、三二八四、三二八六、三二八七、三二八八、三三〇一、三三〇六、三三〇八、三五九九、三六二一、三六八二、三七四〇、三八一一、三八八四、四〇〇一、四〇〇六、四〇一一、四〇九四、四一〇六、四二六四、四一二五、四一五九、四二二〇、四二四〇、四〇四六、四二四三、四三五〇、四三七〇、四三九一、四三九二、四四〇八、四四二六、四四九九、x|6・一七五三、三二九〇、四一〇六、x|7・三八、七七、八九四、x|8・一六七、三二二七、四〇九四、四四六五）。

以上の分類は一首の中に三つの項目を析出してそれぞれの働きの割合を求めようとしたものである。それによって機能の傾向を浮かび上がらせて、次のように記紀とその特性を対比させられるかもしれない。

u|3・荒れ、二一例、u|5・迫害、八例、v|2・憑依、二例、x|1・鎮座、一〇例、x|2・統治、一三例、x|3・指令、三例、x|4・尊厳、八五例、x|5・霊力、七六例、x|6・恵み、三例、x|7・守護、三例、x|8・降臨、四例となっている。

まず自然の背景の厳しさから見ると天地、坂、木、杜、雷にその姿を現し（m|）、八四例、一一・八パーセントになっている。

特に海の場合（n|）は三九例、五・五パーセント。

川の場合（o|）は三一例、一三・一パーセント。

山の場合（p|）は四二例、五・九パーセントに及んでいる。太陽熱が転化したエネルギーをほとばしらせる水の危険な場に神が発生している。

その力は王統の系譜を成り立たせる背景ともなり、神の初源から死にいたる説明にもなり（r|）、四一例、五・八パーセントに及んでいる。

神は祟りの神としてその機能が維持され（u|）、三八例、五・三パーセント、威嚇、荒れ、迫害、対決などの働きをしているので、人はその不幸な対応をしていたのである。

結局その霊性は神秘性を失うことなく（x|）、一九七例、二七・七パーセント、鎮座して、統治し、指令を発し、尊厳であり、霊力に満たされるものであった。

以上の合計で九二・八パーセントになっている（a|〜x|）。

万葉は記紀と比較すると人間の祈りの部分が多く、万葉が祈願に発する歌であったことを伺わせている。それに対して記紀は神の権威を王朝の支えにしようとする意図を多くにじませている。しかしそれにも関わらず、記紀万葉の神は同じ類型をほぼ同じ比率をもって表現していたと言わなければならない。

その場合神の発生（m）からその効用（x）までがどのような関連でつながっていたのであろうか。太陽熱のダイナミックなエネルギーによるマクロの脅威と、それと表裏をなすミクロの活性力とが同時存在をしながら使い分けられている。そのために人間が神を迎える心構え（a）から慎ましい対応（g）に到るまで、マクロの危険を避けてミクロの恩恵を受け取る構えが要求されなければならない。それは循環する荒れた大気の中で他の死を前提にして自分の生を成り立たせる生態学的なつながりが成り立ったのであろう。そのために敬虔な対応を一貫して求めている。ただし古代的な祈祷、祝詞、中世的な憑依、託宣、近代的な正義、絶対に関わる神は見られない。

自然の中の恐怖の力を逆転させながら、そのエネルギーを生命の力として人間の中に取り込もうとする意図が、万葉の歌を構成する神話的方式を成り立たせたのであろう。即ち畏怖に満ちた自然の中にある神秘な力を力の限りを尽くして供養してそれと同調する構えをなそうとしていたのである。大国主の命はそれを特に海に求めて少名毘古那神に焦点を絞って清らかな中に高められた優れた効能を体現したのではなかろうか。

万葉も神の世界で神名を基にした構想を体系的に組立てていた。防衛の機能を軸とする明確で精緻な組織に仕組まれていた。抒情の機能はむしろ民族生存の永続的祈願の影に押しやられながら、その姿勢の骨組みそのものの中から発する映像に淡く映し出されていたように見える。現日本の生存の意図の弱化に通じて対極的位置にいる警鐘かもしれない。

第二項　神の機能的分類表

万葉の神の機能分類表・七一一例
A鎮魂（一六三例、二三パーセント）a―畏怖六五例　b―結界八　c―勧請四　d―供養一八　e―祈念
　f―賛嘆五〇
B行法（七四例、一〇パーセント）g―脱魂七四　h―憑依　i―瞑想　j―禊祓　k―舞踊　l―音楽
C発生（二三七例、三三パーセント）m―諸状況八一　n―海岸三九　o―河川三一　p―山岳四四　q―敵
　性　r―権力四一
D霊力（二三七例、三三パーセント）s―気力　t―祖霊　u―呪力三八　v―託宣二　w―神格　x―精霊
　一九七　y―不明　z―他

古事記の神機能分類・七七七例
A鎮魂（二二例、三パーセント）a―畏怖三　b―結界五　c―勧請四　d―供養六　e―祈念　f―賛嘆四
B行法（一一五例、一五パーセント）g―脱魂三　h―憑依四　i―瞑想　j―禊祓　k―舞踊四　l―音楽

C発生（三七七例、四九パーセント）m―状況九七　n―海岸八二　o―河川一　p―山岳一五　q―敵性　r―権力二〇二

D霊力（二六三例、三八パーセント）s―気力　t―祖霊　u―呪力一〇三　v―託宣七　w―神格　x―精霊七　y―不明五　z―他二七

日本書紀の神の機能分類表・六九〇例

A鎮魂（三八例、六パーセント）a―畏怖二　b―結界九　c―勧請一六　d―供養　e―祈念八　f―賛嘆

B行法（九五例、一四パーセント）g―脱魂七四　h―憑依　i―瞑想二　j―禊祓四　k―舞踊一　l―音楽

C発生（二一三例、三一パーセント）m―状況七六　n―海岸三七　o―河川六　p―山岳一　q―敵性　r―権力九三

D霊力（三四四例、五〇パーセント）s―気力　t―祖霊　u―呪力一二〇　v―託宣三一　w―神格　x―精霊一八五　y―不明　z―他八

人の対応は自我の枠を越えず謙虚に司祭者として伺候する身構えが要求され（g―）、七四例、一〇・七パーセントに及んでいる。

血の滴り、剣の斬り、死体、唾、涙、嘔吐、呪物、火から成り立っているもの（m―）が七六例、一一パーセントに及んでいる。

海が神を生成させる力も同様の働きになっている。特に禊、気吹き、祓、玉振りの作業と同時発

生になっているもの（n）が三七例、五・四パーセントを占めている。神の発生は朽ちるものの中に生成の核をもち、それに海水の活性力が刺激を与えている。

そのような神の恐ろしい力を背景にして皇統が成立（r）し、九三例、一三・五パーセントに及び、初源的発生、対偶的成立、世継ぎの生誕を含めた系譜の内容を見ることができる。

結局恐ろしい祟りの神としてその機能を発揮しているもの（u）が一二〇例、一七・四パーセントに及び、荒れる神、反逆する神、対決する神、迫害の神、威嚇して祟る神になっている。

神霊を伴う働きをするもの（x）は一八五例、二六・八パーセント。祟神、征服、指令、守護、降臨などの機能がある。

日本書紀の神をまとめてみても、神は自然の脅威の中に宿る活性力に支えられ、人間がそれを受け止めるために身を投げ出して奉仕する誠意が問われていた。

冒頭に見られた大国主の命を中心とする出雲風土記の神の祭礼は、記紀万葉における神の祭礼とその形態と精神の点で一体であったと言えるのではなかろうか。

とすれば彼は海のエネルギーを利用した清めを通して恐怖の神に対して厳粛な祭を執り行った支配者であった。高度の道徳性と能力が身に備わったのは自然の呪性にも宇宙の波動にも逆らわない性格と一致するとも言えるであろう。記紀万葉の神々の成立とその分類をまとめておきたい。

大和朝廷では鎮魂に対する要請が盛り上がる。万葉の畏怖六五例に対し記と紀は三例と二例に過ぎない。その中核は山岳信仰であり万葉の四四例に対し、記一五例、紀一例に過ぎず、山岳神発生数の下降が記紀との境を変動させている。海岸神の発生も同様であり万葉で三九例、記八二例、紀三七例。それらと対応して霊力の安定化が進み万葉二三七例、記二六三例、紀三四四例となる。天皇制の権力からの宗教的譲渡への推移を進めている。そのため、海洋力の出雲的特質は別置されてしまう。

第四節　折口信夫の神

それらに対して自然的畏怖に乏しい折口氏による神の捉えかたを比較検討してみたいと思う。

折口信夫の神の機能分類表・四五一例

A鎮魂（一〇四例、二三パーセント）a―除災一七　b―結界〇　c―勧請五三　d―供養二〇　e―祈念八　f―賛嘆六

B行法（一五一例、三四パーセント）g―脱魂〇　h―憑依四一　i―瞑想四一　j―禊祓四九　k―舞踊六一　l―音楽〇

C発生（六〇例、一三パーセント）m―状況〇　n―海岸二五　o―河川八　p―山岳一七　q―敵性〇　r―権力一〇

D霊力（一三六例、三〇パーセント）s―気力九　t―祖霊二　u―呪力三六　v―託宣九　w―神格〇　x―精霊九　y―不明七　z―他二四、

中央公論社版「折口信夫全集」に見られる神の記述を索引により四五一例全例を選んで、その神の機能を古典に対してなされた類型と同じ項目で分類し、記紀万葉の神と対比してみようと思う。すなわち人が神に対応するあり方を鎮魂Aと行法Bに分け、さらに神が人に作用を及ぼすものを発生の場所C、神道系の呪力Dとし、それをさらにaからzまで分類するものである。AよりもBは専門職的な行法に進み、CよりもDは超人的な神の抽象化が進んだものになっている。記紀万葉に比べて折口氏は専門職的なBの行法の部分を扱うことが多く、神の発生消滅に関わるCの部分が少なくなっている。即ち日常的な生活がそのまま信仰的であった時代（A）から、聖職者を仲介する後世的現象が進んでいると言えよう（B）。また生と死が循環する輪の中に位置づけされていた時代（C）から一方的に神に支配される時代に代わってゆく（D）。だが、西欧的な神、例えば絶対神とか正義神という概念（E）はここでも特に目立って存在していない。

それぞれの項目ごとに検討してみようと思う。

A・鎮魂祈願

a｜畏敬　折口氏は荒ぶる神を劣位の霊として神から区別されている。「荒ぶる神は鬼の部類に入ってくる」（「折口信夫全集」中央公論社、二巻三〇一頁）、「神ははじめは低い地位の者だった」（三一四頁）。ところが万葉では逆方向に作用する同時存在のエネルギーを神としてどう対応するかが問題であった。例えば同時に存在する二つの相反する価値があった。「天雲に近く光りて鳴る神の、見れば恐ろし見ねば悲しも」（万一三六九）という両義的発想を避けられない。それはミクロ的な認識作用を目が捉えるマクロ的な作用と折り合いをつけなければならないということであったであろう。ミクロの世界が再現されてからまだ日は余り経っていない。

b｜結界について折口氏はどうせ来てくれるならばその神の場を確保する必要性はなくなってしまう。しかし万葉では積極的に神に訴えかけて「住吉のわが大御神、船の舳に領《うしは》きいまし」（万四二四五）、風や波を避ける祈りをこめて、時間も超越した多次元の空間を設定していたのであった。

c｜勧請についても人が神を招くものと神が自ら現れるものとに区分されている。「正月・節句・端午・新嘗・・・これらのものは神迎えの式」（一五―五六）であり、「まれびとは時を定めて来り臨する神」（二一―三三）となる。しかし人と神は双方向的に作用し合う万葉では「海神のいづれの神を祈らばか、行くさも来さも船は早けむ」（万一七八四）と言って神は相関的に機能を発揮するものになっている。折口式に季節的な来臨を待つよりも形態共鳴的な現象であった。

d｜供養　供養の中心は稲の作法になり、他のものは見られない。「新嘗の行事に稲の精霊が神として出てくる」（一六―二八八）と言われる。万葉の場合、奉納は幣の振りや鏡の振りに見られるが稲の奉納はない。「・・・神なびの清き御田家の垣内田の池の堤に・・・紅葉まき持たる小鈴もゆらに・・・」（万三二二三）供養にはものの代わりにものを振る動作が目立っている。記紀万葉の田は境界標識の名残として、領域確保と収穫確保とは別の責任分野に分けられるものであった。イメージに弥生志向が強いとき縄文志向が薄れたのであろう。

e―祈念について　折口氏の場合は豊作祈願が中心だったので、神嘗の原義は今年の稲作の前兆たる「ほ」をえて祝福する「穂祭の変形」（二―四二三）だと考えられている。万葉では神への祈願の内容別の割合は生命活性・安全祈願三八パーセント、妻問祈願三〇パーセント、繁栄・鎮魂祈願二八パーセントになっている。「神に幣奉り吾が乞ひ祈まく愛《は》しけやし・・」（万四〇〇八）という祈り方で物に関わろうとしていない。特に神代篇では祖霊浄化という別次元の精神性に対する働きかけが行われていたのである。

f―讃嘆について　神を褒めたたえるのは「精霊はその言葉に責任を感ずる」（一九―二〇〇）ので、「威力ある精霊を繋ぎ止めようとしていた」（七―一七八）と神との駆引きを折口氏は問題にされている。しかしむしろ心を無にして「石の神ふるの神杉神さびし、恋ひをもわれは更にするかも」（万一九二七）と万葉には神を前にした打算のない純粋さがあった。讃歌には音空間における共鳴意志が潜んでいたであろう。

B・行法

h　憑依　折口氏は精霊が神の意図に沿うようにh―1「神主は神そのものの役に当たる人格で」（七―六九）、「若者達がいっとき神主として神にも扮し」（一―一〇四）呪言も唱えh―2、「神の代わりに」（二〇―五二）祭を受納しh―3、神嫁として神の言葉を聞き「女が残ってそうした家々へ

神人が行く」（一—四六四）h|4、「宮廷の神に仕え・・古風を維持する」（一一—二〇）女性が厳粛な祭を演出するh|5と言われる。そのような神の人格化は万葉には見られない。むしろ対峙して厳しく向き合うべき相手であった。「吾が祭る神にはあらず、大夫に着《とめ》たる神ぞよく祀るべき」（万四〇六）。よしみを吟味して神を人の方から選別して、純度の高い同調体であろうとする試みをしていたのであろう。

j|　禊・祓　各三九例と二〇例あり、禊・祓の起源は「スサノオの農事に関する物忌みから出て」（八—一一八）いるとされるが、海や川での「さやけし」の習俗に関わっていたことに触れられていない。「・・山川を清みさやけみ、うべし神代ゆ定めけらしも」（万九〇七）。神迎えは細胞の再生を海山川のさやけだに求められ、初期生物進化への憧れによっていたのであろう。

k|　舞踊　神遊びk|1、神楽k|2、踊りk|3、神服k|4の分化を考えられ、神遊びは「鎮魂のための舞踊」）七—六二、一七—八六）とされている。万葉では神が遊ぶとか神を遊ばせるという歌はない。生前の遊びを思いだしてその死を悼むと言う挽歌は（四例、一割）あるが、遊ぶことによって悼むと言う用法は見られない。「古の賢き人の遊びけむ、吉野の川原見れど飽かぬかも」（万一七二五）。自然の生気を浴びる楽しみを歌ったものが九割を占めている。万葉では「遊ぶ」ということは人がイオンの活性力への感性を研ぎ澄まして自然の精気を浴びることであった。

C・神の発生

古典では生成消滅する「生れませる」「成りませる」「隠れまし」「避りまし」神を記録したが、折口氏は常住の「海のあなたからある村に限って富と齢とその他若干の幸福とをもたらす」神を述べている。春ごとに渡り来て予言を与えて去った（二―三三）という神秘なニライカナイを想定されている。しかしm、n、o、p、q、rの神々が顕現する自然界の各項目についての記載が見あたらない。常世国は「海の底でもあり、竜宮はわたつみの国にあった」（一二―三三一）と言われるが、万葉は生成する海の神々の姿を記録している「・・海原の辺にも奥にも神づまりうしはき坐す諸々の大御神達・・」（万八九四）岸でも沖でも神々は海一面にそれぞれの場を領有するという存在感を持っていた。分子レベルのミクロ的作用を中心にした歌集として万葉集が編纂されていたのである。折口氏には記紀万葉の具体的迫真の記述は見られない。

D・神の霊力

s、t　生命力、霊力を神に関するものとしては折口氏は扱われていない。「人間の身体の内へ霊魂を容れる」（二〇―二五四）むすぶは水をむすぶであるという万葉への近づき方をされている。万葉には自然の活性力を生命に及ぼし、死んだ後はそれを鎮魂に振り向けようとする方式があった。「・・玉たすきかけて偲ばし・・吾が大君を・・頼める時に・・神はふりはふり奉れば・・玉だすきかけて偲ばな畏かれども」（万三三二四）。「玉たすき」も「はふり」も活性と鎮魂の両用の働きに振り替えて使用され、別次元を組み込む生命力を振り出していたのであった。

u、v　呪力、託宣について折口氏は神語u|1、神言u|2、呪言u|3、祝詞u|4、片歌u|5、鎮魂u|6、防衛反応u|7等に分化されたが呪詞は文学の発生起源として「周期的に時を定めて来る異人—神—の唱えた詞章」（七—四五）だと言われている。しかし記紀万葉では自然のエネルギーを呪力として唱えて、生活の場に神の座を成り立たせ「諸々の大御神たち船舳に導き申し・・」（万八九四）言葉の波動を通して実像に迫ろうとしていたのであろう。

w、x　神格、精霊についてw|1神惟・カムナガラを神格化した状態に当てはめ、w|2神人・カミンチュを沖縄の神人に当てはめ、w|3命持・ミコトモチを神の言葉の伝達者にされたが、「神惟は吾が考えならず神念ほしめすまま然か思ふなり」（二〇—五四）という神秘的な考えになっている。むしろ万葉では神の意志を揺り動かそうとして「天地の神を乞ひつつ吾待たむ、早来ませ君待たば苦しも」（万三六八二）と希望をもたらす神へ切実な思いを訴えているが、解決済みの兆しを期待してはいない。波動領域に人の意志も組み込んで運命への挑戦まで考えていたのであろう。

折口氏の神の考え方には万葉との間にずれがあったように見える。それは大国主の命を考えるときに影響を与えずにはおかないであろう。次のように大国主の命論を展開されている。

少名毘古那神は「天から人間へ流離し給ふ幼神」とされ（七—二四八）海の働きが伏せられている。

日本海志向の強いスクナヒコナ神に対して沖縄志向をだぶらせたので、寒い海と暖かい海の機能の違いがミクロ的に違っていたこともあろう。「大国主の命に付着した外来魂なので」天地を作る力をえた後（一二―四九六）、トコヨの国に「魂が帰っている」（二〇―三六六）というのでは、渚のエネルギーとしての実体はいつも空想の世界に引き戻されていってしまう。

「大国主の体に入るべき外来魂であったのだ・・・魂自身の意志によると思はれる形で人の体に出入りする」（二〇―二三六）とされる。折口氏によれば神は、（a）劣性の神として「はじめは低い地位の者」（三―四）であり、（b）は無視されてしまい、（c）「遠いところから神様がおいでになり」（一八―三四四）儀式的舞踊や言葉を唱えて、「神来臨の時期は年一回・・・次第に度数を増してくる」（一五―五六）ものであった。（d）「新嘗の行事に稲の精霊が出てくる」（一六―二八八）という農業神を中心とした神の映像によって、神に捧げる祭も花の散り方で「来年の豊作の吉凶」（一五―七一）を知らせる祭が営まれるという。（f）「歌・物語・舞踊・演劇を携へ回った」（七―六四）神部の部曲ほかひが成り立っている。項目の対応も記紀万葉の神とは異なり、外見も海から内陸へ、生産も雑穀から米の栽培へ、働きかける神から押し付けて来る神へとその内容が逆転している。折口氏は弥生以降の米作の社会の祭を説明されるために、沖縄のニライカナイから来るまれびとの映像を考えられたので、南北の海のずれと縄文弥生の時代のずれとが日本の信仰の中に同時に持ち込まれてしまう。「禊にはまれびと神の来臨が伴ふ」（二―四二八）という折衷案が示されている。折口氏の案では古代の温暖な海の精神構造、習俗、信仰が冷たい冬の海の出雲の厳しい祭に当てはまりえない。「海神（ワタツミの神）は富の神であり、歓楽の主」（一—一三四）とされている。むしろ心を活性化させる神、歓楽よりも清めに生きる恐怖の中で発生する神であった。「浜清く浦うるはしみ神代より、千船の泊つる大和田の浜」（万一〇六七）の印象が乏しくなってしまう。

物質的な富を外から来て施す神が、生産のまつりによる讃歌を受けるという折口式の歌は万葉にはない。心の退廃をもたらすものは精神的な汚れであったので、海域の働きで清められて生きるという発想が重視されていたのである。その点では万葉人は数百年にしか満たない弥生の信仰よりも数千年以上続いた縄文の信仰を忘れにくかったように見える。それは神を「優れた徳あるもの」としてみた宣長の問題点でもあったに違いない（前掲書「折口全集」九—一二五）。人の邪な意志は自滅をもたらし、清められた意志は逆に幸運を支えてくれるという分子的に見た生理現象はミクロ的なものであった。時代が下がるほど富への期待が大きくなり、きよし・さやけしへの生理的な関心が乏しくなっていったように見える。細胞に方向性を与えるミクロの世界から、物質を豊かにするマクロの世界に視点が転換されてしまう。この二人の学問の時代背景として元禄的繁栄があったからかもしれない。純化された細胞が生命力をもたらすという概念が薄れたのであろう。「さっぱりして」いて気持ちがよい（折口四—一〇四）という表現に留まり、本来ならば生命の活力を超克的に躍動する震動の形で伝えようとしたものを、見て華やかな抒情的で華美な姿に留めようとしている。

その背景の最大の相違点は折口氏がマクロ的に海の影響を沖の彼方の理想郷に探りだそうとして

ミクロ的に岸の波の砕けて生じた泡の作用を閉ざしたのであろう。分子生物学的に実感された海辺の縄文的機能が視覚の強い光に色褪せてしまう。

生命についてエコロジー的な見方によって、ダイナミックに身心の一体性を目指す万葉の価値を復活させなければならないのではなかろうか。文明期の強がりは弱気な風情に次第に流されだしてゆく。

その間の文化的な断絶が大きいので、本論も痕跡的な表音文字の貴重さによって話を進めるほかはない。大国主の命の神話は縄文時代の日本海に成立した文化を受け継いでおり、ニライカナイの温暖な海の理想には自然的にも感性的にも合いそうがない。祭式の次第がａからｆまでたんに手順に狂いがなかったばかりでなく、生態系的循環の姿で日本海文化を継承してきていたのであろう。次章以下にそれを展開したいと思う。

第四章　出雲における祭礼　―大国主の命の魂の恐怖を鎮める

第一節　しぶきを受ける・高層建築　―祭式 a・b・c―

出雲は征服されたけれども、信仰の面において朝廷の方が逆に負い目を負わされることになったのではなかろうか。

万葉にはそれぞれその語彙の中にも意味の流れがあって、それが神話の物語の流れとある種の対応関係があったように見えるのである。この大国主の命の死後の立場に対してもそれを手がかりにして見てゆきたいと思う。

a―畏怖

万葉では死滅を迫る恐怖に対して「さやけさ」によって対応したが、大国主の命の死に手を貸した後の不穏な空気に対しても何らかの清めが求められなければならなかったであろう。自然の猛威の中から蘇生することと同じような重い課題が残されたことになる。

「大海の、水底とよみ、立つ波の、寄らむと思へる、磯のさやけさ」（万一二〇一）

深い海底まで揺さぶりながら打ち寄せて来る波が、運んでくる「さやけ」を讃えたものである。

万葉は心に及ぼす活力を荒れる自然の中から汲み取ろうとしている。大国主の命の鎮魂の儀式にそれがどのように適応されたのであろうか。

　文明が進むほど精神性が乏しくなり目的意識の中に物質主義的な要素が増えて来ると、感受性も変わって、言語伝達の古い方式も失われてゆくであろう。ところがまだ万葉では意識の物質化は見られないし、自然の感性に生きることによって、伝達のパターンも共有されていた。しかしもはや両者の間を橋渡しする「本来的な記号の本質」にふさわしい（ヴィトゲンシュタイン前掲書「哲学探求」一〇五節九七頁）認識の通路はなくなってゆこうとしていた。

「磯のまゆ、たぎつ山川、絶えずあらば、またも逢ひ見む、秋かたまけて」（万三六一九）

　皆なと一緒に秋になったらばまたこの景色を見に来ようという。その生命感を感性的に共有することができなければ、孤独な魂に心を通わすことはできまい。感性を共有しようとする文献ごとの言語法則から原始のパターンが次第に消えてゆくことになろう。それに代わる共震的基盤が回復することももはやありえないであろう。

　恐怖の中で自然の脅威におののきながら神の好意を受け入れようとする共震の構造は万葉で終ってしまう。そこで神に対して供養と功徳のバランスを崩すならば不運を招くことになるという意識もなくなっていったであろう。

「わたつみは霊しきものか・・・潮騒の波を恐み、淡路島、磯隠りいて・・・」（万三八八八）

海は霊妙なものだ、なぜならば寄せる波は恐ろしいものだからだという。「霊《くす》しき」は「恐《かしこ》み」によって同時に存在していたものであり、「くすしき」がなければ「かしこみ」もありえない。原始の信仰が成立したのは恐怖と救済の生命感が一体となりうる海辺でもあったといえよう。さらに彼らは水の弾けるしぶきに来世への通信を期待している。ところが時代がその命に甦りを与える成果を台無しにしようと変動を繰り返す。それに巻き込まれた大国主の命の死霊がそのまま引き下がることができたであろうか。

その時、神下ろしによって大国主の命は道教的に変遷したシャーマニズムの姿（津城寛文「鎮魂行法論」春秋社、一九九二年、一一九、一二七頁）で立ち現れたのであろうか。

自然のもつエネルギーの脅威は、万葉においてはマクロの自然の猛威であり、その裏面にひそむミクロの有効な働きを取り入れて、再生のエネルギーに振り向けられなければならないものであった。荒れる破滅的力は救済の力として新しく顕現させる神々の大系の中に調整されてゆくであろう。同時に「あらたしく」、「あれませる」の対応現象として「あらあらし」く祈願なされたのであろう。同時に死そのものも生態系の循環の中で生成の素材として生き返る。万葉の破滅と活性の要素は混然たるエネルギーの大きな循環の中に営まれていた。その時大国主の命の怨霊の鎮静の問題が登場したのであった。

朝廷の使者が大国主の命に対して国譲りを強要したときその子ヤエコトシロヌシノ神はこの国を天神の御子に差し上げたらよいと言った。そしてその乗ってきたところの「船を踏み傾けて天の逆手を青柴《ふし》垣に打ち成して隠りき」（記四四ウ二）垣が境界の呪的な障害物として最期の防衛線をなしていたものを、船のサカテで打ちこわし（壊し）帰順の意志を表明して消え去っている。反逆者の荒れはまだ継続する。更にそのもう一人の子のタケミナカタノ神が千人力の岩を持って現れて

「誰そわが国に来て忍び忍びにかくもの言ふ。しからば力競べせむ。故我先にその御手を取らむ」（記四四ウ七）と言って手を掴むと氷の刃に変じた。しかし結局彼も信濃まで追われて帰順している。他方伊勢では国護りについてその風土記逸文に帰順の経過が次のように記されている。

「汝の去らむ時は何を以ちてか験と為さむ」と言うと応えて言うに「吾れは今夜を以ちて八風を起して海水を吹き波浪に乗りて東に入らむ。こは則ち吾が却る由なり」と言ったと言う（岩波版「風土記」四三三頁）。統一直前には各地方の反逆行為が呪的な畏怖として荒れていたのである。それは単に軍事力を押し付けるだけで済ます訳にはゆかなかった。災害をもたらす敗者の威風を盾にとって条件闘争に切り替えていったのであろう。

古墳時代には各地の諸権力がバランスをとっていく過程の中でその政治形態は連合政権の形に落ち着いていったのではなかろうか。そのバランスも崩れて中央の権力が卓越し始めたときに地方に集積された権力との緊迫した調整作業が表面化したのであろう。

大国は弥生時代以来生産力を集積してきた地方政権であり、その秩序は青銅器の権威によって成り立った時、銅鐸は初期の段階でクニの境界標識であった。前述したように昭和六〇年の荒神谷遺跡の発掘では、出雲大社の東方二〇キロメートルの小支谷の地点で整然と並べられていた銅剣

三五八本が発掘されている。

「僕が子等百八十神は則ち八重事代主神、神の御尾前となりて仕へ奉らば違ふ神は非じ」（記四五ウ九）と大国主の命が言う。統制の取れた刀剣の回収がこの言葉と関係するかもしれない。剣は地方政権と末端の政権との力関係の象徴でもあった。剣の数が子等の二倍になっているのは複数の貸与があったからか、対にして大国主と持ち合ったからか、地方の社の数と一致するからか、無関係のものかは判らない。

その支配者との主従関係は西暦四世紀前後に国譲りが出雲にも求められることになって動揺したであろう。そのとき犠牲になった霊格の悶えをたとえ敵性の支配者であっても大和の政権はおろそかに扱えなかったに違いない。その霊性に対してどう受け止めるかが破滅と救済のエネルギーの狭間で問われたであろう。そこで手厚い誘導によって処遇されるにこしたことはない。

b―勧請

思考の方式《パターン》も崩れ始め、言語方式も次第に消滅しようとしたとき、従来の信仰の方式は大国主の命の面子に対してどのように受け継がれてゆけばよいか、拒否するか新しい文化の課題になったであろう。その条件を大国主の命自身が提案して採用を迫っている。

「この葦原の中つ国は命のままに既に献らむ。唯僕が住所をば天つ神の御子の天津日継しろしめさむとだる天の御巣なして、底津石根に宮柱ふとしり高天の原に氷木たかしりて治めた賜はば僕は百

足らず八十くまでに隠りて侍らむ」（記四五ウ二）

自然力に沿って営まれたとき縄文の精神の象徴、大国主の命を無視してその荒れる逆風のえじきになりたくないならば私に住処を与えよ、それも天子のものにふさわしいものにせよと言っている。巨体な呪力をもった首長の死の怨念の風が吹き荒れるままに任せることはできない、畏怖されるべき権力を支えた呪能はまだ生きている。次元を超えて働き続けてきた呪能が権力と共に消滅すると彼らは考えていない。そういう提案を発する者と受けとる者とが、同一のレベルで意志の疎通を図るのでなければ、死後の約束など意味のないものになってしまうであろう。吾が魂を勧請せよという。それは清められた安全な場であって、それも波が砕け散る日本海につきでた先端で黒潮と接触する位置で演じられなければならない。

出雲では現在でも陰暦十月十日の神迎祭で龍蛇と呼ばれる海蛇を必ず奉納して豊作・豊漁や家門繁栄を祈り、信徒はその神縁をうけて帰ってゆくということである。この神在祭の祭事の期間中は毎年風は激しく波も高い日が多いということであるが、この時期に海蛇が波に乗って稲佐の浜辺に大量に浮かび寄ってくるのを玉藻の上に承けて供えるのである（前掲書「出雲大社」一一六頁）。海の霊威の依りましとして危険な海からもたらされる魚は神に奉納され海に返されることになる。それを古事記に照らして見るならば、大国主の命が国譲りをされたときの約束として立派な御殿を造って、

「栲縄を千尋までも深く海中に引き延ばして釣りをする海人が口の大きな尾翼鱸《スズキ》をさらさらと音

を立てて、次から次と渚へ引き寄せ水揚げして料理した上、竹張りの台のたわむほどに盛り上げて、真魚の御饗をさしあげましょう」（記上四六ウ五、福永武彦訳「文芸読本古事記」河出書房新社、昭和五五年、一八四頁）ということと対応している。

考古学的な資料としては、昭和三十年代の後半に拝殿を新築した時掘立柱を発掘したが、そこはかって海であったことが判明したという（前掲書「出雲大社」一六一頁）。海の陸地化が急速に進んだ結果だったのであろう。

東国では「文徳実録」によると常陸大洗磯前神社のオオネムチ・スクナヒコナの神も海岸の塩を取る翁の前に出現している。文徳天皇の斉衡三年（八五六年）六月、嵐の夜に流れ着いた二つの神異の石が民を救うために帰ってきたお告げがあったということである。

あるいは能登の大穴持像石神社も海の近くにあって海の伝説を持っている（松前前掲書一三二頁）。オオナモチの神は少名毘古那神を伴い、或いはまた少名毘古那神は必ず海から来臨される神として国作りに参画している。

そのために朝廷は海の神霊を背負った出雲を無視することができず、征服した後までそれを味方に取り込む努力を繰り返そうとしたのであろう。出雲の祝詞の献納を要求した後も日本海における信仰に対して重い課題を背負ったに違いない。スサオノの命、アジスキタカヒコネの神、イザナミの命等が朝廷に対して反逆した時よりも遥かに壮大な祭礼が出雲に要請されることになった。大国主の命の神話は海の機能を軸として新しい神を機能させる創造の作業として演じられたのであろう。

その時海における大国主の命の世界にややニュアンスの異なった物語が入り始め、それを古事記は次のように記述している。

「大穴むじの神を呼ばひてのりたまはく『その汝が持ちたる生太刀、生弓矢をもちておれ、大国主の命となり・・・うかの山の山本に底津石根に宮柱をふとしり高天原にひぎたかしりて居れ、こやつよ』とのりたまひき」（記二九ウ九）

深く宮柱を埋めることによって、高天原に肱木の届くほど屋根の高い宮殿を建てて（幽閉気味の暮しをせよこの奴めと、スサノオの命は大国主の命に向かって叫んでいる。大変な高さの建造物に押し込められる覚悟を強要したのであろう。

さらに日本書紀では次のようになっている（岩波版「日本書紀〈上〉」一五〇頁）、それは国を譲るに当たって大国主の命に提出された条件が巨大な宮居を立てることであったことを示唆している。

「汝が住むべき天日隅宮は・・・千尋の栲縄をもって結び一八十結びてにせむ。その宮を造る制は柱は高く太し・・・高橋、浮橋、天の鳥船亦造りまつらむ」それに対して大国主の命が「天神の勅教え、かく懇むごろなり、あへて命に従はざらむや、吾が治す顕露の事は、皇孫まさに治めたまふべし、吾は退りて幽事を治めむ」と言われている。

両者の間に永続する軍事対決は避けられたが、顕と幽を異にする役割分担が定められることになる。朝廷はその時出雲を統治する権力「顕」と、その引き換えに大国主の命の神事「幽」の祭礼を引き受けることになる。千年余りを経た現代に到るまで幽事の鎮魂祈願は朝廷から派遣された祭司に始まる百代に近い直系の子孫によって受け継がれてきている。千家家は出雲の信仰の威容を維持しながら敵性国家の祭礼の司祭者になったのであろう。その千家家が朝廷に対する神賀詞の奏上は正史で見ただけでも七一六年から八三三年まで続いた。さらに天皇即位の大嘗祭ですら最大一ヶ月の日数を費やしたのに対して、この奏上は延べ三年間も費やさなければならないものであった（千家前掲書「古代出雲大社の復元」四九頁）。その時奏上されたカムヨゴトの内容は大国主の命の言葉として記録されたものである。

「己の命の和魂を八咫の鏡に取り付けて・・・皇孫の命の近き守神と貢りおきて・・・八百丹杵築の宮に静まりましき」（前掲書「古事記祝詞」一巻四五五頁）

鏡の奉納を通して天皇家及び国土の守護神となるように出雲の社に鎮座されたというのである。

c―結界

大国主の命は巨大な海に向かって霊威を凝集する高層の神殿に安置された。それは古代の鏡が河の瀬に掛けられてその霊威を吸収したようなものであったと考えられる。

その建造物の記録は平安中期（一〇世紀）のものが一六丈（四八メートル）、室町時代の初期（一三八一年）のものが四丈五尺（一四メートル）、豊臣秀頼の寄進（一六〇九年）のものが六丈六尺（二〇メートル）、現存のものが八丈（二四メートル）で一七四四年のものである。平成初年の計算では平安期のもので一二二億円、六年間に一二万六〇〇〇人の労働力を必要とすると推定されている。しかも平均すると三〇年に一回は倒れており、四～六年間の造営を繰り返していたことになるという（千家前掲書「古代出雲大社の復元」一三九～一四三頁）。

そこで年間にすれば数億円の経済的負担や技術的危険を冒していたことになり、それを上回る効用を朝廷が承認するのでなければこの事業は成り立たなかったであろう。その効用とは何であったのだろうか。その信仰心を裏づける民族の精神的雰囲気もあった。すなわち軍事的にも経済的にも権力の基盤は放棄されていたにもかかわらず、朝廷という時の権勢を淩ぐ信仰が何故成り立ったのであろうか。

出雲大社の巨大な構造をもった建築物は古代日本海文化圏の巨木建造物と無関係ではありえないように見える。

森浩一氏によると（森前掲書「甦える古代への道」一二六頁以下）、能登半島の真脇遺跡において昭和五七年九月に大木の柱根跡がサークルを描くように発掘されている。その木の直径は八〇～九六センチメートルありそれが一八本に及んでいる。サークルの直径は七～八メートル、柱の間隔は一～二メートルであり五五〇〇年も前の縄文前期の頃のものであった。ちなみに樹齢八〇〇年以上の超大径木といわれるものは全国で約一八〇〇本あり、いずれも胸高直径が一・二メートルどまりだと言う（千家前掲書「古代出雲大社の復元」一五七頁）。そこには壮大な規模の遺跡があったことを想定できるであろう。

今までに発掘されたこのような巨木の構築物は石川県、富山県、新潟県、長野県、秋田県、鳥取県に及んでいる。そして出雲大社の木造の建造物にいたるまでには古代の日本海沿岸の巨大な木の文化が先行していたことを物語っている。その巨木の運搬についても昭和五〇年代の前半に大阪で古墳時代の運搬器具である修羅が発掘されて古くからの開発が始められていたことを示している。

真脇の遺跡からはイルカの骨がおびただしい数出てきたと言う。イルカの油は取引で貴重でありそのためにこの地域は中世になっても荘園ではなく国衙領をなしており、近世になっても幕府は直轄領として支配を続けたのがそのためであったろうと、森氏は推測されている。さらに大国主の命を祭る能登半島最大の神社は気多神社といって広大な地域を領有してきたが、その近くには日本海沿岸最大の円墳が寺家遺跡として保存されている。また出雲大社のすぐ南西にかつて神門の湖があってその地域に隣接して大古墳が累々として残されている。ということは古代のそれらの巨大な遺跡といくつかの港とは密接な関連をもち信仰を中心として貿易や外交を日本海を跨いで展開していたという推測も成り立つであろう（森前掲書「甦える古代への道」一四〇頁）。

この日本海沿岸に展開した巨大な木の構造物の群は数千年を通して継承され、固有の文化現象をなしていたと言えよう。記紀や風土記の記録が示唆していたものは今ではもはや太古の習俗の微かな名残りでしかなくなってしまったとしても、荒海に面して建てられた高層建築の意味が問われなければならない。

そこで波のしぶきを海岸の高台で浴びるという、砕ける波の意味について科学者に聞いてみようと思う。

J・S・トレフィルは次のように述べている。
「海岸付近で減速し始めた波はその形が変化するのである。即ち波長が短くなり水が隆起しはじめる・・・寄せて来る波は大部分は波がしらが水のトンネルを作る飛び込み巻波と、泡沫が瀧のようになって落ちるくずれ波とである・・・一〇メートルの高さの波は水深が一三メートルになると砕け、一メートルの波は一・三メートル弱の深さになると砕ける」（J・S・トレフィル「渚と科学者」山越幸江訳、地人書館、昭和六二年、一四一～一四七頁）。
すなわち発生した波が海上を数千キロメートルも移動して海岸に出合うと累積したエネルギーとして数分の間に放出されて壮観な眺めを呈するのである。海岸は外洋のエネルギーを直接まともに受けとめるときに遥か沖合いから砕ける泡沫の空気の影響を陸地に与える。その泡が生物の営みに重要な影響を与えていたのである。即ち
「打ち寄せる波の置き土産である泡のような残留物は空気と水の混合物である。泡に空気が入り込むのは磯波の荒々しい運動で水と空気が混合されるためである・・・純水では泡はできない、液体の中に泡を作る作用をするものがなくてはならない・・・泡を作る物質は気泡の膜に特別な電荷を導入するという役割を果たしている・・・泡は一瞬にして壊れるのではなく後で一ヶ以上の水滴となってちぎれ飛ぶのである・・・作られた水泡は三〇メートルかそれ以上空中に跳び上がり、従って落下するまでに水分が蒸発して中の混合物は風に乗り最終的に雨となって降って来る」（トレフィル前掲書「渚と科学者」一五五～一五八頁）というのであれば、海岸の上空の空気の組成が重要な

意味を持っていたのも肯けるであろう。水の生態学では大海そのものが相聞と挽歌に分かれてゆく宿命だったのであろう。

「泡沫が空気中で乾燥して塩の結晶となり、風に乗って浮遊する・・・塩素は海水の泡沫と共に風に漂いほんのしばらくの間海から離れるが再び塩辛い雨となって海の上や周辺に落ちて来る」（トレフィル前掲書「渚と科学者」三二頁）わけである。

その結果一年間に大気中に持ち込まれる塩の量は数十億トンになり、乾燥有機物は数億トンに達して特に海岸に近い畑の野菜や牧場の羊の肉を素晴らしい味にするのである。マイナスのイオンはプラスの陽イオンの作用から重力のふるいに掛けられるように分離されて純粋の効用を空気中にもたらす。そこに凸レンズの凝集する作用をもった鏡がそのバイブレーションを共鳴させて凝集したのであろう。

（D・C・プランチャード「海と大気」鳥羽良明訳、河出書房新社、一九七一年、八八頁、飯野節夫「爽快・イオン健康法」文理書館、昭和六二年、六三頁）によれば空中に撒かれる水滴は充分の高さに昇ってその機能を果たしている。

「風が波を作り波が壊れるとき無数の小さな泡ができる。この泡はもちろん海の表面に浮かび上がってきて壊れる・・・その時小さな水しぶきが底からとび上がり五個以内の非常に小さな水滴を生ずる。そしてこれらの水滴は・・・充分小さければ風によって運ばれてずっと上まで上がる。その間に水滴の水は蒸発し中に含まれた食塩が結晶になる。こうして多数の電荷と食塩の結晶が大気中に運ばれてゆく」。大国主の命を高い楼閣をしつらえて祭る提案がなされた時、高所において海の精を採集する期待がかけられていたのではなかろうか。

そのようなマイナスイオンが人間の体の全ての細胞を再生させて活力を回復させる。もしもそのような働きが渚の上空で自然治癒力を与えて精神を奮い立たせられるならば、救済と繁栄の方途を求めて海岸の高所において神事が行われても奇異なことではない。それが巨木の楼閣に拘り続けてきた文化の意図であったのではなかろうか。そこに霊格の鎮めを引き受けて運命転換の祭りが執り行われなければならない。その力を摂取した神主によってその効能にふさわしい鎮魂の祭礼も行われたであろう。

しかし自然の精気を神職が己れ一身に共鳴させ、さらにその精気を別の魂に及ぼすためには、難しく厳しい修練があったであろう。その作業に神職を世襲して特別な資質を作り上げる出雲神話における神官の厳しい役割が生じたであろう。大国主の命に見られる海岸にあって高層の建築に財力を傾けて構築し続けてきた歴史は海の高層建造物と同質の浄化作用がある。巨木文化を継承して海岸の高層の建造物により海のエネルギーを採集して巨大な支配者の資質を支え、その最期を祭ったのであろう。領域の意志を背負った巨大な憤懣を巨大な浄化力によって祭らなければならなかったのであろう。三内丸山の巨木遺跡を見てみよう(「縄文の扉」縄文まほろば実行委員会、一九九六年、三〇頁)。岡田氏によると直径一メートルのクリの巨木を使った六本の巨木が四五〇〇~四〇〇〇年前の縄文時代の中期後半のこの集落が最も繁栄した時代に作られている。総重量三〇トン以上の上部構造のある多層の建物の可能性が極めて高いと言われる。それが集落の北西端の海に面した台地の縁近くに立てられ、何回も立て替えられたが一時期に一棟しか建っていない可能性が高いという。まつりごとの拠点としてであるならば大国主の命の「ひぎたかし」る建造物と状況も機能も形態も一致するのではなかろうか。

例えば磯という言葉の中には自然の「水底《みなそこ》とよみ、立つ波の」生命力をさやけく感得させる雰気があり（万一二〇一）、それによって「またも逢ひ見む」とする願いを引き受ける呪法に連なり（万三六一九）、結果的に「霊しき」効能をもつ場所としての機能を与えられたのである（万三八八）。磯という言葉の意味の構成から見てみると、万葉人は大自然の活性力を自覚してその自意識によって神の存在をその効能の中に導き入れていたと言えよう。高層における祭礼を営み続けたのは怨霊に対する浄化力を採集するためでもあったであろう。

濱についてみてもそのさやかな自然を讃えている。

「大海の、磯もとゆすり、立つ波の、寄らむと思へる、浜の清けく」（万一二三九）

抗し難い海の自然の力を前にした魅力を、浜の清さとして表現している。さらにその濱風に翻る紐の動きから望郷の思いを促されて

「淡路の、野島が崎の、濱風に、妹が結びし、紐吹きかへす」（万二五一）

海風に袖振りの祈願が加わって別離の悲哀を鎮めている。

神が成り立つためにはそれに先立つ呪法があり、その呪法が成り立つためには自然の活性力を自

覚する万葉人の感性が水のたぎる所に閃いていなければその連鎖はならなかったのであろう。
海には轟く生命感が期待され、河ではたぎる活性力が求められている。万葉の「たぎつたぎ」は沸きかえる水の躍動を示した言葉であり、瀧として威力が増幅されている。万葉の「たぎ」五四例はその機能から見ると、次のような目的別の類型をなしていた。その第一は活性を祈願するものであり一八例、三三・三パーセント（万三二四、九六〇、九九一、一一〇四、一一〇七、一一二七、一一六八五、一一七一四、一一七二二、一一七三七、一一七四九、一一八六八、一一八七八、二一六四、三六一九、四〇〇三、四〇〇五）、例えば
「としのはに、かくも見てしか、み吉野の、清き河内の、激つ白波」（万九〇八）
たぎつ激流を命を活性化する働きとして讃えている。
次に情念祈願一八例、三三・三パーセント（万二四一、三一三、三八八、九一二、九一四、一三八三、一七一三、一七五一、二三〇八、二四三二、二七一七、二七一八、二八四〇、三〇一五、三〇一六、三三三一、三三三三、三六一七）。例えば
「瀧の上の、三船の山に、居る雲の、常にあらむと、我が思はなくに」（万二四二）
留まることなく躍動する心を瀧になぞらえることによって、相手への思いを歌い出している。
繁栄祈願一三例、二四・一パーセント（万三六、三八、三九、一八四、九〇七、九〇九、九一〇、九二〇、九二一、九二二、一〇三五、一〇五三、一七三六）、
「・・・この山の、いや高知らす、水激つ、瀧の都は、見れど飽かぬかも」（万三六）

瀧を通した宮廷讃歌になっている。

その他五例、九・三パーセント、妻問い（万二〇八一、四一五六）、安全祈願（万一七四七、三三四〇）、回春祈願（万一〇三四）であり、その浄化する水泡のイオン化現象は生命感を求めるものになっている。

万葉では神という語の使用例二三七例を扱う場合神が顕現する場所が示されている。一二八例のうち海辺が五九例四六パーセントにおよび、海に神聖を感得する傾向があり、次に山が四一例で三二パーセントを占め、第三位の川が二八例、二一パーセントになっている。いずれもイオンの働きが人を活性化させる水に祈願する場所であった。居住にふさわしい平野では神性を明確にした歌はない。海が人を高め浄める条件を相関的に捉えながら、場所の持っているイオンの働く超音波が万葉人に好まれて、それを捉える感性を吟味させていたのであろう。

神が出現する場所のうち半ば人工的にしつらえられた「庭」があるのでそれを万葉について見てみよう。

その庭の中で降る雪（七例）、草木（六例）、月（三例）、その他一例ずつ鳥、玉、風、雨、露が同伴している。又庭として海を見るものは四例ありくすしく清く好きだと歌う、それを機能の点からみると活性祈願一二例、四一・四パーセント（万二五六八、三八八八、五七八八、一五五二、一八三四、二一六〇、二三二八、三六〇九、三八八六、八九〇五、四一四〇、四四五三）、妻問祈願八例、二七・六パーセント（万一九六八、二三三三三、二七四六、二八二四、三〇四四、三四五四、三五三五、三九六〇）、情念活性七例、二四・一パーセント（万五二二、一〇七四、一四一三、一六二九、一六六三、三九五七、四四五二）になっている。安全祈願の例としては

「庭中の、あすはの神に、木柴さし、吾れは斎はむ、帰り来までに」（万四三五〇）

庭に斎場を設けて配偶者の無事の帰還を念じている。さらに宮廷祈願一例（万四〇五九）となっている。それに対して庭にたたづむ、庭たづみは無常を詠嘆するものになっている（万一七八、一三七〇、三七九一、四一六〇、四二一四）。庭の働きには神域を囲んで人間の精神に活性作用を働きかけたが、逆に庭にたたずみ思う時にはやるせない挫折感を漂わせている。

「けひの海の、庭好くあらし、刈薦の、乱れて出づ見ゆ、海人の釣船」（万二五六）

庭の機能は自然を自分の家の前面に取り込んで、本来ならば大自然の中に入って行って採集して来る精気を、居ながらにして吾がものにしようとしている。海を庭とする例はその他に三例（万三八八、二七四六、三六〇九）ある。

「海若《わたつみ》は、霊しきものか・・・いざ児等、あへて漕ぎ出む、にはも静けし」（万三八八）

海の神は霊妙である、今は静かな海のにはに漕ぎ出そうという。海がこの場合の庭であり神を受け入れて祭る場であった。

「には清み、沖へ漕ぎ出る、海人舟の、舵取る間無き、恋もするかも」（万二七四六）

神を受けて祭る海が心を溢れさせるので、相手を思う気持ちの高まりを抑えきれないでいる。

「武庫の海の、にはよくあらし、漁りする、海人の釣り船、波の上ゆ見ゆ」（万三六〇九）

神を祭る場を持つ海に「むこ」という固有名詞がつき、釣り舟が心豊かな風情を呈している。神を迎える場所は海が一番多くその場処を「には」と言い、精気を浴びる空間として海の斎場になったのであろう。

万葉の神の自然的背景には動物の鳴き声、季節ごとに降りしきる雨、雪、風、月光があった。とくに海のミクロの作用を凝集する場を庭とするとき高層の建造物が高度の霊気を吸収する効果をもたらしたのであろう。日本書紀の一書曰にその高層において大国主の命が遊ぶ設備を作っておこうという記録がある。

「その宮を作るの制は、柱は高く太し。板は広く厚くせむ・・・汝が往来ひて海に遊ぶ具の為には高橋・浮橋・及び天鳥船、亦供造りまつらむ」（岩波版「日本書紀〈上〉」一五〇頁一一行）記では「底津石根に宮柱ふとしり高天の原に氷木たかしりて」（記四五ウ六）とありそれに対応してやや詳しく記述されたものである。

さてその条件を満たされて大国主の命が「隠りましき」（記四六オ二）とあり、脅威となる死者の魂の鎮めを海の浄化力に委ねたのではなかろうか。

同時に古事記の庭も神の機能を伝える場であった。

七例中で神の名前を伴うものは四例に及んでいる。

「大神弓腹振り立てて堅庭は踏みなづみ」（記上一五ウ三）、

「大神もちいつくの祝が大にはか」（記上三三オ九）、

「沙庭にいて大妃神がかりして」（記上五〇オ六）、
「沙庭に神の命を請ひまつりき」（記上五一オ二）。

それぞれの機能は威嚇、拝礼、神言伝授（二例）となっている。

大国主の命をその面でみれば記述の如く次の通りである。

垂仁天皇の時その神官が神殿を「天皇の御舎の如く修理たまはば・・・御子・・・出雲の大神をおろがみ」（記中三三オ二）「青葉の山なせるは山と見えて山にあらず、けだし出雲のイワクマノソノ宮に坐す葦原色許男大神もちいつくの祝が大にはかと問たまひき」（記中三三オ七）「大神を拝みたまへるによりて御子物《ノ》詔りたまへる」（記中三三ウ七）ことになったという。

このにはは大国主の命を祭る高層の祭壇であり、その管理をおろそかにしたので天皇の規模にふさわしい修理をするように勧められ、祭を行ってその怨霊のたたりを解いたところ、皇子が言葉を発することができたという。祭をおろそかにして大国主の命の怒りを招いたので庭を清めて斎場をしつらえている。大国主の命そのものが庭に囲まれて霊性を発揮している。万葉人は海に霊威を感じてそこに庭という名称を与え、庭の機能を潮騒と共鳴させてその恵みを得たのであろう。庭をしつらえることによって海の力を迎えて霊を鎮める神官の祭事が成り立っている。庭としての海の働きに記紀万葉の世界はとくに大国主の命の神話は大きく依存していたように見える。治癒力は山のような高層で捉えた海のエネルギーによるものであった。その受け止め方が問われたのであろう。なお古事記には庭の神の痕跡を伝える神名が記録されている。

「大年の神の子庭高津日の神」「大年の神の子庭津日の神」（記上三八ウ一）二神とも共にその意味は庭における海の霊の力ヒを発散する神のことになっている。

ところでハイデッガーの神は「絶対的な知」としての神なので、学問の目標はその「神にいたる精神の旅行記」でなければならなくなっている（「ハイデッガー全集第五巻『杣徑』」一六五頁）。

ところが古事記の神はたとえ分子的であっても大自然を背景とするエネルギーから働きかけてくるので、その荒れているから鎮める救済の機能にもなるのであった。そのために脅威のエネルギーを枠付けして勧請し、人間の操作を受け入れる相互作用を成り立たせている。それを受け入れて自然の脅威に対処するために一定の斎場「庭」を限定して特化し結界によってその効用を凝縮する神事を執り行ったのであろう。

しかしハイデッガーの場合は、「真理の光」を発すれば救済者となる（ハイデッガー前掲書「全集」一六四頁）という理想主義的な処理がなされる。もしそれを現実にするには、ヘーゲルの言葉を借りて「自然的なものは実在的なものではなく、実在的なものは自然的なものではない」という弁証法に依らなければならなくなるであろう。それによって「自然的な意識とはそのつど未だ真ならざる意識である」という逆の神話が作られ（ハイデッガー前掲書「全集」一六九、一八四頁）、文明の救済には救済のエネルギーは不必要だということになるのであろう。特に大国主の命の巨大な高層建築は、黒潮がもたらすミクロのエネルギーを俗界から隔離された高空で凝縮された形で受け止めるようにして設営されたものであった。

第二節　出雲における祭礼・神火―祭式d・e・f

d―供養

いかなる神事も神官の清めに関わることであった。汚れた心が及ぼす破壊的脅威を恐れたのであろう。神官の斎戒によって海の活性の効能を信者に仲立ちすることが必要であった。例えば「一般的な（神職の）心得は・・・斎戒を厳重にすることが第一で・・・潔斎をおろそかにするとおとがめを戴く」という（小野祖教「神道の秘儀〈上〉」平河出版社、昭和五七年、一二〇頁）。小野氏は千家尊宣氏との対談において出雲の国造の斎戒についてその内容を次のように言われる。「昔は千家家では国造は家の内部で常時潔斎していなければならず、明治の初年までは斎火殿に入って三度三度他のものとは別に食事をしていました・・・いつも直衣を着ていました・・・御神幸の行事は・・・八月一一日の夜から斎宿所に入り、一二日から別火に入るがその前に稲佐濱で海中に入って禊をして・・・塩掻島に行って西の方を拝みます・・・一四日は夜、塩を焼き一五日に爪剥祭というのがあって御神幸を行います」

その中の浄火について見てみよう。

万葉の火の例は二七例あり、叙情的な念いを火に篭めている。火の効用はその万葉の用法でみる限り活性祈願を受けるものが五例、一九パーセント（万三二五、一一九四、三四二三、二六四八、三八九九）になっている。例えば

「海原の、沖辺にともし、漁る火は、明かしてともせ、大和島見む」（万三六四八）

と言って火が懐かしさをかき立てている。

情念活性の例は一八例、六七パーセント（万三五四、三二六、五〇六、一八〇七、一八〇九、二六四二、二六四九、一六五一、二七四四、三一六九、三一七〇、三六六九、三七二四、四〇一一、四〇五四、四〇八六、四〇八七、四二一八）

「灯火の、明石大門に、入らむ日や、漕ぎ別れなむ、家のあたり見ず」（万二五四）

というのは家族に対する再会の思いを火を通して願うものになっている。その他は鎮魂祈願四例（万一六〇、二三〇、二三〇、二三〇）、宮廷讃歌一例（万一九九）である。

それに対して古事記の火の例は一三例あり、即物的な叙事詩言語の働きを示している。火によって殺害の意志を表すもの四例（上二七オ八、二八オ三、二九オ二、中四一オ六）、焼き尽くして征服の意図を表すもの二例（上四六オ九、中四一オ一）、焼却によって証明する意図するもの二例（上九ウ二、中五〇オ七）、その他生誕、奪取、燃料、炎上の機能を表すものがそれぞれ一例ずつある。

古事記では火から発生する神を見ている。それによって万葉の火が心身を活性化する作用に関わることになったのかもしれない（一三例、八五パーセント）。古事記で火が焼き滅ぼすという機能を万葉では蘇生を祈願する循環の輪の中で考えている。火の破壊作用と鎮静機能とを神は対極的なバランスによって図っていたように見える。

「国造の新任には、神火相続の神事が行われてきました。父国造が死ぬと喪に服さずに熊野神社に行き国造の職を継ぎました」（小野前掲書「神道の秘儀『出雲国造の斎戒（千家尊宣）』」下巻四七〜五二頁）。神火相続の神事と言うのは次のようなものである。

「国造の職を継承するには火継とよぶ厳重な儀式がおこなわれる・・・火燧臼・火燧杵をもって神火を燧り出しその火で調理した斎食を新国造が食べることによって、始めて出雲国造となるのである・・・出雲国造の火嗣ぎは（大国主の命の国譲りである）天津日嗣ぎの日嗣ぎ（記上四五ウ五）と関係があり・・・神火の火継ぎ式とはじつは霊《ヒ》継ぎ式ということにほかならない」という解釈も成り立つのであろう（千家尊統「出雲大社」学生社、昭和四三年、二〇二〜二〇七頁）。ともかく清めの重要な部分に火が位置していたのである。それらの根拠としては古事記に次のような記録が見られる。古事記では「ヒ」（干）をラ行で活用させ、日本書紀では涸（ヒ）をラ行活用形にしている。それによって霊力の有無をはっきりさせている。だから「ヒ」がキーワードとなるであろう。

概略を言えば「大国主の命がおっしゃるには葦原の中つ国は喜んで差し上げましょう。ついては私の住む所として御膳を造る厨房の煙が立ち昇る立派な御殿を造って私を祭ってもらいたい。そこでその通りにして饗応申し上げた。まず海のそこの泥土をもって器を作り、海藻の茎を採ってきて火を切る臼を作り、杵を造って火をきり出し、この火をもって料理した上真魚の饗膳を差し上げましょう」（記上四六オ九）。というのであるならば大国主を祭る料理の火を清めることが供養を受けつけてもらえる条件であったと言えよう。国譲りの調停交渉がその当事者の奉仕によって補完され、それが永世にわたり確保されたのである。その相互の平安と発展の基礎は丁重な祭の火を通して築かれるという考え方が今に維持されてきたのであろう。

あるいは火が煩悩を焼き尽くして魔性の働きを清めるということでもあったからであろう。その作用は神の名を得て神事の中枢に据えられたに違いない。火が多くのイオンを発生するものであることを最近の科学が証明している。

「炎の中にはプラスの電荷をもつイオンが多く存在している」（疋田強「火の科学」培風館、一九九二年、六三頁参照）。それは炎から発電を行って採算に合う程度のものである。そのプラスのイオンが充分に強いときには回りの空気をマイナスイオンに変えて影響を与えるということである。

「水戸《みなと》神の孫、櫛八玉の神、膳夫《かしわで》となりて天の御饗《みはへ》を献りし・・・」

水戸の神が河口を司る神とすれば、みそぎの場でもあり供養の調理の清めを期待することになったであろう。櫛も古事記では死霊の仲立ちをなし鎮魂と徐災の働きをしている。「櫛の歯を投げつけイザナミから逃げ」（記一〇オ三）、「大倭建の命は妃の櫛を拾い墓に収め」（中四二オ四）、櫛は玉と共に死霊の鎮静をはかり現世の安全をはかる呪物であった。それが鵜となって「海の底に入り底のはにを咋《く》ひ出で」（記四六オ六）海の効用を玉としてもたらすという万葉の習俗を古事記は大国主の命の鎮魂に適用している。「紫のこがたの海に潜く鳥、珠潜き出でば我が玉にせむ」（万三八七〇）、鵜は鎮魂の祈願も受けている「・・・鵜飼い伴なへ・・・妹の形見がてらと・・・」（万四一五六）鵜のように海の効用を採取してきて霊の慰めとする食事を差し上げて欲しいという。

そのような意味が櫛八玉の水中の作業に含まれていたのであろう。

海の波の波長に同調させて人の活性力とする習俗には貝の模様《もよう》に対する効用を受け止めてもいたであろう。

e｜祈念

神官が物忌みをする斎戒は海に関連のある神事になっていたと言えよう。祢宜《ねぎ》が世間の汚れを海によって清めて、別火の食事の火と塩を海から採り、それによって国造が生きながら神になり代わって祭をしなければならないという。ここでも海の塩の防疫力や浄化力、ひいては除災力が吟味され使用されていたように見える。なお古来の海の神事の厳しい例を見てみると例えば出雲の大国主の命の社と密接な関係を持っているところの
「住吉神社の和布刈《メカリ》神事も非常に厳粛で住吉では・・・忌宮神社でも・・・同じ様な神事があった・・・御輿のまま禊をさせ・・・その時真潮と真砂をとってきて神前に捧げ祈念を行う」という（小野前掲書「神道の秘儀〈下〉」一一三頁）。
また大国主の命を祭る「能登の気多神社に入らずの森がある。一年に一回しか神職でも入らないことになっています。石積みで囲んである中に祠が二つあって昼ながらなお暗い森になっています。」（小野前掲書「神道の秘儀〈下〉」三二八頁）と言われる。
「天の八十毘良迦《やそびらか》を作りて海布《め》の柄《から》を鎌《か》りて燧臼《きりうす》に作り海蓴《こも》の柄をもちて燧杵《ひきりぎね》に作りて火を鑽《き》り出

でて」（記四六オ七）いる。

これは現行のきりもみ式発火法を述べているものである。浄火を得るのに海に清められた素材を使って摩擦熱による調理の火を指定している。へこんだ板の部分を臼にたとえ、きりで摩擦する方をきねにたとえて描写している。現在の大社の清めの儀式は同様の方式を厳重に極めて守ってきたように見える。それを怠ることは「おとがめを受ける」と言われ、「潔斎を十分しないといろいろな変事に出合います。病気になる。奉仕できなくなってしまう。祭が終ると直る」（小野前掲書「神道の秘儀『厳重な加茂の潔斎（井出岩多）』」上巻一二〇頁、下巻四三頁）。天のヤソヒラカは神を祭る平らな土器であったと西郷氏が述べている（西郷前掲書「古事記註釈」第二巻二二三頁）。海底の土で作った神に供える土器が「ひら」の名を持つのであるならば万葉の鎮魂に関わる呪法・ひりに関わる派生方式としても考えられるであろう。

「昔は千家家では国造は家の内部で常時潔斎していなければなりませんでした。明治の初年までは斎火殿（お火所と普通にいう）に入って三度三度、他のものとは別に食事をしていました。特別に作った塩を用い・・・水神さんという井戸があり別火用の水で、炊事潔斎ともこれを使います」「一番神秘なのは古伝新嘗祭でしょう。大国主の命になり代わって大国主の命を祭っておいでになった神々を祭ることだと思われます。即ち、国造が、生きながら神になり代わって祭をする古儀を残したものだと思います・・・天穂火命は大国主の命の祭主となったときに預かった神火により斎食して奉仕することが国造の継職に不可欠の条件となっていて、国造の新任には、神火相続の神事が行われてきました。父国造が死ぬと喪に服さずに熊野神社に行き国造の職を継ぎました」（小野前掲書「神道の秘儀『出雲国造の斎戒（千家尊宣）』」下巻四七～五二頁）。その火は供物を捧げ祈念を通ずる仲立ちをなし、祭を執り行うものを清めることによって、御魂を鎮めるための清めの火となる。その地獄にさえ届くであろう慈悲の光によって、迷いに悟りを与える火の役割を守り続けてきたのであろう。その時魂の霊位が高まることによって供養が今生に戻ってくる。いまを生きる人々の災厄を払う清めの火への祈念が成り立ったのであろう。

f｜讃歌

クシヤタマの神は御膳を司るかしわでとなり、大国主の命の神前に御あえを差し上げて云う。

「この我が鑽《き》れる火は、高天原にはカミムスヒノミオヤノ命の、とだる天の新巣のすすの、八挙垂るまで焼き挙げ、地の下は、底津石根に焼き凝らして、たく縄の、千尋縄打ち延へ、釣りする海女の、口大の尾はたすずき、さわさわに控き依せ騰げて、打ち竹の、とををとををに天の真魚咋ひ、献る」（記四六オ九）

「高天原」は新しい権力者に匹敵する美称であろう。「トダル」も満ち足りた食事の美称であろう。「新巣」も大国主の命を迎える新居の美称であろう。「八挙垂るまで焼き挙げ」「底津石根に焼き」も火を盛んに焚き挙げて饗宴を準備するという祝言であろう。「千尋縄打ち延へ」もその広がりの大きさからみた祝言になるであろう。「海女」も万葉の習俗から云えば憧れの活力を体現した人達であった。その雰囲気の中で見事な魚が「さわに」大漁に網にかかったというのを引き上げて「打竹のとををとををに天の真魚咋献る」竹がしなるように献上するというのも褒め言葉であろう。この文章全体が大国主の命に対する讃歌になっていたのである。

万葉における神への讃歌の形式がここでは手順について一致していたし、最高級の言葉で讃える内容は実態によって裏付けられていた。大国主の命の神霊は従来の神霊を鎮魂する祭式を延長する形で鎮められたが、生前は敵の首長であったという点において全く新しい神の成立を意味するものであったであろう。死を迫られて神となり神として慰められることになった。その巨大な空白を埋める作業は朝廷の財を傾けてもまだ不足するほどのものであった。手順に遺漏を許さず、惜しみなく財を注ぎ、国造家が礼節の限りをつくした上で、さらに新しい祭式が加えられてゆくことになる。祭の異変は霊のたたりとして恐れられ、できるなら現世に生きるものによしみを与えてはくれないだろうかと祈りを捧げる。少なくとも朝廷の功労者大倭建の命の及べない最大の讃辞をその敵方の首長に捧げる。その祭の規模も内容も大国主の命の足元にも及ばなかったのである。

ここで大国主の命に対する儀礼は完結する。敵性の首長に対する朝廷を上回る祭礼であった。しかしながら朝廷の本来の意志をそこに付け加えない訳にはゆかない。しかし古事記の中にそれを挿入しえない。折角鎮まった魂に対してくびすを返すように今度は自分達の繁栄をお願いできなかったからであろう。その分厳しい祭式が祝詞という実践神話の形で求められたのであろう。

「タケミカヅチノ神、返り参上りて、葦原の中つ国を言向け和平しつる状を、復奏したまひき」（記四六ウ七）「コトムケヤハス」は征服事業が完成したことであり、大国主の命に讃美の限りを尽くすことによって決着がついたということを天照大神に報告して大国主の命の神話は終っている。しかし大国主の命の祭は朝廷の繁栄の祭に受け継がれるものでなければならない。万葉の神事はここで終るとしても大国主の命以降の祭式は不文律的な祭式を専門職を通して継続してゆかなければならなかったであろう。崇拝、瞑想、みそぎ、はらえ、歌舞、舞踊、等を記紀万葉から探り出すことは難しいし、大国主の命の神話の枠を外れることにもなろう。しかし素描なりともそれを付け加えて後世の神道へのつなぎとしなければならない。

出雲信仰の場合は朝廷の繁栄を寿ぐ義務を誓うために、神賀詞《カムヨゴト》が奏上されたのである。それは天皇の長寿と国家の統一を大国主の命を鎮める神職の祈祷力によって祈願するものであった。敵性国家の首長の鎮魂儀礼を鎮魂のまま終らせることが礼儀であっても、それが全国の鎮めの基に据えるのでなければ本来の目的を達成できない。そこでその祝詞の奏上は大国主の命を祭る以上の汚れを払う必要に迫られたであろう。

天皇家に到着するまで祭主はその清めのエネルギーを持続させなければならない。「神賀詞奏上に際し・・・国造が京上するに・・・仁多郡三沢郷という遠い山間地でミソギをしなければならなかった・・・異界に出る新国造も聖なる堺を越える故にこそ国堺近くの地でミソギを執行する・・・又出雲の国の伊賦夜坂とある・・・今の伊布夜社があり・・・イザナミ命、大穴持神等を祭る・・・」という（千家前掲書「古代出雲大社の復元」五二頁）。続けてヨモツヒラ坂についても「ヨミを払うヨミガエリの堺となり」再生の気力を振り興す。さらに続けて「風土記の神戸条の出湯（今の玉造温泉）でミソギして黄泉平良坂あたりを通りそのまま山陰道ルートで京上する」と考えれば、神主の神聖さを維持する並々ならない努力があったのであろう。

「長田神社の例祭は一〇月一八日で一九日が御神幸で乗馬で八里を・・・須磨の海岸でしっかり禊をします。生命がけの奉仕をするので大変な潔斎をします」（小野前掲書「神道の秘儀〈下〉」一八八頁）という。生身の体に大自然の救済力を同調させることによって神意を伝達するための清めをしている。このように海における禊は神職の基本的な修行に位置づけられるものであった。

「みそぎの場所は本来的には海濱であったと思っている・・・」と山蔭氏がいわれている（山蔭基央「日本神道の秘義」マネジメント社、昭和五九年、二一一頁）。

全国で大国主の命を奉斎する社が七百社前後に及ぶが近畿以西では二八四社（三九パーセント）、中部地方は二三八社（三三パーセント）、関東以北では二〇七社（二八パーセント）になっている。また国の一宮で大国主の命を祀る神社は一二社であり全国六八国の一八パーセントに及ぶ。その分布は近畿以西が六社、五〇パーセント、中部地方は三社、二五パーセント、関東以北は三社、二五パーセントとなっている（山蔭前掲書「日本神道の秘義」二九六頁）。

すなわち大国主の命の信仰は単に出雲地方に限られていたのではなかった。各地の生活に根ざした権威の対象として古代王権との調整作業に厳しい緊張が強いられていた。とすれば大国主の命の宗教は国が一回り大きくなって大国となった段階において従来の在地信仰を総合する作業の上に成立した名称であったものかもしれない。大国主の命の人格は偉大であったと記録されている。国主を大きくした分だけの大国の主の人格は大きいものが期待されたであろう。同時にその魂を祭る大きな作業も課せられたのであろう。

大国主の命の別称がいろいろある中で八千矛命の場合にはまだ領域の確定を前にした軍事的緊張感が漲っていた。さらに葦原醜男の場合は辺境の武人としての闘争の雰囲気があった。それらは時代的推移を表す場合もあろうし、地域的発達段階の相違を表す場合もあったであろう。ところが出雲の大穴牟遅命は風土記では「鍬をとらして天の下造らしし」という形容言を持ち、人望は卓越するものがあり領域への責任者として大らかであった。いずれにしても日本が次第に少数の巨大な権力に統合を進めてゆく中にあって地方の中小政権はそれらの権力に応じた自己主張を試みたに違いない。覇権を目指す新しい支配者に対して従来の大国主の命達はそれぞれの国ごとに信仰を核とした結合を誓っていたであろう。中央の神の物語が完全にすっきりした統一を一挙に実現することはできなかったであろう。特にこの出雲の神話は「律令的ではない」おおらかな独自性をその風土記や古事記に記録している。それぞれの地域の再生はそれぞれの地域の政治や宗教などの器量に応じて図られたのであろう（西郷信綱「古事記研究」未来社、昭和四八年、一〇九頁）。大国主の命に至って人格・霊格共に朝廷を圧倒する勢力を築き上げていたのであった。

第三節　みそぎをする・神官 ―祭式ⅰ・ｊ―

ⅰ―瞑想

a　みそぎは神道の基本をなす手法であり、神霊と通じ合う秘法である。その場をどこに設定するかということが信仰を左右しひいては神社の位置まで決定することになる。特に海に川が出るところや瀧が落ちかかるところ、波が岸を洗う渚等にその場所が選ばれている。そこでは破裂した空気がプラスイオンを帯びて回りの空気をマイナスイオンに変化させる。そのマイナスイオンが副交感神経を刺激して気分を爽快にし、血圧を下げ、疲労を取り除き、食欲を増進させる。それは力が発生する場所でもあった。神々の発生の場所について記紀万葉の記録は人間の原点となるものの何であるかを示していたと言えるのではなかろうか。

b　息吹の狭霧に成りませる女神オキナガタラシヒメの命がいる。瞑想の呼吸法では自然のエネルギーを採集する神であるが古事記にはそれに関連する記載はない（その女神の記録は次の通りである。b二〇ウ二（母カヅラキノタカヌカヒメノ命）、四九ウ六（ホムヤワキノ命生む）、五〇オ三（当時神よりたまへりき）、五二ウ八（御子を喪の船に乗せまつり）、五三ウ二（タケフルクマノ命たばかりて既に崩りましぬと）、五四ウ七（待酒を醸み）、六七ウ八（御祖カヅラキノタカヌカヒメノ命）。新しい祭式をまとめきれず記紀万葉は神官の主題をずらしあるいは無視している。

行法のはらえ詞、鳥船、雄健び、息吹、振り魂等は神話とある程度は対応関係をもつものになっ

ていよう。現代の瞑想の理論にも耐えられる内容だとも云える。小野氏は祭りの作法と心得についいて

「毎朝早朝、息の禊祓を行じ・・・序破急の息を整え・・・息を祓うことによって自我なきところで自我を極め神人合一の境に達し静かに息を吐く」と言われる（小野前掲書「神道の秘儀〈下〉」二六三頁）。あるいは山蔭氏は鎮魂と長息の作法について

「神道の聖典は息長と記している・・・長息の事である。自然に下腹に力が入るのはよろしい。古来その状態で輝く太陽を瞑想した。〝鎮魂〟を行うには〝調息の法〟を会得しなければならない」とも言われる。

また行法としての呼吸法は神道の重要かつ基本的な行法であり「息長《オキナガ》とか息吹《イブキ》というのは簡単にいえば神道式呼吸法とでもいうもので・・・神祇の祭祀を司り、諸国の神社を統括した神祇官の長官・神祇伯においては、息吹永世《イブキナガヨ》の伝として伝えられていた」という（「神道の本」学習研究社、平成四年、一二六頁）。記紀万葉にはそれらは見られない。自分の心が澄んでいて平静である時は何事もうまく進んでゆくものであり、神経系統の働きを活発にすることが必要であるという修行の一つであった。それはストレスを取り除く働きを持ち、心の持ち方による未来を切り開く力に転じている。そこに人を活かして幸運を授けるという神の働きが成り立ったのであろう。

瞑想や座禅は自然に心が澄んでおおらかな落ち着いた気持ちの持続する状態であり、それによって神の臨在に対応する人間の構えとなっていたものである。座禅を科学的に究明すれば

「座禅における三昧は注意集中の外的対象がまったくないこと、心の内心に注意が集中すること、そして集中しようとする意識的努力が働いていないことこれら三点で、読書三昧、そのほか我を忘れて没頭する外的対象への関心などと異なる」（平井富雄「座禅の科学」講談社、昭和五七年、六八頁）という。意識の特殊性への自覚が始められていたのである。その科学的意味について続けて「いまアルファー波が座禅の最中にはよく出てくるということがわかり、しかもその波が振幅が大きくなって、さらに、アルファー波自体の周期がおそくなるということがわかってきた」（平井前掲書「座禅の科学」一〇四頁）。結局

「安静に近い波形が出ているということ、つまり矛盾するようでありますが、安静波形が出ていて、そして、しかもなお、外から刺激が入るとそれに対して即座に反応できるような、そういう活動波型に変わって、それに慣れが起こらないということになります」（平井前掲書「座禅の科学」一六九頁）。特に呼吸に注意を集め非常にゆっくりした呼吸を行うことによって精神的な力を外界から取り入れる。それは己の救済になる力であると同時に他の人を救う力として自律性を深く養う基になるのである。

c　他の一つは万葉に見られなかったまがつ神とも言われるマイナスの作用をなす神があり、とくに斎戒のその不浄を避ける行法が重要視されている。

瀧においてで見られる神が「神の如聞こゆる瀧の白波」（万三〇一五）と言って万葉に記録されているが、それもイオンの働きによってアルファー波化された脳波が人に瞑想状態を準備するもの

である。創意を刺激し精神を浄化して思いを高め合う働きを促している。というのも空気中で水滴が急に分裂する場合、分裂した空気のプラスイオンが周辺の空気をマイナスイオンに置換することによってそれが人間の精神の状態を安定にする働きがあるからであろう。副交感神経を刺激して穏やかで思いやりのあるとらわれない状態になる。だからストレスを解いて自我を取り戻し、アルファー波を増強して目先の利己から自由になるという（石川中「瞑想の科学」講談社、昭和五六年、二六頁）。それを自己と自然の共同作業として実演しようとする試みが記紀万葉においてなされていたのである。

ところが宣長の考え方にはずれが生じて、新しい概念規定が始められている。

又少数であるが鳥や木から生まれる神が記録されていて先に述べられた羽や葉のもっている呪能が神の名になるという関連性があった（鳥についてはアメノトリフネノ神、トリナルミノ神、トリノイハクスフネノ神、ヌノシトミトリナルミノ神、トリミミノ神、木についてはククノチノ神、キノ神、キノマタノ神が関連する）。

それらの神々の成り立ちは現代の神道との関連で考えられる。

宣長は古代の神の姿を徳に満ちたものとして捉えたのである。

「鳥獣草木の類ひ、海山など、その余か何にまれ、尋常ならずすぐれたる徳のありて、可畏こきものをカミとは言ふなり」（「本居宣長全集『古事記伝三之巻』」第九巻一二五頁）と説いている。

この徳に宣長は人徳の意味を含めたかったのであろう。徳にコトという読みを当てて現世的効能を説いている。即ち願望を達成させる呪能の意味を彼は人の賢さと等価のものにしてしまう。それによって人為の中の自然の働きが人工化されてしまう。むしろ自然の力の中に善悪を越えて又徳や賢の意味も越えた生命感を想定すべきであったのではなかろうか。

例えば瀬について万葉では精気を復活させる水の力があって（万一〇三四）、恋心を瀬に於て叶えさせたからこそ（万二一六五）、宮廷の繁栄を寿ぐ歌が成り立ったという筋書きが読めるであろう（万一〇五二）。「復《お》つとふ」水に「妻呼ぶ」期待を満たす力が「百代まで」生命力を保証していたのである。その時霊威としての神の声を人は瀬において聞いている。

同様に「山高く川の瀬」（万一〇五二）が清かったから「神しみ行かむ」神の意志に「大宮所」の繁栄を祈念するという歌の筋道が辿れたのであろう。万葉の民俗が澄んだ感覚で人事や権力について繰り返し自然の呪能を摂取して神の顕現をみている。「たぎる」瀬で霊威を受け止めた神が妻問いと国運に効能のある活力を与える。海や山に宿る精気が家族や王家の運気を増す作用があった。それを実感させる万葉の民俗があって準備された信仰なのであろう。神は山や海において飛ぶ鳥の羽ばたきや瀧やしぶきを人が受容する構えをしているところに成り立っていたのである。

先ほど見た神の発生地は水の流れや山の中が五二パーセントを占めていて、万葉の生の活性を促す例が目的意識の内の五六パーセントに及んでいる。すなわち自然の地形がとくに神意を受け入れる場として考えられたのは、神の機能が人の生の活力を促すものであったからであろう。そこでその時自然のエネルギーを受け止める対応が瞑想によって準備され、禊に引き継がれたのであろう。

大国主の命の巨大な生前の力が死後の巨大な力に継続するとき、神主はみそぎに清められた身によって魂鎮めに臨んだのであろう。自然の持つ浄化力は特に海辺の高層において取り入れられるものであった。

「脳機能に関する量子力学的見方は、観測不可能な心理的諸要因が如何に深遠な影響力をもちうるかを目の当りに示してくれる・・・現代の生物物理学が身体が不安定に変動しつづける電磁場であることを明らかにすると・・・意識の微細な諸特性が、身体的プロセスに深遠な影響を与えることを示すことのできる、心身相互作用のモデルが出現してきた」（ペレティエ前掲書「意識の科学」一七五頁）。そこではペレティエの言うように人の活性を根源において左右する神をどのように迎えるかという人の姿勢に厳しいあり方が問われたのである。それに必要な瞑想の痕跡を古典は残しているが、神秘な自然の働きを引き出すものは人の心のありように関わっていたのである。活かしもし殺しもしたのは相互に投合しあう意気の働きによるであろう。日本の神がその真価を発揮するのも神を受け入れる人の姿勢に基づくものであった。

大国主の命の鎮魂はそのまま朝廷の無事に反映する。現世的には抹殺した首長を来世的には最大の処遇でもってもてなさなければならない。古事記は死線を越えたものへの極度の畏敬の念によって現世に及ぶ思いを和らげようとする時、次元の異なる世界からくる汚れを避けるために身をそそがなければならなかったであろう。

j　みそぎ

そのような文脈だけではすでに古事記に見られていたのである。瀬がその大きな自然のエネルギーをもって「苦き瀬に落ちて苦し」ませる時に（記上一〇）、その効能を逆用して「濯ぎたまふ」ならば（上一二）、雲の障りを「川の瀬ごとに追ひ払ひて」国作りをすることができると言うものであった（上三〇）。大自然の荒れた瀬のエネルギーから新しい神が顕現するためには、明るくそそぎ出す爽やかな姿勢が求められた。

宇宙に漲る生成力が瀬を介して人に働きかけている。その時身に取り付いた邪霊を自然の力を利用して払うという働きが万葉で讃えられている。万葉で神が演じた爽やかさを古事記は霊界に振り向けて鎮めの働きとなしている。例えば大自然を讃える場合

a　海の浄化力をみそぎはらえによって取り入れて精神的汚れをその身から濯ぎだし

「君により、言の繁きを、故郷の、明日香の川に、みそぎしに行く」（万六二六）

と言うのは人の噂に汚れた身をみそぎできよめようとするものであったから

「埼玉の小埼の沼に、鴨そ翼きる、己が尾に、降り置ける霜を、掃ふとにあらし」（万一七四四）

霜が「降り」鴨が羽を「振り」きる仕草によって、自然の中の「はらふる」幸運の兆しを擬人的に詠んだのであろう。その「さきたまの」の幸運を引き寄せる力「おさき」は死霊の世界から身を清める願いを込めている。言葉の重ね合わせは遊びではあっても意志を強調した結果にすぎない。生の力をわが身に引き寄せようとする意志が、死滅を誘う力に絶えず優ろうとする操作を古事記も

記録している。
「汚き国に到りてありけり、故れ吾は御身のはらひせむ」（記上一一）という。
b　そのことは妻問いの祈願にあっても、清められた川に祈り
「玉久世の、清き河原にみそぎして、斎《いは》ふ命は、妹が為こそ」（万二四〇三）、それがみそぎによってなされていたから
「中臣の、太祝詞、言ひはらへ、あがなふ命も、誰がために汝」（万四〇三一）、
万葉では神に誓い汚れを払い酒を捧げるのも、清められた身で相手の幸運を祈願するためであった。迷いの無い純粋な細胞の働きで、幸運を掴み取る道を開いていったのであろう。川や海の持つ浄化力を受け止めようとする姿勢で、川や海の持つ神秘的な作用を歌に詠んだに違いない。
それによって古事記はヘミという名の霊性を払って比礼を振るという、除災の神話を成り立たせたのであろう。
「蛇の比禮を其の夫（大国主の命）に授けて・・・蛇自ずから静まれ」り（記上二八）となっている。
c　又天孫が降臨するとき賊を「掃ひ」によって平定する宮廷讃歌が成り立つと言う。
「・・・天降り坐し、はらひ言向け、千代かさねいや嗣ぎ継ぎに、知らしける、天の日嗣ぎと、神ながら、わご大君の天の下治め賜へば・・・」（万四二五四）
「はらひ」が霊威に働きかけて事の善し悪しを決定する要素になっている。汚れを払うことが清めを通して異変回避力を促すからであった。

「・・・天の川原に出で立ちて、みそぎてましを、高山の、巌の上に、座せつるかも」(万四二〇)

予め「みそぎ」をしておいたならば殯宮にお隠れになるようなことはなかったであろうにと、天皇の死を悔やんでいる。

「国の大はらひして・・・神の命請ひまつりき」(記中五一)。

万葉の心理学は古事記の神学の前提をなしていたということであろう。現世の幸運も前世の鎮めも同じ次元のように操作されていたのである。それは神発生の状況についても言えることであった。

古事記では発生場所が判る神が一三三例ある(山海川禊坂死体)。神の例二〇八例の半数を越えている。万葉の場合の二三九例中の一二七例と較べて数字も割合もほぼ同じである。内容でみると、場所については山は一九例一四パーセント、水関係は六四例で四八パーセントになっている。万葉はそれぞれ三二パーセントと六八パーセントであって水特に海の作用が圧倒的であった。その神が発生する場所が関わる人間の対応を辿ってみよう。括弧内に水辺の儀礼に事寄せた解を付した。

古事記の山(p)を発生源とする神一九例、アメノクラドノ神(暗い谷間を司る)、アメノサギリノ神(山の瞑想に生まれる)、イハサクノ神(磐を削る)、イハツツノヲノ神、イブキノヤマノ神(山の瞑想)、オクヤマツミノ神(奥山に)、オドヤマツミノ神(山に働く)、オホトマトヒコノ神(山の境に)、オホトマトヒメノ神(山の境に)、オホヤマツミノ神(山の神)、クニノクラドノ神(暗い谷間に)、クニノサギリノ神(山間の瞑想に)、クニノサヅミノ神(羽ばたき)、ハラヤマツミノ神(原に)、ヤマノ神(山の荒れる神)であった。

古事記で水（o）を発生源とする神二例、淵の場合アメノツドヘチネノ神（水を集める）、フカブチノミズヤレハナノ神（深い淵にいる）、

川（o）の場合五例、イヅノメノ神（汚れをそそいで清らかになった）、オホナオビノ神（イザナギの汚れから生まれた）、カハノ神（荒々しい川に）、カハノセノ神（瀬にいる）、クシヤタマノ神（鵜になり水に潜る）、

海（n）の場合九例、オキツヒコノ神（沖に）、オホワタツミノ神（大海に）、カムナホビノ神（イザナギの汚れから）、シホツチノ神（潮に）、スクナビコナノ神（波間に）、スミノエノ神（住江に）、ワタツミノオオ神（海に）、ワタツミノ神（海に）、ワタリノ神（海峡に）、ワタノ神（海の神）、

河海（n）の場合一〇例、アワナギノ神（水泡の凪に）、アメノミマクリノ神（谷の水配り）、アメノクヒザモチノ神、アワナミノ神（波の泡に）、クニノクヒザモチノ神、クニノミクマリノ神、ツラナギノ神（水面の泡に）、ツラナミノ神（水泡に）、ハヤアキヅヒコノ神（汚れを払う河口で）、

みそぎ（j）で成立する場合三七例、アキグヒノウシノ神（冠を投げ汚れの明けを示す）、アマテラスオホミ神（イザナギが左目を洗って生まれた）、アマツヒコネノ神（スサノオがアマテラスのかづらの玉飾りを噛み息が霧となり生まれた）、アメノホヒノ神（スサノオがアマテラスのみづらの玉飾りを噛み息が霧となり生まれた）、イクツヒコネノ神（スサノオがアマテラスの左手の玉飾りを噛み息が霧となり生まれた）、イッキシマヒメノ命（＊テラスの息が霧となり）、オキザカルノ神（左の玉飾りを投げて沖の海に生まれる）、オキツカヒベラノ神（左の玉飾りを投げ沖と渚の

中間で生まれる）、ウハツワタツミノ神（水面に禊ぎ）、ウハツツノヲノ神（湾の海面に）、オキツシマヒメノ命（アマテラスの息が霧となり）、オキツナギサビコノ神（左の玉飾りを投げ渚で生まれる）、オホマガツヒノ神（イザナギの汚れから生まれた）、オキザカルノ神（左手の玉飾りを投げて沖に生まれた）、カムナホビノ神（汚れを払う）、クマノクスビノ命（スサノオがアマテラスの右手の玉飾りを噛み息が霧となり生まれた）、サヨリビメノ命（アマテラスの息が霧となり）、ソコツツノヲノ命（湾の海底に身をそそいで生まれた）、ソコツワタツミノ神（海底に身をそそいで生まれた）、タキツヒメノ命（アマテラスの息が霧となり）、タキリビメノ神（アマテラスの息が霧となり）、タケハヤスサノオノ命（イザナギが鼻を洗って生まれた）、ツクヨミノ命（イザナギが右目を洗って生まれた）、チマタノ神（袴を投げ巷を守る）、ツキタツフナドノ神（境の水辺で）、トキオカシノ神（裳を解き置く）、ナカツツノオノ神（湾の海中で身をそそいで生まれた）、ナカツワタツミノ神（海中で身をそそいで生まれた）、ヘザカルノ神（右の玉飾りを投げ沖で生まれる）、ヘカツヒベラノ神（右の玉飾りを投げ沖と渚の中間で生まれた）、ヘツナギサビコノ神（右の玉飾りを投げ渚で生まれた）、マサカアカツカチハヤビアメノオシホミミノ神（スサノオが誓いに勝ち息が霧となり）、ミチノナガチハノ神（除災の帯で長い道中に）、ヤソマガツヒノ神（イザナギの汚れから生まれた）、ワヅウラヒノウシノ神（衣で災いから免れる）、などである。

古事記の神の発生の場所について地形的に解るものは一三三例で、その内みそぎの構えで成立する例が三七例と四四パーセントになっている。瞑想・息吹の神は川瀬や渚に生じている。人の修行的な態度によって神の生成は左右されていて神人相関的な構図が見られる。受け入れる構えがなければ神の霊に共鳴できないのであろう。

水から生まれた神は八三例中六四例と圧倒的に多い。神の精とはイオンが小さくマイナスの場合の自然環境の浄化力になっていたものになる。水の作用の中で瀬の激しい流れ、海の渚、波の砕け始める沖合い、その中間の水面、さらに川と海が合流する流れの早い水面、水底、その中間が神の発生地点となっている。すべてイオン状況が活性力を最も発揮している場所で微妙な区分けをしてその作用を受け止めていて、禊の場になっている。大自然の精気（ヒ）を文明人が忘れ果てた結果、万葉人が特に第一・二巻で精気を浴びる山中の清流に身を置く歌を（a）好んだけれども、折口信夫氏ですら（後述）神を松風の吹きすさぶ自然環境（p）に置いた歌が極度に少なくなってしまう。キーワードがどこかに隠されてしまう。

太陽エネルギーが地球上最も集中して発散される所で、呼吸法で瞑想が準備できればマイナスイオンによるみそぎが準備されることによって、古事記の神が成り立つこともできよう。（m〜p）。でなければ恐ろしい試練を受けなければならなかった（u〜x）。そこを基点にして神の顕現を丁重に受け止める習性が始められよう（a〜f）、さらに専門的に厳格な方式でその祭式を進化させてゆくことも可能になろう（g〜k）。無意識ではあったが、そのような手順で悠久の時を刻んできていたのであろう。神は自分の内にも外にもたやすく存在せず、水辺の同調体となってはじめてそこに参じよう。

また古事記の神の成立の状況は「生れ」が一〇四例で四一パーセント、「成り」が六八例で三一パーセントになっている。常住の神というよりイオン的生成消滅を繰り返す神の姿になっていたのである。纏めてみると

a　古事記の神は海と山で生成（消滅）を繰り返している。それも水辺に関係のある神の成立の場合人間のみそぎで成立する例は水関係中五一パーセントになっている。みそぎによって神と向かい合えたのであろう。神は自然発生的であっても人の受け入れ姿勢なしには成り立っていない。一方方向では猛威となって災厄を受けることになる。

b　神の発生の地形が解っているものの内八六パーセントが水関係であった。人間は良質のマイナスの小イオンを取入れて活性化を図る者である場合（日本生物物理学会編「生物物理の最前線」講談社、平成二年、一一〇、一一四頁）その条件に満ちた自然の場所水辺に受け入れる姿勢を整える形で神事が発足する。その場合わが身が受け取る救済力は他人に与える救済力と等量であり、与えることによって受ける力を得ている。受けるためには与えることによってその条件を準備しなければならない。そのバランスが崩れると大きな災厄を生む。神の発生の背後には清めの姿勢をみそぎによって準備し、与える身構えで受ける身構えとなす共生的な作業があった。又その自然の中に入り水に潜るという形がほぼ同数ずつある。神はその海の地形や深さや陸からの距離に応じても種類や名前が区別されていたのであろう。大国主の命は水辺の儀礼で死を迎えて清められた永遠の循環の輪の中で次元を超えた和解を現世との間に維持する。そのように期待されたの

であろう。大国を明け渡して死ななければならない。その忿懣に匹敵する祭を神の名で水辺で行うことになったのであろう。

c　自然のイオン環境を選択してわが身の細胞の活性を図っていたと言える。するとイオンは分子的現象ではあっても生命のエネルギーにとって必須のものとなり、イオンを受け取り細胞のエネルギーに変えている。万葉人に必要なものはその活性力であって、功利的物欲を歌う余地はない。古事記人にとってそのエネルギーで前世に及ぶ鎮魂の働きが期待される。神は上から来るからカミというとか、沖縄の海の彼方から来るという発想は単なる好みの問題に過ぎない。常世を常住の世界とすれば永遠の循環の輪の中の動きとしてのみ存在するものになるであろう。それは崇高で絶対的な姿をとるということではない。

なおそれは温泉の効用とも無関係ではない。万葉の湯の働きはみそぎとやや異なるのが八例でa・活性祈願(万七)、b・妻問い祈願(万九六一、三三六八)、安全祈願(万八)、c・繁栄祈願(万八、三三二二)、鎮魂祈願（万四四六一）となっている。湯の効用は既に紀において生育祈願が込められていて（十段一書の第四)、記においても延命祈願が掛けられ（記下二〇オ一)、湯に神の映像を映している。

「足柄の、土肥の河内に、出づる湯の、世にもたよらに、児らが言はなくに」(万三三六八)

思いをかき立てて絶え間なく湧く湯のように、相手が何時までも変わらない気持ちであって欲しいと願っている。

「湯はしも多にあれども・・・み湯の上の、樹群を見れば・・・遠き代に、神さびゆかむ行幸処」

（万三二二）

伊予のいざにはの温泉は永く畏敬の念と共に届けられよう。変わらない栄える姿を神に見ている。それが宮廷の繁栄につながる歌になっている。出雲では多くの温泉に恵まれて信仰のみそぎの場として想定されていた。風土記の神戸条の出湯でみそぎをされて山陰道ルートで京都に上ったのであり（千家前掲書「古代出雲大社の復元」五六頁）、あるいは飯石郡の須佐神社の社殿の前には潮井があり塩分を含んだ冷泉が涌出して民間の信仰を集めていたということである（千家前掲書「出雲大社」八九頁）。湯の効能について「温熱作用と湯圧力による物理的効果が大きいが・・・その周辺の空気にはマイナスイオンが多く鎮静作用がある」と植田氏はいわれる（植田理彦「温泉はなぜ体によいか」講談社、一九九一年、一三六頁）。

第五章　国譲り ―大国主の命の死を迎える

第一節　大国主の命の国譲りの意図

大国主の命を祭る古事記の祭式は丁重を極めている。大国を明け渡す重さに匹敵する恐怖の神霊に悟りを与える水辺の儀式であったのであろう。しかし宣長は古事記の記載は大きな誤りがあるから新しい一文を挿入して新しい目論見に書き換えてしまう。ところがそれが現代も踏襲されてきている。

第一項　宣長の意図

大国主の命が文献上から姿を消すとき日本書紀では次のような記述が見られる。「吾が治す顕露の事は皇孫当に治めたまふべし、吾は退きて幽事を治めむ」（紀一五〇頁）。ついては私に宮を作って欲しいということであった。それに対して朝廷側はそのように取り図らおうということになったという。

しかしそのような外交交渉が成り立つということはおかしなことであった。権力を譲り渡して滅びゆくものが新しい権力者の権威によって誰も及びえない供養を受けることを要求しその通りになったからである。

例えば後になって雄略天皇の時天皇の建築に匹敵する堅魚木を志幾《シキ》の大県主が上げているのを見て
「奴はすでに家を天皇の御舎に似せて造れり即ち人を遣りその家を焼かしむ」（雄略記、下二六ウ四）という処理をしていたからである。

そこで本居宣長は滅びゆく大国主の命が天皇を淩ぐ要求を出すはずがないと考えて古事記に一節を挿入し「此七字はいま己が補へたるなり」として、大国主の命の要求とされる部分を朝廷から下賜された恩恵にしてしまったのである（「本居宣長全集」十巻一二二頁）。

「すなわち（大国主の命）隠れましき、故れ白したまひしままに」という文章を彼が挿入することによって「出雲の国の多芸志の小濱に天の御舎を造り」以下の文章を大国主の命の意志であったのに「大の誤かとも見ゆれ」と言って朝廷側の意志を示す内容に切り替えている。そのような評価換えは現在に到るまでほぼ踏襲されてきている。多分先に上げた書紀の顕幽の世界を互いに分担し合うという記録によって実権を譲ったと考えたのであろう。加藤義成氏も「天の御舎における天御饗の奉献こそ出雲の大神の天神への随順、統一国家への大同帰一の証行であり・・・国家祭祇による小王国の統合を象徴するもの」になり、「出雲でもやはり大神の国土奉献の後、天つ神の神意によって宮作りが成ったという点では中央伝承と大きい共通点をもっていた」と言われている（加藤義成

「出雲学論攷『天之御舎と出雲大社の創建』」出雲大社、昭和五二年、六九、六七頁）。

永く幽界に隠れたというのは大国主の命が権力の委譲を余儀なくされたということの柔らかな表現に過ぎなかったのであろう。大国主の命が「僻陬の地」に「隠棲」された可能性があるとも言う（井上実「出雲学論攷『神門郡塩冶の郷の伝承』」一三八頁、八木充「出雲の神々『意宇と杵築』」一六七頁）。

大国主の命が青銅の剣を祭器とする神聖政治を出雲において営んでいた時、中央の大和朝廷が鉄剣と馬を軍事力とする統一事業を進めてきていたのである。その時期について井上氏は次のように言われている。

「出雲には二つの文化圏が成立し・・・東出雲の意宇川下流域・・・もう一つは西出雲の神門川、斐伊川下流域で・・・前者の世紀は四世紀に始まり六・七世紀頃大古墳が次々と構築されていった。後者の成立は六世紀頃と思われる」

それらの古墳文化の絶頂期において国譲りの問題が発生している（井上前掲書「出雲学論攷『神門郡塩冶の郷の伝承』」二一五、二二六頁）。それらの勢力と対決を避けて新しい平和の体制へ大国主の命の死の犠牲で組替えようとする時、大国主の命の支配の権威のシンボルである剣は接収・埋葬されたのであろう。その悶える魂に対して征服者を凌ぐ祭が求められたのであろう。征服者に対する呪いを避けるために大国主の命の魂を神として祭る方式が自ら提案され、中央の使者を祭人として朝廷の総力を挙げて彼を神霊に祭り上げることになったのであろう。それは怨念を禊によって神として祭る原初の鎮魂の方式に従って想定された筋書きである。古事記の元の文を弁護すればそういうことになるであろう。朝廷と出雲との間のトラブルは次のような経過を辿ってゆくことになろう。

第二項　朝廷と出雲の葛藤

出雲を平定した大和タケルの命は次のように首長・出雲のタケルと対決している。

a　死後の再生と鎮魂を促すかのように水辺の藻の所に誘って刀を取り替え、「出雲建を殺さむと詐刀に作り御佩しと為して」

b　水浴のみそぎによって死の汚れを払おうとして「共に肥の河に沐みしたまひき」、そのような環境を整えた上で

c　偽りの果し合いをして殺害するというのである「大倭建の命河よりさきに上がりまして出雲建が解き置ける太刀を取り佩きて刀を替へ・・・いざ太刀合はせむと誂へて・・・出雲建を打ち殺し給ひき」（記中三九ウ三）。

欺かれることによって正義の立場を保証し、死者に名誉を与えることによって、被害者の荒れる霊性に加害者が名誉を与え、自然の浄化力によって清めようとする儀式になっている。

そのことを井上氏は「斐の河に於ける游沐は本来はある行事の先行神事でなかったか」「殺されるべき運命の担い手としてこの物語に登場させられたと推定したい」と言われている（井上前掲書

「出雲学論攷『神門郡塩冶の郷の伝承』」二三七、二四二頁）。その背景としてこの話によく似た記録が日本書紀にある。

「武日照《たけひなてる》の命の天よりもち来れる神宝出雲の大神の宮に蔵むこれを見欲しとのたまひ・・・その弟飯入根《いひいりね》則ち皇命を被りて・・・貢り上げき、既にして出雲振根《ふりね》、筑紫より還り来て、神宝を朝廷に献りつと聞きて・・・弟を殺さむと・・・『淵の水清冷し願はくは共に遊沐みせむと欲す』といふ・・・兄先に陸に上りて弟の真刀を取りて自ら佩く。後に弟驚きて兄の木刀を取る。共に相うつ・・・弟を撃ち殺しつ」（崇神天皇皇紀六〇年の条、岩波版二五〇頁参照）となっている。

それらは「水中に置かれた」刀による「聖なる」呪法「みそぎ」として捉えられている（三品彰英『建国神話の諸問題』「三品彰英論文集第二巻」平凡社、昭和四七年、三六六頁、水野前掲書「出雲神話」一六五頁、上田正昭「出雲の神々『神々の原像』」筑摩書房、昭和六二年、一一二頁）。この文章の中にも、

a　藻の生えた水辺で作った木刀にすり替えられて

b　淵に水を浴び

c　殺害される

というパターンが成り立っていたのである。死の挫折を偽りによってでも慰めようとしている。出雲建と大国主の命とが同一人物であったとする根拠はないけれども、同じような歴史段階において同一の地域に同じ立場の者同士の権力の交代を示す同じような事態が進行していたのかもしれな

い。少なくとも殺害されるものの霊の処理をおろそかにしないという方式になっていたといえよう。死の汚れを清めて死者に名誉を与える。とすれば大国主の命の隠れ方は儀式の形で権力の交代に伴う魂の悶えを抑える処理をしたということになろう。鎮魂の祭式の十分で完全な奉仕を要求したのである。その要求を朝廷はもっともな提案であると応じたことを古事記は伝えている。

生き変わり死に変わりしてきた現世の営みの中で大国主の命の鎮魂の約束は果たされているように見える。かっての支配領域に安全と繁栄を引き受けて君臨した巨大な魂が挫折することによって、人々が蒙るであろう悲劇を避けなければならない。宣長が天皇に対する越権とした古事記の部分を元に戻してみよう。それは激変する運命に祭礼を要求する大国主の命自身の言葉でなければならなくなるのではなかろうか。土地と関係だった支配者が殺されて新しい支配者に引き渡される時、土地を荒れ筋のままにしえなかったのであろう。鉄が馬に装備されて支配地が大国へ拡大する時代へ全国的変動が避けられなくなっていった。村から郡に国が拡大され大国となる。

第三項　大国主の命の目論見

そこに荒魂のもたらす悲劇を抑えつけ圧殺する妙案が必須のものとして提出されるのであった。それがたんに彼自身の名誉のためならば偽りの果たし合いでよかったかもしれない。そこには恨みのまま及ぼす恐怖を鎮め大地を荒廃に任せてはならないという決意をにじませるものであったに違いない。そこで現世に生き残った者が朝廷自らその魂に安らいをもたらす祭礼を受け入れることになる。

その朝廷の意識が幽事を治める大国主の命の意識を左右するばかりか現政権に作用する双方向的な効能を成り立たせようとしている。過ぎ去る者に働きかけることによって未来の運命も左右することができるという確信に基づいていたのであろう。次元を超えて見えない意志をやり取りして来た伝達の時代が終ろうとしている。三世にわたる運命の相関関係は彼我一体のものであったはずである。それはハイデガーのいう過去が現世に影響を与えるという方向を未来に向って伸ばしていくばかりでなく、未来から現世に衝撃を与えさらに、前世の調和と静寂を準備するというものにすらなっていたと言えるかもしれない。過去は死によって終らなかったばかりでなく、過ぎ行くものの過大な要求を朝廷が受け入れたのは次元を超えた相互交渉が果てしなく続いてゆくという認識があったからであろう。彼らには現世にあって悠久の見通しを与えることを価値の規準にしていたからかもしれない。霊性に対する思い込みが途絶えた時代にあって、霊性に対する思い込みを限りなく深める時代の祭りを操作する課題に答えなければならない。初期仏教への誘いも無視できない。再録であるが我々はやはりその答えを記紀万葉に求める以外の方式をしらない。或いは海水の深みに操られた時限を越えて働く作用だったかもしれない。

「空みつ大和の国、青丹よし奈良山越えて、山城のつつきの原ゆ、千早ぶる宇治の渡りの岡の屋の、阿後尼の原を、千歳に、かくることなく、萬世に、あり通はむと、山科の、石田の杜の、すめ神に、

幣取り向けて、われは越え行く、逢坂山を」（万三―三二三六・既述）

この歌に出てくる地名は三府県にまたがり、皆危険な境界地域として人里離れて緊張した最速の振りを要する境域であった。それを確認するために馬を駆り、その接触の犠牲に身をさらしても国の永続を神に千早に振ってイオンの効能に帰る。その犠牲者は神として供養を受け、いつの世にもその恩恵を及ぼそうとしている。そのような設定で見てみる場合、次のような来世観を想定できるかもしれない。国に対して命をかけて「渡し」という防衛線を確保している以上、その犠牲者は神としていま自分が幣を奉納するように奉納されるに違いない。いま犠牲になっても来世から次元の方向を逆にして現世に対して精神的エネルギーが及ぶなら犠牲も報われるであろう。神社を仲立ちにして過去と現在が未来に延長されている。時間認識に一体感があったのであろう。英雄を祭る自分が未来において次に祭られる立場に立ち自己の献身を通してイオンに対する感性を敏感に作動させたい。大国主の命の精神構造と似た神話的類型にならなければならない。大国主の命は幽事を受け入れたけれども、その祭を通して地域の守り神としての千年変わらない期待に応えようとされのであろう。大国主の命は葦原の醜男として境界域で命を張っていた経歴があり大穴むちの段階ではその領域を巡遊して画域を確かめもしている。大国主の命の段階で風土記には境域の巡行者としてその実績が讃えられている。そこには境界を偵察する危険に身を晒すものの覚悟が共有されている。「出雲の国は我が静まりいます国なり」といい、祭られる立場に立つものとしての自負があった。「越しの八口を平《ことむ》け賜ひて・・・皇御孫の命、平らけくみ世知らせと依さしまつらむ」北陸の征服地まで朝廷に献上しているのだから朝廷からでさえ祭られる立場にあるという気迫が見える（出雲風土記意宇郡母理郷の条）。国に命を預けた者として既に神として祭られる座の約束を敵味方ともども取り付けてその鎮めをなしていたのであろう。

それは自他を問わず次元を超えた定めとして祭式の中に組み込まれていたのである。万葉の立場に立てば宣長の懸念は思い過ごしであったと言えるかもしれない。

ところが日本書紀の辺りから事態はやや違った方向に動きだしてきたように見える。違った交流圏を行き来する交流の妙を時限を越えて発散妙通させてゆく。この方式も無視できないであろう。

第二節　古事記以降の大国主の命の鎮魂の祭式

第一項　日本書紀の祭式

古事記も日本書紀も記載の内容には一見して大差がないように見える。しかし古事記は秘蔵され、日本書紀に引き継がれなければならない。隠された事情が大国主の命に関しても潜んでいたと思われる。古事記編纂が七一一年（和銅四年）、日本書紀編纂が七二〇年（養老四年）であり、数年にして古事記を数百年間隠蔽させる事態の急変が進んでいたのではなかろうか。大国主の命の祭式について日本書紀の記録を見てみよう。

a｜畏怖「この神（天のホヒノ命）オホアナムチノ神に佞り媚びて三年になるまで尚報聞さず・・

天のワカヒコ・・・遂に復命さず・・・（遣せる）雉を射てころしつ」使者が皆大国主の命に帰順している。最期の段階でも「大穴貴神に問ひてのたまはく、『汝、将にこの国をもって天神に奉らむや』とのたまふ。対へてのたまはく、『疑ふ、汝この神は、これ吾が処に来ませるにあらざるか。故れ許さず』（岩波版日本書紀一三四～一五〇頁）

古事記では以上について「誰ぞわが国にきて忍び忍びかく物言ふ、しからば力くらべせむ」とあり、自主独立・自尊の精神の部分を残している。さらに古事記は大国主の命の提案した朝廷に匹敵する宮を作って祭るならば朝廷に反抗するものは出ないだろうと言う（「違う神あらじ」）。大国主の命が譲って得た平和をないがしろにせず、それにふさわしい処遇を外す訳にはゆかなかったのであろう。

見事な統制がとれる自信が出雲側にはあったからであろう。既述のように考古学的にみれば末端の権威を象徴する銅剣三五八本が一九八四年、神庭荒神谷遺跡において発掘されたことがあった。大国主の命にかかって服属していた末端の指導者達のほぼ倍の数、あるいは出雲風土記に見られる神社の数三九九社に匹敵する数であった。が偶然に見つけられた時のものである（「古代出雲文化展」、島根県教育委員会・朝日新聞社一九九七年、一五、四〇頁）、整然と埋葬され全域に対する統制が見事にとれていたが、その銅剣の内三四四本のなかごにはばつ印が刻印されたものがあり、すでに用済みになったけれどもそれを最終的に見届けた支配者の無念の思いがあったであろう。それは大国主の命の古事記的自信と関連したであろうが、日本書紀的従順さとは異質のものであろう。それはある時急に、堅牢な古い秩序が整然と幕を閉じた結果だったように見える。朝廷と出雲の間の外交交渉は難航していたが、最終段階にいたって両者は次のように妥協している。

b―勧請『今汝がまおすことを聞くに深くその理有り、それ汝が治す顕露《しろしめ》の事はこれ吾が孫治すべし。汝はもって神の事を治すべし。』

という提案が朝廷側からなされている。実際の権力は朝廷が預かるから貴方は祭事にたずさわる神としてお迎えしようということであった。

古事記では「僕が住所をば天つ神の御子の天津日継知らしめすとだる天の御巣なして・・・僕は百足らず八十くまでに隠りて侍ひなむ」とあった。前出の高層建築について見ると「宮柱ふと（太）しり」は万葉の宮柱四例中三例が宮廷のもの（万三六、一六七、一〇五〇）、他の一例は死者の鎮魂のためのもの（万一九〇）であり、この言葉の意味は宮廷の規模で自分自身の鎮魂を求めたのかもしれない。崇敬の念の満ちた現出雲大社の姿は日本書紀の記述より古事記の既述にその面影を残しているのではなかろうか。

c―結界『又汝が住むべき日の日隅宮《ヒスミノ》は、今つくりまつらむこと、即ち千尋の栲縄《タクナハ》をもって、結ひて百八十紐《ムスビ》にせむ。その宮を造る制は柱は高く太し。板は広く厚くせむ。又田供佃《ミタツク》らむ。』

堅牢な建築物で貴方の住まいを整えましょう。田は神域の境界を画して厳重な管理をし、縄、紐は境を縄や紐で宮を囲う意味になるであろう。畏怖すべき神を出入りができないように結びつけようとしている。

古事記では「出雲の国の多芸志の小濱に天の御舎を造り」て饗《あえ》を差し上げている。封じ込めた上に饗の献上を無視した日本書紀は古事記の処遇を許せなかったのではなかろうか。「高天の原にひぎたか（高）しりて」は天皇権力の拠点にふさわしいが日本書紀の約束には封じ込める作用だけがある。

d|　供養『又汝が往来ひて海に遊ぶ具の為には、高橋・浮橋及び天の鳥船、亦つくりまつらむ。亦天安河に、打橋造らむ。亦百八十縫の白楯つくらむ』

万葉での遊びは自然の精気に触れて生きているものには気力を、死んだ者には鎮魂を与える行為であった。天の鳥船は死者を来世に運ぶ古墳の壁画の題材と関連するかもしれない。橋がいろいろ造られたが万葉の橋は二三例あり、河の障害を乗り越えるけれども（一一例）、橋そのものが立ちはだかって障害をなすのであれば恋路も妨げられようし、出入もチェックされてしまうであろう。「いその上ふるの高橋高高に、妹が待つらむ夜そ更けにけり」（万二九九七、その他・万四九〇、一七四三、二〇五六、二三六一、二六四四、三二四五、三二五七、三三八七、三五三六）建物の堅牢さに比べて日本書紀の「高」も「浮」も「打」も通行上は阻害要因をなしている。その居室を楯で縫い合わせ結びつけて囲うという堅牢な構えは外部からの侵入者を遮断して有効に働いたであろうが、同時に内部の畏怖すべき霊格を閉じこめる働きも否定できないであろう。古事記では高層建築の内容は大国主の命の提案の通りに立派な宮殿に饗宴を催すにふさわしく整えられていた。

古事記では「水戸の神の孫櫛八玉の神、膳夫となりて、天の御饗を献り」河口がみそぎの場に関わり調理の清めの環境を調えている。潔斎の徹底したやり方も現行の祭事と共通しているのは古事記の方であった。曲玉は古事記では生命の息吹を促し（記上二〇オ五、下二一ウ五、中三〇オ六）その振る呪能によって政治権力を支えている（上一四オ一、上一五オ九、上四三オ三）。クシは奇しく絶妙な働きを予想させている。

櫛八玉の神が大国主の命を助けて膳夫《かしわで》の働きをし、それによってその鎮魂の祭が次期政権の繁栄を準備するということであろう。それに似た万葉の玉の既述は「・・・底深きアゴネの浦の珠そひりはぬ」（万一一、その他・万九五一、一〇八二、一三〇一、一一五四、一三一八、一三一九、一三一七、三七〇六、三八七〇）等によって玉の操作（ひりふり）に息吹の蘇生を祈っている。それらを全て削除した日本書紀は政権の繁栄と饗の関連を断ち切ったということになってしまう〈その形骸は残っている〉。

また鵜は万葉では活性の呪法を演じ、「・・・鵜八つ潜ずけて、川瀬尋ねむ」（万四一五八）、妻問（万九四三、四一八九）の働きを期待され、鎮魂の働きとしても（万三三三〇、四一五六）期待を受けている。鵜飼で形見の袖を濡らしながら妻を忍び、深く憂う鎮魂の歌になっている。鵜が海の効用を採ってきて鎮魂の慰めとするような食事を差し上げて欲しいと古事記も言う。これだけの習俗に支えられた供養の方式が権力の一時の思惑によって抹殺されることはありえなかったであろう。

e｜祈念『又汝が祭祀を主らむは、天穂日命《アメノホヒノ》、これなり』とのたまふ』（岩波版「日本書紀〈上〉」

一五〇頁）朝廷と出雲と双方によしみを通じうる立場の者が指名され神主として祭事を引き受けている。

万葉における神を扱う祭例の手順は大国主の命の祭式と較べて内容も順序も対応関係をなしている。巨大な力を振るう魂に対して日本書紀もまた形式上は礼節を尽くして対応しなければならなかったであろう。だがその内容は饗えをもてなす方式がなくなり、御魂を封じ込める方式に替えられ、律令での供養も古来の方式を継承している。

「仰せに従はざらむや」と言って何の代償もなく「とこしへに隠れましき」、という帰順の仕方で現世の記録を終えている。「従はぬものあるをば即ちまた殺す」という征服を続け「帰順ふものをよりてまた褒む」としている（岩波版「日本書紀〈上〉」一五一頁）。大国主の命に対して祈念を捧げる余裕は日本書紀には見られない。それが無理ならば取り替えた上に正史には古事記が存在しなかったことにしてもらうほかなかったであろう。中世近くなって古事記が表に出てきた時には日本書紀がもたらした古代映像の影響を払うことができなくなっている。恐れ多い魂をその社に祭り上げなければならないという念いを維持できなくなっていたことが問題であった。

朝廷がその恐怖をおもんばかって受納したこの言葉「深くその理《ことわり》あり」は、存在は次元を超えた理にならって働き合っている。

f―讃歌　続いて使者が来てその旨を伝えると大国主の命は

『天神の勅教へかくねむごろなり、敢えて命に従はざらむや、吾が治す顕露のことは、皇孫まさに治めたまふべし、吾はまさに退りて幽れたることを治めむ・・・吾れまさにこれより避去りなむ』とまおして、即ち身に瑞の八坂瓊をおひて長に隠れましき』（紀神代下第九段一書第二、「岩波古典文学大系」第六九巻一五〇頁一六行）

この場合の讃歌は大国主の命を讃える讃歌ではない。逆に大国主の命自身が朝廷を讃える讃歌に切り替えられている。神を讃える讃歌が神による讃歌になっている。東アジアの状況を目の前に控えた朝廷は大国主の命の霊に礼節を尽くす余裕がなくなり、新しい国家の理念を急きょ構築しなければならなかったのかもしれない。

懇切丁寧に古事記が供え物を説明しているのに日本書紀は奉るべき何物も思い出していない。「天の新巣の八拳垂るまで焼き挙げ」もないし「底津石根に焼き凝らし」もないし「千尋縄打ち延へ釣りする」もない。最期に「天のまなぐひを獻らむとまをしき」（記上四五ウ二〜四六ウ七）で大国主の命の祭を締めくくっていたものが欠けている。日本書紀は最も基本的な点で祭式を霊の供養から霊の監視に切り替えることによって、そのパターンの核心を壊し祭式のパターンの基本的要素を排除している。

第二項　祝詞《のりと》における大国主の命の祭式（本書の冒頭の「衣ひりたり」が大国主の祝詞の中心的構想になっている。）

（1）出雲国造神賀詞《くにのみやつこかむよごと》

「出雲の国の国の造姓名、恐み恐み申したまはく『かけまくも恐き明つ御神と、大八島国知ろしめす天皇命の大御世を、手長の大御世を斎ふとして出雲の国の青垣山の内に下つ石ねに宮柱太知り立て、高天の原に千木高知ります、いざなきの日まな子、大なもちの命二柱を始めて、百八十六社に坐す皇神等を・・・しづ宮に忌ひ静め仕へまつりて朝日の豊栄登りに斎ひの返事の神賀の吉詞奏したまはく』と奏す。」

イザナギの子クシミケノの命をはじめスサノオの命、大国主の命、出雲の神社の神々を社に鎮めて出雲に派遣された朝廷の神主である国のみやつこが祝詞を捧げるという設定になっている。(「古事記祝詞」四五三頁)。

a―畏怖「豊葦原の水穂の国は・・・荒ぶる国なり。しかれども鎮め平けて、皇御孫の命に安国と平らけく知ろしまさしめむ」

「荒ぶる神」は大国主の命自身のことであったのだから、皇孫が大国主の命を荒ぶる神として鎮めるということである。大国主の命を含めた皇孫の繁栄をホヒノ命に祈念させたということになる。

b―勧請「荒ぶる神等を撥ひ平け、国作らしし大神をも媚び鎮めて、大八島国の現つ事・顕し事事避さしめき」

大国主の命に対して朝廷はその死後の祭を約束して宥め「媚び鎮めて」、平和裏に政権を譲り受けている。大国主の命が祭られることを前提に提案したのだとすれば、古事記は遜って勧請に際して献身の努力を傾けたはずである。しかしそれが束の間の「媚び」であったならば、真意をすり替えられた大国主の命は鎮まることができたであろうか。

c｜　結界　「すなはち大なもちの命の申したまはく、『皇御孫の命の静まりまさむ大倭の国』と申して、己命の和魂を八たの鏡に取り託《つ》けて・・・皇孫の命の近き守神と貢り置きて八百丹杵築の宮に静まりましき。」

大和の政権を讃えて鏡を身につけた大国主の命は「宮に静まりましき」静まって頂くことを成功したとしても、新しい権力の枠の中で一定の位置と意義を伴う供養を受けてもらわなければならない。ところが大国主の命は立場が入れ替わって逆に「玉を鏡に取り付けて皇孫の命の近き守神とたてまつり」ということになる。主客が逆転して朝廷の子孫の守り神の立場に立たされている。

d｜　供養　ここに親神ろき・神ろみの命の宣りたまはく、『汝天のほひの命は、天皇命の手長の大御世を、堅磐《かきは》に常磐《ときは》に斎《いは》ひまつり、茂《いか》しの御世に幸《さき》はへまつれ』と仰せたまひし』岩のように安定した基盤の上に朝廷権力が繁栄することを祝っている。

e｜　祈念　「供斎《いはひごと》仕へまつりて、朝日の豊栄《とよさか》登りに、神の禮《いや》じろ、臣の禮じろと、御ほきの神宝献らく」と奏す。・・・

出雲の臣から敬意を表す捧げものによって、朝廷に対する祈念が行われている。

f｜　讃歌　ここで御門の柱を踏み堅め、白鵠を捧げ、水をすすぎ、鏡を見るように「明きつ御神の大八島国を、天地月日と共に、安らけく知ろしめさむ事の志のためと・・・神む賀ぎの吉詞白したまはくと奏す」。「神む賀ぎの吉詞白したまはく」讃歌が天皇に捧げられることになる。大国主の命が捧げた心を鎮める初期の目的が宙に浮いてしまうであろう。大国主の命を封じ込めて祭り上げたが、供養をして讃歌を捧げたのは大国主の命に対してではなかった。

日本書紀も祝詞も従来の祭式は忠実に守られてきているように見える。しかしその内実は大国主の命に捧げられる讃歌は朝廷に振り替えられている。彼は多神の中の一員にされた後で讃歌の対象から外されてしまう。様式は同じ項目で満たされていても主語が変わり従って趣旨も逆転している。

（2）「延喜式」の祝詞

なお「延喜式」の祝詞には「祟り神を遷し却《や》る」という祝詞が見られる。それは反逆者を征服した後どう処置するかを述べたもので、たたることなく鎮まって欲しいという内容になっている。その祭式も従来の型を踏襲している。ただ名称がたたり神を移し避けるという形をとっている。反逆者に対して派遣された使者の名前がホヒ、フツヌシ、タケミカヅチになっているので、そのたたりをなす神は大国主の命その人であったと言えよう。

a｜畏怖「水穂の国の荒ぶる神等を神攘ひ攘ひ平けむと神議り議りたまふ・・・」

まずホヒの命を遣わしたが返信がなかった。続いて天若彦、続いてフツ主、健雷の命を遣わして鎮定させた（「古事記祝詞」四四七頁）。

b｜勧請「かく天降し寄さしまつりし四方の国中と、大倭日高見の国を安国と定めまつりて下つ磐ねに宮柱太敷き立て高天の原に千木高知りて天の御蔭日の御蔭と仕えまつり」立派な御殿に「荒びたまひ健びたまふ事なく」お迎えしている。

c―結界「この地よりは四方を見はるかす山川の清き地に遷り出まして吾が地と領《うすは》きませと」神としての占有地を確保され、

d―供養「たてまつる幣巾《みてぐら》は明るたへ、照るたへ・・・鏡、玉、弓矢、太刀、御馬、御酒・・・横山のごとく机のものに置き足はして」十分の供養を捧げて

e―祈念「祟りたまひ健びたまふことなくして山川の広く清き地に遷り出まして」無念を抑えて頂いて収まり鎮まって頂こうと海に近い清い土地に遷られて

f―讃歌「神ながら静まりませと称辞竟《たたへごとをへ》まつらく」讃辞の限りを尽くすのであった。

この祝詞は古事記に近い内容をもっていて荒神を遠く引き離せと言う。さきの出雲の祝詞は日本書紀に近い内容になっていて荒神を封じ込めよと言う。結局日本書紀の立場を公のものにするためには古事記の祈りを変形してゆかなければならなかったのかもしれない。大国主の命にとっては不本意な選択であった。この祝詞のポイントは大国主の命の霊魂を出雲の中枢から離して「この地より四方を見はるかす山川の清き地に遷り出まし」朝廷に対する「祟りの神を遷し却《や》る」ことであった。

第三項　葬制の変遷　―パターン思考の衰え

（１）　変容の背景

万葉は死者が荒れる思いを語り掛けてくるのであれば、その思いを鎮めようと歌う。古事記も死界と和解できなければ今生の生活の安らぎを考えられなかった。そこで恐怖の神霊に対する祭式は緊張した臨場感の中に霊を勧請して結界し、祈念供養して讃辞を捧げるということになったのであろう。その手順は古事記や万葉では厳格に守られ、日本書紀や祝詞においてもその形式的枠組みを崩すことはできなかったのである。何故ならば霊の汚れをイオン的に察知してそれを清める場合にも、その場のイオンの推移に順応しなければならなかったからであろう。祭式のパターンの背景には自然との相関関係に忠実な対応が欠かせなかったように見える。自然のエネルギーを摂取する方法も波動の機能に従っていたのであろう。媒体である玉に共鳴のひりふりをしてさやかな活性を図るという方式であった。

しかし日本書紀になると敵の首長となした約束を従来の祭式のパターンでは処理できなくなっていったのであろう。確かにパターンは継承しているが、内実を変えて形式だけの祭式を成り立たせている。古事記の示した世界像は原初の信仰の姿であったが、しかし日本書紀は統一のための世界像を古事記の世界像そのままの形では引き継げなかったのであろう。縄文の伝統は前世や来世とすら交流し合おうとする信仰の上に成り立っていた。それに対して日本書紀は地方の権威の跡を消すために従来のパターンを実質的に崩している。中央の祭式による現世中心主義に全面的に切り替える試みを始めたのかもしれない。

朝廷は大国主の命の死霊を「荒ぶる」(a)神として祭り、新しい国家の安泰を祈願するために出雲大社に鎮座し申し上げる。しかし海底から寄せて来るさやけさが消えている。「媚び鎮め」(b)天子の御殿にふさわしいものにせよという要求を何とか落ち着かせて、ついに天皇の政権を守護するという「守り神と貢」(c)作業が、祝詞によって最大級の供物をもって上奏されたのである。そこで国造はその新任に際し一年の潔斎の後で朝廷に出てこの祝いの言葉を述べ「斎いまつり」(d)汚れた心が及ぼす破壊的脅威を取り除こうと償わなければならない。それから一年の潔斎を行い再びこの言葉「御世に幸はへ」(e)を捧げるために上京するのである。封じられた魂の霊位を高めてその供養を今生の救いのためにも逆転を期待したのであろう。

(2) 文化の変革

それは文化を変革する提案でもあった。古事記は死者に対して供物や讃歌を捧げる従来の祭式を提案しているのに、日本書紀とは政権を揺るがすような過去の敵性の権威を優先する訳にはゆかないと思ってしまう。そこで古事記は門外不出の秘伝になり日本書紀が公開される。ところが万葉まで継続してきた葬制の方式がそれでは単純に切り替えられるはずはなかったであろう。

しかし別仕立ての次元を異にする世界が構築されてゆき、従来の神と人が相関的に成立するという世界は引き裂かれたのであろう。

文字でならそれをすり替えられると考えたのかもしれない。大陸の文明の権威をもってするならば地方政権の権威は押さえ込めるであろうとする。諸子百家の理論をもってすれば文字にすら成っていないパターンを無視できよう。

古事記に残されていたのは過去が現世を動かしているのであれば現世から過去に働きかけて前世へよい作用を期待しようという存在認識であった。だから単に「出雲国造家が自家の神話を売り込む策として奏上した」（松前建「出雲神話」講談社、一九七六年、上田前掲書「出雲の神々『出雲の神話』」）ということになれば宣長のように古事記の中に挿入されるべき隠された意図を創作しなければならなくなってしまうであろう。即ち「この部分は潤色部分である・・・要するにこの大社造営は中央的な国家事業の代償として与えられたものではなく、もともとは国作りの大業を成就したオホナムチの功を讃仰して出雲の神々が協同で造営したものと伝えているのである」（「日本「神社」総覧『神話学から見た神社（松前健）』」新人物往来社、平成四年、一四八頁）と現世的に考えることになる。則ち日本書紀の立場に立って古事記の意図を修正することになる。しかし大国主の命が幽界に去って天の穂日の命によって祭られるという部分と矛盾してしまう。大国主の命が扱う神事というのは霊界から現世を動かすたたりの働きであるから、それを天の穂日の命が宥め申し上げる部分を切捨てるということは伝統思考の枠を壊すことにほかならないことになる。だから宣長でなくても矛盾ははっきり見えていたのである。ただ基準として記紀のどちらを採るかがさし当っての問題点であった。

（3）　鎮魂パターンの終わり

日本書紀はパターン認識を形骸化する。あるいは形さえ整えておけば祭りは完成したと自分に言い聞かす。その時パターンに宿る伝達の意志が消えたのである。すると清められた心を裏切ることが恐ろしいことだという自制も自重も精神的になくなってしまう。次第に表意化された文字では霊界に人の意志を通じることは難しくなっている。パターン認識を受け止める時代が終ることになる。視覚による文字の作用は言葉の中心に戻れない。記紀の発想上の違いは縄文と弥生程の違いを意味していると言えるかもしれない。現世の合理主義は優先されるようになったけれども、聴覚的響きを伝える神話の世界は崩壊してゆくほかなかったであろう。

天皇即位の時の潔斎は一ケ月を越えていないにもかかわらず、出雲国造が一年間の潔斎を二度にわたって実施し続けたのは鎮魂のパターンを捨てた代わりの巨大な代償であったからかもしれない。汚れの大きさは大国主の命の怒りでもあり、古事記を隠してしまったからでもあり、「神賀詞」を「かむよごと」と読まずに「かむほぎのよごと」と読んだからでもあろうか。日本書紀では「神様が（天皇の長寿を）寿ぐ吉き詞」の意味で読むべきであるということになる（新野直吉「出雲学論攷『古代出雲の国造』」一五九頁）。大国主の命の鎮魂の供養は、次第に主題の重点を朝廷の繁栄に移している。

それはパターン認識を否定する行為であった。文字がない時代に集団を維持するために守るべき認識の形になっていたものである。それは数千年続いてきていたがもはや権力の変質はその継承を許さない。しかしパターンがなくなるということはそれだけで済む問題ではなかった。

秩序の基を別の何に求めればよいかという問題に関わることになったからであろう。個人がそれぞれの世界を構成する核として前面に登場する。そこで既に祭られる立場の者・大国主の命が今を生きる者・朝廷の繁栄を祭る立場に立たされることになる。そのような文化変容を制御することは誰にもできなかったのかもしれない。騎馬軍団が山の辺の道を北上し、大和平野を統合し、狭域支配を終らせ、余にも早い激変期を招いた。パターンが共同体の共通する意思の形だったとすれば時代の激変期のパターンは激変し続けたのであろう。

第三節　パターン文化の変遷 ―大国主の命を神としてどのように位置づけるか

第一項　パターンによって文化が成立する背景 ―パターン化が進むほど道の迷いも深い

縄文にも弥生にも見られなかった権力の統一の動きが始まり、地域ごとの権力は抹殺されてゆく。新しい政治のイメージを創造するためには権力の継続を示す祖霊との関連を断ち切らなければならない。政権は秩序の基となるものを作るとき従来の権威の尾鰭を切り落とさなければならない。大国主の命の名称が末端において消し去り得ないものであるならば、彼が自ら朝廷を祭るという逆転の方式まで必要としたのであろう。その時大国主の命に約束した祭りを祭りきれないというジレンマが生じたのである。地方権力を抑えるために唐の勢力が日々増大しているという理由をつけるにしても、権威の絶対性を証明する論拠を提出しないわけにはゆかない。それが古事記が日本書紀に切り替えられた背景だったのではなかろうか。それは文化の転換を意味する。しかし記紀を通して理論を隠しおおせたにしても、万葉からその情念まで排除できたであろうか。確かに万葉は相聞・挽歌の叙情歌として枠に填められてきたけれども時代の意志を秘めた歌であることを否定すべくもない。枕詞を装飾品のままにしておいたにしても万葉には古事記の真髄が宿り、縄文の痕跡が消え去っていない。「記」にはなく「紀」のみに大国主命の神社が飛鳥の宮の北に建てられた記事をのせている。山の辺の道の本源に戻されたままの新秩序になじめずに、試行錯誤の歴史は続いていくことになる。とくにマイナスのイオン環境への関心は消すべくもない。

（1）　海の玉

人間の姓名の根源にあるものを魂とすれば万葉はそれに玉という言葉を当てていた。その扱い方を通して太古の魂の対応に腐心している。それはパターン認識への試論として、古い時代への手がかりになるであろう。

万葉の玉は単独に出てくる場合は九二例になるが、その内何の玉かが判るものが五八例ある。海の玉が三〇例（あわび六例）、木ノ実の玉が二〇例（万・橘一六、あふち二、萩一、卯一）、なおその他白玉が二六例ありうち九二パーセントが海の玉になっている。それらがいったい人間の魂とどのような関係にあったのであろうか。まず海の玉から見てみよう。なおあわびは真珠を天然に作る性質をもち、「あわびからとれた真珠はあわび珠とよばれ、真珠の別名として和歌などにもたくさんよまれている」（前掲書「動物の世界」二九二頁）という。真玉九例が真珠であったかどうかは判らない。

海の玉の場合（水底に潜る八例、万九三三、一三〇一、一三〇二、一三一八、一三一九、四一〇一、四一〇三、四一六九、玉をひりひとり一四例、万一二、一〇六二、一一四五、一一五三、一一五四、一二二〇、一四〇四、一六六五、三二四七、三四〇〇、三六一四、三六二七、三六二八、四六三八、玉を手に巻き五例、万四二四、以下玉の種類不明、万四三六、一〇一五、一三〇一、二三五二、玉を敷き君を迎える八例、万一〇一三、二八二四、三七〇六、四〇五六、四〇五七、四〇五七、四二七〇、四二七一）底に潜り、ひりひとり、巻き持ち、敷きつめて彼らは自然のエネルギーを岸辺の海に潜って採集し、身の回りに敷きつめ、あるいは身に巻きつけて活性を図ったのであろう。共震体として同調させようという祈りのパターンをなしてゆく。

「藤波の、影なる海の、底清み、しずく石をも、玉とぞ我が見る」（万四一九九）

玉は海鳴りによって震動を新たにした震動体であることによって、石であっても魂の活力に通じたのだと言えよう。色や形の美を魂の原型にするような趣味を万葉人が言葉にしたことはない。岸の近くの水底は最もイオン状況が活性化しているので、そこで貝に震動を共震させる「ひりふ」の動作を加え（a）、それを近くの大事な人（b）に身につけてもらいあるいは君（c）に来て頂く庭に貝を敷きつめている。生命感の素直な流れが一つのパターンを造ったのであろう。海鳴りの響きを転移した珠によって活性化されたものが魂であるという文脈になっている。

（2） 木の玉

橘等の木の実の場合三四例（ほととぎす鳴き一二例、万一四六五、一九三九、一四九〇、三九一〇、三九一二、三九一三、三九八四、三九九七、四〇〇六、四〇八四、四一一一、四一八九、声を玉に貫く二〇例、万四二三、一四六五、一四七八、一四九〇、一五〇二、一五〇七、一五七二、一六一八、一九三九、一九六七、一九七五、二三五二、三九一〇、三九九八、四〇八九、四〇〇六、四一一一、四一六六、四一七七、四一八九）、ほととぎすが来鳴いて橘の実にその震動が貫きそれを身につけて祈願するという形をとっている。木の実に波動を貫き転移させ身につけて活性化を図っている。波動を貫くという点で万葉の他の玉と橘の玉とが共通の作用を持つことになるであろう。拾うとすれば「ひらふ」でなければならなかっただろうし、飾りなら声でなく「紐に貫き」でなければならなかったであろう。

「・・・ほととぎす鳴く初声を橘の玉にあへ貫き、かつらきて遊べる間に・・・」（万四一八九）自然讃歌（万三九一二、三九八四）、妻問祈願（万三九九七、四〇〇六、四〇〇七、四一八九）、あるいは宮廷讃歌（万四一一一）がなされている。

それがそのまま挽歌にも適応されている。

「鏡なす、我が見し君を、あはの野の、花橘の、玉にひりひつ」（万一四〇四）

死んだ相手の震動を逆に玉に植えつけられないだろうか。自然の精気を伝えきれないならばせめて出合の姿を橘の生命感に残そうというのであろう。玉の習俗は死の世界にも及ぶものであったかもしれない。大国主の命も「身に瑞の八坂瓊をおひて長に隠れましき」とあり（紀一五〇頁）魂の鎮めに玉が深く関わっていたのであろう。

「玉に貫く、花橘を、乏しみし、この我が里に、来鳴かずあるらし」（万三九八四）

呪能（玉貫く）を否定形（乏しみし）にすれば家持の宮廷挽歌（来鳴かず）が成り立つという形をとっている。来鳴くは吉兆であり、来鳴かぬは凶兆を万葉では意味していた。鳥が来て橘の実に気合いを入れることもなくなってしまったという絶望の歌になっている。

（3）　さやけし

その操作が求めた心が「さやけし」であった。一八九頁に既述した音波的考察に加えてその基をなす宇宙的考察をしてみよう。

「大海の、磯下揺り、立つ波の、寄らむと思へる、浜のさやけく」（万一二三九）

「さやけし」として万葉の願望を見る場合、太陽エネルギーはｆｓ温帯モンスーン地帯では川の瀬、海の岸で発散される。佐治氏によればその太陽エネルギーは単に莫大な熱量による大気の循環を促すだけでなく、太陽の核融合によって生じたエネルギーとしての「太陽風」は、電子のシャワーを地球に降り注いでいる。それを電波望遠鏡で受信すると小鳥のさえずる鳴き声となって人に語りかけてくるという。鳥は朝の太陽を浴びた瞬間にそのエネルギーを生の讃歌として人に生動を刺激する鳴き方をする。すなわち分子レベルの生命現象に代謝作用を促して動的なバイオリズムをもたらす。例えば白血球の免疫活動を支援するカルシウムイオン濃度を太陽からの電気を帯びた粒子が補完するという。鳥声に命を預けた万葉人に太陽のエネルギーの恵みを電子のシャワーとして捉えることが可能になるのであろう（佐治晴夫「宇宙の風に聴く」カタツムリ社、一九九五年、四六頁）。

特に宇宙の基本的特質である「1／ｆゆらぎ」を通して潮騒は美しい波動を人の心にもたらす（佐治晴夫「ゆらぎの不思議な物語」ＰＨＰ、一九九四年、一六〇頁）、その聴覚を外部から刺激するる作用が脳の中枢と共震して細胞が無秩序に拡散する状況を修復させる働きをしていると考えられることになるであろう。宇宙のエネルギーを摂取して生命の滞りがちな自己同一性を、万葉人は自覚的に操作していたことになるであろう。人に対するよしみを瀬と磯に感じた万葉人がその媒体を鳥声と波音とに選んだのはあえて分子生物学的に捉えれば人の心をリラックスさせる音楽と同じ効用になっていたからであろう。そのようにアルファ波といわれる脳波は大自然の律動を取り入れたきれいな1／fゆらぎを示すものであったのであろう（佐治晴夫「宇宙の不思議」ＰＨＰ、一九九六年、六七頁）。
「水底の、玉さえさやに、見ゆべくも、照る月夜かも、夜の更けぬれば」（万一〇八二）
そこに共通していた対象は音であったが月の光を含めれば波動という言葉になるであろう。なぜならば死者の魂の汚れを清めるためにも生者が蘇生するためにも生きているものの清めが波動のエネルギーとして細胞の末端に生命感を高揚させる現代的な説明が可能になるであろう。玉を震動する共鳴体とて身につけて生の危機を修復しようとする行為であった。その震動は海鳴りに求められその海鳴りの震動は1／fゆらぎを最も美しく示しているとすれば、万葉の生死のパターンは末端の細胞の活性の法則に由来していたと言えよう。相手の魂に蘇生感を捧げようという叫びからパターンの核心が膨らんでいったように見える。なぜならばマイナスイオンの活発な所で呪物に同調させて「玉に貫き」、「ひりふり」によって転移した波動とに共鳴させ、「さやか」な心に清められた活力と考えて相手に贈ろうとしていたからである。波動的感性によって獲られた聴覚的感性は、視覚的感性より同体意識に優れていたと言えるかもしれない。
「わが背子が、かざしの萩に、置く露を、さやかに見よと、月は照るらし」（万二二二五）
汚れが汚れを招くような、わが身の細胞の乱れがないように、相手と月の浄化力を露の玉に受け止めて共有しようとしている。生死に関わらず、自然のエネルギーを伝え合おうとする意志によって歌は貫かれていたのではなかろうか。

流動する環境にふさわしく生命細胞に活性への機会を与えるものであった。自由に動き回る原子の作用を周りの原子が牽制する、そのバランスをコントロールするために万葉人は「玉を潜いてひりひとり」「橘をほととぎすの声に貫き」生動のエネルギーとしたかのようである。カオスの中に生の同一を貫こうとする意志は宇宙の波動に共震することによってよみがえりを繰り返したのである。ところが以上のような生死の全体の方式が崩れ始めたのである。

第二項　パターン喪失の進行

(1)　死の祭式の変遷

「魂は、朝夕べに、玉振れど、吾が胸痛し、恋ひのしげきに」(万三七六七)

この詩と共にはじめて多麻之比という字が万葉集に登場する。魂という漢字は万葉には見られない。玉(たま)に自然のエネルギー(ひ)を添えて再生を願おうとする構想で使われている。玉という揺らぎの波動のダイナミックな言葉の効用によって生のエネルギーの散逸を最小のものに抑えようとしている。この詩は胸が締め付けられて、生きる心地がしない苦しさを訴えている。(万二八)の真夏の熱気から蘇えられる霊性(ヒ)の再生は万葉にある生動感の回復を玉の振りに期待するものと同一の趣旨に帰一する。玉振りは生の躍動感を回復するヒリフル(乾)分子的操作だったのかもしれない。文字が生活の中に入るとき「玉」の「ひ」のもつ自己同一性への作用が失われたのであろうか。則ち鳥声に貫かれた玉、波音に同調する実感が失われた魂は発音が同じでも実態は既にその意識を離れたであろう。

　万葉の玉の歌はすべて言葉で相手に「たま」の震えを訴えようとする歌であったと言えよう。魂は震動体として見られヒ（霊）とされていたのである。さらに死後も波動の作用を継続するものであるならば霊魂を彼らはどうしようとしていたのであろうか。生者に対する礼節に優る礼節を死者に対して「たまふり」の震動によって成り立たせない訳にゆかなかったのであろう。

　あらきのみや（殯宮）の祭を経ても玉の震動が期待されなければその蘇生は絶望的であった。単なる妻問の及ぶ呪法ではなくなっている。

「荒波に、より来る玉を、枕に置き、我ここにありと、誰か告げなむ」（万二二二六）

　人麿の妻の死を代弁して第三者が歌っていて、誰がこの私の死んだことを夫に知らせてくれるだろうか。玉を枕にしているけれども再生を願う呪法はもう意味のないものになったとその無念な心情を訴えている。

「たまづさの、妹は珠かも、足引きの、清き山辺に、蒔けば散りぬる」（万一四一五）

　神霊となった魂に対しては、玉の呪法に加えて万葉はより手厚い弔辞を示さなければならない。

　単に呪法a、妻問讃歌b、宮廷讃歌cの三段階の祈願を捧げれば済むものではなくなっている。呪能a―で勧請b―して結界c―し、祈念d―して供物e―を捧げ、讃歌f―を奉っている。それは妻問の祈願をより精細に時代が許す限りの波動意識に満たされたものにしている。それだけ神霊の構えが堅固

になり、生身の人間の勝手な態度を越えた瞑想意識を許せなくなっていたからであろう。しかもe|が逆転され、f|は抹殺され、中央集権を急ぐほど、太古の共同体の方式は危機を迎えたのであろう。現世と来世の両界を橋渡しする媒体を失って、共震の方式を守れなければ、顕幽両界のバランスが崩れ災厄が訪れるであろう。万葉は相手に思いを響かせる言葉の作用を失うことになる。

生命感が支えてきたパターンの意味そのものが失われようとしている。震え合う媒体を失えば、霊の世界との通信が途絶え、両者はバランスを失い、霊界の荒れが表面化して来るであろう。文法書のない時代にもパターンが成立する条件は気まぐれの結果であったとは考えられない。玉に貫くのは鳥の鳴き声の震動によっていたのだし、貝のひりふりは海鳴りの震動によっていた。共に震動を転写しようとする共通した動作は「ひりふ」であり、ハ行をラ行で活用した動詞で震動が表わされていた。「ひりふり、ふる」・・・となっていて「ひりふり」が拾ふ、干るという意味に限定される時万葉の理解を歪めたのである。ひりふりをした人の分身として玉は相手に生動を励起して生の励みとしたのであろう。

ところが魂は玉の震動を奪われ精気を失ってゆく。魂という字に心の震えを感じられなくなると、意味を声で聞いた時と相違して、それを媒介する言葉の働きも衰えてゆくのであった。

玉は自然のエネルギーを震動として取り入れることを目的にした呪物であった。おもにそれは貝、特にあわび玉、そして木ノ実、特に橘の実であった。前者は波の音により後者はほととぎすの声によって生命感を起こし生命の象徴となる。その関わりの実態がいま崩れだそうとしていたのである。

日本書紀はその死の祭式を現世の合理主義に譲ることにした。古事記を日本書紀に訂正したときに政権の当事者達はパターン認識を捨てている。それはしばらくはその余韻を残してであろうが、重大な文化の変容であった。たとえ（a）タタリ、ミアレ、（b）ヒモロギ、ヨリシロ、（c）イワサカ、イワクラ、（d）イワイゴト、ミテグラ、（e）ハライ、ノリト、（f）タタエゴト、ヨゴト等の神道の概念をもってしても後戻りはできなかったであろう。

（2）　生を活性化させる方式（ヒリフリ）の変遷

大国主の命の事件を境にして生の方式にも変化が始まる。次の二頁分は再録になっている。古事記には十二の婚姻の物語が記されている。そこに共有されるパターンを辿ってみよう（神代篇は再録）。

①　鳥のニワクニブリをみてａ、イザナギ、イザナミの命は八尋殿の柱を回り結婚されｂ、あらたに国を生み出し大八洲国に君臨されるｃ。

②　その子スサノオの命は十拳の剣の呪力によって大蛇を斬りはふりａ、クシナダ姫一家の不幸を救い、二人は出雲の須賀の地に結婚の儀をあげｂ、彼らから大国主の命に続く支配の系譜が始まるｃ。

③　大国主の命はスサノオから試練を受けたがスセリ姫の呪物のひれを振り難を逃れａ、姫をうき

ゆいをなしｂ、大国主の命の地位が確立して国を治めることになるｃ。

④　その後その子孫のニニギの命がサルタビコの神がヒラブ貝に手を挟まれて海に溺れた時海の幸を献上して水中の魂を獲られているａ、それによりコノハナサクヤ姫と結婚しｂ、彼女から炎の中に天孫の系譜を生み出しているｃ。

⑤　ホオリの命は玉を玉器に入れ豊玉姫に贈られａ、彼女の父から妻とする承諾を得て三年ワタツミに過ごしｂ、見失っていた釣り針を見つけて帰国し支配権を回復したｃ。

⑥　大物主は丹塗矢に身を変えてかわやに忍び込みａ、下からセヤダタラヒメのほとを突き上げその矢を床の上に置いて寝るとその矢は男の姿になり夫婦の関係を結びｂ、三輪の主として君臨する大物主になったｃ。

以上は神代篇の物語であるが、それらは呪物のふりを通してａ、新婚を成り立たせｂ、政治権力の確立に到っているｃ。順序の不同も見られないし、系譜の混線も見られない。次は神代篇以降であるが手順の入れ替えが見られる呪法が混線し始める。

⑦　神武天皇は大物主の娘イスケヨリ姫を野をゆく女達の先頭に見つけて妻問するが呪物に依頼することもないａ、その後狭井河のほとりの葦原の小屋において夫婦の関係を結びｂ、皇子をえているｃ。

⑧　大倭建の命はミヤズ姫の床に入りｂ'、剣を彼女に預けて運気が萎えａ'、イブスキ山に住む神に惑わされて死ぬｃ'。

⑨　新羅皇子マエノヒボコは赤玉と結婚した b、赤玉は日光に感染して生まれた娘であった a'、その地に支配権を確立することはなかった c'。
⑩　応神天皇は先ず支配権を得た c'、ミヤマガハエ姫に眉を画く女がいるという内容を知らせた a、そこで婚姻をなし b、ウジノワキイラツコが生まれた、カミナガ姫にも詩を贈り、枕を共にしている b'。
⑪　仁徳天皇は父応神天皇にカミナガ姫をもらい受けたが清めの祈願をしていない a'、枕を共にすると b'、内紛を収めて支配権を得ている c。
⑫　雄略天皇は河内への途次焼討ちを思いとどまり a'、ワカクサベの命をめとり b、皇子は生まれず、泊瀬の朝倉宮で天下を治めた c。

神代篇以降は成婚と支配の確立が類型の枠を外れだしている。手順が入れ替わり、皇子の存在も不確かであり、妃も複数になり、呪法もあやうげである。形式的な形が申し訳的に付随しているに過ぎない。清めの呪法のなかに a、皇統の系譜が成り立つことによって b、権力の繁栄を讃美することcが、次第に見られなくなっていったのである。

パターンが衰退する結節点に大国主の命が位置していたのである。権力者は大国主の命をそれ以前の流れに置くのかそれ以降の流れに置くのか戸惑ってしまう。対応がそれぞれ異なっている。古事記の姿勢は日本書紀によって逆転させられている。それは記紀の神話が大国主の命の段階を境にしてパターン認識を実質的に転換したことからであろう。全国的統一が最終段階に入ったということでもあろう。基本的なパターン認識によって営まれてきていた社会生活も大陸の法制による秩序へ転換を余儀なくされたであろう。

死の儀式のためにも、あるいは生の活性のためにもかつては呪法によって心身のバランスを回復させていた。ところが大国主の命の事件が境になって神代の方式が行き詰まってしまう。もちろんパターを失ったのは物語の文脈だけでなく、語彙の意味の構成も同様であった。万葉ですら意味の類型が古今集まで続くことはなく、類型認識は途絶えている。共同意志を支える手段としてのパターン認識は理論の面から情念の面にまで及んでいた。貴族の詩集が真っ先に万葉のパターンを排除したであろう。その最大の理由は視覚言語による叙情によって聴覚言語による祈願の形式を失っていったからではなかろうか。

第三項　神秘を表現するパターン喪失の意味

類型を形成する力が衰えたということであろう。生死の流れを集団がそれぞれの立場で支え合うという方式をなくしてしまう。生きていく人ならば気力を与え、死んだ人ならば鎮魂を与え、互いに支え合う姿勢を共有できなくなっていったのであろう。その時までは共同生活の最低の合意事項を基にしてお互いが自然のエネルギーを自他のために取り入れて祈り合う方式であった。その手順が生成の方式となり、あるいは祭式となって不文律をなしてきていたものである。自然のエネルギーの中には宇宙からくる波動の作用もあった。鎮魂のためには来世に通ずる祈りも歌わなければならない。時空を超える波動の作用が実感されていなければ、自然を取り込む波動的な処置もありえない。例えば呪物は玉と葉でありそれを「ふる、ひりふ」は呪法の基本的姿勢であって、そこに震動に基づく祈りが成り立っていたことを示している。神の出現に関しても自然のエネルギーのもっとも活発な場所で、瀬と磯における祭礼が営まれていた。万葉人は鳥が羽ばたき鳴く震動に恋の成就を信じ、来鳴かぬ姿に絶望を読み取っている。古事記人は冷たい河と海にみそいで神を取り込む瞑想をしている。

その流れを断ち切ったものは何であろうか。まず共有されるべき集団意志が巨大な集団の蔭に隠されてしまったからではなかろうか。その支え合う共通意志が見失われるとそれが支えた形式が崩壊するのも時間の問題であった。

玉が魂となるとき玉に転移すべき波動が失われるであろう。すると「ぬば玉」八二例は意味を失って形骸化し、単に黒二五パーセントや夜四三パーセントを修飾する枕詞になってしまう。もしも「ぬばたま」に玉の震動を回復させて解釈すると歌の意味はどうなっていたであろうか。

ぬばたまには玉のもつ気迫によって配偶の成立を求める濡れた黒のもつ気迫があった。万葉で濡れた衣は挫折した絶望の象徴として闇に希望を求める意志を秘めていたのであろう。

「ぬばたまの、わが黒髪を、引きふらし、乱れて更に、恋ひわたるかも」（万二六一〇）

絶望的に引き離されてしまっても黒髪の振り乱れる活力を諦めていない。ぬば「たま」は、ひき「ふる」ことによって生成の回復を祈る呪言になっている。共鳴の共有によって深い思いが時空を超えて響きあっていたのであろう。枕詞には振られた呪物で漆黒の闇に妻を問うという意志が込められていたのではなかろうか。ぬば玉の玉は混沌としたエネルギー状態の中から奮い立とうとする気力を潜めている。ところがそれが文字として目にみる記号となった魂からは音の響きが消えたのであろう。ところが古今になると

「うつ蝉の、からは木ごとに、とどむれど、玉の行方を、見ぬぞ悲しき」（古今四四八）

魂の飛び去った抜け殻に精気を回復することは難しくなっている。無常観が傍線のように古今集の玉の四〇パーセントに達している。（古今、自然讃歌・一六五、二二二、二二五、三三九、四一七、四三七、四四八、八七四、九二二、九二三、一〇〇二、一〇〇五、妻問祈願・四〇〇、四二四、四二五、四八三、五三二、五五六、五五七、五六五、五六八、五七一、五九九、六七三、六六七、八四一、八五八、八七三、九一六、一一〇二）。響きに身を震わせるよりも形に捕らわれて心を閉ざし、あらたまる年の蘇る迫力が見られなくなってしまう。

「荒たまの、としのをはりに、なるごとに、雪も我が身も、ふりまさりつつ」（古今三三九）。玉の波動が古今集から消えると、一年のくびかせから抜けでようとする躍動感も閉ざされてしまう。呪言の働きもおじけづいてきて、せっかくのあら玉も空しく雪に降り篭められている。それに反して万葉では時間の経過を新しくする玉の作用「あらたま」がリズムを刷新する期待を引き受けている。命の水先案内人としての鴬の鳴き声の1／f揺らぎに身を喜んで預ける。その晴れがましい明るさ

によって、未来を先取りする開発力を探っている。二つの詩集の間には耳と目による感覚の違いに基づく生気の輝きの違いを際立てている。

「あらたまの、年行き還り、春立たば、まず我が宿に、鴬は鳴け」（万四四九〇）

安定性より揺動性を選ぶことによって、万葉には自分の生の場は自分で構築しようとする意志が漲っている。揺らぎの場に遊び、新しい状況を進んで受け入れようとする。古今は逆に期待感が湿っていて新年に立ち向かう自然の力に与ろうとする気迫に乏しい。

大国主の命は死後の世界に誘われた者として今生に永遠の別れを告げて「己れ命の和魂《にぎたま》を八たの鏡に取りつけて」（前掲書「古事記祝詞『出雲の国の造の神賀詞』」四五五頁）杵築の宮に静まり、考古学的資料によれば死者埋葬の象徴である大きな曲玉を身に着けられて祭られる。「身に瑞の八坂瓊をおひて長に隠れましき」（紀神代下第九段一書第二）。敵の首長を祭らないでその地域を征服することはできない。「天神の勅教かく慇懃なり」（配慮の行き届いた慇懃な提案だ）（岩波版「日本書紀」一五〇頁）と評価して大国主の命は彼の讃美を尽くした祭りを信じて幽界に去っている。十分な祭をおろそかにすると例えば皇子ホムチワケの口が聞けなくなり、仮り宮を建て祭ると口が聞けるようになったと云う記録が出雲の社について残されている（垂仁記）。

一六六五年、寛文五年出雲大社の東方二〇〇メートルに鎮座する命主神社の裏で本社造営のための切石工事をしていたところ、大石の下から硬玉製勾玉が出土したという（前掲書「出雲の神々（上田篇）」四四頁）。そのような曲玉を着けて身につけて祭られたのであろう。命のやり取りについての秘法によったものであって、玉は単なる装飾品ではなかったであろう。パターン認識は出雲ではまだ健在だったのであり、曲玉は心の波動によって次元を超えて働きかける祈りの媒体であった。別次元から思いを現世に及ばし続けるているときその清めの響きを逆に受け入れる窓口であった。玉に自然の波動を回復する鎮めの作用を人は繰り返さなければならなかったであろう。一方で大らかに躍動する玉を万葉で歌い上げながら、他方では大国主の命の曲玉を絶望の闇に閉ざし続けることははばかり多いことであったに違いない。高層に構えた社において少しでも心地よさを与える潮騒の響きを近くに伝えられなければ、前世とのバランスを回復することはできなかったであろうからである。

しかし大国主の命を書き上げたときに神代の精神史が終ろうとしていた。そこには確かに悠久の自然と一体になって生きる法則に貫かれてはいた。理屈も文法もない時代には自然の法則に当てはまらないものは弾き出され、その時間の長さに耐えたものだけがパターンの形を残したのであろう。しかしそのパターンは悠久の命を大国主の命に許す精神史上の試みを受け入れたであろうか。記紀にも祝詞にも試行錯誤の苦衷がにじんでいるが、誠意を尽くすほど綻びが目立っている。

古今集の魂は精気が飛び去った後の脱け殻になってしまう。無意識化された命の流れのなかに新しい権力が作為の文字を意識的に容赦なく割り込ませてきている。それが表音文字であればまだ救いもあったであろう。

そこで表音文字を残している万葉によって彼らのパターンを再構成すれば各要素の使用頻度の割

合から源初の時代精神に遡ることができるかもしれない。しかし万葉の意図を始源の実相に位置つける作業がいつまでも残されることになるであろう。

大国主の命の神話は少なくともパターン認識の世界に生きる最期の姿を描いたものであろう。その心理の傾向は自然の中で生き抜く宇宙大の気迫を伝えている。空間も時間も次元を超越して大きな広がりをもつものであった。それは自然と一体になって生きようとした原初の人達の姿だったのであろう。

だから前世についても、空しく死んだ人達の叫びを己の中に宿しているのであれば、その響きを弔うことなしには現世を生き抜くことは難しいという懸念を大国主の命の神話は表明していたように見える。

大国主の命の神話は縄文の精神を締めくくる位置に置かれたが、朝廷は滅びゆくものを滅びゆく者のパターンに任せることができなくなろうとしていた。その思考の断絶は問題を孕んでいたのではなかろうか。今ではパターンそのものが消え去ったといういぶかりにもならない。

「人間の・・・目標は人間の生存という大目的に向かって統一されそれが価値のシステムとなっております。ここで価値というのは客観化されたものではなく個々の人間を動かす意志と情熱につながっています」（渡邊前掲書「認識とパターン」一八四頁）と渡邊氏は言われる。そのように生存に直結した価値は直感的であり理性的でなく意志と情熱に条件づけられている。その否定は民族的生存の否定に至る空虚さに連なるであろう。

だから波動の力をもつ言霊をむやみには否定しきれなかったであろう。日本書紀や祝詞が生死の法則について試行錯誤を繰り返す程、大国主の霊の迷いは深められたであろう。地方の信仰をどのように荒廃から救わなければならないかという古代精神史の重い課題を解決しなければならなかったに違いない。地方を征服した最大の功労者としての大倭建の命が自滅するように断罪されていった。それは原初日本の精神に対する限りない愛着による断罪だったのかもしれない。銅器が鉄器となり、言霊が漢字に置き換えられ、太古の精神文化が崩れ始めた時、縄文に対する挽歌を大国主の命の悲劇にだぶらせて古事記は歌ったのではなかろうか。

大国主の命を祭る方式には記紀にせよ祝詞にせよ満たされないものがあった。それを補うにはまだいくつかの課題が残さたままである。瞑想はイオン波動の自覚としてのみ、みそぎの成果に至るであろう。

第六章　地域の鎮魂 ―万葉人にとって「国」とは何であったか

第一節　振る里から古里へ ―基礎領域の変貌

大国主の命に捧げた祭りは済んだかもしれないがが、まだ収まり切れない地域の魂の悶えは残されたままであろう。そこには根深い思いが刻まれていたからかもしれない。国は生命体でありその魂も波動の中で息づいているという見方をしていたように見える。万葉の古里の息遣いから見てゆこうと思う。

第一項　クニの根源的な要素 ―波動の世界

万葉の「ふるさと」の例は十例あり、古里は音の世界と密接な関連をもっていたように見える。「古里の、奈良しの丘の、ほととぎす、言告げ遣りし、いかに告げきや」（万一五〇六）

ことづてを頼まれたほととぎすがその気持ちを本当によく伝えてくれただろうかと不安げに尋ねている。振る里の震動空間にほととぎすの鳴き声が響いて、恋心の震えを伝えるものになっていたのであろう。そこには発信と受信が同じ共鳴の場で行き来し合っていたときの通信の記憶が残されている。故郷の人々の思いは震動によって伝えられるものであり、それを仲立ちする鳥の鳴き声に人は人格的な期待を寄せていたとも言えるであろう。

「古里の、神名火山に・・・明け来れば、柘の小枝に、夕されば小松が梢に・・・ほととぎす、妻恋すらし、さ夜中に鳴く」（万一九三七）

震動空間に育まれているという信頼感によって、古里のほととぎすの鳴き音が妻恋の声として響いている。その鳴き声をこの一首は朝も、夕べも、夜中にも響かせている。とするならばこの歌はむしろ古里の自然に同調感応しようとする祈りであって、鳴き声の叙情でもその叙景でもなかったに違いない。人の心を橋渡ししてもらいたいという願いが鳥の声に響いたのであろう。

「君により、言の繁きを、ふるさとの、明日香の川に、みそぎしに行く」（万六二六）

自分にかかった疑いを晴らすために古里の川の流れを浴びよう。噂で汚れた印象を消すさやけさを期待している。自分に嫌疑を掛けさせる自分の汚れを水の響きで流し去ろうとしている。運不運を左右する責任に預けられるならば、爽やかな古里の川の響きによって人を活き返らせる力をまず呼び込まなければならない。

古里への愛着心は自分を生かした音に基づいていたからであろう。

「朝霞、かひやが下に、鳴くかはず、声だに聞かば、吾恋ひめやも」（万二二六五）

蛙の声がなければこんなにやるせない気持ちにならずに済んだであろう。生まれて以来聞き続けた古里の音響環境の中で人の細胞もその中で響き合いをしてきたであろう。その響きに純化された細胞の働きは、その懐かしい音と共鳴して励まされたであろう。

言葉の配置も同型になっている次の歌を見てみよう。情景も違うし対象も違うが発想の型が共通している。仮定法で音を聞いて願いをかけている。情景を描写したものでもなく叙情に終わってもいない。

「秋山の、したひが下に、鳴く鳥の、声だに聞かば、何か嘆かむ」（万二二三九）

秋空に余韻を残して鳴く鳥声が、安堵感を与えるならば言うことはない。音を回想して命のはずみとしている。

故郷の空間に響いた波動に自分の息遣いを感応させ、それによって乱調の不安を鎮めようとしている。それは生者も死者も、地域の持っている波動の中で生きた共震体の効能であった。音空間は生存の根拠となる波動の基準を提供することによって、人の原音を形成する。その震動に合わせて生きた集団は波動によって団結を強め、恋心が第三者にも通じてしまう。この二つの歌は故郷の響きを思って躍動感を甦らせる力を持つが、同型の歌い方の裏に目的意識も手順もパターン化された命のリズムが控えていたと言えよう。

「青山の、石垣沼の、水隠りに、恋ひや渡らむ、縫ふ縁を無み」（万二七〇七）

人に解らないように逢う手だてが見つからない。沼の水にでも隠れて恋い続けなければならないのかと嘆いている。抑えきれない心が聴覚から小脳、海馬、脳幹などの脳の中枢に響いている。

有機体として共同体には言葉が発生する以前にすでに共鳴音が響いていたであろう。危機に出合うほど一つの有機体のように意志伝達の経路を強化したであろう。その時の意志の伝達の痕跡を万葉は残していた。それは共通の意志を結集させて集団の安全へ成員の意志を励起させる働きをもつものであった。言葉が意志を共有することによって守り立てられたのであろう。「言霊の幸はふ国」は一人一人の息遣いを集団の息遣いに合わせることによって、孤立した無力感を強力な意志力に結集する。無数の蛍が点滅を一斉に繰り返すような統合性の強い群体的な社会が営まれていた時の名残であった。

「敷島の、大和の国は、言霊の、幸はふ国ぞ、ま幸くありこそ」（万三二五四）

共通の意志を通わせあって集団を成り立たせようとする、危機への構えがあった。固体を超えた群隊の共通意志の通じ合う集団の幸福感を歌っている。

「大和の国は、言霊の、幸はふ国と、語り継ぎ、言ひ継がひけり」（万八九四）

万葉は認識のもつ伝達上の問題点を聴覚が聞き分けてしまっている。発声の響きが実態であった。名称は音として声に出したときに実態が出現する。見える姿はその後で認識される。すなわち視覚によって認識するときの問題点を聴覚で判断する万葉の立場から見抜いて「神代より人の言い継ぎ」（万三二二七）「幸はふ」（万八九四、三二五四）魂で讃えたのであろう。音空間に馴染んだ共鳴体はその懐かしさを末端の細胞で感知する。生と死について万葉人が時空を超えて通じ合う叫びを聞き出しても信じようがなくなってしまった。悠久の死者の世界と通じ合って「神代よりかくなるらし」（万一三）と受け止める。時間のうつろいと空間は「天地といや遠長に万代に」（万四七八、三二三四）

波動に乗って広がっていた。その波動の波及と共に「天地に満ち足らはして恋ふ」（万三三二九）。その自我は万有の中に溶け込んでいる。だから万葉には宇宙の無限の内部構造に逆らってまで主張された自我の孤立した主張は見られなかったのであろう。

その感応を覆い尽くそうとする文化が押し寄せてきていた。大陸では統一の事業が始められ特に墓制に表れた文化はそれまでの日本の文化を大きく変えるものであった。一九七二年発掘の高松塚古墳、一九九八年発掘のキトラ古墳の装飾に見られた四神、星宿は、万葉に対する文明の挑戦だったかもしれない。鎮魂であろうと権勢の押し付けであろうと場の音空間の点からみれば星宿は借り物の権威に過ぎなかったのではなかろうか。

例えば持統天皇は夫天武天皇の崩御に際し星の挽歌を歌われている。

「北山に、たなびく雲の、青雲の、星離り行き、月も離りて」（万一六一）

無限の彼方に天皇が去ってしまうと、一人残された存在の根拠がなくなってしまう。星に対する生活実感と天文図との間にはたとえ同一人物の意図によるものであっても新旧の層が折り合いをつけ切れていない。同時代の人物の中に時代の変貌を物語る断層が走っていたのかもしれない。たとえ古墳の星が夫天武天皇になぞらえられていたとしても、持統天皇の真意は星を永遠の死別の象徴として詠んでいる。ちなみにキトラ古墳の星座は朝鮮の平壌に於ける観測図と考えられるということである（ＮＨＫ「キトラ古墳の天文図」猪熊兼勝氏解説一九九八年五月三十一日放映）。宮島一彦氏によれば「中国の星座体系」になっているという（「アサヒクラブ」十年九月一八日号二二頁）。

実測的な天空と波動感覚との間にずれを避けられなかったであろう。少なくとも宇宙の別の実態を被せられた感がある。第一篇第二章の雲のところで雲は震動圏を外れれば通信の役を降りていたのである。その雲が月や星のように遠ざかると歌われた絶望感が古墳の天井の天体図の中に収まってしまい、永遠の別れを中和するという慰めを受けてしまう。五行思想がそれを理性に納得させようと迫る。その違和感が大陸系の星座に残された時死者との通信は途絶えたであろう。

それらの変貌が万葉ではどのように現されていたかを月と太陽の扱い方の違いに見てみよう。

第二項　国の新しい要素 ―月から太陽へ

万葉では月と太陽の扱いに顕著な相違があったように見える。即ち太陽を直接讃える歌がなく、月を厭う歌が見られないのである。

太陽を嫌う歌から見てみよう。「日を闇に嘆く」(万六九〇)、「地さへ割けて照る日」(万一九九五)、「根もころごろに照る日」(万二八五七)、「日の暮るらく楽し」(万二九二二)、「日照り雨待つ」(万三五六一、その他・万三一七、二九四〇、三三一九、三三五八、三八九五、四二四五、四四六九)でありそこには太陽に対するよしみは見られない。ところが傾斜した角度から入って来る太陽光線は宮廷関係の枕詞として別扱いになっている。朝日六例のうち五例は岡部、春日、宮を修飾しそれぞれ朝廷の葬送、鎮護、居城の場所であった。うち日さす一三例はすべて宮を修飾し、夕日二例は春日、大宮を修飾している。又高照る一二例は日のみかど、日のみこの枕詞になっている。その他一例ずつあるあさづく日、日ざらし、日のくれ、日むかひ、まき日が同じ傾向で扱われている。以上の日は sun の意味の日であり六〇例を数えるが、day の意味の日二五三例をここでは考慮していない。民俗として敬遠されていた太陽が統一権力の権威のシンボルとして考えられるようになったのかもしれない。なお「照る」六九例のうち太陽の照るは一〇例あって大部分が悲しく泣くに終る歌になっている。

月を見てみよう。月が立ち五例、出でて一一例、空を渡り八例、清く一〇例、照り映え三八例、満ち足りた三例、よき四例、月影を落し三例、又傾き七例、隠れ七例、いざよい二例、欠ける一例となっている。人はそれを待ち八例、さやけく五例、見て七例、飽きない（一一一例その他計一五三例）。「照る」のうち月は五八パーセント四〇例に及ぶが、その照り方は清く四例、さやけく二例、あかねさし一例、心しるく一例となっている。太陽は忌まわしく思われたけれども、月は讃えられている。照るは月日のほかには草花三例、橘三例、水二例、玉二例、山二例、その他一例ずつ七種ある。それらは太陽光以外の大部分が反射光線あるいは淡い光であって「水底の玉や葉が照り」（万一〇八二、一三一九、一八六一、四五一三）「草花や橘が照る」（万一五一七、一七五三、一八六四、三八二三、四二一一、四二二六、四二七六、四三九七）「神霊の呪法で照る」（万二二三〇、一三三一六、二三五二、一三三五四、三三二四三、四〇一一、四二七二）その他照るが四〇例になっている。即ち彼らは太陽光を瀬や磯のミクロのエネルギーに転化したものとして受け入れたが、マクロの直射日光そのままを受け入れていない。ところが淡い反射光はそのままミクロのイオンの作用として好んで取り入れられている。その結果月と太陽では表面上正反対の受け止められ方をされたと言えよう。リーバーによれば「松果腺が地磁気の影響に敏感で、またそれに共鳴する」という（リーバー前掲書「月の魔力」二〇二頁）。その松果腺はありとあらゆる生物学的リズムを調整しているし、月の位置は地球磁場に周期的な変化を起こす（リーバー前掲書「月の魔力」一二二頁）。そこで「生物を含めたありとあらゆるものが天体サイクルと共鳴している」（リーバー前掲書「月の魔力」九八頁）ということになるであろう。

照る月の場合望月に思いを満たされ（万一六七、一八〇七）、三日月に眉を思い（万九九三、九九四）、満ち欠けする月に無常を思う（万四四二、一二七〇）という相関で歌われている。自然の情景に素直な情念を歌いだしたのであろう。月の満ち欠けに敏感に反応して自然を歌に織り込み相手の心もそこに引き込んでいる。月齢と夜空の情景との相関において納得し合う情念で歌を詠んでいる。そこには自然との共感に感性を基づかせているために情念の中に主体性が保持されていたと言えよう。

「万代に、照るべき月も、雲隠り、苦しきものぞ、逢はむと思へど」（万二〇二五）

好ましい波動を受け取る感性によってお互いの心を響かせ合っている。月は人の生命力の消長に分かち難い関連を持つ。彼らは月の満ち欠けに照らし合わせた祈りによって、心の底に届く伝達力を成り立たせていたのだと考えられる。月の運行に合わせた情念の生活には自然人の慎みと積極的な対応が見られた。ところがそこに新しい要素が入り込んできたのである。

太陽のイメージで政権の神格化が始められたからである。地を割く太陽から高く照り輝く太陽に藤原の宮廷歌人がニュアンスの転換を図ったのであろう。「高照る（光る）」は「日の御子」の枕詞としてその八三パーセントが万葉の第一巻と第二巻に集中して天武・持統朝廷の権威を謳歌し、太陽讃歌を意味する言葉が権力を正当化する手段として取り入れられている。かつては月や淡い光が共通の感性を引き付ける自然の好意であった。その透き通っていて純粋な状態のところに文明の作為が加わってきたのであろう。雲に対して輝く日を対置し、光の世界に対して闇の出雲という構造を演出させたのかもしれない。月夜の世界は冥界を連想させるものに切り替えられてゆき、それを日本書紀が追認する。

「日の神を生みまつります、オオヒルメムチと号す。一書に云はく天照大神といふ・・・この子光華明彩しくしてくにの内に照り徹る」（「日本書紀上」（八六頁）。

太陽神のイメージが打ち出されることになる。ところが古事記にはイザナギの命が輝く神を生んだという既述が見られない。

「左の目を洗ひたまふ時に成れる神の名は天照大御神」（記上一三ウ一）とだけしか見られない。

この「照」を輝く太陽光とするのがよいか、淡い反射光とするのがよいか。そこで上田秋成が「天地間の異邦をことごとく臨照らましますと言へる伝説なんらの書にありや」（前掲書「宣長全集」八巻四〇二頁）という疑問が提出されることになる。

ところがそれを受けた本居宣長は「日神と申す御号をばいかんせん」と言い、日本書紀を引き合いに出して相手を黙らせている。そこで天照大神の別名オオヒルメムチのヒルの名前も「昼」に関わる言葉になってしまった。しかし「海女少女ども、領巾《ひれ》も照るがに、手に巻ける玉もゆららに、白たえの袖振る見えつ、相思ふらしも」（万三二四三）の「ひれも照る」がひれと照るの関連を示唆していたように見える。さらに「白たえの、天領巾隠り、鳥じもの」（万二一〇）と照らし合わせてみると、「鳥のようなひれ」に天ひれが由来し、それが「天照らすひるめの尊、天をば知しめす」（万一六七）に発展したという相関が言葉のつながりに示されている。意味のつながりとしては万葉のひれの清い光（万二一〇、三二四三）が天照らすの「ひる」（万一六七）の淡い光の救済力に通ずるかもしれない。その時反射光線であった月の光が太陽の傾斜光線でもよいことになり、更に一挙に太陽の忌まわしい直射光線でも「光華明彩し」その強烈さ故によしとする飛躍までなされてしまったのであろう（紀上八六頁）。

太陽光の意味の変遷に対して柿本人麿が果たした役割を軽視することはできない。日の御子一〇例のうち人麿作が五例、舎人作が二例、持統天皇作が一例、弓削皇子を痛んだものが一例、不明一例であり同一王朝の新しい文化の傾向を人麿がリードしていた状況を伺わせている。先に見たように単に日とあるものは嫌悪の対象であったが、人麿によって宮廷讃歌に変貌している（日の経、日の緯の御門、日の御蔭の水を讃えたもの万五二、宮廷挽歌一六九、一九九、妻への挽歌二〇七）。

その意味を考えてみよう。人麿の活躍した年代（柿本臣朝臣授く六八四〜柿本サル没す七〇九年）は記紀の編纂開始から完成までの期間（六八一～七一二）に挟まれていた。朝廷の理念を歌にした人麿が朝廷の理念を理論化した記紀の編纂と無関係であり得たであろうか。特に朝廷の権威を太陽になぞらえようとした時にその問題は起こったのであろう。新しい権威を象徴するものはその権威が全く新しいものだけに新しい象徴を必要としたであろう。朝廷はそれを太陽に求める。同時に反射光ほどではないが傾斜光の日を組み込んだ美しい枕詞が作り出されたのであろう。（あかねさす、うちひさす、夕日なす、朝日なす、入日さす）。彼の造語能力はそこで遺憾なく発揮されたと考えられる。言葉の背景にある自然の魅力に代わって言葉そのものが人を引き付ける魔力を彼は見逃さなかったであろう。太陽光線でも淡い光線ならば従来の光の働きからそれほど違和感を抱かせなかったからかもしれない。ともかくそれらの語彙は彼と彼の一統の独創的な発想によるものであったであろう。それは記紀の編纂者達に新しいシンボルとしての期待を抱かせたに違いない。ところがそれは自然に対する冒涜ではあった。淡い光ならばよいと言うものでもなかったであろう。六一八年にまず役の小角が伊豆に流されている。理由は「呪以て縛る」（続日本紀）からだとあるが呪のミクロの自然に忠実な作法だったとするならば波動認識の危険を知らせる信号になったであろう。三年後に人麿が正式に朝廷の高位の職朝臣に就いて太陽をシンボルにした歌を宮廷讃歌及び挽歌に歌い込み始めている。天武、持統、文武各天皇、草壁、忍壁、軽、高市各皇子及び明日香皇女外のために中心的な立場で彼らの権威を人々の情念に刻み込んでいった。

ところが彼の行く手を阻むものが彼の心の中にあったと思う。次の歌も彼の歌だったからである。

「あかねさす、日は照らせれど、ぬば玉の、夜渡る月の、隠らく惜しも」（万一六九、その他・万二〇七、二一二）

日は照っていても月が隠れてしまっては致し方ないと、自然を偽れない詩人の本音をにじませている。自然を味方にして彼の秀作が成り立っていたと強く意識していたに違いない。率直に表現しなければ人に訴えられないが、それも不敬罪を覚悟した上でのことであったであろう。月が太陽に対して優位にあるという歌人の本心が顔を出していなかったとは言えないであろう。更に天皇がいても皇子がいないのではやるせないというのでは、追放された役小角の二の舞をいつか自ら演ずることになるのを予想しなかったのであろうか。

一旦太陽の権威に火をつけながら民俗的な基盤からは引き離されていったのであろう。宮廷の修飾語がますます遊離していったからかもしれない。彼の使用した夕日、朝日、入り日、内ち日などの用語がそのまま宮廷においてすらその修飾的な役割をすら果たしていなかったように見える。確かに彼は心を誘う妖しい光を文学的に位置づけてはいる。しかし人麿は日光の王朝的な意志を確立しえたのであろうか。格調の高い人工的に異質な機能を語彙に注入したけれども、太陽が照りつけてもたらすプラスイオンの不快感を彼は誰よりも知っていたであろう。リーバーは太陽が高くなり乾燥熱風の到来と共に「大気中のイオンバランスが変化する。大気中の過剰な陽イオンにより人々まで陽イオンを帯びて来る」。セロトニンが過剰になり落ち着きを失い苛立つ状態になると言う（リーバー前掲書「月の魔力」一一八頁）。

だから彼が宮廷讃歌に打ち込むほど納得のゆく歌から引き離されていったであろう。彼の晩年に妻へ贈った挽歌はためらいもてらいもなく肉体が受け止めた月の印象によってその本領を発揮したものになっている。

「去年見てし、秋の月夜は、照らせれど、相見し妹は、いや年さかる」（万二一一）

ここに修飾の限りをつくした人工語がないし、理を尽くした構成もない。情感が自然の中に素直に融け込んでいて大らかである。過ぎ去った時間に共鳴しているかのようにさえ見える。すなわち彼は多分自ら口火を切って王朝讃歌をリードしたであろうけれども、一人歩きし始めた王権の逸脱には耐えられなくなっていったのであろう。朝廷は人間性を超えた絶対化を認めない人麿に対して耐えられなくなったのかもしれない。仮説を続けることを許されるならば、人麿の資質によって成立した宮廷文化はその資質ゆえに晩年を汚したのかもしれない。月をとるのか太陽をとるのか二股をかける彼の器用さを疑われたかもしれない。何故彼はサルという名称に甘んじなければならなかったのだろうか。万葉の絶頂期を準備しながら朝廷に密かに或いは臆面もなく反旗を翻している。梅原猛氏によると人麿の肖像にはいろいろの因縁話が多いということである。極端に左を傾いて（後ろを振り返えり）、像は首が抜け（回わ）るようになっている。いつも月の出る方向を向く伝説がある等というものである（梅原猛「水底の歌」下巻、新潮社、昭和五〇年、二二三頁）。月に心を惹かれて太陽を直視するのに忍びがたかったのであろうか。月の生命感に最後までこだわって妻への挽歌に彼の真価を発揮し、それを彼自らの挽歌としたのかもしれない。その間彼が与えた衝撃は計りしれないものがあった。その無視できない一つに記紀への影響があったであろう。

古代文化が日本書紀的太陽の直射によって割けてしまうのではないかという危機感から、彼は出雲の地に離れたか離されたかしたのであろうう。宮廷の文化的な変革は歌だけでなく、人事に及び、記か紀かの問題にも及んだであろう。さらに夜の月の光のさやけさを昼の太陽の照り輝きによって圧倒し、出雲の淡い光は朝廷の強烈な光によって名実共にその役割を終えていくことになったのであろう。

第三項　時代の試練 ―領域の組み替え

有機体として働いていた国家は権力の興亡を超えた有機体として働き続けるべきであった。新しい定めをできれば従来の様式の延長線上に求めるのが自然の勢いではあった。その国の魂は領域の生存意志として表現され、国家意志として作用するものでなければならなかった。それが生存理由となって生きた人格の存在感を国が保証し続けることを期待されたであろう。地域の魂を鎮められなければ収まりきれない地域の意志が残ったのである。F．ラッツェルの言葉を聞いてみよう。

「国家が有機体であることは一つの現実である」(F. Ratzel, Politische Geographie. Muenchen und Berlin 1903, s. 15)。彼は意志をもった魂として国を扱おうとしていたのである。有機的国家観に基づくものであった。それによって近世のドイツの各地の領邦は領域の共通の意志を永く保持されてきていた。その誇り高い独自の文化に逆らって、有機体の意志を中央に吸収してしまうことはたとえ絶大な権力をもった第二帝国のドイツであろうと簡単なことではなかったであろう。共同体の成員の抱く共通の情念は隣りの国への憎しみであれよしみであれ実際上の情念であって、集積されて作用を及ぼし続ける現実であった。それが更に各時代の首長の人間性を通して時空を超えて働く生命体となったのであろう。だから国家が権威を確立することは至難の技であったであろう。ラッツェルはその地域ごとの意志と統一者の意志の間の矛盾に自らの身を投じている。その古い領邦国家が大きいドイツに組み入れられ、新しい征服国家の意志によって思念的に劣位の立場に押し下げられなければならなくなる。見えない意志がそこに宿っている実体を失って引き裂かれる時、観念が実体に優先するものでありたいと無理な期待をかけたであろう。地理学もドイツの理想主義的な観念論から影響を受けなければならない。古代日本でも統一が地方の自己同一性を冒そうとするとき記紀はクニツカミを祭りアマツカミを思念の上で高揚することになって領域の問題が表面化したのであろう。水津氏が言われるには

「大小の歴史的領域の中で培われた独特の気風や宗教のもつ価値体系などの精神的流れを軽視しては現代の諸地域の正しい姿を掴むことはできない・・・深く沈潜する地域の精神と矛盾するのはまずい」（水津一朗「基礎地域の社会地理学的考察」大明堂、昭和三九年、5―1参照）ということである。古代でも地域に対しては神の名をもって守るにふさわしい独自性を認めていたのである。それは首長が自分の命を犠牲にしても人が地域と同体でありたいという地域との同体意識を優先さ

せようとする意志によるものであろう。

その時出雲に朝廷は祭人を派遣して祭事を厳修させている。国は有機体としての形態を失っても少なくとも魂をもった人格としてついには神格として扱われなければならなかった。出雲の名称が地域の魂に誇りを与え、領域オオクニの変動に耐えさせたのであろう。語感の明るいイメージが古代のロマンを誘いだし、国塊という概念が予想されることになる。

地域の魂が結集されたときは栄え、響き合いを失う時に崩壊するという認識の問題があった。故郷と自分の命を同一の運命共同体とすることによって、場と自己を同一の震動体として受け止めている。古里は振る郷において震動を共有でる基礎領域の意志であった。万葉仮名を見ると古里に「振るの里」という字を当てたものがある（万一七八七）。ふる里の自然が共鳴音を発する母器の役割をなしていて、人はそれに同調して再生への願いを掛け、愛着心をその身に共震させたのであろう。その広さは交通機関である馬の一日の往復距離に応ずるものであった。水津氏によれば国の実体は「国府から一日六〇から八〇キロメートルに殆どおさま」るものであったという（水津一朗「基礎地域の社会地理学的考察」3—3—a）。

第二節　クニから国へ——大国主の名称に表された時代の変貌

時代の変貌は首長の名称に忠実に表現されていた。大国主の命を滅ぼした朝廷の征服事業はほぼ全国に支配権を及ぼすことになったが、その精神的な征服は戸惑いを見せ、闇の世界に葬り去ることができない。地域の魂としての大国主の命をどう鎮めるべきであろうかと、地域に宿る魂を扱いあぐねたに違いない。それは首長の名称にとどまらず国の名称にも及んだであろう。

末端の組織も朝廷に帰属する意志により、権威のシンボルを整然と返還して地域の魂を絶やすまいとしていたのではなかろうか。中央の支配に服しきれない魂がせめて地下にその意志をとどめたかったのかもしれない。

「靭懸くる、伴の男広き、大伴の、国栄えむと、月は照るらし」（万一〇八六）

第一項　うつし国玉の神の成立―「うつし」を前提にした国家意志

「うつ」の厳しさを「玉」の震動で乗り越えなければならないという意志で国が身構える。それは同時に大国主の命が国に対してとった構えとなったのであろう。大国主の命の別称に宇都志《うつし》国玉の神とある（記上二五ウ二）言葉の意味を考えてみよう。大国主の命は国の魂に関わる神として扱われていたのである。

「（スサノオの命が大国主の命の前身である）大穴ムジの神を呼ばひて謂ひしく『その汝が持てる生太刀・生弓矢を以ちて、汝が庶兄弟をば、坂の御尾に追ひ伏せ、亦河の瀬に追ひはらひて、おれ大国主の神となり、亦宇都志《うつし》国玉神となり・・・』始めて国を作りたまひき」（記三〇オ三）。

彼が首長の地位についたとき、既に大国の地域の魂として支配に臨んだのであった。魂というのは生きている地域の生きている意志としてその役割を引き継いだということもあろう。例えば「うつし心」と言えば現実の厳しさにたじろがない意志を歌い込んでもいよう。万葉の世界では「うつ」は現実に対する情念すなわち厳しさのことであろう。語彙の意味の働きにも文献ごとの違いはあるが、無意識ではあっても意志を伝達するためには必要な情念を語彙はもっていた。そこでこの「うつし」一〇例も単なる現実の意味だけでなく「厳しい現実を処理する」気迫があった。うつし心は単なる「正気」(折口全集五—六六、日本古典文学体系三—二四二)を越えた厳しい現実に挫折しない意志になっていた。自ら厳しさに体面する迫力をもち、挑戦する意欲であった。万葉の「うつ」四歌を古今集と対照させてみると、

(1)「玉の緒の、うつし心や、年月の、行きかはるまで、妹に逢はざらむ」(万二七九二)

玉の振りによるように元気を出して、年月が変わるまであなたに逢うのを諦めようという。万葉に見られる「うつ」は、障害の多い現実に対して「たま」による処置を予期して使われている。「うつつ」一八例は「現実は厳しく」相手に逢いようがないのでせめて夢に見せて欲しいというのが九四パーセントを占めている。古今では例えば「うつしうへば秋なき時は咲かざらむ」(古今二六八)となっていて、うつしが色の移ろひから鬱つに懸けられている。

(2)「うつつには、逢ふよしも無し、ぬばたまの、夜の夢にを、継ぎて見えこそ」(万八〇七)

現実は厳しくて逢える状況にはないのだから、夜の闇に灯す希望を捨てまいと願う。大国主の命

の場合万葉的な「うつし」になっている。古今では「うつつには、さもこそあらめ、夢にさへ、人目をもると、みるがわびしさ」（古今六五五）となって現実の空虚さを表に出している。

（3）「うつせみの、命を惜しみ、波に濡れ、いらごの島の、玉藻刈りをす」（万二四）

絶望的な命を奮い立たせるために命がけで玉藻を刈取っている。万葉の「うつせみの」四四例は「障りが多くままならない」厳しさをいう。

（4）「・・・なびける萩を玉たすき懸けて偲はし・・・夢かもうつつかもと、曇り夜の迷へる間に、葬り葬り奉れば・・・玉たすきかけて偲はな、畏かれども」（万三三二四）前の玉は再生祈願、後の玉は鎮魂祈願を込めたのであろう。以上から万葉の「うつ」には「現」を、古今の「うつ」には「空」を当てるのがふさわしい。そしてその秘められたイメージとして万葉の「厳し」、古今の「鬱つ」がよいであろう。

そこで万葉を当てはめれば大国に責任を引き受ける人間は「たま」をもって「うつ」の厳しさに身を張る武人でなければならないということになるであろう。厳しい状況に追い込まれた国を奮い起こす玉の働きをもった名称になっている。まさに大国主の命は国家存亡の危機を自ら受け止めなければならない当事者になってしまう。彼は身を犠牲にして争乱を避けることになったのであろう。現実の厳しさを諦めて鬱の状態に籠った古今集的な姿ではありえない。

しかし問題はその危機を死をもって処理すればそれで済むことにはならなかったであろう。すなわち「うつし」としての国が厳しい状態になったのであり、人は彼を玉として対応すべき「玉の神」

に位置づけ、手厚い祭りによって鎮魂の儀式を永久に誓っていたとしても国の魂が残っていたのである。精神史に対応する精神域という場が一人の首長の処遇を超えて自己主張を始めたのであろう。

権力が消滅して首長の存在もそれと運命を共にするとき、固有の地域の存否はどうなったのであろうか。厳しい「うつし」の「国」の状態を処理する「玉の」働きを祭ごとに組み入れた大国主の命の存在が拒否された時に問題が残されたのである。領域とは領民がその願望をその土地に刻みつけ、そこに名称を与えてその願望を確認し、そこに神を迎えて誓いを立てそれにふさわしい奉納をもって祈ってきた地域であった。

第二項　大国御魂の命の成立―「大国」を「たま」で鎮める

大国主が死んで国家が統一されたとき地方の国がどう扱われるのか。記紀では大国主の命と同格の魂として大国御魂《みたま》の命（記上三七ウ八、紀上一二八）が扱われなければならなかったのである。大国に到るまでの変遷が縄文時代に較べて目まぐるしく行われたがそれでも地域は山や川が残っていたようにその響きを魂として残していたのである。それが大国主の命の去った後結束を失って危機を迎えたのであろう。

領域の広さと時代との相関関係は一概には言えないが、模式的に言えば徒歩による一日行程数キロメートルの領域《クニ》と馬による五世紀以降一日行程数キロメートルの領域（郡）を想定しなければならない。その徒歩による領域も前三世紀の稲作社会になってから変動したであろうから和銅六年の国は国府まで数十キロメートルの広さだと言われる（水津一朗「社会地理学の基本問題」大明堂、一九六四年、三―三―a）。稲作が生業の中心に据えられるようになるとその水田を確保するために集団統合の力を強くして内部結束を図り、次第に国に形が整えられていったであろう。国の結束を神に誓うシンボルとして銅剣や鏡が精神的帰属意識を保証し合う時代が数百年続いたであろう。大国はその後半に当たるであろう。すなわち連合政権の時代において銅鐸を接点とする権力相互の勢力のバランスを調整をしたであろう。

地方は大国に権力が集中され、古墳時代も五世紀には中央権力との対決に追い込まれたであろう。次第に地方に征服が及び七世紀後半には日本の統一が進んでゆく。万葉の中で歌われた国は郡の単位の領域として扱えるかもしれない。

この千年間の基礎的な生活領域は著しい変遷を重ねている。次第により大きな主体に組み入れられていったであろう。変動の中にあって国は基礎領域の精神的な結合体としての仕組みを模索し続けなければならなかったに違いない。大国は大和と複雑な交渉に入ってゆかざるをえない。

ところがその領域が中央に服従しその首長も排除されその地域の魂が荒廃するという事態がおこる。それは朝廷の中枢をも襲う。万葉の時代になっても領域という場のもつ意志の問題が残ったのである。それは万葉に見られる国という語彙に残された古い領域の姿であった。国を離れて旅する恐怖の跡を辿って、いかに彼らが精神的な圧力を国から受けていたか見てみようと思う。

「道の中、国つ御神は、旅行きも、為知らぬ君を、恵みたまはな」（万三九三〇）
旅をする夫を地方の神は排除しないで見守って欲しいといっている。
「雲離れ、遠き国辺の、露霜の、寒き山辺に、宿りせるらむ」（万三六九一）
思いも通わない国の境に一人寝をする夫を偲んでいる。この二首の万葉歌にはすでに統一した後も地方の恐怖が残されている。「国つ御神」は国ごとの守護神として外来者への敵意は変わっていなかったのであろう。

縄文人のムレる集団を「むら」と言ったか「しま」と言ったか、或いは「くに」が境界の標識からいつ領域の意味になっていたかは定かでない。弥生以降は個人の生存を預かる基礎的な集団としてはクニが前提になっていたであろう。そのクニが危機に晒される場合は個人にとっても命を晒さなければならない危機であった。このクニへの思いが象徴としての名に集団の実態を表す。物は仮象であり、山も川も名称を通して実態になり、人々の生活に組み入れられたのであろう。もしもクニに名称もなく境も不明瞭になるときは、生存の環境はたとえ食料に恵まれ侵略を受けなくても集団の崩壊をくい止めることはできない。

何代にもわたって集積されてきた地域の意志は、生きた有機体として人格をもち、主体の作用を及ぼしてきた。国を離れて旅するものが相手の国の「国つ御神」に礼儀を尽くさなければ人の命を支えきれない。その地域の意識はすでに形式的な実態を失っていたとしても、彼らの観念の中に実態として作用を及ぼし続ける名称であった。だから侵入者はその国を軍事的に制覇してもその地域の意志を制覇したことにはならない。地方権力を抹殺したとしても、地域に集積されてきた人々の願望が惑乱するだけであった。たとえ地域を象徴したリーダーが例えば大国主の命としていかに手厚く祭られた後であっても、古い領域に根づいた意志は新しい領域意志との間に摩擦を起こし続けたであろう。

「常知らぬ国の奥所を百重山越えて過ぎ行く」（万八八六）

領域を離れた敵意の中で病を得て自らの挽歌を実感を込めて歌う。領域の枠を維持するために成員の意志を確認し合って生きていた地域の意識は持続する他なかったであろう。簡単に解消されるはずがない敵性地域に身を晒して「遠き山辺に宿る」ような厳しさが万葉の時代にも続いていたであろう。そこで常に地域の意志の鎮静のために人々は祭りを欠かせなかったに違いない。だから中央権力の統制が末端に浸透した期間がどれほど続いたかは疑問である。国が破れても音空間の音を消すことはできなかったであろうからである。

だからたとえ大国としての領域の枠組みが崩れ、強力な支配者を失った後でも、元の地域に込められた安全と繁栄の念いが機能的統一体として働き続けたに違いない。「共有地の生態的連鎖は容易に変えられないからである」（水津前掲書「社会地理学の基本問題」三―五―b）その名称には思いを実体として集積しながら千年単位の時間の経過を経てきていたのであった。その名称を通して地域の成員がその生存を地域に預け、地域統一体としての集団はその精神を共有する。自然のエネルギーと共鳴し同調しようと精神的風土になじんできたのであろう。

領域に刻まれた精神的な共属意識が実態の地域を支えてきたのであった。ここでも実態は心が支える名称であり、その名称が指定している場の作用であった。それは征服地であっても新旧の場の精神的な葛藤は発生する。無始の時間の中に集積された地域の思いは霊的に処理されなければならないものであった。なぜならば別次元を行き来して働き合ってきた地域の精神に訴えるのでなければ、現世の権力者と言えども時が重ねた思いに対して無力を晒したであろうからである。

そのための儀式が「大国主の命」の祭礼と並行して同じ祭人の天の穂日の命によって行われている。それは地域精神の不安な悶えを「大国魂《オオクニタマ》」の神として鎮める儀式であった。その地域の将来と引き換えにして首長が死ぬ。死をもって贖った犠牲者を征服者が鎮める。同時に地域の魂を鎮める。それを贖い鎮めるのは征服をしたものが引き受ける。その根拠を万葉に見てみよう。

a　万葉の認識はまず恐ろしい山や川などに対して鎮まってほしいという願いから始まったのである。

b　その願望にふさわしい名称が任意の対象に対して共通意志によって付けられる。

c　名称に対象が寄り添って帯としてまとい、心をそれに通わせて好運を引き出そうとする。だからそれは目に見える実態に付けられた名前ではない。見えない命名の意図に従ってそれに合うような対応をしたのである。実態は機能の点から構成し直されるものであった。思いが実態であるときに征服者を凌ぐ反逆の意図が芽生えよう。だから名前の付けられた地域は地域が征服されてもその名前は働き続けたのであろう。名前は効能をもって作用するので、悪意の操作を避けなければならない。

「畏しみと、告らずありしを、み越路の、手向けに立ちて、妹が名告りつ」（万三七三〇）

神の名と張り合って名前を晒すべきものではなかったが、最大の効用は名を通して安全と再会を期待するほかなかった。名前は存在の基盤であって身体はそれにまつわる現象であった。身体を名前に合わせて営めば、名前に込められた実態が身体に宿るという考えであった。観念であった名称に実態を呼び込む作業が必要であった。その実態は名称に従って形成されたのである。国も人も同じように目的意識を明確にする名称をもたなければならない。「文化景観は・・・目的達成の活動成果として作り出されたものである」と宮川氏は郷土人の意識を集めた「団体意志力」を主題として経営がなされなければならないことを説かれている（宮川善造「現代地理学原論」大明堂、昭和四〇年、四〇、三三三頁）。

国に共通の意志があってそれを実体とした名前が付けられて、集団民俗が営まれたのである。精神的に一体感をもてる地域に生きていることが必要であった。でなければ集団を結合できない。そのために境域を共有意識で感じ取る感性が成長しなければならない。生存を名前の同調体として支え合う意志によるものであった。それは生活の基礎領域に響いている高周波的震動のサイクルに関わっていたかもしれない。すると波動の同調体として双方向的な創造作業に人が参画したことになる。同郷意識とは固定されてきた地域の認識のパターンを独自の波動を通して共有したものであろう。そのパターンを成り立たせるものは自然の経緯に対応する感性であり、それが伝達される様式を固定させることにあった。地域を特色つけるものは領域ごとの繁栄祈願をその自然に刻みつける心を共有する形にすることであった。限りなく繰り返された「幾代か経ぬる」思考の形が蓄積したものであろう。であるならば新しい征服国家の広大な領域を一瞬のうちに新しい様式に組み替えることはありえない。古い心を鎮め新しい心を開くマツリゴトを新しい国家の名称によって始めなければならない。内面的な崩壊を防ぐためには地域の意志を「まつろひ」鎮めることが必要であった。万葉の認識論においては実体に先立つ名称の成立があったので躍動を期待するため、国の名も命をもって人に働きかけていたのである。

国は国を鎮め社を祭ることによってその集団を維持し、時間の枠を越えて生活領域を永く守ろうという土地神の鎮めの願をもった運命共同体であった。危機に際した集団人として共同体は一つの魂に結集する見えない実体に生きていたのであろう。

ところが大国（イズモ）を越える統一の立場（ヤマト）が入り込み自然境域が人為的領域に組み替えられることになる。その時成り立つ新しい統治の方式は、地方の国つ神の支配から中央の天つ神の支配に最高価値を移し変えたものになるであろう。しかし末端における地方の実体は、東アジアの軍事的風圧に対して二次的反応しかしなかったのであろう。その時多くの悲劇が王統的にも地域的にも権力構造の摩擦によって生じたであろう。

その地方の自発的地域のまとまりが消滅しても、有機体として地域の魂の処理をする義務は残されたであろう。征服するものが畏怖する地域の意志（a）と、征服されたものが迎えられ（b）鎮められる願いが一致するとき杜（c）の祭が、荒廃を避けるために必要であった。供養（d）や祈願（e）を通して新しい秩序に幸運をもたらす魂鎮めの儀式が行われる。地域の栄光を讃え（f）且つ奉納を忘れるならば、集積されてきた地域の思いから逆襲されたのであろう。そのようにしてさらに祭りの効能を促すためには土地神の杜が求められよう。また新しい巨大な不満を抱えた神が成立して新しい祭礼が始まるのであろう。

第三節　大国御魂の神社の成立へ

万葉の「国」を見ると中央に限定して考えられた国と、地方に限定して考えられた国、抽象化された国とに大別することができよう。前者（六二例）は官に関わる人の作に登場する国であり、後者（三七例）は作者不明のものである傾向が強い。そのどちらとも言えないもの（八例）は家持の歌などに見られる。官人とはここでは舒明、持統、聖武天皇、人麿、憶良、金村、赤人等であり、国の映像が中央から見たものとにはっきり分れたのである。太陽に対しても情念の現れ方に違いが出たように国に対しても意味の逆転現象が見られたのである。家持、人麿はどちらにも融通を利かせたが官人としては非難の対象だったであろう。官人の歌には共通語として「大君の食す国」（九例）、「敷きませる国」（五例）、「国知らす」「国のまほろば」「みず穂の国」「国見」（各三例）などがあり、作者不明のものには「国遠み」（七例）、「国のみなかゆ」「国同じ」（各三例）などがある。前者は王権の壮大さを讃えているが後者は遠慮しがちな点があった。

ア　中央礼讃

「神風の、伊勢の国は、沖つ藻も、なびきたる浪に・・・高光る日の御子」（万一六二）

持統天皇が天武天皇を偲んで不安な状況の中にあって国権の確立を祈願された歌である。首長が死んでも神としてしぶきを上げて吹く風が鎮魂と国の繁栄を支えるようにという筋書きになっている。国の名を通して愛着を表す。名称は親近感を仲立ちにした国家繁栄祈願になっている。国の美称は国の意志を表し、単なる形式ではなく無意味な枕詞でもない。玉に神の栄えを期待して祈願文をなすとき、万葉の歌の命が国に幸運を呼ぶ励ましとなる。

国の名称は共同体の成員達が共有する愛着心と同調し合うものであったが圧倒的に中央の国の意志が歌われたのである。統一以降の万葉では国として地域名が使用されたものは、大和が七例（万二、三一九、八四四、九五六、四二五四、四四六五、四四八七）、浪速が四例（万九二八、九三三、四三五九、四三六〇）、吉野三例（万三六、三八、九〇七）等であった。二例の場合藤原、伊勢、筑波があり、一例は駿河、陸奥、讃岐、松浦、伊予、長柄、山城等であり、国の中枢を讃えたものである。地方名は富士の素晴らしさや黄金が出て国の吉兆だというもの等であった。名称は実体に先立つ意志を表していた。意志があって名称が成立し、そこに名称が成立した実体が伴うのであった。その意志は中央の情念を未来に引き延ばそうとしている。「見れどあかぬ」（万二二〇）、「うまし」（二）、「さやけみ」（万九〇七、一七五三）などの形容言が国権を称える。

「・・・天照らす、ひるめの尊、天をば知ろしめすと、葦原の瑞穂の国を・・・知ろしめす神の尊と・・・」（万一六七）と人麻呂が歌う。そこでは太陽神が国を照らし治めるという歌われ方になっている。

永続する対象として国はさらなる繁栄（万・二「うまし国ぞ」、三八「国見」、九〇七「国柄か」、九二八「押し照る難波の国」、一〇五〇「山並みの宜しき国」、一〇八六「国栄えむ」、一四二九「敷きませる国」、一九七一「国見」、三二三四「国ともし」、三二五四「言魂の助くる国」、四一一一「国も狭に」）を祝福される（万三二一九「国の真中」、一七五三「国のまほら」）。「・・・日の本の大和の国の鎮めともいます神かも」（万三二一九）

「国見」（八例）によって「国栄へ」（三例）を祈願され、「国見しせして、天降りまし、払ひ言向け」（万四二五四）、「食国は栄むものと神ながら思ほし召して」（万四〇九四）恵み深い国に思いを馳せている。

イ　地方蔑視

ところが後者は遠隔地に遠ざけられ埋没させせられるような軽重の違いが生じている。例えば中央からの行程に応じて筑前筑後のような前後、上総下総のような上下の格差が中央との間に生じている。中央と地方の力関係の変動によって軽視され忘れられてゆく国の魂が生じたということであろう。表面的に国の概念が変わるだけでなく内面的に国の情念も変わり出したのであろう。万葉と古今集との間の違いだけでなく万葉人同士の国に対する情念の違い、稀には同一人物における違いさえ生じる激動があった。

故郷を離れれば国が懐かしく（万三八二「国見する筑波の山を」、一四六七「公鳥なかる国」、一四二〇「月見れば国は同じ」、三一四二、三一七八「国遠み」、三一六三「国にも行かめ」、三一九一「雛離る国」、三三二九「白雲の棚引く国」、三三四六「国に避けなむ」、三三八三「国遠かば」、三九九六「国へましなば」、四〇七三「月見れば同じ国」。四一四四「国に避けなむ」三三八三「国遠かば」、三九九六「国へましなば」、四〇七三「月見れば同じ国」、四一四四「国偲びつつ」、三三四六「国偲びつつ」、四三九八「遠に国を来離れ」、四三九九「国辺し思ほゆ」、四三三九「国めぐる」、四三九一「国々の社の神に」）、身の不安を隠せない（万四六〇「同胞なき国に」、五〇九「雛の国」、八八六「常知らぬ国の奥処」、三六九一「遠き国辺の宿り」）。

「世の中の、醜《し》き、仮庵に住み住みて、至らむ国の、たづき知らずも」（万三八五〇）。

あの世の不安な心を名も知らない国によって興している。或いは名も知らない国に到る身の危険を案じている。唐朝出現にふるえる中央官制の動揺を万葉が代弁するというのであれば地方懸念と言いかえなければならない。

「国遠き、道の長てを、おぼぼしく、恋ふや過ぎなむ、言問ひもなく」（万八八四）

名をもつ国に祈願を懸けるときは美称になり、呼びかけられない国の場合には凶兆を醸し出している。

「くさまくら、旅の宿りに、誰が夫か、国忘れたる、家待たまくに」（万四二二六）

国の名前を言えなくなった人に絶望があり、国を聞き出せない悔やみで弔っている。それを慣用語で言いかえるならば「国遠み」（六例）は故郷を離れる孤独を嘆き、「夷さかる国」（三例）は不安な辺境の地方を指し、「四方の国」（四例）は東西南北に別の国があったことを示唆している。例えば「国遠み直に逢はず」（万三一四二）は国の壁は高く心の道のりは遠いということであろう。国という領域に排他的な恐怖が消え去っていない。そのような国は八世紀に統一した国ではなく、大化のときに里、霊亀の時に郷と改称された基礎領域を映して、数個の郡の上級単位として原初的な生活圏を基にしていたのではなかろうか（水津前掲書「社会地理学の基本問題」3―2―b）。

ウ　問題の所在　地方の精神性の回復

祭らなければならない魂が各々の国に芽生えていたのである。それは領域の願いを集積し、領域の繁栄の原動力となる精神が行き所を失ったからであろう。かつては地域の意志を神として祭り永く地域の文化を維持しようとする精神活動の核心があった。それを「大国御魂」として意識しなければならない危機を迎えたのである。それらは新石器文化形態を続けている国に対して生じさせたのかもしれない。

国は称賛されるよしみによって、救済の働きをその名称を通して及ぼしたのは一面だけの事実であったであろう。馴染めない国名が国難を呼び込むことはありえないことではない。時代は言葉をあやつり始めたが、敵性にせよ中立にせよ異質な名称は自己矛盾であり不運を避けられないであろう。

厳選した言葉で認識の純度を保たなければ結束は期待できない。或いは過去の文化を継承するイベントを演じ続けなければならなかったであろう。でなければ危機に対処して秩序を維持し発展を期待することはできない。その祈りは万葉に満ち古事記に満たされていたとしても、地方には許されなかったとすればどうなるのであろうか。万葉の歌が叙情や叙景に薄く祈願に厚い歌として地方の名称をその繁栄に結びつけようとしていたとすれば中央はそれを黙って見過ごせたのであろうか。

「たまもよし、讃岐の国は国柄か、見れど飽かぬ、神からか、ここだ尊き・・・」（万二二〇）

自然のリズムが祭礼と堅く結びついて領域の精神の中に生活の周期を密着させてきたのであろう。玉の響きに震える讃岐の国に神の顕現を見ようとしている。そのような環境と共にのみ生きてきたしそれを誇りとする精神的風土が神の名で描かれている。環境から引き離された精神などありようがないと言っているようにさえ見える。ただこの歌が太陽の威光を説く人麻呂の作品でなければ問題はなかったであろう。或いは地方讃歌を歌う別の詩人がいたらあまり目立たなかったかもしれない。

家持は地方官として地方の国つ神を控えめに称えようとしている。

「道の中、国つ御神は、旅行きも、し知らぬ君を、恵みたまはな」（万三九三〇）

支障のない通行の保護を与えて欲しいと相手の国の神に願いをかけている。国名も美称もなければ願いが叶えられようはずもないのにその一線を越えられない。だけれどもそれでも祈らざるをえない異国の旅を思いやる歌い方をしている。

レヴィブリュルは言う「各トーテムは厳格に境界が限られたトーテムの祖先の精霊がずっと占拠している一地域或いは一空間的部分に神秘的に結ばれている」（ブリュル前掲書「未開社会の思惟」九一頁）。地域に密着した個体がその全体の環境の中に溶け込んでいる状態を彼は「融即」と言っている。

たとえ天皇の「命持ち立ち別れ・・・」（万四〇〇六）苦しい旅の道中に出てしまうならば、国は命を授けたけれどもそれによって命を預けきれたであろうか。（万四四〇四「国遠みかも」、万一六二三「伊勢の国にもあらましを」、四〇〇六「皇祖の食す国なればみ言持ち立ち別れなば」、四〇〇八「食す国のこととりもちて・・・砺波山たむけの神に」、四二二四「離離る国を治めむと」）。領域ごとの一体感を引き裂かなければならない統一国家の論理が悲劇をもたらし始めたのであろう。中央を称えた後で地方の名称を隠しきれない。地方と融即関係にある魂はそれをそのまま表現しにくくなっていたのであろう。

中央の権威によっては左右されない地方独自の生命の営みがその独自性ゆえに回復されなければならないのも事実であった。

ジュルケムは言う「氏族の人々と氏族において分類されている事物とは双方の結合によって連帯的な位置体系を形成し、その全部分は連結され共感的に振動する」そのようにして「宇宙の事物に関連して」地域独自の地位が指定されるというのである（エミル・デュルケム「宗教生活の原初形態〈上〉」吉野清人訳、岩波書店、一九七五年、二六九頁）。地域ごとのあるべき世界が時空共々独自の存在根拠を示しながら主張し続けよう。

第一項　宇宙の風紋
―地域空間は宇宙空間の一部になる（万葉の時代離れはさらに進む外ない）

宇宙の波動に向き合って生きそれを身に風紋として映し出すという時代があったのではなかろうか。国の境に鈴を振ってその響きを空間に刻みその境界を神に誓う。あるいは鳥に命を言付けする。そういう音空間には中央の指令より宇宙からの響きがはっきり聞こえていたのかもしれない。その時作動し始めた地域の願いは地域の意志となる。如何なる人もその固有の生きる地域の震動から免れることはできなかったに違いない。

「神山の、山下響み、行く川の、水脈し絶えずは、後は我が妻」（万三〇一四）

水音さえ我が情念を映し出していてくれたなら必ずあなたの心を引き留めておくことができたであろう。或いは地域の防衛線にしても鈴の音に祈りを込めて神に誓っておくならば長く確保されたに違いない。地域の固有の震動と同調して誓った以上、恋愛も防衛も共通の目標に人は参加できたからである。地域の意志として祖先の思いは繰り返し自然の波動と共鳴して深遠な音色を刻み込んできていたに違いない。人の営みと共にその音色は深まり末端の願いと共鳴して途絶えることはなかったのであろう。この場合の土地は基礎的な領域を指している。すなわち一定地域を領有して生活を営む人達の願いをその響きに残している地域であった。人為的に気ままな広がりをもった場所としてあるのではない。集団の願いを受け入れて名称とし、神の承認を得て長く時代を経過した地域に魂が形成されていったのである。動物も縄張りをマークして死守しようとするのは遺伝子に刻まれた性向であろう。

その首長を大国主の命として鎮め祭る作業は、同時に地域に対しても有機的生命体として鎮め祭る作業に及んだのである。首長大国主は象徴としては大国という地域の意志と同格であったが、地域の中枢にいて統合する生身の人間の意志でもあった。地域の空間に響く領域の意志という働きも兼ねていたので別名として国の魂という名称で記憶されたのであろう。地域も生命をもった有機体として観念されたのである。一定空間の中でバランスを相互に調整しながら営まれる生活は生き物のように独自の響きを共鳴音として発していたのであろう。

日本の神話も古里の波動を媒介にして領域に思いを結集してそれが一筋の道を歩み続けられるか構成されたものであろう。そのとき朝廷の史書に大国の国玉、国魂という語彙を組み入れることによって敵性国家の立場を次元を超えて処理しようとしたのではなかろうか。独自の領域の中で培われた気風や価値体系を精神的流れの中に組み込まなければならなかったのであろう。

「誰が園の、梅の花そも、久かたの清き月夜に、ここだ散り来る」（万二三二五）

古事記の原点には宇宙の波動と同調するふるさとの波動が地域も越え世代を貫いて響いていたに違いない。梅を散らし月の光が作動するのは波動的に言えば「千早に振る」える細動だったのであろう。宇宙と大地との波動共鳴を万葉人は無視できなかったに違いない。
「私達がいまここにいるという事実には、一五〇億年の昔、何もないところから突如として生まれた宇宙の長い歴史が秘められている」（佐治晴夫「宇宙・不思議ないれもの」ほるぷ出版、一九九二年、六〇頁）。佐治氏は宇宙の波動が宇宙そのものを我々の大地に響かせていると言われる（佐治前掲書「ゆらぎ不思議な世界」一五一頁）。生命の次元を超えた宇宙との統一体として古代人は自らを位置づけていたのではなかろうか。梅の花が月夜の清い波動を浴びて、一斉に散るというこの現象（万二三二五）は政権を百年から千年単位で永続させた縄文期の生命感の力をなすものであった。「縄文人の哲学思想・世界観にかかわる」のも、「巨木柱が向き合って並ぶ方位は夏至の日の出および冬至の日の入りと一致している」「三内丸山他各地の等しく認知していた」（小林達雄「縄文の思考」筑摩書房、二〇〇八年、一五七頁）
それを原始の世界の受信装置に当てはめられれば列石の遺跡が考えられたかもしれない。同一の震動体として祭礼を中心とした団結の知恵を働かせてきたのであろう。縄文人の記念碑としてのストーンサークルが栃木県の小山で発掘されている。小林達夫氏の報告によれば、数百年かかって築かれ七層になり五世代以上が工事を継続した。祖先と一族の強い結び付きが培われて祭の中の環の一員として自己のアイデンティティを確認したばかりでなく（「縄文人の記念物」ＮＨＫ第一テレビ平成一〇年五月一日放映）、音空間に響く宇宙感覚を受け止める装置になっていたのかもしれない。或いは新潟県アチヤ平遺跡にも配石遺構が六メートルの環状になっている（アサヒグラフ一九九八年一二月二五日「古代史発掘総まくり」七頁）。谷底の中央に焦点作用を期待していたような配置になっていたと言う。谷間を吹き抜ける風は宇宙の気を吹き込んで集団の永続の基をなしていたように見える。

また発信装置として見る場合、上取利夫氏は縄文の楽器を復元されたが、縄文の太鼓は和太鼓のように大地からとよむ音をドーンと湧くように響かせ、あるいはつづみ（鼓）のようにカーンと天に届くクリアな音を立てる。音階よりも音色に拘り、大自然の響きを模倣し（同調しようとする）音であった。そのような縄文中期の三大楽器の出現は人間の精神に大きな変革を与えたと報告されている（「縄文を訪ねて新しきを知る」ＮＨＫ・ＦＭ平成八年一〇月二〇日放送）。笛を含めた創造性ある音をもって古里の生活空間に宇宙の響きと共鳴し合っていたのであろう。祭は同一空間に生きる共同体の願いを楽器に増幅してお互いに確認する。天体規模の生活空間の広がりの中で波動を共有する。彼らの心のつながりを生理的に強め合う作業としての構造を祭はもっていたのであろう。逆に辿れば地域の生命圏は地球の生命圏の中で育まれ、地球の生命圏は宇宙の生命圏に育まれるという重層的なものになっていたであろう。万葉人がある条件の時間と空間に対して敏感な歌を歌っていたと言うことが宇宙圏との交流の名残であったのかもしれない。地域の生命は地球や宇宙を無視して営まれ得なかったであろうし宇宙や地球の生命圏は地域の生命圏を無視しては考えられなかったであろう。万葉にはそういう生活感覚が滲んでいたように見える。

第二項　大国御魂社の分布 ─生きる場に時空が集約されている

地域に魂が宿るということをどのよに我々は納得すればよいのであろうか。例えば自然のエネルギーは揺らぎの形で生命力へ転化されている。葉や風や鳴き声の波動に乗った人の意志は時空を超えて伝わると万葉の歌は歌う。ミクロの認識として伝達され共通理解が促されて秩序の基を形成する。それはその空間に響く波動がそれぞれの風紋をその領域に刻んできた結果であった。境域の変動によって音空間が乱れれば集団の維持は乱れるであろうし、そのまま修復が不可能になるのを恐れたのであろう。それを回復する願いこそ祭を恒久化させていった理由ではなかろうか。今に至るまで大国御魂の祭礼が行われているところは松坂市、いわき市、府中市、大阪市、真壁町等である。神名帳には大和、伊勢、常陸、壱岐、津島、尾張、山背、和泉、遠江、近江に大国玉神社が存在している。出雲風土記にも意宇郡の条において大国魂の命が登場している（岩波版日本古典文学大系「風土記」一〇七頁）。「大国魂の命、天降りましし時、ここに当りて御膳食なしたまひき。故、飯なしといふ」。飯なし河の流域に降臨して飯をなしたという神話になっている。それは中央に対する出雲の東の端の境域にあたるので大国の防御地点であったのかもしれない。とすれば地域の全体像を明確にすることによって境界は領域の秩序を維持する原点であり、国の意志を確認した地点でもあったのであろう。基礎領域への思いは個人の生存と直結していたので、地域の思いを波動の形で受け取りながら祭礼が各地に残されたのであろう。

人間は地域の震動の中で胚胎して成長し、地域に即応した地域人として次第に地域の意志を構成する力となっていったのであろう。言葉は方言として共有されて震動を共鳴し合い、領域人として同郷のよしみの証人となる。しかし末端の意志が痕跡もなく消滅することがありえないならば、新しい支配者は地域の魂を最大限の敬意を払って祭らなければならなかったであろう。意志が実態であるならば、悠久の昔から優先的に存在する精神的統一感は何ものも及ぶものがなかったであろう。

「茂岡に、神さび立ちて、栄えたる、千代松の樹の、歳の知らなく」（万九九〇）

千年の長さに耐えて繁る松の意志に神の姿を見ている。だから過去の誇りに満ちた精神の拠点である神の社を征服者も尊重しないわけにゆかなかったのであろう。唐の外部からの侵攻に対するとともに内部からの精神的な錯乱に備えるために朝廷の使者による祭祀を継続したのであろう。生活の実態を無視できない以上地域の波動を越えた中央の権威の押しつけで済む問題ではなかった。

しかしクニが国になり次第に大国になり統一国家になってゆくとき、その地域の魂は国家意思という強力な力に併呑されてしまい、実態感覚が抑圧されたであろう。その勢いに大陸の文明が合流して押し寄せてくるとき、その段階で大国主も大国魂の意志も傍系に押し除けられていったであろう。

しかし前半生において地域の意志に育まれながら後半生において統一国家の意志に人は馴染めたであろうか。社会の激変期には矛盾した二つの実態が同時に同一人物の中に混在する場合も生じたであろう。インド中国の古代文明の論理に従うことになったとしても、末端に残された万葉の秩序を無視しきれないものが残ったのである。

国家に気兼ねなしに地域の思いを讃えようとするのであれば松の緑が映し出す領域集団のもつ精神的力でなければならない。絶えずエネルギーを失ってゆくものに対して、心に震動を養って絶えず新しい段階からスタートしようとする働きであった。絶やさず中央の意志への反発を恥じない。

新しい巨大な権威が上から君臨するようになっても地域の魂は民衆の存在理由として消えていなかったのであろう。首長の魂も地域の魂も共に影響力を残して鎮められなければならない実態であり続けた。地域の総合的な意志は生成消滅する魂であったとしても、自然条件が地形も気候も継続する限り自己同一性は維持されたであろう。水津氏によれば

「自然に枠付けられた境界をもつ国の実体を近世藩主も明治後の府県制度も無視できなかった」という（水津一朗「基礎地域の社会地理学的考察」3―3―a）。西南日本においてその傾向はとくに顕著であった。

しかし時代の変遷はあった。すでに古代末期平安時代には荘園が地域の自主権を確保したが、心構えに対応して働きかける神に代わって、恩恵を威信によって施す神の機能が表面に押し出されていく。形式化した中央権力に対決する地方の独自の精神性は再び精神の中枢に働きかけを回復できたのであろうか。全神社の三分の二以上が稲荷、八幡、天神、伊勢の四系統によって占められ、文芸武芸・五穀豊穣・国家安泰の請願を受ける神が神道の前面に押しだされてきたように見える。さらに全国化していくと地域神や自然神の影が薄くなり原初の領域の危機管理の方式を引き継いだ大国魂の信仰もその輝きを失ったのであろうか。

第三項　征服地に祭の場を設定―領域の時間を継続させる

悠久の昔から受け継がれ「天地のともに久しく」彼らの思念は根を下ろしてゆく。その神代から積み重ねられた思念を疎かに扱うことができなくて朝廷自身が正史にその名「大国御魂」と記載したのであろう。征服地大国の魂は永遠のものだとする観念に支えられて大国の魂は祭られたのであった。地域のシンボルとして魂に集積された思いは唯物的な権力志向にも関わらない。回顧的な唯心論にも関わらない。独自の境域ごとに天体と共存している文化が尊重されるのでなければ朝廷側も天体から見放されるのではないかと恐れたのかもしれない。天体への関心は大陸の天体観測図の導入にも表れていよう。天の川や圧倒的な月への思いの深さはミクロ的な対応によって領域に響く天体を感じ取ってきていたことを示すものではなかろうか。その地域の品格に深く沈潜する地域精神と矛盾することではない。むしろ宇宙的資質を体現することになるという前提で成立してきたのであろう。だからその地の核心にあるものは呪能と言うよりも波動力学的知見に基づいて再考されなければならないのではないか。

「天地の、共に久しく、言ひ継げと、この奇しみたま、敷かしけらしも」（万八一四）

表面的にみれば神功皇后がお据えになった子負の岡の石は土地を領有した宣言でもあったと解釈したのであろう（本稿二二二頁）。内面的にみれば天界の悠久の響きに共鳴した石であった。その響きに整えられた領域の精神を玉の響きによって境界の地点を誓い合ったのであろう。その背景には地域の魂が自然に宿すエネルギーによって危機に対処してきた神代からの経緯があった。住民の共属意識を精神の久しい流れに連れ戻す手段としたであろう。自分たちの住んでいる空間が矛盾無く宇宙の一端に位置を占めていられるならばその政権は宇宙的規模の内容を実現してゆく妨げにはならないと考えたであろう。少なくともその地に深く沈潜する地域の精神と矛盾しないで、その人格は宇宙的資質を体現する前提になり得たのかもしれない。少なくとも精神的風土と一体となった包容力をもった人格へのステップではあり得たであろう。領域に宇宙の響きを響かせてより広大な自然と渾然と調和した小宇宙をその文化に想定できたであろうか。この意志は宇宙と大地を悠久の昔から「天地の共に久しく」共振させる媒体として「この奇しみ玉敷かしけらし」と「言い継」がなければならない。天体と密着した領域観が表現されたものであろう。「反省」の余地はなくなっていたのではないか（令和元年八月十七日ＮＨＫスペシャル『昭和天皇は何を語ったのか～初公開・秘録「拝謁記」』）。

ラッツェルが言うように「大地と境界のない国家は考えられないのだから・・・その空間的な位置にある条件を見逃してきた国家の学問は人を欺くものである」（F. Ratzel, ibid., Vol. 1-S. 42）まさに国家は領域的に生きる個体として捉えなければならない。ところが彼はその領域を自ら変化して止まらないものとして捉え直してしまう。「民族の領域は押しとどめることのできない流動するもの」になり彼は有機体としての国家の概念を自ら崩していったのである。しかも征服者の立場にたって、「染み込みが民族主体が貫徹されるまでなされる」ので、征服されたものはその立場を見失い、末端の地域の文化が征服者の欲しいままな処理に任されてしまう。すなわち一方で有機体としての個体を認めながら他方ではその無限の増殖を許したので、征服者の立場の学問の落し穴に自らを落としてしまう。その落し穴に当たる彼自身の言葉が「潮汐地帯」（F. Ratzel, ibid., Vol. 1-S. 78）という言葉であったように見える。これはまさにドイツがヨーロッパの交通路にある国家を示す格好の言葉であった。道路の上にあって侵略されるならば侵略をし返すことも当然のこととする意味が含まれている。「ドイツが中央的位置にあり多数の隣国をもっていることはドイツにとって弱点でもあり長所でもある」（フリードリヒ・ラッツェル「ドイツ」向坂逸郎訳、中央公論社、一八九八年、二二頁）屈服するか制圧するか「・・・いずれかの可能性しかあり得ない」ということになってしまう。近代合理主義は民族の本性としての移動性を当り前のことにしてしまう。

しかし古事記は征服されたものの立場がどう鎮められなければならないかを自問している。古里の空間に響く天界の波動は悠久の認識を可能にする。人がそれを情報源としてわが身を律して宇宙規模の人格を可能にすると信じていた人達であった。その国が流動化して拡張と収縮を繰り返すとき、宇宙との関係が希薄になり錯乱が生じてしまうであろう。何故なら国が生きた有機体であるとするとき地方の領邦に生を受けながら中央の国家に身を捧げる矛盾に身を引き裂かれなければならないからであろう。大国の自然がその上級の理念によって踏みにじられる時、大国の主も宇宙的人格がそのまま済まされることはありえない。地域の魂が引き裂かれた時の大国主の命の悲劇は領域的魂に関わるものになるであろう。一人の人間の有限な肉体をもつ魂は悠久の地域の願いを込めた魂と同格に機能する存在であると同時にやはり別々に地域と人間を意識して区別して思いはそれぞれに慰められなければならなかったのであろう。生前は領域の確保に命をはり続け死後は領域の魂の保全の責務を引き受けたのであろう。身に国の名称を帯びて運命共同体として生き死にする者がさらに大国における厳しい運命を自覚して生きたのである。死後の丁重な儀礼は死で贖った犠牲者だけではなく国にも適用されなければならない。同格ではあっても対象をそれぞれ明確にイメージして祭るために国の魂という神を名称に残したのであろう。

それなのに揺り戻し揺り返すという移動流転を民族の自然の姿としてしまうと地域の無限の混乱から逃れられなくなるであろう。ラッツェルは波が寄せては返す姿を常態の姿にしてしまった。神代の昔から無数の人達の地域に込めた思いを地域の魂として鎮めるという発想を成り立たせることはなかった。ところが古事記は出雲の魂こそ祭るという発想に立って記述されたのである。まして大国主を無下に貶すことは出来うべくもない。

すなわち領域は時間の継続を許されたのである。地域の魂は存続されなければならない。少なくとも地域の精神の集積されたものを鎮めなければならない。現実を「大国魂」の継続を軸にして神さびた思いに戻したのであろう。近代になってラッツェルは潮汐地帯を自然現象としてしまい、征服者たる国家意志の立場に固執する限り末端の地域の魂は置き去りにされるが鎮まることはなかったであろう。

「日本書紀」にも大国主の命の別名として「大国玉神とまおす」とあるが説明文はここにも見あ

たらない（岩波版「日本書紀」一二八頁）。すなわち征服者の立場から見ても地域の玉の震えが必要であった。地方の国に玉をもつ神格を認めなければ征服地に永久の混乱が神の怒りとして続くことを朝廷は恐れたからに違いない。それは構造的なものであって大国主の命の霊をたとえ偽ることができたとしても、宇宙環境の中で成立した地域の魂は唐朝の無言の圧力の下で無視できなかったであろう。

魂を鎮める祭礼をおろそかにすればその共同体は滅びるという確信に駆り立てられて古事記は征服者の立場で被征服者の文化を物語ったのであろう。それは国という地域の魂を神として祭ることに疑いを挟む余地のない考え方から出てきている。そのために次元を離れて過去にも宇宙にも通じる思いで見なければならなかったのであろう。万葉の永世的な宇宙観を比喩と見るだけでは成り立たない。現世は過去と未来との共同体であり、現在位置は銀河系の一点に過ぎないが全てとつながりがある。近代の文化との相違は宇宙に関する認識の相違でもあったと言えよう。王者を決定するものは権力の確保か、宇宙的権威の確立にあるか。古事記は大国主の命のみならず大国の魂までその意味を掬い上げようとしている。

ところが中央に太陽の輝きを必要とする朝廷は古事記の書き替えを要求し、それが駄目なら日本書紀を編纂する。そこに月の輝きをもった地域の意志をひっさげて古事記の編纂者が立ち塞がる。それが誰かを特定することはできないが、古事記側には神代から集積されてきた思いがあった。文化のパターンの破壊に対する抵抗には妥協の余地がない。古事記と日本書紀の間には万葉と非万葉の違いがあり、それは大国主と倭建の命の落差が必要になる。その本音を正史は片鱗も残すことは許されない。自らの死をもってしても大国主の魂を贖おうとする人達が追いつめられてしまう。

後記

――廃語　衣ひりひて

持統天皇は生命意識「ヒ」を謳歌して、万葉冒頭でそれを国家意志にまで高めた時、律令制に厳しく枠をはめられ、古事記はその叫びを伏せて「乾すちょう」と改称し廃語のまま暗い歴史のトバリに隠す。大地の生命感を超克してむなしい生命観へ引き継がれる。

宇宙から及んでくる影響も、過去から及んで来る影響も時空ともども古代人は共震的に受け止めていたにしても、人々はそれらの影響を波動としてわが身に共鳴させ、それを永世に及ぼし、宇宙にすら及ぼそうとしていたように見える。そのような営為感であって悠久感にあふれる歌が生まれた万葉の歌や古事記の基盤をなすのは認めざるをえない。「皇祖の神の御代より」（万一〇四七）続く無始の時間の中で、宇宙の波動が「天地の寄り合いの極み」（万一六七）である共同体の時間と空間に焦点作用を実現させ、そこにおいて励起させられた歌は例えば次のような歌になったのであろう。

「天にはも、五百つ綱延ふ、万代に、国知らさむと、五百つ綱延ふ」（万四二七四）

途方も無い高さにまで綱を延ばしてゆこう。限りない未来にまで国を治めようと悠久に長い綱を延ばしてゆこうと永世を約束する意志を現している。それが誇張でもなく比喩でもないとすれば彼らの天体の実態感覚を検討しなければならないであろう。時間と空間の永続が人の手で国にも実現されて欲しいと願うなら、彼らの時間への願望が実際は五百の限界を知った上で万の単位で永久への潜在志向を表わしていたのではなかろうか。その理想主義を空想と片づけられない実体として生きていたのは日常に永久感覚を天空と一体となった空間意識で生きようとしていたからではなかろうか。それは大国主の命に捧げる讃歌となるときは「たく縄の千尋打ち延へ、釣りする海女の、口大の尾翼すずき、・・・奉る」（記四六ウ四）となっている。

大国主の永世の鎮めの供養には、人事の限りを尽くした網を張って大きな鱸を釣って捧げようという。

規模の大きな釣りの情景の中で前者は国の繁栄をことほぎ、後者は霊を慰めようとしている。宇宙感覚で宇宙的に対応する認識を誇大妄想だと言うのであるとするならば、その実感に生きる人々の広大な器量まで否定できないであろう。構想力が崩壊してしまうであろう。

この自在に無限の領域に遊ぶ意識によって、空間の広がりも時間の悠久の長さも次元を超える大国主の命の神話と信仰に関わりが生じてしまう。神の怒りを鎮める出雲の祭礼は目先の次元の時空とつながりをもちながら、宇宙大の規模に及ぶものとして宇宙観に関わる天皇制をイメージしていると言える。それにしても「ヒ」のイオン感覚を失う時、その感性を個体ごとに保持するみそぎや瞑想の方式で限界を超えた雰囲気についてゆかざるをえない。

目で見た規模も時間の延長も観念であるけれどもその瞬間の次元に凝縮された宇宙に関われよう。それに対してこの二つの歌の「延ふ」は悠久の時空の中にほんの少し延ばしたものにすぎない。高々五百か千にすぎない。それが目で見て捉えた世界とは違っていたのは万葉仮名で「波布」とあり「葉振り」と発音は同じであって意味も意志の上では同じであったとすれば延ばすの中には延ばして見せたいというよこしまな願望を秘めている。天地を震わせる縄や綱の吉兆を描けないのか。文明の未来はどこをみれば見えてくるのかと問われているのかもしれない。

その宇宙大のエネルギーによって、第一篇では人事に対応する行為のパターンに秘められていて、第二篇では神霊に対応する行為のパターンに秘められる。前者は天照大神の魂を扱ったのだし、後者は大国主の命を扱おうとした。しかし第一篇と第二篇のパターンとはそれぞれ形態は変わっているけれどもその大もとには何らかの共通の仕組みが隠され、それらは記紀万葉にも関わり、基本的に共有される行為の特色があった。それらが何時まで遡れるものであるかは判らない。天然の波動を受け継いできたのは無始の昔からか神代からかという種類のものであろう。少なくともそれなしには生存できない基本的なあり方を示していたのかもしれない。古事記と日本書紀の葛藤はそれらのパターンを巡って行われたのではなかろうか。正史に残されたのは書紀の方だったのだから古事記派は少なくとも二百年は敗退したのであろう。しかし神に意志を通じ合うときの人の輝きを朝廷側に定着させたのであろう。使者をいくら派遣しても皆大国主に帰順してしまう人徳の篤さにはかなわない。大国の巨大な好運はスクナヒコナの神が海のエネルギーを取り入れた奇しき働きに帰る。

朝廷側が鉄と馬の力にかまけて陰で失いかけていた行動のパターンが出雲には残されていた。そこでは、現世に対応するパターンと前世に対応するパターンとが一体のものとなる。前者の生身の人間に対応するパターンは水辺の瞑想による清めを通して死者の世界への道を保持し続けていた。しかも前世の神霊に対応するパターンは現世のわが身の供養をも確かなものにする行為を保証したのである。

その好運とは身を投げて一国の消滅を回避したことにあり、それによって神代の時間を継続させ地域の願いを成り立たせようとしたことにはなるであろう。

万葉仮名の読みの問題点 ―万葉の中心概念を正常化させるために

a 万葉語の発生

キーワードの中心となる語彙「ヒ」は本来の役割としてどんな構想の語彙に該当していたのかが問われなければならない。ここで扱うのはその構想力を左右するものとして「ヒ」の発展段階ごとの推移があろうからである。いかに万葉の研究が広範囲の領域で深められる場合でも最終的に決定的結論に至りつきかねてしまう。構想の不確定さとして残されることがないよう「ヒ」が読みの段階に来て突如排除されてしまうのは克服力をもった呪言であるので、今の日本語に連りそうがない。

b 万葉語の転換期の到来

実例としてやはり持統帝の御製（万二八）を選ばせてもらうことになる。万葉の編集者であり万葉の初期の先頭に立つ作者としても参加され、百人一首にも採用されている。その万葉の作品の証言と記録の方式は、女帝ご自身が準備されその作業に関わって来られたものでなければならない。その仮名を効率的に使う最大の方式は「一字一音」の原則である。この一字一音によって新たな概念に辿りつけるよう探し出したい。そのためには既成概念の影を排除し払拭してかからなければならない。それに相応しい万葉語の出だしの文言を同種の音声で始まる事例として網羅していて、その中から該当する漢字の意味を（従来の方式を一切無視した）総計的に受け止める出発点にしたい。その時の覚悟の内容はもっと厳しいものだったであろう。

「春過ぎて夏来にけらし白たえの衣乾りたり天の香具山」

太陽の光が次第に高まってゆく小高い丘の上から「ひりふり」の呪法で、成員たちに強い檄を飛ばして一層の弾みをつけようと持統天皇はされている。言わば生命の意識を励まそうとしてうねる人為的勢いをマジナイの作法ヒリフに込めようとされる読みにした試みにしてみたい。まずそれならばこの季節感から見て春の終わりと夏の初めの生理的受け止め方として「月照らずもよし」（万一〇三九）なのに夏の日の輝きが万葉の「六月の地割けて泣く」（万一九九五）という季節関係から生ずる違和感とは真逆的になるにせよその季節の転換期に相応しい民族力の活躍を期待される願いこそがこめられたことにして、その筋道を最後まで追及させてもらう。その例外の処置を前提にした試みだったわけである。「照る」月の意味が賛歌的なものであって四〇例にも達するのに対して、太陽の照る場合は九例と少なく常識とは逆転的作法にとどまったのである。「照る日にもひるや我が袖妹に逢はずして」（万二八五七）暑さにあえぐたじろぎから脱却して弱音を吐くまいとする「ヒ」の頑張りになるものだった。香具山にしても神山としての効能を十分に意図させようとするものであるならば万葉の息詰まるような印象を色濃く発信する人麻呂の「草枕旅の宿りに誰が夫か」（万四二六）と屍をみて悲しむものが対決するにふさわしいものでなければならない。衣の件は順序が逆転して申し訳ないが、万葉を文学的のみならず祈願的あるいは宗教的なものにすら留まらせない多面的姿勢の問題として哲学的に扱う姿勢がまだ残されているであろう。表面の明るさを追究するだけでなく実体の底知れぬ闇との間を埋める心の作用を万葉がヒリフリとして追及する言葉自体が辞書にも載らず訳もつけられずに見過ごされてきた段階を終わりにしなければならないか。

昭和・平成両帝とも二十世紀から二十一世紀にかけて大戦の巡礼供養を続けられ、天皇制生命感「ヒ」への想いは力強く生き続けたと言えよう（ただし、字面からは万葉語が呪法の効能を生活実感として働くことはなくなって千年余を過ごしたにもかかわらず）。

c 万葉語の限定的変質

これらの作業の中から天皇制という奇跡的行動として動き出している。その背景として国際秩序の膨張と衰退の激化してゆくのを否定できない。それらの状況に応じて神話の変遷対象が非戦か実戦かどちらに軸足を置く姿勢にも問われることになる。両者は命をかけてその見識を万葉の舞台に争うという対決関係を示さなければならない。朝廷自身もその嵐から距離を置くことはできない。

なぜ持統天皇は万葉とは真逆の百人一首に真意を吐露し両極の感性を同時存在にさせようとされたのであろうか。相反する国の運命を胸中に抱えながら一体化する独自の構えを映像に築き上げなければならない。時間の速い推移と領域の広域化する移動の中でどういう政策との関連で独自の意志力を貫き通すか、気力を纏めなければならない。その矛盾の中で天皇の姿を一体化された位置づけと方策を新しい方式として潜在意識の中から万葉の蠢動とする響きの中に基準となる実像を構築する。恐ろしい実態を実感するかしないかは別にして闇に一歩踏み出す試みともなろう。

両者の真逆の反応を一体的に捉える大衆の姿勢ばかりに頼っていたというのではない。最古の歌集の構想の動きを止めない著しい変化をどのように受け止めるか。受容力にせよ構想そのものにも及んでいたのか、そこに予期せぬ取引の柔軟さを見込んだ三者三様のチームプレーによってどんな真意を組みこもうとしていたのであろうか。

万葉仮名ヒリフリに内蔵された非抒情詩の知恵に左右される必要はないが、まるっきり死語のままの状態を無視し続けることもできない。

万葉仮名には解きえない謎の実態がそんなに簡単な理屈で二次元の実態としても存在していたという構想力の変異が大きかっただけで済みそうにない。実は今でも万葉仮名でのヒリフリは万葉に特化した辞書にも辞典にさえ載せられていない。まるで分らないのが当然のようにあるいは巧妙な詐称によってそうなったのか。

玉ヒリは玉を細動させて生の躍動を願う意味だし、玉の代りに貝をヒリヒにしても同じ、貝ヒリも玉と同様の意味内容をもって同様の活用を受けている。玉一五例、貝七例計二二例、それらの文字は玉＋原文では「拾」で（一二例）、仮名では「比利」（万三六二八、四〇三八）「比里」（万三六二七）この三例は例外的で正確に基準となるべき読みの事例、貝＋原文では「拾」で（五例）、仮名ではすべて拾であり貝ヒリも玉ヒリと読みも祈りも同様、貝も玉も共に拾うことで家に貝を土産をもって帰り相手への好意を表そうとする。ところがひりでは干くが続きかわく（干く）ほす（乾す）が意味をなし音ではヒが当てられるが読みではホスになってくる。

以上のような傾向はここにあげたもの以外はないので一字一音の原則に当てはめれば万葉仮名の法則にすべて違反している。全部の例がヒに関わる音をもっているので捨でも干でもなくましてでも乾でもなく正式の音とすれば「ひりふ」になり、例外もない。が、生活用語としては玉や衣は「ひりふる」や「ほす」は使わないけれども、ほすと言えば洗濯干しになるのであるからこれも無理な接続関係になってしまう。ところがひりふはもっと多くの場合生活用語に関わらないので従来はそれぞれのかかわりのある読みに接続するから祈願用語によってきたのだとしても、もしも呪言として万葉に多く存在している枕詞によれば「千早振る」という細動の枕詞が細動によって神の働きを促す呪言からくる祈願文の働きになると大部分がヒになって意味も関わり方も波動としての効能も万葉の特性を表現していると言えよう。そこで今まで拾をもって当ててきた万葉仮名がヒをもって当てられるようになるとヒラフの読みが本来のヒリフという呪言に切り替えられてそれに関わる生活用語による抒情詩から呪法的用語による祈願文に読み替えられることになる。すると今までのひらう（拾）がひり（振る）となり、ほす（乾す）が現在の訳語のすべてがほしたか「ホ」に勘ぐれば切り替えられることになるがじつはその「ヒ」は単独に「ヒ」としては万葉の中でそこにしかないので万葉から「ヒ」が廃語によって捨てられることになり、それも仕方がないが古事記でも「ヒ」はキーワードだとすれば信仰上の資料が偏頗な形を取りはじめる。ただその場合神のヒルメの命の存在に関わる最高神になるので持統天皇にも関わる言語操作でないと言いきれなくなりヒの語意が神話に関わる語彙としての経緯も無視できない。藤原不比等の不比は生命起源に関わる否定語として政治の立場の表明でもあったとすれば意識するにせよしないにせよ万葉が政治闘争の手段としても考察されざるをえなくなるに違いない。ともかく干も比も「ヒ」と訓むことによって一例の例外もない訓みによって「ヒリフリ」の意味になり生命感が充満して、一例の例外もない意味になるとすればこの万葉仮名を活かすためには「ヒ」を生活用語としては無意味でも「呪言」として活かすならばどこにも何にでも無駄もなく廃語にもならない。万葉全体が生命感を回復し生きかえるであろう。

【著作一覧】

①『ギリシャ神話の構想力【発生篇】』(東洋出版　2013年) 関係資料
「鳥の抒情詩におけるプシケーの成立」(東京教育大学哲学会、哲学論叢第26号、1974年) 他

②『ギリシャ神話の構想力【転換篇】』
「ゼウスの神話―ゼウスの力能と醸造の工程」(信山社　1982年)

③『日本神話の構想力【発生篇】スサノオの命の神話』(新典社　1981年)

山《やま》の辺《べ》の道《みち》に夕陽《ゆうひ》が映《は》える
―令和《れいわ》天皇即位《てんのうそくい》にエールを贈《おく》る―

（日本神話の構想力―転換篇及び総括篇―）

発行日　2019 年 10 月 29 日　第 1 刷発行

著者　杉森暢男（すぎもり・まさお）

発行者　田辺修三
発行所　東洋出版株式会社
〒 112-0014　東京都文京区関口 1-23-6
電話　03-5261-1004（代）
振替　00110-2-175030
http://www.toyo-shuppan.com/

印刷・製本　日本ハイコム株式会社

ISBN 978-4-8096-7892-9
定価はカバーに表示してあります